JN262342

新英文法概説

A New Outline of English Grammar

新英文法概説

山岡 洋 著

A New Outline of English Grammar

開拓社

はしがき

　本書は，大学生向けの英文法の教材 1 年分を，一般向け文法書として大幅に書き換えたものである．したがって，主たる対象は，大学生はもとより高校生・一般社会人・英語の専門家など広く想定している．そのような事情から，ところによっては必要以上に基礎的な説明を施し，またところによってはかなり専門的な説明を施している．その根底に存在する哲学は，「英語の本質をできる限り分かりやすく多くの人に理解してもらう」というものである．

　本書の特徴は以下のようなものである．

1. 語が文内で果たす統語的役割に応じて品詞を分類することにより，それぞれの語の文内での働きを理解しやすくした．
2. 語と語の結び付きの強さを理解することにより，文の切れ目が見えるようにした．そして，それぞれの句の働きが主部・述部・修飾部のいずれかを考えることにより，文を正確に解釈できるよう説明を加えた．
3. 「冠詞（articles）」を形容詞的な品詞と位置付けず，名詞の一種である「決定詞（determiners）」と捉えることにより，冠詞の本来的な統語機能を理解しやすくした．
4. 「等位接続詞（coordinate conjunctions: CC）」は連結機能を持つ品詞，「名詞的従属接続詞 (nominal subordinate conjunctions: NSC)」は名詞的機能を持つ品詞，「副詞的従属接続詞（adverbial subordinate conjunctions: ASC）」は副詞的機能を持つ品詞と分類し直すことにより，従来誤って「接続詞（conjunctions）」と一括りにされていた語群の本来的統語機能を理解しやすくした．
5. 等位接続詞の後に「パンクチュエーション（punctuation）」の節を設け，日常その使い分けに困るこれらの記号の働きを整理した．
6. 例文は，当該の文法事項以外にも語彙・文法の点で学びの多いものを選んだ．
7. 例文の訳はできるだけ自然な日本語になるように心掛けた．

　本書の構成は，Part I と Part II に大きく分けられている．Part I では，「文 (a

sentence)」という単位で英語を見た場合に，どのような構造をしているのか，どのような意味を表すのかについて説明している．具体的には，第1章では「5文型」について説明をしながら，5文型の不備を指摘し，それに代わる文型の分け方を提示している．第2章では，生成文法の研究成果である「主要部—補部」の関係を英文法に応用して，語の結び付きの強さおよびそれに伴う文の切れ目について説明している．また，伝統文法の中でも特にJespersenの研究成果に基づき，修飾関係についても結び付きの強い「直接修飾」と，結び付きの弱い「間接修飾」に分けている．前者は先に挙げた「主要部—補部」の関係よりも強い結び付きを作り，後者は強い結び付きにはならず，修飾関係は成り立つがその間は文の切れ目になる．このように，第1章と第2章は，他の英文法書にはない，本書独自の文構造の説明となっている．第3章は他の文法書でもよく説明されている，文の表す意味の違いによる分類を説明している．ただ，他の文法書と異なる点は，文の種類は「平叙文」「疑問文」「命令文」「感嘆文」に分けられ，それぞれが疑問文と否定文を持つことを整理して説明することによって，疑問文と否定文は次元の異なる種類であることを明確にしている．

　Part IIは，品詞別の説明になっているが，品詞の種類を，潜在的に主部になる力を持っている「主部の類」，潜在的に主部になる力を持っていない「叙述の類」，本来的な品詞とは異なった特殊な働きをする「準品詞」の三つに大別している．この分類は，文中の機能に応じて大別した分類で，今までの英文法書にはない分類法である．各品詞の説明は基本的にこれまでの伝統的な説明を踏襲しているが，第4章において，冠詞と代名詞については，これまでの分類を根本的に考え直し，単独で機能ができる代名詞と，名詞が後続する決定詞に分類し直している．特に決定詞は，Quirk et al. (1985) の分類を踏襲し，「中心的決定詞」「前置決定詞」「後置決定詞」に下位分類している．中心的決定詞の下位分類である「冠詞」にも，従来の「不定冠詞」「定冠詞」に，「ゼロ冠詞」を加えている．第5章2節の「修飾詞類」では，これまであまり指摘のなかった，形容詞・副詞・前置詞・副詞的従属接続詞の共通点を，修飾する機能と補部になる機能として明示している．最後に，第6章では，これもこれまでに指摘されることはなかった，準動詞と関係詞の共通点と相違点を整理して，それぞれの本来的な機能を分かりやすく説明している．

　残念ながら，分量の関係で今回は「練習問題」を入れることができなかったが，特に第2章の理解には練習問題が不可欠であるので，これについては現在準備中である．

今回の出版にあたっては多くの方のお世話になったが，特に以下の方々には御礼申し上げたい．日本大学大学院時代に英文法・英語学がどのようなものであるか，どのようなものであるべきかをお教え下さった修士課程の指導教官であった江川泰一郎先生，博士課程の指導教官であった内田尚先生．両先生ともに残念ながら他界されてしまったが，お二人からの教えはこの本の根幹を成すものである．大学に勤務して以来，公私にわたり研究・教育を含め様々な点でご指導くださった桜美林大学の小池一夫先生は，今回も本書に「パンクチュエーション」を加えることをご提案くださった．この本のもととなる教材を作成する機会を与えてくださった日本大学通信教育部の佐々木健氏には，教材作成のみならず，講演など様々な機会を与えていただいた．校正の段階では，Richard Caraker 氏，Ted O'Neil 氏に英文のチェックをしていただいた．日本語の校正は，鈴木将道氏，多田るみ子氏，工藤俊氏にお世話になった．日本大学大学院時代の先輩でもあり，それ以来学問的にも人間的にも様々な面でお世話になっている吉良文孝氏は，大変ご多忙の中，校正というよりは内容に不備がないかをチェックしてくださった．また，本書の出版をご快諾くださった開拓社の川田賢氏は，締め切りの遅れのみならず，出版の延長などにも辛抱強く付き合ってくださった．これらの皆様のご教授やご協力がなければ，本書は決して完成を見なかった．心より御礼を申し上げたい．

　最後に，私を健康に育ててくれた両親と祖母に感謝したい．そして，私のもっとも身近なところで励まし続けてくれた妻，道子の存在なくしてはこの本が完成することはなかった．彼女は，私を精神的に支えてくれただけではなく，本書を校正する段階では，書式や表現の不統一などについてきめ細やかな指摘をしてくれた．この場を借りて心からのお礼を言いたい．

2014 年 2 月
鎌倉の自宅で庭の椿を眺めながら

山岡　洋

目　次

はじめに　v
略　号　xv

Part I　文の構造（Sentence Structures）

0. Introduction ··· 2
  0.1.　品詞と文の働き ·· 2
  0.2.　品詞 ·· 3
  0.3.　文の働き ·· 9

第1章　文型（Sentence Patterns） ··· 13

 1.　5文型 ·· 13
 2.　5文型の問題点 ·· 29
   2.1.　義務的修飾語句 ·· 30
   2.2.　存在文とseem等の構文 ··· 31
   2.3.　不定詞付き対格構文 ··· 36
   2.4.　S+V+O+SC ··· 43
   2.5.　随意的補語 ··· 46
   2.6.　形容詞の目的語 ·· 46
   2.7.　自動詞＋前置詞の目的語 ··· 47
   2.8.　名詞以外の主語 ·· 48
 3.　内項の数に基づく文型 ·· 48

第2章　語句の結び付き（Linkage of Words and Phrases） ················· 53

 1.　直接修飾（一次的修飾） ··· 55
 2.　主要部と補部 ··· 56
 3.　間接修飾（二次的修飾） ··· 61

第 3 章　文の種類（Types of Sentences） ……………………………… 65
　1.　意味による分類 ………………………………………………………… 65
　　1.1.　平叙文 ……………………………………………………………… 66
　　1.2.　疑問文 ……………………………………………………………… 67
　　1.3.　命令文 ……………………………………………………………… 71
　　1.4.　感嘆文 ……………………………………………………………… 73
　2.　構造による分類 ………………………………………………………… 75
　　2.1.　単文・重文・複文 ………………………………………………… 75
　　2.2.　複文としての準動詞 ……………………………………………… 81

Part II　品詞（Word Functions）

　0.　Introduction ……………………………………………………………… 88
　　0.1.　語の文法的機能 …………………………………………………… 88
　　0.2.　固体的範疇と液体的範疇 ………………………………………… 91

第 4 章　主部の類（Subjective Categories） …………………………… 97
　1.　名詞 ……………………………………………………………………… 98
　　1.1.　名詞の数 …………………………………………………………… 99
　　1.2.　名詞の性 …………………………………………………………… 103
　　1.3.　名詞の格 …………………………………………………………… 107
　　　1.3.1.　主格・目的格 ………………………………………………… 109
　　　1.3.2.　所有格 ………………………………………………………… 109
　　1.4.　名詞の種類 ………………………………………………………… 112
　　　1.4.1.　普通名詞 ……………………………………………………… 113
　　　1.4.2.　集合名詞 ……………………………………………………… 115
　　　1.4.3.　物質名詞 ……………………………………………………… 118
　　　1.4.4.　抽象名詞 ……………………………………………………… 121
　　　1.4.5.　固有名詞 ……………………………………………………… 125
　2.　代名詞類 ………………………………………………………………… 128
　　2.1.　単独で用いられる代名詞類 ……………………………………… 131
　　　2.1.1.　人称代名詞 …………………………………………………… 131
　　　　2.1.1.1.　人称代名詞の基本用法 ………………………………… 135
　　　　2.1.1.2.　人称代名詞の後方照応 ………………………………… 136
　　　　2.1.1.3.　it の特殊用法 …………………………………………… 137
　　　　2.1.1.4.　we, you, they の不定用法 ……………………………… 141

```
    2.1.1.5.  we の特殊用法 ……………………………………… 143
    2.1.1.6.  再帰代名詞 …………………………………………… 143
    2.1.1.7.  所有代名詞 …………………………………………… 146
  2.1.2.  指示代名詞 ………………………………………………… 148
  2.1.3.  疑問代名詞 ………………………………………………… 152
  2.1.4.  不定代名詞 ………………………………………………… 155
    2.1.4.1.  one …………………………………………………… 156
    2.1.4.2.  all ……………………………………………………… 159
    2.1.4.3.  both …………………………………………………… 160
    2.1.4.4.  either と neither …………………………………… 162
    2.1.4.5.  each …………………………………………………… 163
    2.1.4.6.  another と other …………………………………… 164
    2.1.4.7.  相互代名詞 …………………………………………… 168
    2.1.4.8.  some, any, several ………………………………… 169
    2.1.4.9.  複合代名詞 …………………………………………… 169
 2.2. 名詞を伴う代名詞類 (=「決定詞」) ……………………… 171
  2.2.1.  中心的決定詞 ……………………………………………… 175
    2.2.1.1.  冠詞 …………………………………………………… 176
      2.2.1.1.1.  不定冠詞 ………………………………………… 180
      2.2.1.1.2.  定冠詞 …………………………………………… 183
      2.2.1.1.3.  ゼロ冠詞 ………………………………………… 185
      2.2.1.1.4.  総称文 …………………………………………… 187
    2.2.1.2.  人称代名詞・指示代名詞・疑問代名詞の所有格 … 188
    2.2.1.3.  不定代名詞の中心的決定詞用法 …………………… 190
      2.2.1.3.1.  one の所有格 …………………………………… 190
      2.2.1.3.2.  either, neither の決定詞用法 ………………… 190
      2.2.1.3.3.  each, every の決定詞用法 …………………… 190
      2.2.1.3.4.  another の決定詞用法 ………………………… 193
      2.2.1.3.5.  some, any, several, no, every の決定詞用法 … 194
      2.2.1.3.6.  名詞の所有格 …………………………………… 196
  2.2.2.  前置決定詞 ………………………………………………… 197
    2.2.2.1.  不定代名詞の前置決定詞用法 ……………………… 198
    2.2.2.2.  倍数を表す語 ………………………………………… 199
    2.2.2.3.  分数を表す語 ………………………………………… 200
    2.2.2.4.  such, 感嘆文の what ……………………………… 200
  2.2.3.  後置決定詞 ………………………………………………… 201
 2.3. 節を伴う代名詞類 …………………………………………… 202
3. その他の主部になることができる要素 ……………………… 206
 3.1. 疑問詞節 ……………………………………………………… 206
```

3.2.　不定詞 ·· 207
　　3.3.　動名詞 ·· 208

第 5 章　叙述の類 （Predicative Categories） ············ 209
1. 動詞類 ·· 210
　1.1.　動詞 ·· 210
　　1.1.1.　動詞の文法的種類 ································ 214
　　1.1.2.　動詞の補部 ·· 216
　　1.1.3.　状態動詞と動作動詞 ······························ 220
　1.2.　助動詞 ·· 222
　　1.2.1.　法 ··· 228
　　　1.2.1.1.　直説法 ··· 229
　　　1.2.1.2.　仮定法 ··· 231
　　　1.2.1.3.　命令法 ··· 234
　　1.2.2.　法助動詞 ··· 235
　　　1.2.2.1.　can, could ［能力・可能］［許可］［可能性］ ············ 237
　　　1.2.2.2.　may, might ［許可］［可能性］［祈願］［目的節・譲歩節の中で］ ·· 242
　　　1.2.2.3.　must, have (＋ to infinitive) ［義務］［推量］ ············ 244
　　　1.2.2.4.　その他 (need, dare, had better, ought, used) ············ 247
　　1.2.3.　アスペクト ·· 252
　　1.2.4.　時制・未来表現 ··································· 253
　　　1.2.4.1.　現在時制 ······································· 254
　　　1.2.4.2.　過去時制 ······································· 255
　　　1.2.4.3.　未来表現 ······································· 257
　　　　1.2.4.3.1.　will/shall (＋ infinitive) ························ 257
　　　　1.2.4.3.2.　be going (to ＋ infinitive) ····················· 260
　　　　1.2.4.3.3.　現在進行形・現在時制 ······················· 262
　　　　1.2.4.3.4.　will ＋ 進行形 ································· 264
　　　　1.2.4.3.5.　be (to ＋ infinitive) ···························· 265
　　1.2.5.　完了形 ·· 266
　　1.2.6.　進行形 ·· 270
　　1.2.7.　受動態 ·· 272
2. 修飾詞類 ··· 277
　2.1.　形容詞・副詞とは ····································· 278
　　2.1.1.　修飾語としての形容詞・副詞 ···················· 280
　　　2.1.1.1.　修飾語としての形容詞 ························ 280

	2.1.1.2.	修飾語としての副詞 ……………………………	282
2.1.2.		補部になる形容詞・副詞 ………………………………	283
	2.1.2.1.	補部になる形容詞 ………………………………	283
	2.1.2.2.	補部になる副詞 …………………………………	284
2.1.3.		比較 ………………………………………………………	285
2.2. 前置詞とは ……………………………………………………………			291
2.2.1.		場所を表す前置詞 ………………………………………	296
2.2.2.		時を表す前置詞 …………………………………………	303
2.2.3.		その他の前置詞 …………………………………………	305
2.3. 副詞的従属接続詞 ……………………………………………………			307
3. 連結詞 ………………………………………………………………………			309
3.1. 接続詞とは ……………………………………………………………			309
3.2. 連結詞とは ……………………………………………………………			311
3.3. パンクチュエーション ………………………………………………			316
3.3.1.		終止符・疑問符・感嘆符 ………………………………	319
3.3.2.		セミコロン ………………………………………………	321
3.3.3.		コロン ……………………………………………………	321
3.3.4.		ダッシュ …………………………………………………	322
3.3.5.		コンマ ……………………………………………………	324
3.3.6.		ハイフン …………………………………………………	329
3.3.7.		アポストロフィ …………………………………………	330
3.3.8.		引用符 ……………………………………………………	331
3.3.9.		括弧 ………………………………………………………	332
3.3.10.		その他のパンクチュエーション・マーク ……………	334
	3.3.10.1.	スラッシュ ……………………………………	334
	3.3.10.2.	アステリスク …………………………………	335
	3.3.10.3.	アンパサンド …………………………………	335

第6章　準品詞 (Semi-Word-Classes) …………………………………… 337

1. 準品詞とは …………………………………………………………………		337
2. 準動詞 ………………………………………………………………………		344
2.1. 不定詞とは（名詞的用法・形容詞的用法・副詞的用法）…………		346
2.1.1.	不定詞の名詞的用法 ……………………………………………	347
2.1.2.	不定詞の形容詞的用法 …………………………………………	348
2.1.3.	不定詞の副詞的用法 ……………………………………………	349
2.1.4.	補部になる不定詞 ………………………………………………	351
2.1.5.	不定詞の意味上の主部 …………………………………………	351

2.1.5.1.　不定詞の意味上の主部が形式上現れない場合 ················ 352
　　　2.1.5.2.　不定詞の意味上の主部が形式上現れる場合 ················· 353
　　2.1.6.　不定詞を含む表現 ·· 355
　2.2.　分詞とは（現在分詞と過去分詞）·· 357
　　2.2.1.　名詞修飾の分詞 ·· 360
　　2.2.2.　補部になる分詞（S+V+分詞・S+V+O+分詞）····················· 364
　　2.2.3.　分詞構文 ·· 365
　2.3.　動名詞とは ·· 367
　　2.3.1.　動名詞の働き ·· 368
　　2.3.2.　動名詞の意味上の主部 ·· 369
　2.4.　動名詞と分詞・不定詞 ··· 371
　　2.4.1.　動名詞と分詞 ·· 371
　　2.4.2.　動名詞と不定詞 ··· 373
3.　関係詞 ·· 379
　3.1.　制限用法と非制限用法 ··· 384
　3.2.　関係代名詞 ·· 391
　3.3.　関係副詞 ··· 393

参考文献 ·· 395

索　引 ·· 401
　1.　事項索引 ··· 402
　2.　語句索引 ··· 414
　3.　文献索引 ··· 439

略　　号

【品詞】

Sub	「主部の類（subjective categories）」
n., N	「名詞（a noun）」
pron., Pron.	「代名詞（a pronoun）」
det., Det.	「決定詞（a determiner）」
art., Art.	「冠詞（an article）」
def. art.	「定冠詞（a definite article）」
indef. art.	「不定冠詞（an indefinite article）」
v., V	「動詞（a verb）」
aux., Aux	「助動詞（an auxiliary verb）」
adj., Adj	「形容詞（an adjective）」
adv., Adv	「副詞（an adverb）」
Pp	「前置詞（a preposition）」「後置詞（a postposition）」
conj., CJ	「接続詞（a conjunction）」
CC	「等位接続詞（a coordinate conjunction）」
SC	「従属接続詞（a subordinate conjunction）」
NSC	「名詞節を導く従属接続詞（a nominal subordinate conjunction）」
ASC	「副詞節を導く従属接続詞（an adverbial subordinate conjunction）」
Infinitive	「不定詞（an infinitive）」
Gerund	「動名詞（a gerund）」
Participles	「分詞（a participle）」
p.p.	「過去分詞（a past participle）」

【文の要素】

S	「主部（a subject）」．日英語の場合，無標の位置は文の先頭．意味的には，「主題」「動作主」「経験者」などを表す．主語になれる品詞は名詞に限られ，常に主格で現れる．
PV	「述語動詞（a predicative verb）」．一般には，「V（a verb：述語動詞）」と標記されるもの．品詞の「動詞（a verb）」と区別するために「PV」という標記を採用した．無標の位置は，英語の場合主部に後続する位置，日本語の場合には文末．言い換えると，述部の先頭．英語の場合には，文の必須要素であるが，日本語の場合，イ形容詞と共起すると省略されることがある．

O	「目的語（an object）」．述語動詞の補部の一つ．下位分類として「間接目的語（an indirect object）」と「直接目的語（a direct object）」がある．目的語になれる品詞は名詞に限られ，常に目的格で現れる．意味的には，「被動作主（a patient）」を表すのが典型的であるが，状態動詞の目的語は「経験者（an experiencer）」「主題（a theme）」などを表す．
IO	「間接目的語（an indirect object）」．目的語の下位分類の一つ．原則として，動詞の直後に現れ，直接目的語と共起する場合には直接目的語に先行する．人もしくはそれに準ずる要素が生起し，意味的には「着点」「受益者」を表す．日本語ではしばしば「～に」「～のために」と訳される．
DO	「直接目的語（a direct object）」．目的語の下位分類の一つ．間接目的語と共起する場合には間接目的語に後続するが，単独で生起する場合には動詞の直後に生起する．意味的には，「被動作主（a patient）」を表すが，「動作主（an agent）」以外は様々な意味を持った名詞句が現れる．
C	「補語（a complement）」．述語動詞の補部の一つ．下位分類として「主格補語（a subjective complement）」と「目的格補語（an objective complement）」がある．補語になれる品詞は，原則として名詞か形容詞に限られる．意味的には，主格補語の場合には主語の，目的格補語の場合には目的語の，それぞれ属性・状態を表したり同定したりする．
P	「述部（a predicate）」．主部について記述する部分．述語動詞とそれに不可欠な補部から構成される．したがって，述部は（助）動詞とそれに必要な名詞・形容詞・副詞などの要素から成る．
M	「修飾部（a modifier）」．主部・述部以外の部分で，文中のいずれかの部分にかかる部分．目的語が名詞的に機能する語句，補語が名詞的・形容詞的に機能する語句により形成されるのに対し，修飾部は副詞的に機能する語句により形成される．述語動詞にとって必須要素である義務的修飾部（obligatory modifiers）と，述語動詞にとって任意の要素である随意的修飾部（optional modifiers）がある．厳密に言うと，句として機能するものであるから，MP と表記されるべきであるが，特にその必要がある場合を除けば，単に M と表記する．

【その他】

*	「アステリスク（an asterisk）」または「星印」と呼ばれる．非文法的な文の最初に付し，その文がその言語においては正しい文とは認められないことを表す．ある文が非文である原因は様々で，まさに文法的に

	非文である場合もあれば，意味的に非文である場合，音声的に非文である場合，さらには情報構造的に非文である場合などがあるので，その点は注意が必要である．
?	「クエスチョンマーク（a question mark）」または「疑問符」．通常は疑問文の末尾に置かれるが，言語学において文頭に置かれる場合には，非文とは言えないまでも，その文の容認度が落ちることを表す．アステリスクの場合同様，文法的・意味的・音声的・情報構造的いずれの要因により容認度が落ちるのかに注意する必要がある．
ø	「空（クウ）（集合）（an empty set / phi）」．表面上は目に見えない，もしくは音としては聞こえないが，実際には何らかの要素が存在している場合に，その存在を表す記号．例えば，不可算名詞にゼロ冠詞が付いているような場合には，ø water などのように表記する．
<	「左の要素は右の要素より小さい」．元来，数学記号として用いられる場合には大小関係を表す記号であるが，本書では，この記号の左側の要素が，この記号の右側の要素から派生していることを表す．例えば，語のレベルであれば，teeth < tooth のように複数形 teeth が単数形 tooth から派生していることを表し，また文のレベルであれば，America was discovered by Columbus in 1492. < Columbus discovered America in 1492. のように，受動態が能動態から派生していることを表す．
MC	「（従属節に対する）主節（a main clause）」．文の中心となる節の部分．いわゆる文全体を形成している主部・述部の関係を持つ時制節．原則として，単文の場合には，主節という表現は使わず，単に「文（a sentence）」と言うのが普通であるが，時として，単文中に準動詞などが含まれるとその準動詞の部分を従属節と言うこともある．その場合には，その準動詞を含む文全体は，時制節を一つしか持たなくても主節ということになり，文全体は複文ということになる．
SC	「（主節に対する）従属節（a subordinate clause）」．より大きな文の中に組み込まれたより小さな主部・述部の関係を持つ時制節．時に，「埋め込み文（an embedded sentence）」と呼ばれることもある．学校文法では，時制節に限定するのが原則であるが，言語学では，時制はなくても準動詞や名詞構文など主述関係が成り立っている部分を従属節と呼ぶこともある．従属節は，原則として，名詞節・形容詞節・副詞節がある．
小型大文字	動詞の原形を表す．原形とは，動詞が文に挿入される前の形で，結果的には to なし不定詞の形と同じになるが，to なし不定詞が文の中に

挿入された後の形であるのに対して，原形は文に挿入される前の形である点で両者は異なる．

|C| 「可算名詞（a countable noun）」．文法的に数という点で複数形になる可能性を持っている名詞．下位分類としては，普通名詞・集合名詞がある．原則的には，語尾に-s という接尾辞を付加することによって複数形を作るが，時として不規則に変化したり，単数形と複数形が同じになったりする場合がある．

|U| 「不可算名詞（an uncountable noun）」．文法的に数という点で複数形を作ることが不可能な名詞．下位分類としては，物質名詞・抽象名詞・固有名詞があるが，抽象名詞の普通名詞化など，本来的に不可算名詞であるものが可算名詞になることもある．

Cl 「節（a clause）」．内部的に主部と述部から成る時制を持った部分．

新英文法概説

A New Outline of English Grammar

Part I 文の構造

Sentence Structures

0. Introduction

0.1. 品詞と文の働き

　地球上のどの言語を学ぶ際にでも，文法を理解する上で，「品詞（parts of speech もしくは word classes）」と「文の働き（the functions in a sentence）」の違いはハッキリと認識しておかなくてはならない．「品詞」とは，その語が本来的に持つ文法的働きに応じて分類したもので，具体的には名詞・動詞・形容詞・副詞などが挙げられる．例えば，英語の名詞の場合には，共通して「主語」「目的語」「補語」になることができるという文法的働きを共有している．

(1) a. The <u>sun</u> was shining through the <u>windows</u>.
　　　（窓越しに太陽が輝いていた）
　　　[sun: 主節の主語，windows: 前置詞の目的語]
　b. The <u>police</u> have confirmed that the <u>hijackers</u> have released the <u>hostages</u>.（警察はハイジャック犯が乗客を解放したことを確かめた）
　　　[police: 主節の主語，hijackers: 従属節の主語，hostages: 動詞の目的語]
　c. The <u>government</u> of the <u>Netherlands</u> is situated in The <u>Hague</u>.
　　　（オランダの政府機関はハーグにある）[government: 主節の主語，Netherlands: 前置詞の目的語，Hague: 前置詞の目的語]
　d. <u>Martha</u> does not have much <u>difficulty</u> with <u>science</u>.
　　　（マーサは，自然科学はあまり苦手にしていない）
　　　[Martha: 主節の主語，difficulty: 動詞の目的語，science: 前置詞の目的語]

形容詞の場合であれば，共通して名詞を修飾するか補語になることができる．前者を形容詞の限定用法（attributive use），後者を形容詞の叙述用法（predicative use）と呼ぶ．

(2) a. What is that <u>tall</u> building?　　　　　　　　　　　　　　　　[名詞修飾]
　　　（あの高いビルは何？）
　b. Jerry looks <u>young</u> for his age.　　　　　　　　　　　　　　　　[補語]
　　　（ジェリーは年の割には若く見える）

このように，品詞というのは，原則としてその語が固有に持っている文法的機能に基づいて分けられた分類のことを言う．
　これに対して，「文の働き」というのは，ある単語が文内でどのような働きを果たしているかを述べたものである．例えば，同じ品詞でも，文内のどこに置

かれるかで文の働きは異なる.

(3) Boys will be boys. 《諺》
（男の子は男の子，いたずらは仕方がない）

この場合，二つの boys の品詞は共に名詞であるが，最初の boys は主語として働いており，あとの boys は補語として働いている．逆に，異なった品詞が同じ文の働きをすることもある．

(4) a. George became King of England.
（ジョージはイングランド国王になった）
b. It's growing dark.
（暗くなってきた）

(4a) では King of England という名詞が文の補語になっていて，(4b) では dark という形容詞が文の補語になっている．つまり，文の働きとして同じ補語でも品詞が名詞のこともあれば形容詞のこともある．

0.2. 品詞

品詞には，具体的にどのようなものがあるのだろうか．現在の日本の学校文法 (school grammar)[1] では，8 品詞分類法が一般に採用されている．

(1) 日本の学校文法の 8 品詞：
名詞・代名詞・動詞・形容詞・副詞・前置詞・接続詞・間投詞

ただし，この 8 品詞分類はたまたま伝統的に用いられることが多かっただけで，絶対的なものではない．これ以外にも冠詞，助動詞，等位接続詞，名詞節を導く従属接続詞，副詞節を導く従属接続詞，決定詞，不変化詞，数量詞など様々な品詞がある．冠詞は 8 品詞分類では形容詞の下位分類として，助動詞は動詞の下位分類として，等位接続詞・名詞節を導く従属接続詞・副詞節を導く従属接続詞は接続詞の下位分類として扱われている．また，決定詞・不変化詞・数量詞は 8 品詞とは別の分類として，8 品詞では異なった複数の品詞にまたがる品詞になっている．

---

[1] 「学校文法」とは，しばしば「学習文法」とも呼ばれることがあるが，日本の中学校・高等学校で教えられる文法のことを指す．文部科学省が定める学習指導要領に従って教室で教えられる英語で，日本ではどの中学校や高等学校でも，概してこの学校文法が教えられる．

また，これらの品詞分類に加えて，ある名詞の説明を文（もしくは節）という形で説明を加える「関係詞」とか，動詞に他の品詞の機能を加える「準動詞」（具体的には，「不定詞」「動名詞」「分詞」）などもある．この「関係詞」とか「準動詞」が，名詞や動詞といった品詞とは別の次元で分類されたものであるということは，「関係代名詞」「関係副詞」であるとか，「不定詞の名詞的用法」「不定詞の形容詞的用法」などといった言い方を考えれば分かるであろう．これらは，ある品詞に別の機能を付け加える働きをするのである．ただ，それぞれの品詞がどのようなものであるかについては，「Part II 品詞」で述べるので，ここではこの品詞分類に関する様々な大別の仕方といくつかの問題点を指摘しておくにとどめる．

まず，統語的（文法的）な働きとして重要な点は，これらの中には単独で機能することができるものと，何か別の要素の助けを借りないと機能できないものがあるということである．日本語文法で言うところの「自立語」と「付属語」に相当するが，具体的な例を見たほうが理解しやすいだろう．

(2) I bought the book at that bookstore yesterday.
　　（昨日，あの本屋でその本を買ったんだ）

この文は，文法的には次のように区切ることができる．

(3) I / bought the book / at that bookstore / yesterday.

区切られたそれぞれの句の中心となる語は，次のようになる．

(4) $\boxed{\text{I}}$ / $\boxed{\text{bought}}$ the book / $\boxed{\text{at}}$ that bookstore / $\boxed{\text{yesterday}}$.

(4) において，I は代名詞，bought は動詞，at は前置詞，yesterday は副詞である．I や yesterday は単独で句を形成することができるが，bought や at はそれぞれ the book, that bookstore の助けを借りないと句を形成できないことが分かる．このように，品詞の中には単独で句を形成できるものと，何かの助けを必要とするものとに大別できる．この区別を明確にすることは，英語に限らず言語の切れ目を認識するために非常に重要である．

(5) 品詞は，単独で句を形成できる品詞と，他の要素の助けを借りてはじめて句を形成できる品詞に分けられる．

詳細については，第3章の「主要部・補部」の節で述べるとして，ここでは具体的に品詞がどのように分類されるかを列挙しておく．

(6) a. 原則として，単独で機能する品詞：
名詞，代名詞，形容詞，副詞，等位接続詞，間投詞
b. 単独で機能することもあるし，他の要素の助けを借りて機能することもある品詞：
動詞
c. 原則として，他の要素の助けを借りて機能する品詞：
冠詞，助動詞，前置詞，名詞節を導く従属接続詞，副詞節を導く従属接続詞

次に，品詞は「主語になれるかどうか」[2] という基準に応じて，「名詞的な品詞」と「動詞的な品詞」に大別できる．つまり名詞に代表される品詞は主語になることができるが，動詞に代表される品詞は主語になることができない．例えば次のような例からも，名詞とそれに準ずる品詞が同じ働きをすることが明らかである．

(7) a. *Breakfast* is served at seven. ［名詞］
(朝食は7時に食べられます)
b. *She* told me all about the operation on her hip. ［代名詞］
(彼女は自分の腰の手術について全部話してくれました)
c. *The* book is set in the 1950's. ［冠詞］
(その本の時代設定は1950年代である)
d. *Whether* it's good or bad doesn't really matter.
(それが良いか悪いかは大した問題じゃないよ)［名詞節を導く従属接続詞］

(7a) の breakfast は名詞で，単独で主語になっていることからも名詞が主語になれる品詞であることは明らかである．同様に，(7b) では she という代名詞が単独で主語になっており，代名詞も単独で主語になることができる品詞であることが分かる．ただ，次の (7c) は少し見方を変えてもらいたい．従来の学校文法における考え方では，the book のような句は，名詞 book が中心となって冠詞 the がそれに補助的についている「名詞句」として扱われてきた．しかしながら，生成文法を中心とする 1980 年代以降の研究により，従来このように名詞句として扱われてきた句の中心的役割を果たしている要素は，実は名詞

---

[2] 現時点では，「主語」という用語を用いるが，本書では，第2章以降，「主部」という用語を用いるようになる．

ではなく冠詞のほうではないかと考えられ始めてきた．つまり，この場合であれば，the book の中心的要素は book ではなく the であり，句全体も名詞句ではなく「冠詞句」[3] と考えるのである．そう考えると，the book の中心的な要素が the ということになるので，the という冠詞が the book という句を形成していることになり，結果的に冠詞という品詞が主語になれる句を形成しているということになるのである．これと同じ考え方が，次の (7d) にも当てはまる．whether it's good or bad という主語全体の中心となっているのは，it's good or bad という節ではなく whether という従属接続詞で，言い換えると whether it's good or bad という節全体に主語になれる力を与えているのは，whether という従属接続詞であり，結果として whether という従属接続詞は名詞と同じように，主語になる力を持っている品詞ということになる．

一方で，上に挙げた，名詞・代名詞・冠詞・名詞節を導く従属接続詞以外の品詞は，主語になることができない．

(8) a. *<u>See</u> is believing. ［動詞］
    cf. Seeing is believing. （百聞は一見にしかず）《諺》
  b. *<u>Honest</u> is the best policy. ［形容詞］
    cf. Honesty is the best policy. （正直は最良の策）《諺》
  c. *<u>Foolishly</u> know only one thing. ［副詞］
    cf. A fool knows only one thing. （馬鹿の一つ覚え）《諺》
  d. *<u>With money</u> makes the mare to go. ［前置詞］
    cf. Money makes the mare to go. （地獄の沙汰も金次第）《諺》
  e. *<u>Because the train was delayed</u> were late. ［副詞節を導く従属接続詞］
    cf. Because the train was delayed, we were late.
    （電車が遅れたために遅刻しました）
  f. *<u>And</u> don't mix. ［等位接続詞］
    cf. Oil and water don't mix. （水と油は混ざらない）
  g. *<u>Ouch</u> twisted her face. ［間投詞］
    cf. Pain twisted her face. （彼女の顔が苦痛でゆがんだ）

---

[3] 生成文法の分野では，このような句を「決定詞句 (Determiner Phrase; DP)」と呼んでいる．「決定詞」とは，冠詞 a(n), the に加えて this (these), that (those) など，代名詞でも形容詞的な働きをする語，my, your, his など人称代名詞の所有格，my mother's, John's など名詞の所有格など，それぞれが重複して共起することができない語を総称したグループを言う．つまり，現代の英語では，*this my book や the John's computer とは言えないのである．

このように，品詞は，主語になれるかなれないかで次のように分けられる．

(9) a. 主語になれる品詞：
名詞，代名詞，冠詞，名詞節を導く従属接続詞
b. 主語になれない品詞：
動詞，形容詞，副詞，前置詞，副詞節を導く従属接続詞，等位接続詞，間投詞

単語の文法的機能とは別に，それぞれの語が含む情報量に応じた語の分類がある．品詞の中には，その単語が持つ意味的な情報量が多いものと，逆に意味的な情報量が少なく，主に文法関係を表すものとがある．一般に前者を「内容語（content words）」，後者を「機能語（function words）」と言う．コンピュータに喩えて言えば，内容語はコンピュータ本体・プリンター・マウス・キーボードなどの機器なのに対して，機能語はそれらをつなぐケーブルといったところである．[4] 内容語と機能語は，具体的には次のように分けられる．[5]

(10) a. 内容語：
名詞，動詞，形容詞，副詞
b. 機能語：
代名詞，冠詞，助動詞，前置詞，接続詞

このように具体的な分類を見ると，内容語と機能語の区別を理解しやすいと思う．この区別が最も密接な関係を持っているのが，「アクセント（もしくはストレス）」の問題である．情報量の多い内容語にはアクセントが置かれ，情報量の少ない機能語は弱く発音される．具体例を挙げてみよう．

(11) Over the years she had collected numerous prizes for academic achievement.
（何年にもわたって，彼女は学業成績に対する数多くの賞を集めていたのだった）

---

[4] このように内容語が中心的存在で機能語が付属的存在であるという見方は，あくまでもそこに含まれる意味情報という観点から見た場合で，文法的には機能語が中心となって内容語を従える場合が多い．このことは「ことば」を理解する上では，非常に重要である．

[5] ここには，「間投詞」が含まれていないが，間投詞は文とは独立した存在として機能するので，文中での働きを問題とする場合には，間投詞は除外していく．

一つずつ単語の品詞および内容語・機能語の区別・アクセントの強弱を見ていくと次のようになる．

(12) over　　　　　前置詞　　機能語［弱］
　　 the　　　　　 冠詞　　　機能語［弱］
　　 years　　　　 名詞　　　内容語［強］
　　 she　　　　　 代名詞　　機能語［弱］
　　 had　　　　　 助動詞　　機能語［弱］
　　 collected　　 動詞　　　内容語［強］
　　 numerous　　　形容詞　　内容語［強］
　　 prizes　　　　名詞　　　内容語［強］
　　 for　　　　　 前置詞　　機能語［弱］
　　 academic　　　形容詞　　内容語［強］
　　 achievement　 名詞　　　内容語［強］

結果として，(11) の文は次のような強弱のリズムになる．

(13) Over the |years| she had col|lect|ed |nu|merous |pri|zes for aca|dem|ic a|chieve|ment.

このように，内容語と機能語の区別はアクセントの強弱と密接な関係がある．

　語の分類に関する様々な大別の仕方として，「開かれた類 (open classes)」と「閉じられた類 (closed classes)」という区別もある (cf. Quirk et al. (1985: 67))．前者は新しい語が容易に増える品詞で，理論的にはその数は無限に増えていく．典型的な例は名詞で，中でも固有名詞は人工的に無限に増やすことが可能である．それに対して，後者は新しい語を増やすことが難しい品詞で，そこに属する単語の数は開かれた類に比べると格段に少ない．典型的な例は冠詞で，英語の場合には a(n), the という 2 語に限られる．[6] 開かれた類と閉じられた類は，具体的には次の (14) ように分けられる．

(14) a. 開かれた類
　　　　 名詞，動詞，形容詞，副詞

---

[6] 無形の語として「ゼロ冠詞 (a zero article)」を含めても，3 語である．ゼロ冠詞については第 4 章 2 節を参照．

b. 閉じられた類
　　代名詞, 冠詞, 助動詞, 前置詞, 接続詞

ここで気付くと思うが, この開かれた類と閉じられた類の区別は, 先に (10) で挙げた内容語と機能語の区別と一致する. これは偶然ではなく, 意味的情報量が多いということはそれだけ包含する意味の種類も多くなり, 意味の種類が多いということはそれだけ様々な組み合わせの意味構造が可能になり, 単語の数も増える. 逆に, 意味情報が少ないということは, それだけ包含する意味構造も単純で, 組み合わせの可能性も限られるため, 単語の数も少なくなるということになる.

0.3. 文の働き

品詞について大まかに説明をした後は, 文の働きについての説明に移ろう. 文の働きには, 原則として以下のものがある.[7]

(1) a. 主語 (subject: S)
　　b. 述語動詞 (verb: V)
　　c. 補語 (complement: C)
　　d. 目的語 (object: O)
　　e. 修飾語句 (modifier: M)

このうち, 主語は, 述語動詞によって述べられる対象になるものを提示する部分で, その中心的な働きを担うのは原則として名詞である.[8] 次の (2) の各

---

[7] ここで断っておかなければならないのは, ここに挙げた文の働きは日本の学校文法で一般的に用いられているものであり, 必ずしも世界共通で用いられているものではないということである. 特に英語学の世界では, 修飾語句は様々な扱いを受けている. 例えば, 生成文法では修飾語句を「付加部 (adjunct)」という用語で表しているが, この付加部は学校文法で言う修飾語句とは必ずしも一致するものではない. 例えば, a student of linguistics from Japan において, of linguistics は補部, from Japan は付加部とされる. 付加部に関する詳細については, 原口・中村 (編) (1992), 中村ほか (2001) などを参照されたい.

[8] 「原則として」というのは, 時として副詞や前置詞など他の品詞が主語になることがあるからである.

(i) a. Slow and steady wins the race. ［形容詞］
　　　（ゆっくりそして着実なものが競争には勝つ［急がば回れ］）《諺》
　　b. Slowly does it! ［副詞］
　　　（ゆっくりやるのがいいよ）　　　　　　(Greenbaum and Quirk (1991: 214))

例は，名詞・冠詞付名詞・代名詞・that 節（名詞節を導く従属接続詞）・不定詞句・動名詞句がそれぞれ主語として働いている例である．(2a, b, c) については，名詞・冠詞付名詞・代名詞がそれぞれそのまま文頭で主語として機能し，(2d, e, f) では，that 節・不定詞句・動名詞句が「重い (heavy)」ために，仮にイタリックになっている it という代名詞が主語位置に現れ，実質的な意味を表す意味上の主語はそれぞれ文末に後置されている．

(2) a. Crime is often attributable to drugs.　　　　　　［冠詞なしの名詞］
　　　（犯罪は，しばしば薬物が原因で起こる）
　　b. The whale is in danger of becoming extinct.　　　［冠詞付きの名詞］
　　　（鯨は絶滅の危機に瀕している）
　　c. That's a good idea.（それはいい考えだ）　　　　　［代名詞］
　　d. *It* is possible that we have misunderstood.
　　　（我々が誤解していた可能性があるよ）　　　　　　［that 節］
　　e. *It* isn't good for children to give them everything they want.
　　　　　　　　　　　　　　　　　　　　　　　　　　　［不定詞句］
　　　（ほしいものをすべて与えるのは子どもたちにとってよくないことだ）
　　f. *It* was tough answering all the questions.
　　　　　　　　　　　　　(Greenbaum and Quirk (1990: 313))
　　　（すべての質問に答えるのは大変だった）　　　　　［動名詞句］

述語動詞は，主語（主題）についての記述を行う部分で，典型的には(助)動詞がその役割を果たし，英語の場合には主語の直後に来るのが原則である．[9] また，述語動詞は統語的には文の中心的要素で，どのような主語が必要か，補語や目的語が必要かどうかも述語動詞の性質によって決定される．このような意

---

　　c. Before breakfast would suit me fine. ［前置詞句］
　　　（朝食前が僕には都合がいいな）　　(Haegeman and Guéron (1999: 119))
　　d. In the evenings is best for me. ［前置詞句］
　　　　　　　　　　　　　　　　　　(Greenbaum and Quirk (1991: 214))
　　　（夕方にっていうのが僕にはいちばんいいな）

[9] 時として，形式上，述語動詞が現れないこともある．
　(i) The sooner, the better.（早ければ早いほどいい）
この場合，the sooner の部分が従属節の役割を果たし，the better の部分が主節の役割を果たすが，どちらにおいても述語動詞のみならず，主語も省略された表現になっている．省略された主語と述語動詞を表出させた文は次のようになる．
　(ii) The sooner it is, the better it will be.

味で，以下 (3)-(5) では述語動詞をイタリックで表していく．

　補語には 2 種類ある．主格補語 (subjective complement; SC) と目的格補語 (objective complement; OC) である．主格補語は，主語の種類や属性などを記述する部分で，通常は述語動詞の直後に来る．普通は SC という形で表すことはほとんどなく，単に C と標記する．もう一方の目的格補語は，目的語の種類や属性を記述する部分で，通常は目的語の後に来る．目的格補語も，主格補語同様，単に C で表すこともあるが，こちらは時として正確さを期すために OC で表されることがある．補語は原則として名詞か形容詞である．

　次の目的語にも 2 種類ある．一つは直接目的語 (direct object; DO)，もう一つは間接目的語 (indirect object; IO) である．どちらの目的語にも共通しているのは，名詞・代名詞の目的格で表されるという点である．また，原則として目的語は受動態の主語になることができる．直接目的語は，目的語が二つある場合の二つ目の目的語で，通常は動詞が表す意味の動作を直接的に受ける人や物を表す．間接目的語は，目的語が二つある場合の一つ目の目的語で，通常は動詞が表す動作の到着点やその動作によって恩恵を受ける対象を表す．この直接目的語／間接目的語の区別は目的語が二つある場合にするが，通常目的語が一つの場合にはこの区別はせずに，単に目的語と呼ぶ．例えば次のような場合，

(3) Andy, this is Professor Connors. He's *going to be teaching* us politics.
　　　　　　　　　　　　　　　　　　　　　　　　　　　　　　IO　DO
（アンディ，こちらコナーズ教授．政治学を担当してくださいます）

teach「教える」という動作の直接的対象である「〜を」にあたる politics が直接目的語，その教えを受ける対象，つまり「到着点」となる us が間接目的語ということになる．一方，次のような場合には，それぞれ目的語は一つしかない．

(4) a. Peter *is teaching* the older children.
　　　　　　　　　　　　　　　　O
（ピーターは，今はもっと上の子どもたちを教えているところです）
　 b. Billy *taught* geography at the local high school.
　　　　　　　　　　　O
（ビリーは地元の高校で地理を教えていました）

このような場合には，(4a) の the older children も (4b) の geography も共に単に目的語と呼ばれるのが普通である．さらに，次のように目的語の後に補語

が来る場合にも，目的語は一つのために，単に目的語と呼ばれるのが普通である．

 (5) They *elected* him leader.（彼をリーダーに選んだ）
        O C

最後に，修飾語句は，学校文法の中では文になくてもいい要素であると定義されている．つまり，主語・述語動詞・補語・目的語は文に不可欠な要素であるためにそれがないと文が成立しないが，修飾語句はそれがなくても文が成立するとされる．[10] 修飾語句には様々な品詞がなるが，主に副詞・前置詞・副詞的従属接続詞が修飾語句になる．

 (6) a. There were *100 people* present at the conference.
     （その会議の出席者は 100 名だった）
   b. The description was unexpectedly *accurate*.
     （その記述は予想外に正確だった）
   c. Joseph *spoke* vigorously.（ジョゼフは力強く話した）
   d. I agreed to *meet them* at three.
     （3 時に彼らに会うことで賛成した）
   e. That's *the professor* I told you about.
     （あれが君に話した教授だよ）
   f. If you really want to know about it, *you should ask him*.
     （そのことを本当に知りたかったら，彼に聞いたほうがいいよ）
   g. I'll *call you* when I arrive there.
     （向こうに着いたら電話するよ）

ここで，文の働きと品詞との対応関係を整理しておくと次のようになる．

 (7) 文の働き 品詞
   a. 主語   名詞・代名詞・冠詞・名詞節を導く従属接続詞
   b. 述語動詞 動詞・助動詞
   c. 補語   名詞・代名詞・冠詞・名詞節を導く従属接続詞・形容詞
   d. 目的語   名詞・代名詞・冠詞・名詞節を導く従属接続詞
   e. 修飾語句 副詞・前置詞・副詞節を導く従属接続詞など

---

[10] 実際には文にとって不可欠な修飾語句も存在するが，それについては第 1 章 2 節で詳述する．

第 1 章

文型 (Sentence Patterns)

1. 5 文型

　Part I の 0.3 節で説明した文の働きがどのようなものであるかを十分に理解するためには，その前提として「5 文型 (five sentence patterns)」を理解しておく必要がある．ただし，ここでの 5 文型の説明は一般的に日本の学校文法で採用されているもので，本書での文の働きとは少々異なるところがあるので注意されたい．実際に本書で採用する文の働きや文型については，「3. 内項の数に基づく文型」を参照されたい．

　5 文型とは次のようなものである．

(1) 　第 1 文型： S + V
　　　第 2 文型： S + V + C
　　　第 3 文型： S + V + O
　　　第 4 文型： S + V + IO + DO
　　　第 5 文型： S + V + O　+ OC

この中には M が含まれていないが，先にも述べたように，5 文型では M は文に不可欠な要素とは認められていないために，この中には含まれない．

　第 1 文型から順に見ていくことにしよう．(以下では，S, V, C, O, M の標記はその句の中心となる語（主要部 (head)）の最も強く発音する母音の下に置く．)

(2) a. The students were *smiling*. (学生たちは笑っていた)
　　　　S　　　　　V
　　b. His eyes slowly *opened*. (彼の目がゆっくりと開いた)
　　　　S　　　　M　　V

13

c. The buses are *running* as usual.（バスは［今は］平常通り走っている）
　　　　S　　　 V　　　　M

(2a) は典型的な第 1 文型の文で，S と V 以外には他の要素は見あたらない．それに対して，(2b) では V の前に M が，(2c) では V の後に M がある．このように，M は 5 文型では文にとって必ずしも必要ではない要素となっているが，次のような場合には M がないと文は成立しない．

　(3) a. My brother *lives* in Vancouver.
　　　　　S　　　 V　　M
　　　　（うちの弟はバンクーバーに住んでいる）
　　b. He always *behaved* like a gentleman.
　　　　S　　　　V　　　 M
　　　　（彼はいつも紳士のように振る舞った）
　　c. The car will *last* until we get to Toronto.
　　　　　S　　　V　　　　　M
　　　　（トロントに着くまでガソリンは保つだろう）

このようなパターンについては，次節で詳しい説明をするが，現時点では M の中にはこのように文に不可欠なものがあり，義務的な M なのか任意の M なのかは，動詞とそれに後続する M との結び付きの強さによって決まる．

　次は第 2 文型を見てみよう．

　　　　　　　　　　　　名詞
　(4) a. The child will *become* an adult.
　　　　　S　　　　 V　　　 C
　　　　（子どもというのは［自然と］大人になるものだ）
　　　　　　　　　　形容詞
　　b. She *remained* single.（彼女は独身のままだった）
　　　　S　　 V　　　 C
　　　　　　　　　　　　名詞
　　c. My brother *turns* twenty next February.
　　　　　S　　　　V　　　C　　　 M
　　　　（うちの兄は今度の 2 月で 20 歳になる）

　　　　　　　　形容詞
　　d. He feels awkward with strangers.
　　　　S　V　　C　　　　　M
　　（彼は初対面の人といると落ち着かない）

第2文型の補語（C）は，正確には「主格補語（subjective complement）」と呼ばれるもので，文法的には単独では機能できない自動詞，つまり「不完全自動詞（incomplete intransitive verbs）」の不完全な部分を補う要素で，意味的には「主語（S）の種類や性質・属性などを表す部分」である。[1] 第5文型に現れる目的格補語（objective complements）も含め，5文型でいう補語になれる品詞は原則として名詞か形容詞である。[2,3] また，5文型の枠組みにおいては，補語は文に不可欠な要素と定義されるが，次のように必ずしも補語が不可欠な要素でない場合もある。(5) では，四角で囲われているのが問題となる補語，イタリックになっているのがその補語によって説明を受ける名詞句である。

　(5) a. *More people* were dying young.
　　　　　　S　　　　V　　　 C
　　（若くして死ぬ人が多くなってきていた）

---

[1] 学校文法ではしばしば主語と等しい（イコールの）関係になるものであると説明されるものであるが，厳密に言えばこの言い方は正しくない。実際には，「イコールの関係」は成立しないことがほとんどである。例えば，次の (ia) のような場合にはイコールの関係は成り立つと言えるが，(ib) のような場合には成り立たない。
　(i) a. My name is Franz. (≒ Franz is my name.)
　　　　（名前はフランツです（≒フランツが名前です））
　　　b. Jean is a great beauty. (≠ ?*A great beauty is Jean.)
　　　　（ジーンは大変な美人だ（≠?*大変な美人というのはジーンだ））
このように，イコールの関係が成り立つためには，A = B と B = A の両方が同じ意味で成立しなければならないが，主語と補語の間には後者の関係が成り立たない，もしくは意味が変わる場合がほとんどである。一見イコールの関係が成り立つように見える (ia) の場合でも，情報構造という点では，My name is Franz. では my name が旧情報で is Franz が新情報であるのに対して，Franz is my name. ではそれが逆転するので，そのような意味ではこれもイコールの関係が成り立たないことになる。このような意味で，主語と補語の間に完全なるイコールの関係が成り立つのは，次のように両方の要素が完全に一致する場合のみである。
　(ii) Jim is Jim. (ジムはジムだよ。[それ以外の何ものでもないよ])
[2] 補語になれるのは，原則として名詞か形容詞であるが，前置詞句が形容詞的に機能して補語になることもある。

b. *Richard* entered the room angry/in tears.
  S V   O   C
  (リチャードは怒って／泣きながら部屋に入ってきた)

c. *Roger* returned to his country a different man.
  S V M   C
  (ロジャーは別人になって国に戻ってきた)

d. To my surprise, they ate *the meat* raw.
   M   S V O C
  (驚いたことに，彼らは肉を生で食べた)

e. She boiled *the eggs* hard.[4] (彼女は卵を固くゆでた)
  S V   O   C

このように，文にとって（正確には動詞にとって）なくてもいい補語であることから，これらはしばしば「準補語 (semi-complement)」（江川 (1991: 95)）と呼ばれる．

　これまで見てきたように，補語には，純然たる補語と，そうではなくやや純度の低い補語が存在することになるが，ここで純然たる補語の条件を挙げておく．

(6) a. 品詞：形容詞か名詞である.

(i) a. His evidence was brief and *to the point*.
   （彼の根拠は端的で当を得ている）
 b. What he says is always *beside the mark*.
   （彼が言うことはいつも的外れだ）
 c. It may be *of great value* to me.
   （それは僕にはとても価値があることかもしれない）
 d. The son is *below the age of fifteen*.（この子は15歳未満です）

[3] 限られた数の語ではあるが，副詞が補語になることもある．これらの語は多くがいわゆる「不変化詞 (particles)」で前置詞としても副詞としても使われるものである．

(i) a. The game is *over*.（試合終了です）
 b. What's *up*?（何かあったの？）
 c. The television is *on*.（テレビがついてるよ）

[4] (5d, e) は，補語が主語ではなく目的語と関連しているという点では共通しているが，動詞によって表されている動作と形容詞によって表されている状態の時間的前後関係が異なる点は注目に値する．つまり，(5d) の eat the meat という動作と肉が生であるという状態は同時であるが，(5e) では boil the egg した結果として卵が固くなる．このようなことから，特に後者のような構文を「結果構文 (the resultative construction)」と呼ぶ．

b. 位置：
   (i) 述語動詞に後続する．
   (ii) 関連する名詞句（補語として記述の対象となる名詞句）は，補語に先行する最も近い名詞句である．
c. 統語的機能：原則として関連する名詞句と性・数で一致し，述語動詞にとって不可欠な要素である．
d. 意味的特性：関連する名詞句と be 以外のコピュラで連結することが可能で，関連する名詞句の属性・性質や状態を説明する．

(6bii) の補語として記述の対象となる名詞句は，基本的に補語に先行するものの中で最も補語に近い名詞句である．

(7) a. Debby considers *Phil* quite mature.　　　［目的格補語・形容詞句］
       (デビーは，フィルはかなり分別があると思っている)
    b. *She* made him a good wife.　　　　　　　［主格補語・名詞句］
       (彼女は，彼のために良い妻になった)

(7a) の quite mature は，純粋な補語で，関連する名詞句はそれに先行する名詞句の中でも最も近い位置にある Phil である．一方で，(7b) の a good wife は典型的な補語ではない．それは，関連する名詞句が直近の名詞句である目的語の him ではなく，より離れた位置にある主語の she だからである．(6c) の統語的機能について，原則として，補語は関連する名詞句の属性や性質を説明するものであることから，性と数については関連する名詞句と一致するのが原則で，一致しない場合には容認不可能になる．[5]

(8) a. *She* seems a reliable witness / *reliable witnesses.
       (彼女は頼りになる証人だ)
    b. She considered *them* fools / *a fool.
       (彼らを愚かな人間だと思った)　　　(Huddleston and Pullum (2002: 254))

---

[5] 「原則として」というのは，以下のような場合には必ずしも関連する名詞句と補語が，数の点で一致しないこともあるからである．

(i) a. *The only thing we need now* is some new curtains.
       (今我々には何枚かの新しいカーテンさえあればいいんだ)
    b. *Our neighbours* are a nuisance. (うちの近所の人たちは本当に迷惑だ)
                                      (以上，Huddleston and Pullum (2002: 512))

最後に，(6d) に関して，まず「コピュラ」とは，通常 SVC 型に使われ，主格補語を補部に取る動詞を指す．したがって，上述の「不完全自動詞」と一致する動詞のグループで，代表的な例は be 動詞になるが，be も含めて，次のような動詞がコピュラとして挙げられる (cf. Quirk et al. (1985: 1172), Declerck (1991: 35))．

(9) a. 「～である／～であると分かる」：
be, prove
b. 「～のままでいる」：
keep, lie, remain, stay
c. 「～のように思われる／見える／感じる」など：
appear, seem; look, sound, feel, taste, sound
d. 「～になる」：
become, come, fall, get, go, grow, make, turn

(6d) で述べられていることは，本来的な補語の場合には，be 動詞による連結のみならず，be 以外のコピュラによっても連結が可能で，意味的に関連する名詞句の種類・身分・実態・性質・状態などを述べるものでなければならないということである．したがって，逆に純粋な補語でない場合には，be 以外のコピュラでの連結が不可能となる．

(10) a. The concert *was* very good.
（コンサートはとてもよかったよ）
b. The concert *was* yesterday.
（コンサートは昨日だったんだ）
(11) a. The concert *seemed* very good.
（コンサートはとてもよかったみたいだったよ）
b. *The concert *seemed* yesterday.

(10) では，ともに be というコピュラによって連結が可能になっているが，形容詞句である very good のほうは，(11a) でコピュラを seem に換えても容認度は変わらないが，副詞である yesterday のほうは，(11b) でコピュラを seem に入れ換えると容認不可能になる．このように，純粋に補語として認められるためには，(6) のような条件が整っている必要がある．

次は第 3 文型である．この文型は 5 文型の中でも最も頻度が高い文型で，様々な言語の語順を説明する際にもしばしば利用される．

(12) a. S + O + V: 日本語，トルコ語など
   （地球上の言語の約半分がこの語順）
   b. S + V + O: 英語，中国語など
   （地球上の約 4 割の言語がこの語順）
   c. V + S + O: アラビア語，アイルランド語など
   d. V + O + S: マラガシ語 (Malagasy),[6] トンガ語など
   e. O + S + V: ヒシュカリヤナ語 (Hixkaryana)[7] など
   f. O + V + S: カバルダ語 (Kabardian),[8] アプリナ語 (Apurina)[9]
      など
   (cf. 風間ほか (1993: 143), Aitchson (2003: 181), 保阪 (1994: 53), Comrie et al. ed. (1996: 19))

学校文法では，第 2 文型の補語が主語とイコールの関係になるのに対して，第 3 文型の目的語は主語とイコールの関係にはならないものと説明されることがしばしばある．

(13) S + V + X において，
   a. S = X ならば X は補語で第 2 文型
      His father became angry. （彼のお父さんは怒った）
         S   V   C
   b. S ≠ X ならば第 3 文型
      The new dress becomes her very well.
         S   V   O   M
      （あの新しいドレスは彼女にとてもよく似合っている）

ただし，このように目的語と補語の違いを「イコール」という概念で説明する時には，次のような場合に気を付ける必要がある．

(14) a. You can please yourself. （好きにしていいんだよ）

---

[6] インド洋西端のマダガスカル島の，フランス語と並ぶ公用語．マダガスカル語ともいう．
[7] ブラジル北部で用いられている，カリブ語族の一つ（風間ほか (1993: 143), Comrie et al. ed. (1996: 19))．
[8] 北コーカサスの言語 (Comrie et al. ed. (1996: 19))．
[9] 南アメリカの言語 (Aitchison (2003: 181))．

b. I have given myself a treat.（奮発してしまった）

(14a) の yourself は，主語である you と同一人物であるため，you = yourself のようにイコールの関係が成り立つが，「主語の種類や性質・属性などを表す部分」ではないために補語ではなく（直接）目的語である．同様に，(14b) の場合にも，I = myself の関係は成り立つが，myself は「主語の種類や性質・属性などを表す部分」ではなく，a treat の受取手[10] であるために明らかに補語ではなく（間接）目的語である．

以下が第 3 文型の例である．

(15) a. The woman *hit* the mugger with her umbrella.
　　　　 S　　　 V　　 O　　　　　 M
　　　（その女性は自分の傘で強盗を殴った）
　　b. I *admire* your courage.
　　　 S　 V　　　 O
　　　（あなたの勇気は大したものです）
　　c. I don't *have* that much money on me.
　　　 S　 V　　　　 O　　　　 M
　　　（今はそんなにお金は持っていません）
　　d. Some people *resemble* their dogs.
　　　　 S　　　　 V　　　 O
　　　（飼い主は自分の飼っている犬に似ることがある）

次に，第 3 文型に準じる例をいくつか挙げる．まず，動詞は自動詞であるが，後続の前置詞と結び付いて［自動詞＋前置詞］で他動詞と同じような働きをする例である．

(16) a. He *looked after* the old man.（彼はおじいさんの面倒を見た）
　　b. They had *sat in* the chair.（彼らは椅子に座ってしまっていた）
　　c. We *arrived at* a conclusion.（ある結論に達した）
　　d. We *went into* the problem.（その問題を調査した）

---

[10] give oneself a treat 全体では「奮発する」という意味になるため，イディオムとしては意味的な分解は不可能であるが，ここでは便宜上「自らにご褒美を与える」という直訳に基づいた意味分析をした．

これらのイタリックになっている［自動詞＋前置詞］の部分が他動詞と同じように働いている一つの証拠が，それに後続する名詞句を主語にした受動化が可能であるという事実である．

(17) a. The old man *was looked after* by him.
 (老人は彼に面倒を見てもらった)
 b. The chair *had been sat in*.　　　　（以上，Palmer (1988: 80)）
 (その椅子は座られてしまっていた)
 c. A conclusion *was arrived at*. (結論には至った)
 d. The problem *was gone into*.　　（以上，Quirk et al. (1985: 1164-65)）
 (その問題は調査した)

次に，いくつかの形容詞に許される次のような表現がある．

(18) a. Ed wasn't *sure* how to answer the question.
 (エドはその質問にどう答えていいか分からなかった)
 b. She was *afraid* that the other students would laugh at her.
 (彼女はほかの子たちが自分のことを笑うんじゃないかと思った)
 c. I'm *happy* that everything worked out well in the end.
 (最後はすべてが丸く収まって良かったよ)

これら下線部は，受動態の主語にすることはできないが，(18a) の how to answer the question, (18b) の that the other students would laugh at her, (18c) の that everything worked out well in the end は，明らかにそれぞれ wasn't sure, was afraid, am happy という述部の思考内容である．これらの文は，5 文型の枠組みでは，イタリックになっている形容詞を補語とする第 2 文型として分類される．しかし，ここで問題となるのが，その形容詞に続く要素をどのように扱うかで，(18c) の happy に続く that 節は「原因・理由」を表す副詞節と分析されることが多いが，(18b) の afraid に続く that 節は，次のように be afraid が他動詞 fear に相当することから，「他動詞の目的語に相当する that 節」と扱われることもある (綿貫ほか (2000: §124 (1)))．

(19) I am afraid that I may hurt his feelings.
 ＝I fear that I may hurt his feelings. [改まった言い方]
 (彼の感情を傷つけるのではないかと心配だ)

(18a) についても，疑問詞＋不定詞の部分を副詞句と取ることは，直感的に抵

抗がある．このようなことから，be + 形容詞の部分を一つの他動詞と見なして，それに後続する部分を目的語とする見方がある．

ここで問題にしたいのは，果たして「目的語とは何か」という点である．(13) でも見たように，補語との比較では，少なくとも第 2 文型と第 3 文型の比較をする際には，主語との関係がイコールになるかどうかで区別されるが，これだけでは目的語を説明したことにはならない．単に主語とイコールにならない要素であれば，次のような文における today も目的語ということになる．

(20) I couldn't go shopping yesterday, so I'*ll have to go* today.
(昨日は買い物に行かれなかったから，今日は行かなきゃ)

主語との関係だけを考えれば，主語である I と述語動詞 will have to go の後ろの today はイコールの関係にはならないので，目的語ということになる．だが，当然事実はそうではない．では，「目的語」はどのように定義されるべきものなのであろうか．結論を先に述べると，残念ながら一般に目的語と認められるものをすべて網羅するような目的語の定義はこれまで提示されてきていない．一般によく見かける定義には，次のようなものがある．

(21) a. 〈動詞＋(代)名詞〉の形で，動詞の表す動作の働きを受ける関係にある(代)名詞を目的語という． (綿貫ほか (2000: §5))
b. 目的語は主語と動詞の後に位置し，一般的には受動文の主語になることができ，代名詞の場合には目的格になる．
(Greenbaum and Quirk (1990: 207))

確かに，先の (15a) や (15b) の場合には，述語動詞が hit, admire といった「動作動詞」であるために，その目的語である the mugger や your courage は「動詞の表す動作の働きを受ける」と言えるかも知れない．その証拠に，これらの動詞はその目的語を主語にした受動態が可能である．

(22) a. He *got hit* by a car. (彼は車にはねられた)
b. James *was* much *admired* for his work on medieval literature.[11]
(ジェームズは中世文学に関する彼の研究をたいそう褒められた)

---

[11] この場合のように，be + 過去分詞の形で現れた場合に，その過去分詞が動詞的に機能し受動態を形成しているのか，形容詞的に機能して第 2 文型を形成しているのかを区別する一つの基準が，その語を修飾できる副詞である．動詞的に機能している場合には much によって修飾され，形容詞的に機能している場合には very で修飾される．そのような意味でいうと，この

しかしながら，(15c) や (15d) の場合には，述語動詞が have, resemble といった「状態動詞」であるために，その目的語は「動詞の表す動作の働きを受ける」という解釈が難しい．そのために，それを主語にした受動態を作ることが不可能なのである．[12]

(23) a. They *have* a nice house.
      （あの人たちはすてきな家を持ってるよ）
   b. *A nice house *is had* by them.
(24) a. Sylvia *resembles* a Greek goddess.
      （シルビアはギリシャの女神に似ている）
   b. *A Greek goddess *is resembled* by Sylvia.   (Swan (2005: §412.4))

英語には，このような動詞がいくつかあり，[13] そのような意味で，(21) の目的語の定義に当てはまらない目的語はいくつか出てくる．それでは，目的語を仮に次のように定義してみたらどうだろうか．

(25) 文の要素としての目的語とは，動詞から直接的に目的格を与えられる要素を言う．

英語の場合，人称代名詞以外の名詞は所有格を除いて格変化を失っているが，単に形態上明確に格が現れないというだけで，実質的には格を与えられている．その証拠にそれぞれの目的語を人称代名詞に換えると目的格の形が明確になって現れる．

(26) a. They *have* it.   (cf. (23a))
   b. Sylvia *resembles* her.   (cf. (24a))

さらに，この定義は，第 3 文型における目的語 that 節も，it という代名詞に置き換えが可能であることから，形態上は現れない目的格を与えられていると見

場合の admired は much で修飾されており，明らかに動詞的に機能して受動態を形成していると言える．

[12] このように，他動詞でありながらもその目的語を受動態の主語にできない動詞を，一般に「中間動詞 (middle verb)」と呼ぶ (cf. 第 5 章 1.2.7 節 (p. 272))．

[13] resemble, have 以外に，次のような動詞が原則として目的語を主語にした受動態を形成することができない．程度を表す名詞句を補部に取る動詞：She *jumped* ten feet. ～ *Ten feet *was jumped* by her. (Quirk et al. (1985: 735))，測定を表す名詞句を補部に取る動詞：The melon *weighs* a pound. ～ * A pound *is weighed* by the melon. (村田 (1983: 37))．

ることができる．

このように，(25) の定義は，英語におけるすべての目的語に当てはまるという意味では目的語であるための十分条件であるが，これが時に目的語ではない要素にまで当てはまってしまうという意味で必要条件とは言えない．

(27) a. I knew it was him as soon as I heard his voice.
        (彼の声を聞いたら，すぐにそれが彼だと分かった)
    b. She is two years older than me.
        (彼女は僕よりも 2 歳年上なんだ)
    c. 'I'm hungry!' 'Me too.'
        (「お腹すいた」「僕も」)
    d. (?)Me and him were late.
        (僕と彼が遅れたんだ)

(27a) では，him は was の補語であるために，本来的には him という目的格になるはずではなく，he でなければならない．しかし，動詞の後ろに現れることから慣用的に人称代名詞は目的格で現れる．(27b) では，than はもともと副詞節を導く従属接続詞であるので，それ自体後続する(代)名詞に格を与える力はないために，本来的には I という主格で現れるべきものである．しかし，現代英語では，この than が前置詞化して，その後ろに目的格が現れるようになった．今でも，There were more people there than I expected. のように，than が副詞節を導く従属接続詞として機能することはよくある．(27c) では，I'm hungry. という発話に対して自分も同様に空腹の状態であることを相手に伝える表現であるので，本来は，I'm hungry too. の省略で I too. となるはずが，こちらも慣用的に目的格の me で現れる．最後の (27d) は，かなりくだけた表現で，場合によっては誤りとされることもあるが，実際に用いられることはある．(27) のいずれの場合も，目的格で現れてはいるが目的語ではなく，そのような意味で (21) の目的語の定義には当てはまらない例ということになり，結果として (25) は目的語であるための必要条件とは言えないのである．[14]

---

[14] ただ，(27a, c, d) の場合に，何が名詞に目的格を与えているかという点については，今後の研究成果を待つ必要がある．(27b) の場合には，本来格を与える力がなかった副詞的従属接続詞の than が前置詞化することによって，それに後続する名詞に目的格を与えるようになったという説明は十分に可能であるが，それ以外の例の場合には，目的格の補語が be 動詞によって格を与えられているのか，主語が何によって目的格を与えられているのかは定かではない．

(15) から (27) を見て分かることは，目的語であるかどうかは，(17), (22) のように受動態の主語になることができるかどうかだけで決めることはできないし，(27) で見たように目的格で現れるかどうかだけで決めることもできない．これらに加えて，目的語であるということは，即ち名詞として機能することを意味しており，さらに (15) からも分かるように，目的語であるということは，動詞の補部であり，必須要素として動詞に後続するということになる．このように，一言で目的語といっても様々な側面を持っており，どれか一つを取ってそれを目的語の定義（もしくは基準）とすることはできないのである．目的語であるための条件を列挙すると，次のようになる．

(28) 目的語としての条件
    a. 名詞の目的格の形で現れること
    b. 名詞的機能を果たすこと
    c. 動詞の補部であること（後続・義務的要素）
    d. 受動態の主語になれること

以上のことを踏まえて，最も目的語らしい要素から目的語ではなくとも目的語に近い要素までを段階的に並べると次のようになる．

(29) a. 他動詞の直接目的語：patient・受動態の主語
    The robbers *hit* him over the head with a baseball bat.
    （強盗は，野球のバットで彼の頭を殴った）
    John *was hit* by Mike.（ジョンはマイクに殴られた）
  b. 他動詞の間接目的語：goal・受動態の主語
    What did Walter *give* you for your birthday?
    （ウォルターは誕生日のプレゼントは何をくれたの？）
    May *was given* a huge bunch of flowers by her colleagues.
    （メイは会社の人からすごい大きな花束をもらったんだよ）
  c. 動詞との結び付きが強い前置詞の目的語：patient・受動態の主語・前置詞の目的語
    My cousin *looked after* our dog while we stayed in Boston.
    （ボストンにいる間は私のいとこが犬の世話をしてくれました）
    Our dog *was looked after* by my cousin while we stayed in Boston.
    （ボストンにいる間，うちの犬はいとこが世話してくれました）

d. 他動詞の直接目的語：experiencer/theme・受動化不可
   Greg's real problem is that he *lacks* confidence.
   （グレッグの本当の問題は自信がないところだよ）
e. 自動詞との結び付きの弱い前置詞の目的語：受動化不可
   He started *from* Tokyo *at* noon.　He'll soon arrive *at* Osaka.
   （彼はお昼に東京を出たよ．大阪にはもうすぐ着くよ）
f. 形容詞の補部：格なし・受動化不可
   She was *afraid* that the other students would laugh at her.　(＝ (18b))
g. 自動詞の補語：動詞の補部・しばしば目的格・受動化不可
   Hi, it's me.（やあ，僕だよ）
h. 主語：動詞の前・まれに目的格・受動化不可
   Liz and me went to the movie yesterday.
   （リズと僕は昨日その映画に行ったよ）
i. 副詞相当語句：動詞の後ろ・受動化不可・副詞
   I couldn't go shopping yesterday, so I'll have to go today.　(＝ (20))

さて，次に第4文型を見てみよう．第4文型とは，S＋Vに続いて典型的には人（もしくは生き物）を表す名詞句が現れ，その後に物を表す名詞句が現れる．最初の名詞は，間接目的語として「着点（goal）」もしくは「受益者（benefactive）」を表し，あとに現れる名詞は，直接目的語として動詞が表す動作の対象となる「被動作主（patient）」を表す．言い換えると，間接目的語は授受の対象となる物が最終的に移動していく先となる人，もしくはその授受によって恩恵を受ける人を表し，直接目的語は授受の対象となる移動される物を表す．

(30) a. Judy taught them Japanese.
　　　　S 　　V 　　IO　　　DO
　　　（ジュディは彼らに日本語を教えてあげた）
　　b. She sang us a song.（彼女は歌を一曲歌ってくれた）
　　　　S 　V 　IO DO
　　c. He promised me never to show up late again.[15]
　　　　S　　V　　　IO　　　　DO
　　　　　　　　　　　　　　　　　　　(*BBI*[2]: s.v. *promise* II)
　　　（彼は二度と遅れて来ないと約束してくれた）

---

[15] この場合，直接目的語である to 不定詞の意味上の主語が主節の主語になっている点で特殊である．一般に S+V+O+to 不定詞の構文の場合，to 不定詞の意味上の主語は O の部分にな

d. She told me that she had been busy.
   S V   IO   DO
   (彼女は私に（それまでもしくはそれよりも前は）忙しかったと言っていた)

第4文型の特徴の一つとして，間接目的語を直接目的語に後続させて，前置詞付きで表すことが可能な点が挙げられる．

(31) a. Judy taught Japanese to *them*. ［着点］   (cf. (30a))
     b. She sang a song for *us*. ［受益者］   (cf. (30b))

このように，第4文型の文は，間接目的語が前置詞なしの目的格として現れるために，意味役割の違いが形態上現れることがないが，間接目的語を後置して前置詞付きで表した場合には用いられる前置詞が異なることになる．[16]

第4文型における動詞に後続する二つの名詞句がともに目的語である一つの証拠として，ともに動詞に後続することを見たが，別の証拠としては，二つの名詞句がともにそれを主語にした受動化が可能であることが挙げられる．

(32) a. They *were taught* Japanese by Judy. ［間接目的語］
     b. Japanese *was taught* (to) them by Judy. ［直接目的語］   (<(30a))

(32a) は間接目的語である them が主語になった受動態，(32b) は直接目的語である Japanese が主語になった受動態である．

しかし，第4文型の受動化（能動態を受動態にすること）については，いくつかの制約がある．まず，原則として，間接目的語を主語にした受動態のほうが直接目的語を主語にした受動態よりも自然である (Huddleston and Pullum (2002: 249))．

るのが普通である．
 (i) a. The teacher *told* the children to sit down quietly.
     b. I didn't *expect* him to stay so long.
(ia) では，静かに座るのは子どもたちであり，(ib) では長居するのは彼である．このように，通常はこの構文の to 不定詞の意味上の主語はその直前の名詞句になる．

[16] ask「〜に ... を尋ねる」の場合には，間接目的語を後置すると前置詞は of が用いられる．
 (i) He has no right to *ask* anything of her.
     (彼は彼女に何も聞く権利はない)
しかし，この形は通常直接目的語が question の場合が普通で，その他の名詞の場合には非文になることがある．
 (ii) *Ask his name of him.   (Hornby (1975: 52))

(33) a. I sent Sue a copy.
　　 b. Sue was sent a copy.
　　 c. ?A copy was sent Sue.
　　　　（スーにコピーを送った）

また，次のような動詞の場合には間接目的語を主語にした受動化は可能であるが，直接目的語を主語にした受動化は許されない．

(34) a. *His youth and strength was envied him by everyone.
　　　　cf. Everyone envied him his youth and strength.
　　　　　　（皆が彼の若さと力強さをうらやんでいた）
　　 b. *A visa was refused him (by them).
　　　　cf. They refused him a visa.
　　　　　　（彼にはビザを出さなかった）

5 文型の最後に，第 5 文型を見てみよう．

(35) a. We elected him captain.（彼をキャプテンに選んだ）
　　　　 S　 V　　 O　 OC
　　 b. He made her happy.（彼は彼女を幸せにした）
　　　　 S　V　 O　 OC
　　 c. I found her lying face down.（彼女がうつぶせになっているのを見た）
　　　　 S V　 O　　　 OC
　　 d. Keep your eyes closed.（目を閉じたままにしていなさい）
　　　　 V　　 O　　　 OC
　　 e. Lucy has made me who I am.（ルーシーのお陰で今の私がある）
　　　　 S　　 V　　 O　　 OC

第 5 文型の場合，動詞の後ろに目的語と補語が続くが，この場合の補語は第 2 文型の補語と区別する上で目的格補語（objective complement: OC）と呼ばれる．第 2 文型の場合には，補語は「主語（S）の種類や性質・属性などを表す部分」であったが，第 5 文型の場合には，補語は「目的語（O）の種類や性質・属性などを表す部分」ということになる．[17] 具体的には，(35a) では，補語であ

---

[17] ただし，第 2 文型における補語と，第 5 文型における補語とはズレがある．これは，補語を「主語や目的語とイコールの関係」と捉えるか「主語や目的語と主述関係にある」と捉えるかによって生じるものであるが，詳細については以下で述べる．

る captain は目的語である him のチーム内での役割を表しており，(35b) では happy が her の精神状態を表しており，(35c) では lying face down が her の彼女が見つかった時の体勢を表しており，(35d) では closed が your eyes の状態を表しており，そして (35e) では who I am が me の人格を表している．このように，第 5 文型は第 4 文型と比較した場合，直前の名詞句とイコールの関係で結ぶことができるかどうかで，目的語か補語かが判断される．[18]

(36)　S + V + O + X において，
  a. O ≠ X ならば X は O で第 4 文型
   She made him a teddy-bear. （彼女は彼にテディ・ベアを作ってあげた）
   　S　V　　O O
  b. O = X ならば X は C で第 5 文型
   She made him a good husband. （彼は彼女のお陰で立派な夫になった）
   　S　V　　O C

　ここまで，日本の英文法で伝統的に扱われてきた 5 文型について説明してきた．この 5 文型は，高校受験や大学受験では一切出題されないにもかかわらず，英語の基本的な構造を理解する上では非常に有用であるがゆえに授業の中で扱われ，ある意味で神格化されてきたが，言語という極めて複雑な構造をしているものを，たった五つのパターンで説明しきれるはずがない．5 文型の具体的な問題点については，次節で指摘するが，5 文型は英語の文の構造を理解させるための単なる一つの手段でしかなく，それは全くもって完全なものではないし，ほかにもいくらでも英語の基本構造を理解するための手段があることは十分に理解しておく必要がある．

2.　5 文型の問題点

　前節の最後でも述べたように，5 文型は様々な利点を持ちながらも，問題点も少なくない．本節では，その問題点のいくつかを指摘していく．ただし，問題点を指摘することがすなわち 5 文型の活用を完全に否定するものではない．少なくとも，必要に応じて 5 文型を活用することは非常に有効なことであろ

---

[18] 第 2 文型のところで「イコールの関係」という言い方は厳密には正しくないと述べたが，ここでは，便宜上「イコールの関係」という表現を用いることにする．

う．ここで指摘する問題点は，あくまでも5文型を利用する際に知っておくべきこととして提示するものである．

2.1. 義務的修飾語句

5文型の最大の欠点は，次のような義務的要素を任意の要素として扱っているところである．

(1) a. I have been in the garden. [SVM]
　　　　S　V　　　　M
　　　((ずっと) 庭にいたよ)
　　b. You must put all the toys upstairs. [SVOM]
　　　　S　　V　　　　O　　　　M
　　　(おもちゃは全部2階に置いとかなきゃダメよ)　(Quirk et al. (1985: 53))

5文型の枠組みでは，S, V, O, C以外の構成要素は任意の要素ということになるので，その理論に従えば次のような文が容認可能になるはずであるが，それは事実に反する．

(2) a. *I have been.
　　b. *You must put all the toy.

この5文型の不備を補ったのが，Quirk et al. (1985: 49ff) による次の7文型である．

(3) a. Someone was laughing. [SV]
　　　　S　　　V
　　　(誰かが笑ってた)
　　b. I have been in the garden. [SVM]
　　　　S V　　　　M　　　　　　　　　　(= (1a))
　　c. The country became totally independent. [SVC]
　　　　　S　　　V　　　　　C
　　　(その国は完全に独立した)
　　d. My mother enjoys parties. [SVO]
　　　　　S　　　V　　　O
　　　(母はパーティを楽しんでいます)

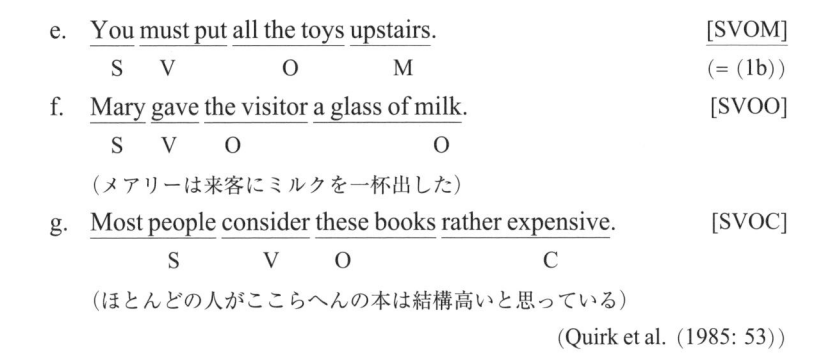

e. You must put all the toys upstairs.　　　　　[SVOM]
 　　　S　　V　　　O　　　　M　　　　　　(= (1b))
 f. Mary gave the visitor a glass of milk.　　　　[SVOO]
 　　S　　V　　O　　　　O
 　（メアリーは来客にミルクを一杯出した）
 g. Most people consider these books rather expensive.　[SVOC]
 　　　　S　　　V　　　　O　　　　　C
 　（ほとんどの人がここらへんの本は結構高いと思っている）

　　　　　　　　　　　　　　　　　　(Quirk et al. (1985: 53))

現時点では，S, V, O, C, M に基づく文型としては，この 7 文型が最も妥当な文型提示である．ただ，本章 3 節でも述べるように，S, V はさておき，O, C, M の区別が学習者にどれだけ必要であるかは甚だ疑問である．詳細については，本章 3 節（p. 48）を参照されたい．

2.2. 存在文と seem 等の構文

(4) a. Suddenly there was *a loud explosion*.
　　　（突然大きな爆発音がした）
　 b. There must be *easier ways* of doing this.
　　　（これをやるにはもっとやりやすい方法が絶対にあるよ）
　 c. There remain *several questions* still to be answered.
　　　（まだ答えなければいけない質問がいくつか残っている）

(4) はいわゆる There is/are ... という形式で現れる「存在文（existential sentences）」の例であるが，この種の文は，5 文型の枠組みでは There is/are ... の ... の部分を主部，is/are の部分を述語動詞とする SV 型に分類される．(4a) の場合，述語動詞 was は，その後の a loud explosion という名詞句の単数に呼応して was という形になっていて，(4c) の場合には，同じく述語動詞である remain は，後続する several questions に呼応して remain という形になっている．このような事実から，there という副詞が倒置によって文頭に移動した MVS の構文であると分析することは，それ自体決して無理があるものではない．しかしながら，次に示すように，明らかに there がこの構文の主語として機能する場合がある．

(5) a. What *is* there there?（そこに何があるの？）
　　　cf. There is nothing there.（そこには何もない）
　　　　　　　　　　　　　　　　　（Huddleston and Pullum (2002: 1391)）
　　b. There are several options open to us, aren't there/*they?
　　　（我々にはいくつかの選択肢があるんですよねえ）
　　c. There are several options open to us *and* ø have been since the start.
　　　（(現在) 我々にはいくつかの選択肢があるし，最初からあったんだ）
　　　cf. It was obvious to everyone that he loved her *and* ø had been from the very beginning.
　　　（彼が彼女を愛していたこと，そして（それも）まさに最初から愛していたことは皆にとって明らかだった）
　　　　　　　　　　　　　　　（以上, Huddleston and Pullum (2002: 243)）
　　d. There*'s* some people in the waiting room.（待合室に何人か人がいる）
　　　cf. There *are* some people in the waiting room.
　　　　　　　　　　　　　　　　　　　　（Quirk et al. (1985: 1405)）
　　e. There *seems* to have been a mistake.（間違いがあったみたいだ）
　　　cf. It *seems* that there was a mistake.
　　f. We hadn't *expected* there to be over a hundred people at the meeting.
　　　（あの集まりに 100 人を越える人がいるだなんて思ってもいなかった）
　　　　　　　　　　　　　　　（以上, Huddleston and Pullum (2002: 1392)）
　　g. What's the chance of there being an election this year?
　　　（今年は選挙がある見込みはどうかなあ）　　　（Swan (2005: §587)）
　　h. There *having* been trouble over this in the past, I want to treat the matter cautiously.　　　（Quirk et al. (1985: 1405)）
　　　（過去にこれを巡って問題があったから，この件は注意して扱いたい）
　　i. You can have everything ø there is on the table for $30.
　　　（テーブルの上の物はすべて 30 ドルでお買い上げいただけます）
　　　　　　　　　　　　　　　　　（Huddleston and Pullum (2002: 1392)）

(5a) では，下線部の there が場所を表す副詞でない証拠に，文末には別に場所を表す there の出現が可能になる．(5b) では，付加疑問文の主語が意味上の主語 several options を受ける they ではなく，there で現れる．(5c) では，連結詞によって結び付けられているのは there である．(5d) で示されているのは，くだ

けた表現では，しばしば動詞が there に一致して is になるということである．(5e) は，いわゆる「主語繰り上げ (subject raising)」と呼ばれるものであるが，従属節中の主語である there が主節の主語に繰り上げられている．(5f) では，expect の補部の意味上の主語の位置に there が現れている．(5g) では，前置詞 of の補部になっている being の意味上の主語の位置に there が現れている．(5h) では，独立分詞構文の主語の位置に there が現れている．そして，最後の (5i) では，いわゆる「先行詞＋関係詞の省略＋関係詞節内の主語＋関係詞節内の述部」と連続する構文の「関係詞節内の主語」の位置に there が現れている．

次に，seem, appear に代表される次のような構文の分類に関する問題点を指摘する．

(6) a. It seems *that someone forgot to lock the door.*
(誰かがドアの鍵をかけ忘れたみたいだ)
b. It appears *that there has been a mistake.*
(ミスがあったみたいだ)
c. It seems likely that they will release the hostages soon.
(人質が間もなく解放されそうだ)

5 文型の分析では，(6a, b) のような構文を，it が仮主語で意味上の主語が that 節であると分析し，it すなわち that 節が主語，seem が述語動詞である SV 型として分類する．この構文は (6c) のように seem の後ろに形容詞を取ることもあるが，この後ろに形容詞が来る場合と来ない場合では，構造に違いが出てくる．まず，(6a, b) のように seem, appear の直後に形容詞なしで that 節が続く場合，it の代わりに that 節を主語にした文は (7) に示すように容認不可能となる．これは，(8) に示すように，その他の仮主語の構文においては that 節を主語位置に生起させることが可能であるのとは対照的である．

(7) a. It seems *that he was wrong.* (ヤツが間違えてたみたいだよ)
b. **That he was wrong* seems.
(8) a. It is obvious *that he was wrong.*
b. *That he was wrong* is obvious.

(以上，Huddleston and Pullum (2002: 960))

(ヤツが間違えてたのははっきりしてるよ)

(7), (8) の事実から明らかなことは，it seems that ... における it は，仮主語の it ではなく，存在文の there や天候の it と同じように「虚辞の it (expletive *it*)」

であると考えられる．そうすると，5 文型の分析では SV 型に分類されている (7a) のような文も，次の (9) のように，it が seem の査定対象の導入部分となり，「命題内容」[19] を意味すると解釈して，文全体を SVC 型と考えることが可能である．

(9) It seems that he was wrong.
    S V   C
    it = 「命題内容」

ただ，これが (6c) のように seem の直後に形容詞が来る場合には事情が変わってくる．(6c) の場合には，すでに seem の後ろに C の働きをする likely が存在しているため，(9) の分析をそのまま当てはめると，次のような特殊な文型ということになってしまう．

(10) It seems likely that they will release the hostages soon.   (= (6c))
     S V   C   C

しかし，seem の後ろに形容詞が来ない (6a) や (7a) の場合と違い，(6c) のように seem の後ろに形容詞が来る場合には主語位置に that 節が生起することが可能となる．

(11) a. It seems *clear* that he was guilty.
        (彼が有罪なのははっきりしてるみたいだよ)
     b. That he was guilty seems *clear*.　(Huddleston and Pullum (2002: 961))
        (同上)

この事実から言えることは，seem の直後に that 節が来る場合の it は虚辞の it であるが，seem の直後に形容詞が来る場合の it は仮主語の it であるということで，すなわち (6c) は次のように分析される SVC 型ということになる．((12) で，下付の *i* は同一指示を表し，すなわち仮主語 it が that 節の内容を指していることを意味する．)

---

[19] この it は，いわゆる「状況を表す it」に相通ずるものがある．
　(i) a. How's it going, George? I haven't seen you for ages.
　　　　(調子はどう，ジョージ？　久しぶりだねえ)
　　　b. No one can stay here—it's too dangerous now.
　　　　(みんな，ここにいちゃダメだ．今は危なすぎる)

2.2. 存在文と seem 等の構文

(12) It seems likely that they will release the hostages soon.　　(= (6c))
　　　S_i　V　　C　　　S_i

存在文と seem の構文に関する問題の最後に，両方の構文が混ざった構文を見てみることにする．

(13) a. There seems to be *a lack of communication*.
　　　（コミュニケーション不足があるみたいだ）
　　b. There appears to have been *a mistake*.
　　　（ミスがあったみたいだ）

この構文は，it seems/appears that ... の that 節内に存在文が現れた時に，その存在文の there が繰り上げ (raising) によって主節主語の位置に移動した構文であるが，文型という点でどのように分析すべきかについて考えてみたい．5文型の分析では，イタリックの部分を主語とした SV 型に分類されるが，存在文の there を文全体の主語とみなす限り，(13) の場合にも there を文全体の主語とする点については特に問題はないであろう．しかし，問題は述語動詞をどの部分として分析するかである．一つの可能性は seem, appear のみを述語動詞として，それに後続する to 不定詞以下を補語と見る考え方である．しかし，次節で，知覚動詞構文や使役動詞構文の (原形) 不定詞部分を補語と見る考え方には問題があるということを見るように，この場合にも，there が表す「存在するもの」が「to be ～ とか to have been ～ のようである」というのはいかにも奇妙である．実際，この to be や to have been が担っている役割は，半分は be 動詞の表す意味であるが，残りの半分は時制である．つまり，to be は主節との同時性を表し，to have been は主節よりも前の時間を表している．このように考えると，この構文における本動詞の部分は be 動詞で，それ以前の seem to/appear to の部分は統語的にも意味的にも助動詞的な働きを果たしていると考えたほうが合理的である．具体的には，seem, appear の部分が法助動詞の役割を果たし，to be, to have been の部分が時制の役割を果たしているのである．この考え方を法助動詞 must と重ね合わせて図示すると次のようになる．

(14) a. There seems to be a lack of communication.　　　　(=(13a))
　　　　≒　　must　　be
　　b. There appears to have been a mistake.　　　　(=(13b))
　　　　≒　　must　　have been

つまり，どの部分を述語動詞と見なせばいいかという問題に関しては，少なくとも文全体の構造を大まかに捉えるために，to 不定詞の動詞までを述語動詞と見なすのが妥当である．したがって，(14) の文は次のように分析される SVC 型ということになる．

(15) a. <u>There</u> <u>seems to be</u> <u>a lack of communication.</u>
　　　　　S　　　　V　　　　　　C
　　 b. <u>There</u> <u>appears to have been</u> <u>a mistake.</u>
　　　　　S　　　　V　　　　　　　　　　C

このように，seem/appear to (be/have been) の部分を助動詞とみなすことにより，次のような文の構造も的確に捉えることができる．（ここでは，M は義務的要素になる．）

(16) a. <u>The rainbow</u> <u>seemed to end</u> <u>on the hillside.</u>
　　　　　　S　　　　　　V　　　　　　M
　　　　（虹は丘の中腹で切れてるみたいだ）
　　 b. <u>Tom</u> <u>graduated,</u> but <u>didn't seem to know</u> <u>what to do with his life.</u>
　　　　　S　　　V　　　　　　　V　　　　　　　　　O
　　　　（トムは，卒業はしたけど，自分の人生をどうしていいか分からないみたいなんだ）

(16a) は，助動詞 seemed to と本動詞 end で述語動詞を形成し，本動詞 end が義務的 M である on the hillside を補部に取っている例，(16b) の後半文は，助動詞 didn't seem to と本動詞 know で述語動詞を形成し，what to do を目的語に取っている例である．

2.3. 不定詞付き対格構文

「不定詞付き対格構文 (the 'accusative with infinitive' construction)」とは，次のように S + V + O + 不定詞の構文をいう．この場合の不定詞は，to 不定詞と原形不定詞の両方の場合がある．具体的には，次のような動詞に続いて目的語 + (to) 不定詞が現れる場合をいう．

(17) 　to なし不定詞を従えるもの
　　 a. 知覚動詞：*feel, hear, notice, observe, see, watch,* etc.
　　 b. 使役動詞：*have, let, make*

2.3. 不定詞付き対格構文

    c. その他の動詞： *bid, help*
(18) to 付き不定詞を従えるもの
    a. 許可動詞： *allow, license, permit*, etc.
    b. 告知動詞： *admit, assert, bid, confess, deny, state, tell*, etc.
    c. 願望・懇請動詞： *ask, choose, desire, like, want, wish*, etc.
    d. 思考動詞： *feel, imagine, remember*, etc.
    e. 使役動詞： *cause, compel, constrain, drive, force, get, help, impel, oblige, persuade, push*, etc.
    f. 促進動詞： *induce, inspire, press, provoke*, etc.

ここでは，まず知覚動詞と使役動詞の構文に関する5文型の扱いの問題点を指摘し，それから to 不定詞を従える構文の問題点を指摘していく．

次に挙げるような知覚動詞構文や使役動詞構文は，5文型の分析ではSVOCのパターンに分類されているが，その場合のOとCとの関係には問題がある．

(19) a. Nobody *saw* the accident happen.
       (誰もその事件が起きたのを見ていなかった)
    b. How can I *make* you understand that I love you?
       (どうしたら僕が君を愛していることが分かってもらえるんだ)

1節 (p. 13ff) で述べたように，一般に補語というのはSVOCのパターンの場合には，O=Cの関係になるものと説明される．しかし，この(19)の各例の場合には，the accident と happen，そして you と understand that I love you との意味関係というのは，イコールの関係というよりは，むしろ主述関係である．安藤 (2008: 107, 116) では，このような知覚動詞構文や使役動詞構文では，動詞の目的語になっているのはその主述関係になっている部分全体であるために，その部分をひとまとまりにして動詞の目的語と見るべきであるとしている．そして，Jespersen (1924: 114ff) に従い，この部分を「ネクサス目的語 (nexus object)」と呼んで，次のように表記している．

(20) a. 知覚動詞（SVO型）
       I saw [him cross the street].
       (彼が通りを渡るのが見えた)
    b. 使役動詞（SVO型）
       I made [him go against his will].
       (彼は嫌がってたけど行かせたんだ)

本書も，知覚動詞構文と使役動詞構文の扱いについては，基本的にこの安藤 (2008) の考え方を支持するが，重要な点は，これらの構文をどのように扱うかという問題よりもむしろ，5 文型の分析が主述関係になっている主部の部分を O，述部になっている部分を C としている点である．1 節の (9) (p. 18) で具体的に例を挙げたように，SVC の文型を形成することができる動詞のことをコピュラと呼ぶ．これらは必ず補語を必要とする．不完全自動詞で，主語位置に生起する要素と補語位置に生起する要素を意味的にイコール関係で結ぶ動詞である．そこで，(19) および (20) の各例で不定詞部分に用いられている動詞に着目してみよう．共通している点は，すべてコピュラ以外の動詞から成っているということである．問題のネクサス目的語の述部部分 (つまり，SVOC の C の部分) と，SVC 型の補語と比較してみよう．

(21) a. The child will *become* an adult.　　　　　　　　　　(=1 節 (4))
　　　b. She *remained* single.
　　　c. My brother *turns* twenty next February.
　　　d. He *feels* awkward with strangers.

(21) は，1 節の (4) で挙げた SVC 型の文であるが，これらの例に含まれるイタリックになっている動詞はすべてコピュラである．つまり，これらの場合の C は S とイコールの関係になるもので，それぞれ the child = an adult, she = single, my brother = twenty, he = awkward の関係が成り立つ．ところが一方で，(20) の場合には，him と cross the street および him と go との関係は主述関係であり，しかも述部の中の動詞はコピュラではない．仮に補語になるものが主述関係の述部の部分であると定義すると，SVC 型の C の位置にも述部に相当するものが生起できることになり，例えば (20) の cross the street や go がコピュラの後に生起できることになる．さらに，ネクサス目的語の部分は文に埋め込まれたものであるが故に主述関係の主部の部分が目的格で表され，述部の部分が原形不定詞で表されているが，このネクサス目的語の部分を主格と定形動詞を用いて表すと次のようになる．

(22) a. He crossed the street.　　　　　　　　　　　　　　　　[SVO]
　　　　（彼は通りを渡った）
　　　b. He went (against his will).　　　　　　　　　　　　　[SV(M)]
　　　　（ヤツは（意に反して）行ったよ）

各文の右側に表記したように，(22a) は SVO 型になるし，(22b) は SV 型に

なるのであるから，このような意味関係になるものを，SVCと同じように扱うということは，補語というものの定義を不明確なものにし，文構造を理解する上で混乱の元となる．

このような理由から，知覚動詞構文や使役動詞構文をSVOC型と分析するには無理がある．SVOC型は，SVC型との平行性を保つためにも，明らかにO＝Cの関係が成り立つ次のような場合に限るべきである．

(23) a. We elected him captain.　　　　　　　(=1節(35a))
　　　b. He made her happy.　　　　　　　　　(=1節(35b))
　　　c. Keep your eyes closed.　　　　　　　　(=1節(35d))

これらの場合であれば，OとCとの関係をコピュラで結び付けることが可能であるため，SVC型との平行性も保たれる．

(24) a. He *was* captain. (彼は主将だった)
　　　b. She *was* happy. (彼女は幸せだった)
　　　c. Your eyes *are* closed. (目は閉じてるよ)

最終的に，5文型における補語は以下のように定義されるべきものである．

(25)　補語とは，関連する名詞句である主語または目的語との関係が，コピュラで結ぶことができる関係のものをいう．

それでは，SVOC型に分類することが不適切な知覚動詞構文と使役動詞構文はどの文型に属すると考えればいいか．基本的には，安藤(2008)の「ネクサス目的語」の考え方が最も妥当であると思われるが，この場合にでも，「目的語は名詞」という原則に反することになり，やはり問題が残ることになる．これに対する本書における代案は，3節(p.48)で述べるように，O, C, Mなどの区別をせず，ある動詞が義務的要素をいくつ必要とするかという数で区別するものであるが，詳細については3節を参照されたい．

ここまで，不定詞付き対格構文の中でも，toなし不定詞を補部に取る知覚動詞構文と使役動詞構文について，その問題点を指摘してきたが，今度はto付き不定詞をとる動詞について，その問題点を指摘していく．

(26) a. I don't *want* Vivian to hear about this.
　　　　(このことはヴィヴィアンの耳には入れたくないな)

b.　The police *forced* James to confess.
　　　　　（警察はジェームズを無理矢理自白させた）
　　　c.　Andy *believed* my friend to be a policeman.
　　　　　（アンディは僕の友達を警察官だと思った）
　　　d.　I *persuaded* Carly to go.
　　　　　（カーリーを説得して行かせた）
　　　e.　I *promised* Eric to transfer Agnes.
　　　　　（エリックにアグネスを移籍させると約束した）

　5 文型の分析では，これらの構文はしばしば SVOC 型に分類される．「しばしば」というのは，これらの構文を敢えて 5 文型の枠にはめ込むことを避ける動きもあるからである．例えば，江川 (1991: 331) は，「『S + V + O + 不定詞』の構文を 8 品詞 5 文型の学習文法の枠内で処理することは不可能」であると述べており，綿貫ほか (2000: §13) も「一般に〈S + V + O + to do〉の形は，むりに基本 5 文型に分類せずにこのままの型として理解したほうがよい」と述べている．

　一方，安藤 (2008) では，これらの構文を 5 文型の中に組み込もうと試み，want の構文を次のような理由から SVO 型に分類している．want と同じタイプには，hate, like, love, mean など「好悪」を意味する動詞なども含まれる．

　(27)　a.　I want [(for) him to come].
　　　　　　次のように，動詞と目的節との間に副詞語句がある時には ... for の挿入は義務的になる．挿入語句のために，want と him が隣接しなくなって，want が him に対格を付与することができなくなったので，for を挿入して him に斜格を与えるのである．
　　　　b.　I want very much [for him to go].　　　　（以上，安藤 (2008: 99)）

つまり，(27b) のような言語事実から，want の場合にはネクサス目的語の主部と述部の部分の結び付きが強いが故に，その部分全体を目的語と見るべきであると主張しているのである．一方で，(26b) の force の場合には事情が異なるとし，次のような理由から SVOC 型に分類している．force と同じタイプには，allow, challenge, compel, dare, defy, forbid, oblige, permit など意味的に「義務」「許可」を表す動詞がある．(Δ は，不定詞の意味上の主語を表す．)

　(28)　「人に働きかけて ... させる」という意味を持っている．O は補文の外にあり，直接目的語として動詞の働きをもろに受ける．

Father [VP [V forced] [NP me] [S Δ to come]]　　　(安藤 (2008: 135))
(父が私を無理矢理来させたのよ)

しかし，安藤 (2008) では，この force を SVOC 型に分類する根拠は，このような観念的なものしか与えられておらず，その証拠としての言語事実は示されていない．

本書では，これに代わる，項構造を根拠とした分類を試みる．先ず，want については，安藤 (2008) が述べているように，動詞補部はネクサス目的語で一つの句（もしくは節）を形成していると考えられるので，ネクサス目的語全体を一つの目的語と見なす SVO 型への分類で問題ない．さらに，force についても，その目的語がそれに後続する不定詞から独立しているという明らかな証拠はないため，基本的に want と同じ SVO 型と考えるのが妥当である．ネクサス目的語の部分を that 節で置き換えることは不可能ではあるが，me は to come の意味上の主語でネクサス関係にあるため，want 同様，me と to come で一つの句（もしくは節）形成していると考えられる．したがって，(26b) と (28) の文は次のように分析される．([ ] はネクサス目的語の範囲を表す．)

(29) a. The police forced [James to confess].　　　(= (26b))
　　　　　S　　　　V　　　　　O
　　 b. Father forced [me to come].　　　(= (28))
　　　　　S　　　V　　　　O

次に，(26c-e) の believe, persuade, promise のタイプについて検討してみる．これら 3 タイプはいずれも不定詞付き対格の部分を that 節に置き換えることができる．しかしながら，一律に同じ扱いをすることはできず，that 節になる場合に，動詞と that 節の間に間接目的語が現れることができるタイプとできないタイプに分けられる．

(30) a. Andy *believed* that my friend was a policeman.　　　(cf. (26c))
　　 b. I *persuaded* Alan that Carly / he should go.　　　(cf. (26d))
　　 c. I *promised* Eric that I / Bill would transfer Agnes.　　　(cf. (26e))

(30) からも分かるように，believe は間接目的語が現れずに直接 that 節が後続する動詞である．believe と同じタイプには，assume, consider, deny, find, guess, know, perceive, suppose, think, understand など思考動詞がある．(26c) における my friend は to be a policeman と共にネクサス目的語を形成する

もので，(27) における want や (29) における force と同じように，全体で believe の目的語になっていると見なすべきである．

(31) <u>Andy</u> <u>believed</u> [<u>my friend to be a policeman</u>].
　　　 S　　 V　　　　　 O

これは，意味的には force と同じように「強制」や「要求」を表す beg, command, order, require, request, urge が，that 節を補部に取ることはあっても，動詞と that 節との間に名詞句を取らないという事実からも裏付けられる．

(32) a. The captain *ordered* <u>John to shoot the prisoners</u>.
　　　　（隊長はジョンにその捕虜を銃殺せよと命じた）
　　 b. The captain *ordered* ø <u>that John (should) shoot the prisoners</u>.
　　　　（隊長はジョンがその捕虜を銃殺するように命じた）　　（安藤 (2008: 139)）

それに対して，(30b) では，(26d) で動詞の直後に生起していた Carly は that 節の主語として現れ，(30c) では，(26e) で動詞の直後に生起していた Eric が動詞の直後の名詞句として現れている．これは，本来的に persuade と promise の補部構造が異なるからで，persuade の直後の名詞句は，不定詞付き対格構文の際は常に不定詞の主語と解釈され，一方 promise の直後の名詞句は間接目的語の解釈しか受けず，不定詞の意味上の主語は主節の主語に解釈されるのである．persuade と同じタイプの動詞は，beg, convince (*AmE*), notify, remind, tell などがあるが，promise についてはこの動詞のみがこのような補部構造を取る．したがって，これら二つの動詞は共に that 節にした時には，動詞と that 節の間に間接目的語としての名詞が生起できる構造を共有しながらも，不定詞付き対格構文においては，persuade の場合は後ろの不定詞付き対格全体をネクサス目的語として目的語に取る一方で，promise の場合には直後の名詞句は常に間接目的語として機能し，それに後続する不定詞句は完全に別の句を形成すると考えられる．したがって，最終的にはこれら二つの動詞の不定詞付き対格は次のように分析される．

(33) a. <u>I</u> <u>persuaded</u> [<u>Carly to go</u>].　　　　　　　　　　(= (26d))
　　　　 S　 V　　　　 O
　　 b. <u>I</u> <u>promised</u> <u>Eric</u> <u>to transfer Agnes</u>.　　　　　(= (26e))
　　　　 S　 V　　　 O　　 O

ここまでは，知覚動詞構文・使役動詞構文以外の不定詞付き対格構文で to 付

き不定詞を補部に取る構文について検証した．結論としては want, force, believe, persuade は，不定詞付き対格構文で現れた場合には，目的語名詞句は常に不定詞の意味上の主語として解釈されるという理由から，総じて不定詞付き対格の部分をネクサス目的語と捉えて文全体を SVO 型に分類する一方で，promise は，後続する名詞句は間接目的語，不定詞は直接目的語として捉えるのが妥当であることをみた．しかし，不定詞付き対格を一つの目的語として捉えることは，依然として「目的語は名詞である」という原則に反するものではあり，完全なる問題解決には至っていない．

2.4. S+V+O+SC

第5文型の S+V+O+C 型における C は，通常直前の O に関する記述を行う部分で，しばしば目的格補語と呼ばれる．しかし，Quirk et al. (1985: 1199-200) によれば，まれにこの目的格補語の位置に主語に関する記述をする主格補語が現れることがある．本節では，そのような目的語の後ろに位置する要素が，目的語の説明ではなく主語の属性や状態を説明している例について検討する．

(34) a. She made him *a good husband*.
　　　　S　V　　O_d　C_o
　　　（彼女のおかげで，彼はよい夫になった）
　　b. She made him *a good wife*.
　　　　S　V　　O_i　C_s
　　　（彼女は彼のためによい妻になった）

(35) He struck me as *a brilliant strategist*.
　　　S　V　　　O　C
　　（私は，彼は才気あふれる戦略家であるという印象を強く持った）

(34) では，O_d が直接目的語を，C_O が目的格補語を，O_i が間接目的語を，C_S が主格補語をそれぞれ表している．(34a) は，him が目的語で，a good husband がその目的語に関する記述をしている部分であるため，通常の SVOC のパターンとなり問題はないが，(34b) は，him が目的語になっていて，それに続く a good wife はその直前の名詞句である him に関する記述ではなく，主語である she に関する記述になっている．(35) も同様に，as a brilliant strategist は直前の名詞句である me に関する記述ではなく，主語である he に関する記述になっている．Quirk et al. (1985: 1200) では，このような理由か

ら (34b) や (35) を，SVOC の特殊パターンとしている．

(34b) や (35) に関して，a good wife や as a brilliant strategist の部分は，主語の性質を説明しているという点では補語としての資格は有しているため，文全体を SVOC の下位分類として，C の部分に目的格補語と主格補語の両方を認めることによって 5 文型の枠組みで捉えることは可能である．しかし，文の構造はできるだけ単純に分析したほうが好ましいという点では，下位分類が増えることは問題である．

また，(34b) の構文を SVOC ではなく，SVOO であるとする見方がある．Huddleston and Pullum (2002: 256-57) では，(34b) における a good wife は，意味論的には補語であるとしながらも，統語的には目的語であるとしている．彼らがその根拠として挙げているのは，(34b) における a good wife は，形容詞や職業や地位を表す無冠詞名詞句と置き換えることが不可能であるという点である．

(36) a. She made *him* grateful.
 (彼女のおかげで彼は感謝の気持ちを持つようになった)
 b. She made *him* secretary.
 (彼は彼女の秘書になった)

(36a, b) の形容詞 grateful と職業を表す裸名詞 secretary は，主語に関する記述をすることは不可能で，目的語である him の記述しかすることができない．したがって，(34b), (35) の a good wife, as a brilliant strategist は統語的に目的格補語の資格を持たないが故に，SVOO と分析されている．さらに，(34b) は (37) のように言い換えることが可能で，これは，(38a) が (38b) に言い換えることができる事実と平行するものである．

(37) She made *a good wife* for him.
 (彼女はよい妻に彼のためになった)
(38) a. She made him *a teddy-bear*.
 (彼女は彼にテディベアを作ってあげた)
 b. She made *a teddy-bear* for him.
 (彼女はテディベアを彼のために作ってあげた)

これらが，Huddleston and Pullum (2002) による分析であるが，この分析を裏付けるように，*OED* においても，この make の用法が次のように記載されてい

る.[20]

(39) **28.** Of persons: To become by development or training. Also, with obj. a sb. qualified by *good*, *bad*, or other adj. of praise or the contrary: ...
（人について，成長や訓練によって～になる．また，good, bad などの褒めたりまたその逆の意味を持つ形容詞によって修飾される人を表す目的語を伴う）

ここでは，(34b) における a good wife に相当する部分を「目的語」と明記しており，この記述から，make のこの構文を SVOO と捉えていることが分かる．

以上のことから，(34b) については，SVOC の例外的パターンとして認めるのではなく，SVOO として分析することも可能であるが，しかし，依然として (35) の strike の例については，主格補語としての可能性があり，Huddleston and Pullum (2002: 255, n. 30) でも SVOC における例外的な主格補語として認めている．strike の場合，make の場合と異なり，as の補部が形容詞になることが可能である．

(40) Her reaction struck me as odd. （彼女の反応には妙な印象を持った）

impress も，strike 同様，補部に主語についての記述をする as 句を取ることができ，as の補部として名詞と形容詞を取ることができる．

(41) a. *She* impressed me as a scholar.　　　　　(*BBI²*: s.v. *impress*)
　　　（彼女には学者のような印象を持った）
　　b. *Novak* impressed me as trustworthy.
　　　（ノバックは信頼できる人だという印象を持った）

このように，SVOC の C の部分が，O に関する記述だけではなく，S に関する記述であることがあるが，3 節 (p. 48) で見るとおり，O と C の区別をせず，動詞の補部の数のみを問題とするような文型を考えれば，本節で述べたような問題はすべて解決できる．詳細については，3 節を参照してほしい．

---

[20] *OED* では，make のこの意味での初出は 1572 年になっており，次の (ia) 例文が記載されているが，これは make に後続する補部が一つの例で，make に二つの補部が後続する例としては，(ib) の 1885 年の例が初出となっている．
　(i) a. I think he [the Duke of Anjou] will make as rare a prince as any is in Christendome.
　　　（彼［アンジュー公］はキリスト教世界における世にも稀な王子になるであろう）
　　b. She will make *him* a good wife. （彼女は彼のためによい妻になるだろう）

2.5. 随意的補語

補語の中には，次のように文にとっての義務的要素でないものがある．

(42) a. I married young, but it was a mistake.
       S V   ?
    （僕は結婚は早かったけど，失敗だったよ）
   b. The children came home safe and sound.
         S   V   M   ?
    （生徒たちは無事に姿を見せた）
   c. We often eat these fish raw.
      S   V   O   ?
    （この魚はよく生で食べます）
   d. Debby had her hair cut short.
       S   V   O   C ?
    （デビーは髪を短かくしてもらった）

原則として，補語や目的語というのは，それを導く動詞との結び付きが極めて強く，動詞にとっては不可欠な要素である．本章1節の (5a) (p. 15) でも述べたように，(42a) の young はなくても文が成立する．さらに (42b) の場合にも，The children came home. のように何の要素も後続せずとも文としては成立することから，safe and sound は義務的要素とは考えられない．(42c) の場合には，動詞 eat の後に these fish という目的語が続き，さらにその後に，目的語 these fish の状態を説明している raw という補語が続いている．この場合にでも，We often eat these fish. だけで文は成立しており，raw という補語は義務的な要素ではない．最後に，(42d) でも，Debby had her hair cut. で文は完結しており，その後の short は，付属的存在となっている．

2.6. 形容詞の目的語

動詞に後続する要素で，5文型では目的語とは認められていないが，目的語と認められる可能性を持っているものがある．それが，以下に挙げるような be + 形容詞の後に生起する名詞的要素である．

(43) a. Ed *wasn't sure* how to answer the question.   (=1節 (18))
    （エドはその質問にどう答えていいか分からなかった）

b. She *was afraid* that the other students would laugh at her.
   (彼女はほかの生徒たちが自分のことを笑うんじゃないかと思った)
c. I'*m happy* that everything worked out well in the end.
   (最後はすべてが丸く収まって良かったよ)

これらの文は，5 文型の枠組みでは，イタリックになっている形容詞を補語とする第 2 文型として分類される．しかし，ここで問題となるのが，その形容詞に続く要素をどのように扱うかである．そこで，be + 形容詞の部分を一つの他動詞と見なして，それに後続する部分を目的語とする見方がある．be + 形容詞の部分を一つの動詞と見なせば，問題の部分が動詞の直後に生起する部分であるために，それを目的語と見なしやすい．しかし，これらの形容詞のうしろに生起できる要素は時制を持つ節や疑問詞 + to 不定詞に限られ，その他の名詞類が後続する場合には前置詞が必要となる．さらには，下線部を主部にした受動化も不可能なことから，be + 形容詞で一つの他動詞と見るのも問題が残る．

2.7. 自動詞 + 前置詞の目的語

前節の (43) の下線部は，動詞に後続する目的語と見なすことは可能でありながらも受動態の主語にすることはできなかった．一方，次のように自動詞 + 前置詞で一つの他動詞を形成するような場合には，動詞の目的語でないものでも受動態の主語にすることが可能である．一般にこのような自動詞 + 前置詞の部分を「前置詞付き動詞 (prepositional verbs)」と呼ぶ．

(44) a. He *looked after* the old man.　　　　　　　　　　(=1 節 (16))
        (彼はおじいさんの面倒を見た)
     b. They *had sat in* the chair.
        (彼らは椅子に座ってしまっていた)
     c. We *arrived at* a conclusion.
        (ある結論に達した)
     d. They *went into* the problem.
        (彼らはその問題を調査した)

(44) の下線部は，それぞれの動詞によって表されている動作の「影響 (affectedness)」を受けるという解釈が可能であるために，次のような下線部を主語にした受動化が可能となる．

(45) a. The old man *was looked after* by him.　　　　　(=1 節 (17))

    b. The chair *had been sat in*.
    c. A conclusion *was arrived at*.
    d. The problem *was gone into*.

このように，受動化は，目的語を同定するための条件としては不十分であるが，一方で本来目的語とは認められていなかった要素を，新たに目的語として認定するための基準として用いることができる．

2.8. 名詞以外の主語

5 文型では，主語は名詞であるということが大前提となっているが，時として名詞以外の要素が主語になることがある．

(46) a. Over the fence is out.
        (垣根の外（へボールが出たら，それ）はアウトである／とする）
    b. From here to London is no great distance.　　　（安井 (1996: 12)）
        (ここからロンドンまでは，それほどの距離ではない．)

また，次のような例も，同種のものと考えられる．

(47) a. Once is enough for me.　　　（安井 (1996: 12)）
        (私には一度だけでたくさんだ)
    b. Now's the time to buy a house, while the interest rates are low.
        (さあ，もう家を買う時期だな．利息が安い間にね)　　（*LDOCE*^{5}: s.v. *now*）

これらの once や now は名詞とも考えられるが，少なくとも現代英語におけるこれらの語の機能は副詞が原則であるため，(46) と (47) は同種のものと考えていいであろう．

3. 内項の数に基づく文型

　文というのは，述語動詞を中心として，その述語動詞の主題となる主部と，その述語動詞にとって不可欠な補部，そしてその述語動詞にとっては任意の要素である修飾部からできている．その中で，動詞に直接的に関わりのある主部と補部を「項 (arguments)」といい，主部を動詞の「外項 (external arguments)」，補部を動詞の「内項 (internal arguments)」と呼ぶ．
　この「外項」「内項」という用語を用いると，5 文型の分析で分類される文型

は，述語動詞を中心としてすべての文型が共通して外項を有し，その違いはもっぱら内項の違いによるということができる．そして5文型分析の大きな特徴は，その違いがO, C, M の有無もしくは組み合わせの違いに基づいて分類されている点である．しかしながら，5文型分析が抱える最大の問題点は，もっぱらその分類が内項の種類に基づいている点にある．文全体の構造を理解する上では，O, C, M の区別よりも，むしろ述語動詞が内項をいくつ必要としているかのほうが重要度が高いと考えられる．そのような理由から，本節では，O, C, M の区別を重要視した従来の5文型の分析に代わり，内項の「数」を重要視した「3文型」の分類を導入する．以下，〈　〉内は従来の5文型・7文型における分類を，《　》は本章の1節と2節で行った5文型の修正分析を，［　］は構文名を表す．イタリックは述語動詞を，下線部は内項を表す．また，M は義務的 M を，(M) は随意的 M を表す．

【内項の数に基づく文型】

(1) 文型 0 (Sentence Pattern 0：内項なし) 〈SVø〉
 a. Someone *was laughing* ø. 〈SVø〉 (=2節 (3a))
  （誰かが笑ってたよ）
 b. The Patriots *faded* in the second half. 〈SV(M)〉
  （ペイトリオッツは後半になって勢いがなくなりました）

(2) 文型 1 (Sentence Pattern 1：内項一つ) 〈SVM, SVC, SVO〉
 a. I *have been* in the garden. 〈SVM〉 (=2節 (1a))
 b. The country *became* totally independent. 〈SVC〉 (=2節 (3c))
 c. My mother *enjoys* parties. 〈SVO〉 (=2節 (3d))
 d. Suddenly there *was* a loud explosion. ［存在文］《SVC》 (=2節 (4a))
 e. It *seems* that someone forgot to lock the door.
  ［it seems の構文］《SVC》 (=2節 (6a))
 f. It *seems* likely that they will release the hostages soon. (=2節 (6c))
  ［it seems + 形容詞の構文］《SVC》
 g. The rainbow seemed to end on the hillside. (=2節 (16a))
  ［seem + to 不定詞の構文］《SVX (X は生起する動詞によって変動)》

(3) 文型 2 (Sentence Pattern 2：内項二つ) 〈SVOM, SVOO, SVOC〉
 a. You *must put* all the toys upstairs. 〈SVOM〉 (=2節 (1b))
 b. Mary *gave* the visitor a glass of milk. 〈SVOO〉 (=2節 (3f))

c. Most people *consider* these books rather expensive. 〈SVOC〉
  (=2 節 (3g))
  d. Nobody *saw* the accident happen. ［知覚動詞構文］《SVO》
  (=2 節 (19a))
  e. How can I *make* you understand that I love you? (=2 節 (19b))
  ［使役動詞構文］《SVO》
  f. I don't *want* Vivian to hear about this. (=2 節 (26a))
  ［不定詞付き対格構文］《SVO》
  g. I *promised* Eric to transfer Agnes. (=2 節 (26e))
  ［不定詞付き対格構文］《SVOO》
  h. He struck me as a brilliant strategist. (=2 節 (35))
  ［SVO＋主語の性質］《S+V+O+SC》

　文型0は，述語動詞が補部を一つも持たない，「内項ゼロ」のパターンであるが，(1a)は従来の5文型における典型的SV型で，述語動詞の後ろには何の要素も生起していない．一方，(1b)も従来のSV型であるが，述語動詞の後ろにin the second halfという副詞が生起している．しかし，この要素は述語動詞fadeにとっては不可欠な要素ではないために，内項ゼロの文型0に分類される．

　文型1は，述語動詞が補部を一つだけ取る「内項一つ」のパターンである．(2a)は，7文型におけるSVM型で，in the garden (1語であればin) が唯一の内項になっているため，学習者はbeの後ろには必ず一つ項が必要であるということさえ学習すればいいのである．(2b)は，従来の典型的なSVC型でtotally independentという形容詞句が唯一の内項になっており，学習者はbecomeの後ろには必ず項が一つ必要であるということさえ学習すればいいのである．(2c)の場合にも同じで，enjoyの後ろに来るものが，MであってもCであってもOであっても，初期の段階ではその違いに着目するよりも，数として一つの内項が必要であるということさえ習得していれば，あとは意味の助けなどもあって自然に習得できるはずである．以下，同様に，(2d)の存在文であればthere is/are ...というSVの後には一つの内項があり，(2e)のseemの場合にも虚辞のitが主語として存在する一方で，述語動詞の後ろにはthat節という一つの内項がある．また，同じseemの構文でも述語動詞の後ろに内項として形容詞が現れる(2f)の場合には，その後ろのthat節は仮主語itに代用される真主語である．seemの内項が一つであるという認識を持てば，すなわちその

内項の後ろの that 節はもうすでに内項としての地位を確保できなくなり，外項かもしくは随意的修飾要素として認識されるようになる．外項も一種の修飾要素の色合いが強いことを考慮すると，この that 節を仮に学習者が修飾要素と捉えたとしても，それは本質的な言語習得につながると考えられる．(2g) の場合も，無理矢理5文型の分析に当てはめようとすると，seem を助動詞として，to 不定詞のところに現れる動詞を本動詞として捉えるような再分析をしたが，内項の数だけを問題にするのであれば，単に seem の後ろに to 不定詞という内項が一つ現れるということのみを習得すれば済むのである．

　最後に，文型2は内項を二つ取るパターンであるが，内項の数が二つであるということは，5文型の分析の様々な組み合わせがこの中に含まれることになる．(3a-c) は，従来の7文型における SVOM, SVOO, SVOC であるが，内項の種類に着目しなければ，すべて同じ文型として習得されるために学習者の負担も軽減される．本書では，SVO として再分類した (3d-f) のような知覚動詞構文・使役動詞構文・ほとんどの不定詞付き対格構文も，単に動詞の後ろには名詞句と不定詞句の二つの義務的要素が後続するとすれば，簡単に同じ文型のものとして分類される．そして，(3g) のように不定詞付き対格構文で唯一 SVOO と分析される promise の構文も，他の不定詞付き対格構文同様この文型に分類されるのである．最後に，(3h) のように SVOC の C の部分が主格補語になる場合も，内項の種類に着目しなければ，C が OC であろうと SC であろうとそれ自体は重要な問題ではなく，その違いはその下位分類として後に習得すればいいのである．

　内項の数に基づく文型は，内項の数の上限は二つであるということを前提に設定されたものであるが，時として次の (4) のように，内項が三つ現れることがある．

(4) I sold him my car brand-new.　　　　　　　(綿貫ほか (2000: 47))
　　S V IO　DO　　OC
　　(彼に私の車を新品(の状態)で売った)

ここでは，述語動詞 sold に後続する要素の働きを明確にするために，敢えて単なる O, C という表記ではなく，IO, DO, OC という表記を採用した．最初の内項 him は，それに後続する内項 my car の「到達点」であるため間接目的語になり，my car は売られる対象である「被動作主」になるので直接目的語になる．ここまでであれば，普通の文型2の文なのであるが，その後ろに直接目的語の状態を説明する brand-new という形容詞が現れている．2.5節の (42) の

例にも共通するものがあるが，この場合の brand-new は目的語の状態を説明しているという意味論的な理由，および形容詞であるという統語論的な理由から目的格補語として資格を持っているが，肝心の sold（<sell）からの直接的な存在要請があるかというとその限りではない．それは，sell という動詞が内項を 2 項取る時は，SVOO 型のみであり，SVOC 型になることはないからである．そのような意味で，このような構文は内項は二つしか存在しない文型 2 の文ということになるが，2.5 節の (42) の各例同様，これらの例も特殊な存在である．

第 2 章

語句の結び付き (Linkage of Words and Phrases)

　人間が用いる言語の単位は，その単位の大きさ〈重さ・長さ〉に応じて様々なレベルに分けられる．最小の単位を「語 (words)」[1] とすると，その語が結び付いて「句 (phrases)」が形成される．さらにその句がいくつか結び付くと「節 (clauses)」が形成され，時としてその節が複数結び付いて，また時としてその節がそのままで「文 (sentences)」が形成される．これより大きな単位は，その言葉が用いられる状況により様々であるが，今は仮にエッセーや小説といった一つのまとまった本を想定してみよう．そのような場合には，文がいくつか結び付き「段落 (paragraphs)」が形成される．そして，段落がいくつか結び付くと一つの「節 (sections)」が形成され，さらに節がいくつかまとまって一つの「章 (chapters)」になる．そして，最後に章がいくつかまとまって一つのエッセーや小説になる．この，語→句→文→段落→節→章→エッセー・小説という流れの中で重要な点は，それぞれ結び付きの強いもの同士が一緒になってさらに大きな単位を形成しているという点である．これは，裏を返すと，言葉には必ず結び付きが弱い部分があり，一般にそれを切れ目と言い，言葉を使う上ではこの切れ目が分からないと，全く使えない（つまり，伝わらない，理解できない）ことになってしまう．以下では，文を最大の単位として，その中で結び付きが強い部分と結び付きが弱い部分を見分けるためにはどのようにしたらよいか，つまり文の中の切れ目を見つけるためにはどのような知識が必要かを説明していく．

---

　[1] ここでは，仮に語を最小の単位と仮定するが，語をさらに細かく分けることも可能である．それは形態素 (morphemes) と呼ばれるもので，例えば，preposition という語は pre「～の前部にある」+ posit「～を置く」+ ion「状態」という部分に分けることができる．この，pre-, -posit-, -ion の一つ一つを形態素と呼ぶ．

上述したように，語がいくつか結び付いて句になり，句がいくつか結び付いて文になる．文はさらに大きな文の一部として用いられることもあり，そのような場合，文の一部となっているほうを，一般には「節」と呼ぶ．[2] このように，文はいくつかのより小さな単位によって形成されるが，どの部分がより小さな単位を形成しているかを見分けるには，どの部分の結び付きが強くなっているかを知っている必要がある．

まず，次の文を見てみよう．文を構成する基本単位は「語（words）」で，その語がいくつか連なって「句（phrases）」，さらには「節（clauses）」ができる．一つの文にいくつかの句もしくは節ができるということは，言い換えると，語と語の結び付きが「強い」ところと「弱い」ところがあるということになる．

(1) That was his biggest triumph in five years on the men's tennis circuit.
  S PV   C   M   M
    P

（あれは，男子テニスツアーの 5 年間で彼の最大の勝利だった）

S: Subject（主部）
PV: Predicate Verb（述語動詞）
C: Complement（補語）
M: Modifier（修飾部）
P: Predicate（述部）

was という動詞は「〜だった」という意味で文全体の述語動詞 PV になっているが，「〜」の部分を補わないと意味が完全なものにならない．ということは，「〜」の部分に当たる his biggest triumph と was の結び付きが強くて，was his biggest triumph で一つの句を形成することになる．この場合，それが最終的に文全体の述部 P になっていることになる．一方，that はどの語とも結びつかず，単独で主部になっている．そして，in は「〜の間で」という期間を表し，これも was 同様「〜」の部分を補わないと意味的に完結しないため，「〜」の部分にあたる five years と強く結び付いて in five years という句を形成している．この句は，全体として「5 年間で」という意味になって，述部部分を修飾す

---

[2] 文の中に複数の節が含まれない場合，その文を「単文（a simple sentence）」と呼ぶ．文の中に節が複数含まれる場合，そして，その含まれる節が文法的に対等の関係にある場合，その文を「重文（a compound sentence）」と呼ぶ．そして，文の中に節が含まれ，そこに主従関係が存在する場合，その文を「複文（a complex sentence）」と呼ぶ．(cf. 第 3 章 2 節 (p. 75))

る修飾部 M になっている．最後に on は「～に，～の」という時を表し，「～」の部分に当たる the men's tennis circuit と強く結び付いて on the men's tennis circuit という句を形成し，全体で直前の five years を修飾する修飾部 M になっている．これが，語が結び付いて句になり，句が何らかの働きをして文を構成している一例である．

1. 直接修飾（一次的修飾）

　結び付きが強い「句」もしくは「節」が形成されるのには，いくつかのパターンがあるが，その中でも比較的分かりやすいのが，句ではなく語として冠詞・代名詞・形容詞が名詞を修飾したり，副詞が直前から形容詞・副詞・前置詞・副詞節を導く従属接続詞を修飾したりする場合である．これを「直接修飾 (direct modification)」と呼ぶことにする．直接修飾は結び付きの強い句もしくは節を形成する．(1) では，イタリックの部分が下線部を修飾している．

(1) a. *a small* farmer（小さな農場を経営している人）　　［冠詞＋形容詞＋名詞］
　　b. *this* night[3]　（今日の夜）　　　　　　　　　　　　［代名詞＋名詞］
　　c. *how much* milk（どれだけの牛乳）　　　　　　　　　［副詞＋形容詞＋名詞］
　　d. *far less* likely　　　　　　　　　　　　　　　　　　［副詞＋副詞＋形容詞］
　　　　（～よりもずっとありそうにない）
　　e. *right* in the middle of the town　　　　　　　　　　［副詞＋前置詞］
　　　　（まさに町の真ん中で）
　　f. *exactly* as I tell you　　　　　　　［副詞＋副詞節を導く従属接続詞］
　　　　（まさに僕が言うように）

(1) に挙げたいくつかの例のように，直接修飾は，原則としては冠詞・代名詞・副詞・形容詞などが前から後ろにかかることによって，一つの句を形成する．しかし，修飾する語もしくは修飾される語の性質によって，まれに後ろから前に直接修飾する場合がある．一般には「後置修飾 (postmodification)」と言うが，以下には形容詞が後置修飾する例を挙げておく．

---

　[3] ここでは，冠詞や指示代名詞が後ろの名詞にかかるという，従来の学校文法の見方で説明するが，本書 Part II では，これらは「決定詞 (determiner)」という品詞に分類し，それらが名詞を補部に取るという見方を採用する．詳細は第 4 章 2.2 節 (p. 171) を参照されたい．

(2) a. We are looking for people *skilled in design*.
　　　　（デザインが上手い人を探しているんです）
　　　　［形容詞が2語以上で句を形成する場合］
　　b. something *new*（何か新しいもの）
　　　　［修飾される代名詞が everybody, somebody, anybody, nobody, everyone, someone, anyone, no one, everything, something, anything, nothing の場合］
　　c. the best job *possible*（可能性のある中で最高の仕事）
　　　　［-able, -ible で終わる形容詞が，all, every, 最上級と共に用いられた場合］
　　d. things *Japanese*（日本の風物）
　　　　［things が「風物」という意味で用いられた場合］
　　e. archaeology *proper*（本来の考古学）
　　　　［proper が「厳密な意味での，本来の」という意味で用いられた場合］
　　f. the members *present*（出席している人たち）
　　　　［形容詞が叙述用法のみの場合］
　　g. the sum *total*（総額）［慣用的表現］

　ここまで，形容詞などの修飾語が直後もしくは直前の被修飾語を直接修飾するパターンを見てきたが，これ以外にも直接修飾には，of＋名詞句が後から前の名詞を修飾するパターンがある．

(3) a. the back *of the camel*（ラクダの背中）
　　b. a friend *of Derek's*（デリクの友達）
　　c. the depth *of the swimming pool*（プールの深さ）
　　d. a member *of the men's Olympic Handball Team*
　　　　（オリンピックの男子ハンドボール・チームのメンバー）

2. 主要部と補部

　直接修飾の次に，語と語が結び付きの強い句を形成するもう一つのパターンは，「主要部（head）―補部（complement）」の関係である．この関係は，その語だけでは独立して機能することができない単語が，欠けている部分を補う要素を必要としている場合，およびある語が別の語との結び付きが極めて強い場合に存在する．例えば，(1) の例で言うと，was his biggest triumph の場合，was が「～だった」という意味で，「～」が補われないと不完全なために「～」は「だった」にとって不可欠な要素であり，was が主要部となり，それを補う

his biggest triumph が補部ということになる．また，in five years の場合であれば，in が主要部になり，five years が補部ということになる．このように，しばしば，もしくは常に補部を取る品詞は決まっていて，しばしば補部を取るのが動詞，そして常に補部を取るのが，助動詞（to 不定詞の to を含む）・前置詞・従属接続詞である．[4, 5] この主要部と補部の関係は，このように欠けている部分を持つ要素とそれを補う要素の間に存在する関係と言うことができるが，別の言い方をすると，互いに結び付きが強い要素同士の間に存在する関係と言うこともできる．具体例については，適宜各品詞の説明の中で挙げていくが，まずは主要部と補部の関係が存在する部分のみ取り上げて例示する．四角で囲んだ語が主要部，下線を引いた語が補部である．

(1) a. can swim （泳ぐことができる）　　　　［助動詞＋動詞］
　　b. to swim （泳ぐこと／べき／ために）　　［to＋動詞（不定詞）］
　　c. broke the window （窓を割った）　　　　［動詞＋名詞（目的語）］
　　d. became a doctor （医者になった）　　　　［動詞＋名詞（補語）］
　　e. sing me a song （歌を歌ってくれる）　　［動詞＋名詞＋名詞（二重目的語）］
　　f. made her cry （彼女を泣かせた）　　　　［動詞＋名詞＋動詞（使役動詞構文）］
　　g. saw him coming　　　　　　　　　　　　［動詞＋名詞＋動詞（知覚動詞構文）］
　　　　（彼が来るのが見えた）

---

[4] ある要素が他の要素にとって不可欠かどうか，もしくはある要素がないと文が成立しないかどうかというのをどのように判断するのかという疑問が自然と生じてくる．母語話者の場合にはその直感に頼ることになるが，微妙な例の場合には言語学者を初めとする専門家による研究の成果に頼るしかない．それでは，英語を母語としない「素人」は，どのようにある要素がその語にとってなくてはならない要素かどうかを見分ければいいのであろうか．それは，辞書によって確認するしかない．例えば，『ジーニアス英和辞典（第4版）』には，behave を引くと自動詞の最初の項目のところに，「［様態の副詞(句)と共に］[SVM]〈人が〉(... に対して)（よく［悪く］）ふるまう」と記されている．これは，behave という V にとっては，様態の副詞 M が不可欠であるという意味である．また，stay を引くと，これも自動詞の最初の項目のところに「[SVM]〈人などが〉(場所に)とどまる，とどまっている，いる」と記されている．ここで重要なのが「[SVM]」と「(場所に)」という部分で，これは stay がこの意味で用いられる場合には「V の後には必ず場所を表す M が必要である」ということを表している．これは，他動詞のところに「[SVO]」と書いてあったり，補部を取る自動詞のところに「[SVC]」と書いてあったりするとの同じである．

[5] 実際には，形容詞や名詞も補部を取ることがある．例えば，第1章1節 (18) (p. 21) でも触れたように，「思考・感情」を意味する形容詞の後に，その思考や感情の内容を表す句や節が続く場合，その内容部分は先行する形容詞の補部とみなすことができる．

h. |leave| the door open　　　［動詞＋名詞＋形容詞（目的語＋補語）］
　　（ドアを開けたままにする）
i. |stay| here（ここにいる）　　［動詞＋副詞（義務的修飾部）］
j. |treat| the prisoners decently　　［動詞＋名詞＋副詞（義務的修飾部）］
　　（囚人をきちんと扱う）
k. |dependent| on parents（両親に頼って）　　［形容詞＋前置詞］
l. |independently| of personal interest（私利を離れて）　　［副詞＋前置詞］
m. |for| Chris（クリスのために）　　［前置詞＋名詞（目的語）］
n. |with| his mouth full　　［前置詞＋名詞＋形容詞（付帯状況）］
　　（口をいっぱいにして）
o. |whether| he will come　　［名詞節を導く従属接続詞＋節］
　　（彼が来るかどうか）
p. |unless| something is done　　［副詞節を導く従属接続詞＋節］
　　（何かをしない限り）

次に，実例に基づいた，もう少し複合的な例をいくつか見てみよう．スラッシュは文の大きな切れ目を表す．

(2) a. They were in the same class at their school.
　　　　（彼らは学校では同じクラスだ）
　　b. they / |were| |in| the same class / |at| their school
　　　　S　　P　　　　　　　　　　　　　M

they はどの語とも直接修飾および主要部—補部関係で結び付いていないことから，単独で一つのまとまりを形成する．それに対して，were は「～いる」という意味で補部を必要とするから，in「～に」がそれを埋めることになる．しかし，さらにその in にも「～」が入っているために，それを埋める the same

---

(i) a. They were *anxious* that the weather would not improve in time for the ceremony.
　　　（式までに天気が良くならないのではないかと心配していた）
　b. I felt *sorry* for her.（彼女，かわいそうだったよ）
動詞や形容詞から派生した名詞も，次のように補部を取る．
(ii) a. The tornado caused the *destruction* of many houses.
　　　（竜巻は多くの家屋に損害を与えた）
　b. There seems to be a general *awareness* that this is not the solution.
　　　（これでは問題の解決になっていないという認識が一般に広がっているようだ）

2. 主要部と補部　　　59

class まで含めて，were in the same class 全体で一つのまとまりになる．また，the same class という句の中では，same という形容詞が class という名詞を直接修飾し，the という冠詞も class を修飾しているので，the same class で一つの句を形成している．そして最後に，at は「～で」という意味になり，これも their school を「補部」として必要としているため，at their school で一つのまとまりになる．この場合にも，their という人称代名詞が school にかかるのは直接修飾なので，their school も一つの句になる．これで，they / were in the same class / at their school という切れ目が明確になる．あとはそれぞれの句がどのような働きをしているかの問題で，最初の they は主部，二つ目の were in the same school が述部，最後の at their school が述部を修飾する修飾部といった具合になり，これがこの文の構造ということになる．

もう一つ，今度は少し複雑な例を見てみよう．(3) の「∨」は，文の中に組み込まれている節の中の小さな「切れ目」を表す．

(3) a. The group considered it their duty to bring happiness to everyone they met. (その集団は彼らが会うすべての人に幸せをもたらすのが彼らの務めであると思っている)

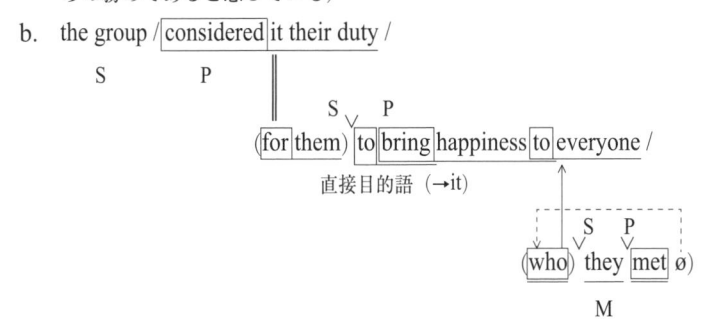

　　b. the group / considered it their duty /
　　　　S　　　　　P
　　　　　　　　　　　　　　　　S　　P
　　　　　　　　　　　　　　　∨
　　　　　　　　　　　(for them) to bring happiness to everyone /
　　　　　　　　　　　直接目的語 (→it)
　　　　　　　　　　　　　　　　　　　　　　　　　　　S　　P
　　　　　　　　　　　　　　　　　　　　　　　　　　∨
　　　　　　　　　　　　　　　　　　　　　　　　(who) they met ø)
　　　　　　　　　　　　　　　　　　　　　　　　　　　M

まず，直接修飾によって句ができている部分は，the group, their duty である．次に，主要部―補部の関係で句が形成されている部分を見ていくと，consider は「～を...だとみなす，考える」という意味であるから，二つの補部を取っていて，一つが it，もう一つが their duty となる．これで，consider it their duty で一つの結び付きの強い句を形成していることになる．そして，to 不定詞の to が bring を補部に取っていて，bring は「～を...にもたらす」という意味であるから，これも二つの補部 happiness と to を取っている．2 番目の補部である to はさらに everyone を補部に取っていて，最終的には to bring happiness to everyone で結び付きの強い句を形成している．最後に，they met の前には関係代名詞の who が省略されていて，その関係代名詞 who が everyone を説明するための節 they met を補部にとって全体として everyone を修飾している．さらに，to bring happiness to everyone という句は不定詞句で，後に準動詞のところで詳しく述べるように，準動詞は常に「意味上の主部」を持つことから，その主部を補うと (for them) で表され，for が them を補部に取っている．この不定詞句の中をさらに細かく見ていくと，意味上の主部 for them とそれに対応する述部 to bring happiness to everyone との間には小さな切れ目があり，これは全体で consider の直接目的語 it の内容を表している箇所になる．最後に関係代名詞節の中も主部 they と述部 met who に分けられ，主部 they の前後に小さな切れ目がある．

　of + 名詞句が直前の名詞を修飾する場合にその結び付きが強くなることは，直感的に理解されると思うが，語順という点では次のような事実がある．

　　(4) a. a student *of statistics* from Ukraine
　　　　　（ウクライナ出身の統計学の研究者）
　　　　b. *a student from Ukraine *of statistics*

(4a) では of statistics という前置詞句が直前の student という名詞を修飾しており，また from Ukraine も同時に student を修飾している．しかし，(4b) のように of statistics と from Ukraine を入れ換えると，被修飾要素である student から離れた of statistics は student を修飾できなくなり非文になる．このように，他の前置詞とは異なり，of 句が名詞を修飾する時にはその名詞との結び付きが強くなり，句を形成するようになる．

　ただし，ここで注意を要するのは，(4) における of が目的格を表す of であるという点である．この [NP [NP a student] [PP of statistics]] という名詞句は，[VP [V study] [NP statistics]] という動詞句を名詞化したものであるから，of statistics は student という名詞の目的語の働きをしていると言える．動詞 study と目的語 statistics の結び付きが強いのと同じ理屈で，a student と of statistics の結び付きが強いのである．このように考えると，前置詞 of に導かれた句は，原則的に他の前置詞によって導かれた句よりも直前の名詞句を修飾する際にその結び付きが強くなると考えられがちであるが，of 以外の前置詞によって導かれた句でも，直前の名詞を直接修飾することがある．すなわち，もともと動詞と前置詞の結び付きが強い句が名詞化した場合には，その名詞句とそれに続く前置詞句の結び付きは強く，結果として前置詞句が名詞句を直接修

飾する例となる.⁶ 次の (5a) では,into によって導かれた前置詞句が直前の名詞 research を,(5b) では,on によって導かれた前置詞句が直前の名詞 dependence を,それぞれ直接修飾している.cf. に示された動詞＋前置詞の結び付きの強さがそのまま名詞に引き継がれていることが分かる.

(5) a. Tom is supposed to undertake research *into the genetic causes of the disease*.（トムはその病気の遺伝的な原因を研究するのを引き受けることになっています）

cf. Aaron is researching *into the reading problems of young school children*.（アーロンは幼い児童の読解力の問題を調査しています）

b. The company needs to reduce its dependence *on just one particular product*.（会社は一つだけの決まった製品に依存度を低くする必要がある）

cf. To remain in existence, the theater must continue to depend *on a state subsidy*.（存続のためには,劇場は州の補助金に頼り続けなければならない）

このような語の結び付きに関する問題は,従来の「学校文法」では扱われてこなかったが,世界中のどの言語も,このような結び付きの度合いの違いによって言葉の「まとまり」や「切れ目」ができる.そのような意味で,ここで述べた直接修飾や主要部―補部の関係は,今後言語教育の中で様々な形で取り入れられていくであろう.

3. 間接修飾（二次的修飾）

本章の最後に,先に述べた直接修飾に対応する間接修飾（indirect modification）について簡単に説明しておく.

直接修飾や主要部―補部の関係が結び付きの強い句を形成するのに対して,間接修飾は結び付きが弱く,句は形成しない.具体的には,副詞・前置詞・副詞節を導く従属接続詞が述部や文全体を修飾する場合である.

---

⁶ このように後ろの前置詞が前の名詞を直接修飾するというのは,主要部―補部の関係と捉え直すこともできる.これは,本節注 5 の (iia) の例文に直接関係することであるが,(iia) の文では,後置されている of many houses は先行する the destruction の補部であると説明した.

(i) The tornado caused the *destruction* of many houses. 　　　　　　　　(=注 5 (iia))

この the destruction と of many houses の関係が,直接修飾と主要部―補部の関係の重複している部分と言える.

(1) a. He *answered the questions* foolishly. (His answers were foolish.)
   （質問に間抜けな返事をした［質問の内容が間が抜けていた］)
   b. *He* foolishly *answered the questions.* (Answering was foolish. / It was foolish of him to answer at all.)
   （愚かにも質問に答えた（［そもそも］質問に答えたことが愚かだった））
   （以上，Thomson and Martinet (1986: 53), トムソン & マーティネット (1988: 35)）
   c. The job will *be finished* by next month at the very latest.
   （その仕事は，最悪遅くとも来月までには終わります）
   d. *I won't have an operation* unless surgery is absolutely necessary.
   （外科的処置が絶対に必要だというのでない限り，手術は受けないよ）

　(1a) では，foolishly という副詞が answered the questions という述部を修飾している．同じ修飾関係でも，直接修飾の場合に修飾語と被修飾語が強く結び付くのに比べると，修飾語と被修飾語の結び付きが弱いことがわかるであろう．(1b) は同じ foolishly という副詞が用いられているが，位置が動詞の前に移ることにより文修飾の働きに変わっている．(1c) では，複数の前置詞句が間接修飾の働きをしている．この文には二つの前置詞句が現れているが，by next month という前置詞句はその直前の be finished という述部を，最後の at the very latest はその直前の by next month という前置詞句を，それぞれ修飾している．(1d) では，unless という副詞節を導く従属接続詞によって導かれている節が，それに先行する主節全体を修飾している例である．

　以上，本章では，語がいかに結び付いて句を形成しているかについて，「直接修飾」「主要部―補部」「間接修飾」という概念を導入して説明した．この中で最も結び付きが強い句を形成するのが「直接修飾」，それに次いで結び付きが強い句を形成するのが「主要部―補部」，そして結び付きはあるがその程度は弱く，修飾要素と被修飾要素で明確な句は形成しないのが「間接修飾」である．

　このように見ると，語の結び付きについては，「修飾」と「主要部―補部」という関係さえあれば説明が可能であるかのように見えるが，この二つの概念だけでは説明が難しい場合もある．その例をいくつか挙げておくことにしよう．

(2) a. 'May I go to the swimming pool tomorrow?' 'No, not *tomorrow*, dear.'（「明日プールに行ってもいいですか？」「いや，明日はダメよ」）
   b. Only *a few* of the applicants had any get-up-and-go.
   （応募してきた人たちの中には元気がある人はほんの数人しかいなかった）

c. It was pretty warm there even *in the winter*.
(冬でさえそこはかなり暖かかった)
d. Martina is fluent in Russian and Polish. She also speaks *a little Bulgarian*. (マルチナはロシア語とポーランド語が堪能だが，ブルガリア語も少ししゃべれる)

下線部が問題の語，イタリックがそれらの語に修飾されている語である．通常の修飾関係であれば，日本語にした場合には修飾語→被修飾語の語順になる．例えば，many people の場合には修飾語である「多くの」が先行して，被修飾語である「人々」が後続し，「多くの人々」という語順になる．しかし，(2) に挙げた修飾語（と呼ばれる語）の場合には，日本語と順序が逆になる．これらの語は，現在の文法では，少なくとも辞書などでは，「副詞」に分類されている．[7] 英語で副詞が何かを修飾する場合，その語順は一様ではなく，very (*adv*.) happy (*adj*.) の場合は修飾語である副詞が先行して，被修飾語である happy が後続するが，dance (*v*.) beautifully (*adv*.) の場合には修飾語である副詞のほうが後続する．しかし，日本語の場合には，「とても嬉しい」「美しく踊る」のように，常に修飾語である副詞のほうが被修飾語に先行する．ところが，(2) に挙げた not, only, even, also や too などの場合にはこの原則が当てはまらない．(2a) の not tomorrow は「明日はダメ」（直訳は，「明日ではない」），(2b) の only a few は「数人しか～ない」，(2c) の even in the winter は「冬でさえ」，(2d) の also a little Bulgarian は「少しのブルガリア語も」と，日本語の場合には，修飾語が後に来るのが普通である．これらの語は，このように日本語の語順という点で他の修飾語とは違った共通の統語的（文法的）性質を持っているだけでなく，意味論的にも文中のある要素を「取り立てる」という共通した性質を持っている．日本語学では，このような語は「とりたて詞」として分類されており，金水ほか (2000: 153) によれば，(3) のように定義されて，具体的には (4) のような語が含まれている．

(3) とりたて詞： 文中の種々な要素をとりたて，これとこれに対する他者との関係を示す．
(金水ほか (2000: 154))

---

[7] これらの語が副詞に分類されるのは，very や beautifully が副詞に分類されるのとは，明らかに異質である．一般に，「副詞は品詞のゴミ箱」と言われるが，yes が副詞に分類されるのも含め，本来副詞の機能は果たさないものまで，他の品詞に行き場がない語はほとんどが副詞に分類されてきている．

(4) も，でも，すら，さえ，まで，だって，だけ，のみ，ばかり，しか，こそ，など，なんか，なんて，なんぞ，くら（ぐらい），は

このとりたて詞という意味論的基準に基づいた分類が，どのように英文法に反映されるかは今後の研究を待たなければならないが，少なくとも現時点で言えることは，英語にも (2) に挙げたような特殊な修飾語が存在しているということである．

第 3 章

文の種類 (Types of Sentences)

本章では，英語の文の種類について見ていく．文の種類は，その基準によって様々な分け方があるが，ここでは，その表す意味の違いによって分類したものと，構造の違いによって分類したものを見ていく．

1. 意味による分類

文は，その表す意味に応じて次のように分類される．

(1) a. 肯定文 (affirmative sentences)
      否定文 (negative sentences)
   b. 平叙文 (declarative sentences)
      疑問文 (interrogative sentences)
      命令文 (imperative sentences)
      感嘆文 (exclamatory sentences)

まず (1a) において，肯定文とは，「文に否定を含まず，ある事象の存在や意義・価値などを認める文」もしくは「ある命題内容を真であるとする文」のことで，否定文とは，「文に否定を含み，ある事象の存在や意義・価値などを認めない文」もしくは「ある命題内容を偽であるとする文」のことである．この肯定と否定の対立は，(1b) の 4 種類の文すべてにあり得るという意味で，(1b) とは次元の異なる区別ということになる．(1a) の肯定文・否定文と (1b) の平叙文・疑問文・命令文・感嘆文の関係を一覧表にすると次のようになる．

(2)

	肯定文	否定文
平叙文	He plays tennis.	He does not play tennis.
疑問文	Does he play tennis?	Does he not play tennis?
命令文	Play tennis.	Do not play tennis.
感嘆文	What a good tennis player he is!	How rarely do I see you!（まれ）

1.1. 平叙文

平叙文 (declarative/assertive sentences) とは，何かを「述べる」時に用いる文で「肯定文 (affirmative sentences)」と「否定文 (negative sentences)」がある．形式的には通常主部＋述部の順で表される．肯定の平叙文は，他の形態と比較すると最も普通の「無標の (unmarked)」形態と言うことができる．

(3) a. I was tired.（疲れてたんだ）
　　b. Maud works well.（モードはよく勉強をする）
　　c. Martin is paying for the meal.（マーティンは食事代を払ってます）
　　d. Lena has been working here for over nine months.
　　　（リーナは9か月以上ここで働いてるよ）
　　e. I can run fast.（走るのは速いよ）

否定の平叙文は，典型的には not を用いることによって表される．not は通常助動詞の後に置かれるが，be 動詞の場合には本動詞 be の後に置かれる．助動詞のない一般動詞の否定文の場合には「do による支え (do-support)」が必要で，その do は主部との一致と時制を受けもつ．[1] 特に口語体では，助動詞（もしくは be 動詞）とその後の not が結合して「縮約 (contraction)」が起こる．

(4) a. I {was not / wasn't} tired.（疲れてはいなかったよ）
　　b. Maud {does not / doesn't} work well.（モードはあまり勉強をしない）

---

[1] 一般動詞でも，have は be と同じように not が後ろに来ることがある．これは主にイギリス英語で起こる現象である．

　(i) We haven't any money.　　　　　　　　　　(Quirk et al. (1985: 131))

ただし，この用法は，have が状態動詞として用いられた場合，および現在時制の場合に限られる．

c. Martin {*is not* / *isn't*} *paying* for the meal.
　　　（マーティンは食事代を払ってるんじゃないよ）
　　d. Lena {*has not* / *hasn't*} *been working* here for over nine months.
　　　（リーナは9か月以上もここでは働いてないよ）
　　e. I {*cannot* / *can't*} *run* fast.（速くは走れないよ）

次のように not が述語動詞部分を否定しないような文では，do による支えは起こらない．

　(5) And so, my fellow Americans: ask not what your country can do for you—ask what you can do for your country. My fellow citizens of the world: ask not what America will do for you, but what together we can do for the freedom of man.

　　　　　　　　　　　　　　　(President John F. Kennedy's Inaugural Address)
　　　（なので，わが同志アメリカ人よ，国が自分のために何をしてくれるかを尋ねるのではなく，自分が国のために何ができるかを尋ねようではないか．わが同志世界の市民よ，アメリカが自分たちのために何をしてくれるかを尋ねるのではなく，われわれがともに人類の自由のために何ができるかを尋ねようではないか．）

(5) では，not が否定しているのは，述語動詞の ask ではなく，それに後続する疑問詞節である．

　否定文は，not 以外の語によって形成されることもある．この場合には，do による支えや縮約は起こらない．

　(6) not 以外による否定平叙文
　　a. I never meant to hurt her.
　　　（彼女を傷付けるつもりは全くなかったんだ）
　　b. Nobody could answer their question.
　　　（誰も彼らの質問に答えられなかった）
　　c. It was no ordinary day.
　　　（特別な日だった）

1.2. 疑問文

疑問文（interrogative sentences）とは，話し手が聞き手に対して何かを「尋ねる」時に用いる文で，平叙文と同じく肯定文と否定文がある．平叙文の場合

には単に「肯定文」「否定文」と呼ぶのに対して，疑問文の場合には，特に否定の場合に限り否定疑問文（negative interrogative sentences）と呼ぶ．[2] 疑問文は，本質的には疑問の意味を表すものであるが，派生的意味として，「依頼」や「勧誘」を表すのに用いられることもしばしばある．形式的には，原則として(助)動詞＋主部（＋本動詞）の語順で表される．疑問文には，下位分類としていくつかの種類がある．聞き手に対して yes か no かの答えを求める「yes-no 疑問文（yes-no questions）」，聞き手に対して X か Y か（もしくはそれ以上）の選択肢を与えて，その中から一つもしくはいくつかの答えを求める「選択疑問文（alternative questions）」，疑問詞を用いた「wh 疑問文（*wh*-questions）」である．wh 疑問文の場合，当該の wh 句は義務的に文頭に移動するのが原則である．「↗」は上昇調のイントネーション（rising intonation）を，「↘」は下降調のイントネーション（falling intonation）を表す．

(7) 肯定の疑問文
  a. Are you a student here ↗?　　　　　　　　　　［yes-no 疑問文］
   （ここの学生さんですか？）
  b. Are you a student ↗ *or* a professor ↘?[3]　　　　［選択疑問文］
   （学生さんですか，教員の方ですか？）
  c. *Who* do you *work* for ↘?　　　　　　　　　　　［wh 疑問文］
   （どちらの会社にお勤めですか？）

否定疑問文は，縮約が起こらない場合には not が主部の後に残り，縮約が起こる場合には，not は助動詞（もしくは be 動詞）とともに主部の前に移動する．

---

[2]「否定疑問文」に対して，肯定の疑問文を「肯定疑問文（affirmative interrogative sentences）」とは通常言わず，単に「疑問文」と言うのが普通である．

[3] 選択疑問文は次のように選択肢が三つ以上与えられることがあるが，その場合には最後の選択肢のみが下降調になり，それ以外の選択肢はすべて上昇調になる．
 (i) Would you like a margarita, ↗ a martini, ↗ or a manhattan ↘?
   （(カクテルの) マルガリータがいいですか？ マティーニがいいですか？ それともマンハッタンがいいですか？）
また，最後が上昇調になると選択疑問文ではなく yes-no 疑問文の意味になる．
 (ii) A: Shall we go by bus or train ↗?
    （バスか電車 (のどちらか) で行く？）
   B: No, let's take the car.
    （いや，車で行こう）

1.2. 疑問文

(8) 否定疑問文
    a. Are you <u>not</u> ⎫ a student here ↗? （ここの学生ではないんですか？）
       Are<u>n't</u> you ⎭   [yes-no 疑問文]
    b. Are you ↗ or are<u>n't</u> you ↘ going ↘? （行くの，行かないの？）
                                                          [選択疑問文]
    c. Why have you <u>not</u> ⎫ made an airline reservation yet ↘?
       Why have<u>n't</u> you ⎭   [wh 疑問文]
      （何でまだ飛行機の予約をしてないの？）

上述したように，疑問文は純粋に疑問の意味を表すだけでなく，次のように「依頼」「勧誘」「提案」などを表すのに用いられることがある．

(9) 依頼・勧誘・提案
    a. <u>Will you</u> please pass the salt?   [依頼]
      （塩を取ってもらえますか？）
    b. <u>Would you</u> mind doing me a personal favor?   [依頼]
      （個人的なお願いをしても構いませんか？）
    c. <u>Will you</u> have another mug of beer?   [勧誘]
      （ビールもう一杯いかがですか？）
    d. <u>Won't you</u> have some more fries?   [勧誘]
      （フライドポテトもう少し食べない？）
    e. <u>Why don't you</u> come over for dinner?   [提案]
      （夕食食べに来ない？）
    f. <u>Why don't we</u> imagine what the world would be like with no war?
      （戦争がなければ世の中がどのようになるか考えてみませんか？） [提案]

これまでの疑問文は，聞き手に対して与える選択肢の種類に応じて分類したものであるが，これ以外に疑問文と平叙文の中間的な存在として，付加疑問文 (tag questions) がある．これは，聞き手に対して念押しをしたり同意を求めたりする時に用いられる構文であるが，形式的には，平叙文の後に助動詞＋主部の形が付け加えられるものである．平叙文が肯定文であれば付加疑問文は否定文，平叙文が否定文であれば付加疑問文は肯定文になるのが原則である．

(10) a. You are a student here, <u>aren't you</u> ↗/↘? （ここの学生さんですよねえ）
     b. You aren't a student here, <u>are you</u> ↗/↘?
        （ここの学生さんじゃないですよねえ）

イントネーションは，下降調になることと上昇調になることがあるが，相手に同意を求める場合には下降調になり，それよりも少し自信がない感じで相手に念押しをする場合には普通の疑問文に近くなって上昇調になる．

(11) a. We have a meeting in the afternoon, don't we ↗?　　　［念押し］
(今日は，午後に会議あるよねえ？)
b. We have a meeting in the afternoon, don't we ↘?　［同意を求める］
(今日，午後に会議あるよね)

ただ，時として肯定の平叙文に対して肯定の付加疑問になることもある．この構文は最後が上昇調になり，「ということは～なのかい？」といった自らの推測に基づく確認を意味するが，「非難」「皮肉」「不信」などを含意することがしばしばある．[4]

(12) a. Your computer is outside ↘, is it ↗?
(というと君のコンピュータは外なんだね？)
b. You've had a trouble ↘, have you ↗?
(トラブったっていうのかい？)

また，典型的な疑問文ではないが，何らかの意味で疑問文の一種と認められるものとして，平叙疑問文 (declarative questions)・感嘆疑問文 (exclamatory questions)・修辞疑問文 (rhetorical questions)・問い返し疑問文 (echo questions) がある．

(13) a. You've got the time to talk right now ↗?　　　　［平叙疑問文］
(今すぐ話す時間ある？)
b. Hasn't your daughter grown ↘!　　　　　　　　　［感嘆疑問文］
(娘さん，大きくなったじゃないの)

---

[4] 付加疑問文の基本が「肯定＋否定」か「肯定＋否定」で，例外的に「肯定＋肯定」も認められるとすると，理論的には「否定＋否定」もありえることになるが，実際にはその存在ははっきりとは認められていない (This type ... has not been clearly attested in actual use. (Quirk et al. (1985: 813)))．Palmer (1939: 267) では，以下のような例を挙げているが，ごく疑わしい場合に限られる (found only in a few doubtful cases) としている．
　(i) So he wouldn't come, wouldn't he?
　　　(じゃあ，彼は来ないってことなんじゃないの？)

c. "Is it going to snow?" "How should I know?" ［修辞疑問文］
(「雪降りそう？」「分からないよ」)
d. A: Have you ever been to Gibraltar ↗?
(ジブラルタルに行ったことある？)
B: Have I ever been where ↗? ［問い返し疑問文］
(どこへ行ったことがあるって？)

ここまで，主に疑問文が表す意味の違いによる分類を見てきたが，疑問文の構造的な違いから，文全体が疑問文となる直接疑問文 (direct questions) と，疑問文が文の一部に組み込まれた間接疑問文 (indirect questions) に分類することがある．直接疑問文は主節が疑問文になっている文で，間接疑問文は疑問文が従属節に組み込まれている文である．直接疑問文の場合には，助動詞や be 動詞が主部の前に移動することによって疑問文が形成されるのに対して，間接疑問文の場合には助動詞や be 動詞は主部の前に移動しない．wh 句は直接疑問文でも間接疑問文でも節の先頭に移動するが，yes-no 疑問文の場合にはもともと wh 句はないため，whether もしくは if が節の先頭に用いられる．

(14) a. Where's the party at? (パーティはどこ？) ［直接疑問文］
→ I just wanted to know where the party was at. ［間接疑問文］
(単にパーティがどこだか知りたかっただけなんだ)
b. When are you leaving? (いつ出るの？) ［直接疑問文］
→ I wondered when you were leaving. ［間接疑問文］
(いつ出るのかと思ってた)
c. What else did he say? ［直接疑問文］
(彼，ほかに何て言ったの？)
→ What *else* do you think he said? ［間接疑問文］
(彼，ほかに何て言ったと思う？)
d. Are you nearly ready? ［直接疑問文］
(ほとんど準備はいいかな？)
→ Daphne asked Millard whether he was nearly ready.
(ダフネは，ミラードにほぼ準備はできているか尋ねた) ［間接疑問文］

1.3. 命令文

命令文 (imperative sentences) とは，聞き手に対する命令を表すのに用いられる文で，平叙文・疑問文と同じく肯定文と否定文がある．否定の命令文を特

に「否定命令文 (negative imperative sentences)」と呼ぶ。[5] 命令文は原則的には命令を表すが，疑問文が派生的に依頼や勧誘を表すように，命令文も派生的に依頼や勧誘を表すことがある．形式的には，動詞の原形（正確には「命令法 (imperative mood)」）で文を始めるのが原則で，主部は二人称になるのが原則で，その主部は省略されるのが普通である．

(15) a. Come in. (入ってきなさい)
 b. Wake up, George. (ジョージ，起きなさい)
 c. Be quiet. (静かにして)
 d. Please continue. (続けてください)
 e. Show me your passport, please. (パスポートを見せてください)
 f. Behave yourself! (お行儀よくしなさい)

「〜してはいけない」という意味を表すために否定命令文を作るには，一般動詞の否定文と同じように do の支えを借りて，その後に not を置く．ここで注意を要するのは，do による支えを必要とするのは一般動詞だけでなく，be 動詞も否定命令文を作るには do の支えを必要とする点である．

(16) a. "Shall I wait?" "No, do*n't* bother." (「待とうか？」「いやいいよ」)
 b. Do*n't* be so noisy. (そんなにうるさくしないで)

never を用いる場合には，do による支えは必要としない．

(17) a. Never mind your mistake; it really doesn't matter.
  (間違いを気にするなよ．そんなに大したことないよ)
 b. Never send cash through the post.
  (現金は郵便で絶対に送らないでください)
 c. Never be late. (絶対に遅れちゃダメだぞ)

次に，Let's で始まる命令文を見てみよう．この構文は，形は命令文であるが，意味としては「提案」や「勧誘」を表す．「〜しないようにしよう」という否定形は Let's not ... という形になる．

(18) a. Let's go shopping. (買い物に行こう)

---

[5] 「否定命令文」に対して，肯定の命令文を「肯定命令文 (affirmative imperative sentences)」とは通常言わず，単に「命令文」と言う．

b. Let's *not* come here again. （二度とここには来ないようにしよう）

疑問文の (10) で付加疑問文について触れたが，原則的には平叙文に付加される付加疑問文が，Let's ... で始まる文も含めて命令文に付加されることがある．原則として，命令文には will you?, won't you?, would you? が使われるが，can you?, can't you?, could you? も使われる．(19) は肯定の命令文の付加疑問文，(20) は否定の命令文の付加疑問文である．以上は，すべて Quirk et al. (1985: 813) からの引用である．

(19) a. Open the door, won't you ↗? （ドアを開けてもらってもいいかな？）
　　 b. Open the door, won't you ↘? （ドアを開けてもらおうかな）
　　 c. Open the door, will you ↗? （ドアを開けてくれないか？）
　　 d. Open the door, can't you? （ドアを開けてもらえるかな？）
　　 e. Save us a seat, can one of you?
　　　　（君たちのうち 1 人，我々に席を 1 人分取ってくれないか？）
　　 f. Have another one, why don't you? （もう一つどう？　いいだろう？）
(20) Don't make such a noise, will you ↘?
　　　（そういう音を出すのは止めてくれないかなあ）

Let's ... で始まる文は，主節が肯定であろうと否定であろうと，最後は shall we? になる．

(21) a. *Let's* go Dutch, shall we? （割り勘にしようじゃないか）
　　 b. *Let's not* discuss the issue further, shall we?
　　　　（もうその問題について話すのは止めようじゃないか）

1.4. 感嘆文

最後に，感嘆文 (exclamative sentences) とは，典型的には眼前に起きた出来事や目に入ってきた情景について，話し手の驚きや感動を表すのに用いられる文である．平叙文・疑問文・命令文には肯定文と否定文の対立が存在するが，この感嘆文には原則として否定文は存在しない．あっても非常に稀である．名詞に焦点を当てて表現する方法と形容詞・副詞に焦点を当てて表現する方法の 2 種類があり，前者は what により，後者は how により意味が強められる．いずれの場合も，what もしくは how を伴って強められる部分が文頭に現れ，その後に主部＋述部が続く．強められる部分が述部の一部（例えば，目的語や補語）である場合には，後続する述部はその強められる部分を除いた部分になる．

whatによって名詞を強める場合には，What +（不定冠詞＋形容詞＋）主部＋（強める部分を除いた）述部，howによって形容詞・副詞を強める場合には，How + 形容詞・副詞＋主部＋（強める部分を除いた）述部となる．書き言葉の場合，通常文末には感嘆符（exclamation marks）が置かれる．

(22) a. How 形容詞・副詞＋主部＋述語動詞（主にbe動詞）!
   b. What (a)（形容詞）名詞＋主部＋述語動詞!

What ...! の構文は，whatが形容詞でその後の名詞を修飾することから，名詞に焦点を当てた表現になるのに対して，How ...! の構文は，howが副詞でその後の形容詞や副詞を修飾することから，形容詞や副詞に焦点を当てた表現となる．具体例を見てみよう．

(23) a. What a large garden this is!（これは何と大きい庭でしょう）
   b. What an idiot I am!（俺は何とバカなんだ！）
   c. What morbid thoughts we're having!
       （何と恐ろしいことを我々は考えていたんだ！）
(24) a. How beautiful the mountain scenery is!
       （この山の景色の美しさは何とも言えないねえ）
   b. How nice you look!（今日はすごく可愛いねえ）
   c. How quickly you eat!（何と食べるのが速いんだ！）
   d. How I used to hate geography!（地理がどれだけイヤだったことか）

(23) や (24) に挙げた文はあくまでも文法的に基本的なパターンになっているものであり，実際には様々なパターンがある．その典型的で最も頻度の高いパターンが，次に挙げるような主部＋述語動詞の部分を省略した形である．

(25) a. What a pleasant surprise!（何とうれしい誤算でしょう！）
   b. What a play!（何という（素晴らしい）プレーでしょう！）
   c. Oh, look! How sweet!（わぁ，見て，超カワイイ）

また，感嘆文というのは広い意味では「感動の現れ」であるから必ずしもwhatやhowを含む文に限定されない．

(26) a. Such an intelligent family!（すごい知的な一家だなあ）
   b. Quite a party!（素晴らしいパーティだ）
   c. Wow, beautiful!（おぁ，素晴らしい）

d. Stupid!（バカ）
  e. Wasn't it a marvellous game!（すごい試合だったじゃないか）

上にも述べたように，平叙文・疑問文・命令文には否定文があるのに対して，what や how を用いた感嘆文には否定文は存在しないと言われる（立石・小泉 (2001: 147-148)）．

(27) a. What trash you have accumulated!
       （何というゴミをためてくれたんだ）
     b. *What trash you haven't dumped!

しかし，実際には稀ではあるが感嘆文が否定文で（もしくは準否定語を伴って）用いられることがある．

(28) a. How rarely do I see you! <rare and rhetorical>
       （どれだけたまにしか君を見かけないんだ）   (Quirk et al. (1985: 834))
     b. How many of their policies only rarely do politicians get around to implementing!（政治家たちは，どれだけの政策を，めったにしか実行に移せないんだ［政治家が実行に移さない政策がたくさんある］）
     c. In how many countries of the world, such behaviour, under no circumstances would autocratic leaders tolerate!
       （世界のどれだけの国で，どんな状況下であろうとも，このような行為を独裁的指導者は許さないことか［どんな国においても，独裁的指導者はいかなる状況下でもこのような行為は許さないだろう］）
     d. In how many countries, that kind of behaviour, autocratic leaders would simply not tolerate!
       （どれだけの国で，その種の行為を，独裁的指導者は絶対に許さないことだろうか［どんな国においても，独裁的指導者はその種の行為は決して許さないだろう］）   ((b)-(d) は，Radford (2009: 283-284))

2. 構造による分類

2.1. 単文・重文・複文

「文」とは，主述関係（主部・述部の関係）を持つ，意味的には一つのまとまりを持ったものと定義される．書き言葉の場合であれば，大文字から始まってピリオドで終わるまでを言い，話し言葉の場合であれば，話し始めてからある一

定の間(ま)(ポーズ)が置かれるまでの間(あいだ)を言う．文は，その内部の構造に応じて次のような種類に分けられる．

    (1) a.　単文 (simple sentences)
       b.　重文 (compound sentences)
       c.　複文 (complex sentences)

「単文」とは，文の中に「時制を持つ述部」が一つしか入っていない文のことを言う．「時制 (tense)」とは，時間的前後関係を表す動詞の活用のことを言う．通常は，語形変化のみを時制と言うために，英語の場合には現在時制と過去時制のみが存在するとされている．このようなことから，時間的前後関係を表す変化を持たない準動詞（不定詞・動名詞・分詞）は時制を持たないということになる．次の各文には時制が一つずつしか存在しないために，すべて単文ということになる．

    (2) a.　Birds *fly*.（鳥は飛ぶ）
          S　　P
       b.　Tom and I *enjoyed* a short trip to New York.
          S　　　　　　　P
       （トムと私はニューヨークまでの短い旅行を楽しんだ）
       c.　My son *went* to the park to see his friends.
          S　　　P　　　　　M
       （息子は友だちに会いに公園へ行った）

(2a) では，主部も述部も1語から成っている．現在時制の fly が述部になっていて，一つの文に時制を持つ述部が一つしか入っていないことから，単文ということになる．(2b) の場合は，主部の中に and という等位接続詞が入っている点に注意してもらいたい．(5) 以下の重文のところで詳しく説明するが，重文というのは等位接続詞によって複数の「節」が結び付けられたものを言い，(2b) のように等位接続詞が入っていても，時制を持った述部が一つしかない場合には単文になる．(2b) の場合には，述部は過去時制を持つ enjoyed を含む残り全部であることから，たとえ主部に and で結ばれた Tom と I という二つの名詞が入っていても，文の中には一つしか時制を持つ述部がないので単文ということになる．(2c) の場合も注意が必要である．それは，文の最後に to see his friends という不定詞を含む修飾部 (M) が入っている点である．先に述べた「時制を持つ述部」というのが，このような場合にポイントになってく

る．不定詞は，意味上は述部と同じような働きをするが，文法上は時制を持たないために，述部とはみなされない．したがって，(2c) のような文は過去時制になっている went 以下が唯一の述部とみなされ，単文ということになる．ただ，このような文が単文なのか複文なのかという問題はそう単純なものではなく，実際にはこのように準動詞を含む文は，従属接続詞や関係詞を含む文と同じように複文として捉えたほうが，英語の構造を本質的に捉えたことになる．この点については，本章 2.2 節 (p. 81) で詳しく説明する．

　単文に比べると，重文と複文の違いは少々複雑である．したがって，二つの構文を同時に説明しながら，それぞれがどのような構造をしているものであるのかを説明していく．まず，単文と重文・複文の違いは，時制を持つ述部が一つか複数かという点にある．(2) で見たように，単文は文中に時制を持つ述部が一つしかないが，重文と複文の場合には時制を持つ述部が二つ以上存在する．

(3) a. 単文　　　= 時制を持つ述部が一つ
　　 b. 複文・重文 = 時制を持つ述部が複数

今度は (3b) に挙げた重文と複文の違いを説明する．重文とは，文法的に完全に独立した複数の節（すなわち，時制を持つ複数の述部）が等位接続詞で結ばれて一つの大きな文になっているものである．一方，複文とは，一つの大きな文の一部分としてもう一つの節が組み込まれているものである．図式化して説明すると次のようになる．一つの四角は一つの単文から成る節を表す．

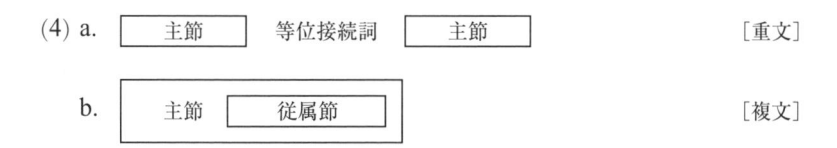

(4) a. ┌主節┐　等位接続詞　┌主節┐　　　　　　　　　　　[重文]

　　 b. ┌主節┌従属節┐┐　　　　　　　　　　　　　　　　　[複文]

複文の場合，中心となる節を「主節 (main clause)」，組み込まれている節を「従属節 (subordinate clause)」と言う．重文と複文の具体例は次のとおりである．角括弧はそれぞれの節の範囲を表し，下付文字の MC は主節，SC は従属節を表す．

(5) a. Mr. Fox *had* two sons and both of them *became* lawyers.
　　 b. [Mr. Fox *had* two sons $_{MC}$] and [both of them *became* lawyers $_{MC}$].
　　　　（フォックスさんには息子が2人いて，2人とも弁護士になった）　　[重文]

(6) a. Everybody *knows* that Bill *is* very kind to others.
   b. [Everybody *knows* [that Bill *is* very kind to others ₛc] ₘc].　［複文］
   （ビルが他人にとても優しいことは皆が知っている）

このように重文を定義すると，次のような場合も重文ということになる．

(7) a. Jim [*went* to the park ₘc] and [*played* baseball ₘc].　［重文］
   （ジムは公園に行って野球をした）
   b. [*Close* the windows ₘc], or [the moths *will* fly in ₘc].　［重文］
   （窓を閉めないと蛾が入ってくる）

(7a) の場合，主部は前半文にしかなく，後半文では省略されているが，and によって連結されている went to the park と played baseball がともに時制を持つ述部で，結果的に一つの文に複数の時制を持つ述部が存在するために重文ということになる．また，(7b) の場合，前半文の意味は 'if you don't close the windows'（窓を閉めないと）となり，意味的には副詞的従属接続詞 if によって導かれる節と等しくなるが，形式上は close the windows という独立した述部から成る命令文になっていて，後半の節はまた別の時制を持つ述部 will fly in があり，それら二つの独立した節が等位接続詞 or によって結ばれているので，重文ということになる．[6] 一方，次のような場合は，意味的には重文に感じられるが，構造的には主節－従属節の関係になるために複文ということになる．

(8) a. [[Though he *felt* sick ₛc], he *left* home on time ₘc].
   （彼は気分が悪かったが，定刻どおりに家を出た）
   (≒ He *felt* sick, but he *left* home on time.)
   b. [I *met* Robert on the bus last night, [who *invited* me to the party next week ₛc] ₘc]．（昨日の夜ロバートに会ったんだけど，彼，来週のパーティに僕を招待してくれたよ）
   (≒ I *met* Robert on the bus last night, and he *invited* me to the party next week.)

(8a) では，though が副詞節を導く従属接続詞であるために，though 節が副詞

---

[6] 前半文の close という動詞の形は，実際には時制ではなく「法 (mood)」という範疇に属する命令法の形であるが，ここでは大まかに時制を持つものとして扱っていく．したがって，厳密には (3) の重文や複文の定義も「時制もしくは法を持つ述部が複数」とされるべきである．

的に機能する従属節，he left home on time が主節ということになり，文法上は複文ということになる．しかし，意味的には括弧内に示したように等位接続詞を用いた重文とほぼ同じ意味を表すため，意味の面から見ると複文と重文の区別が難しいケースである．(8b) の場合にも同じで，関係代名詞 who によって導かれている節は文法的には従属節になるために，複文になる．しかし，意味的には等位接続詞 and によって言い換えることが可能で，こちらも重文になるため紛らわしい．このように，単文・重文・複文の区別というのは意味ではなく文法上の区別だということが重要な点である．

ここで，複文について，重要な点を指摘しておく．それは，複文には，主節の世界と従属節の世界という二つの異なった世界が存在することである．この複文の持つ二面性について，まずは関係詞を取り上げて説明していく．関係詞とは，節を導いて先行詞に関する説明を加える働きをするものであるが，文法的に次のような特徴を持っている．

(9) 人か物か：先行詞によって who か which を使い分ける．[7]
  a. The dog had *a deep gash which* needed medical attention.
    （犬は，治療が必要な深い傷を負っていた）
  b. *The guy who* was sitting next to you is a student at MIT.
    （君の隣に座っていたのは MIT の学生だよ）
(10) 人称と数：先行詞の人称と数をそのまま受け継ぐ
  a. *I* who *am* a boy cannot do it.
    （少年である僕にはそれはできない）
  b. *A man* sang and *a woman* danced who *were* from different countries. （違う国から来た男の人が歌って女の人が踊った）

---

[7] 一見単語からでは物に見えるものが，意味内容から人として扱われたり，逆に人に見えるものが，意味内容から物として扱われたりすることがある．
  (i) a. *The team who* were all single won the game. ［集合名詞が個人個人を指す場合］
      （全員が独身のチームが勝った）
    b. He killed *the child which* was in its mother's arms. ［child, baby などの場合］
      （彼は母の腕の中にいる子を殺した）
    c. He is not *the man which* his father wanted him to be. ［性格・地位などの場合］
      （彼は父親がなってほしいと思っていたような男ではなかった）

(11) 格：関係詞節内での働きによって決まる
　　a. He came with *a girl* who he said was his cousin.
　　　（彼は自分のいとこだという女の子と一緒に来た）
　　b. This grammar book is especially intended for *people* whose native tongue is not English.
　　　（この文法書は特に英語を母語としない人たち向けに書かれたものです）
　　c. I met *the girl* of whom you had spoken.
　　　（君が噂をしていた女の子に会ったよ）
(12) 品詞：関係詞節内での働きによって決まる
　　a. I have *a friend* who plays the guitar very well.
　　　（友だちにとてもギターが上手なのがいるよ）
　　b. I first saw him in *Paris*, where I lived in the early sixties.
　　　（彼にはパリで初めて会ったんだけど，そこには僕は60年代初めに住んでいたんだ）

　ここで着目すべき点は，人か物の問題と，人称と数の問題というのは，先行詞との関わりによって決まるもので，一方，格と品詞については先行詞には関係なく関係詞節内の事情によって決まるものであるという点である．これを人間社会に例えると，家庭の中での役割と家庭の外での役割を考えた場合，ある男が部長であるか課長であるかは家庭の外の事情によって決まるもので，家庭の中の事情は一切関係ない．一方で，ある男が家庭の中で父親なのか次男なのかは，家庭外の事情は一切関わらず，家庭内の事情でのみ決まるものである．つまり，who か which かの問題と人称と数の問題は，人間社会に例えれば部長か社長かという問題と同じであり，格と品詞の問題は，父親なのか次男なのかという家庭内での問題と同じものであると言える．例えば，(10a) において，関係詞が which ではなく who が選ばれる理由は，関係詞節内の事情には一切関係なく，先行詞が何かによって決まるものである．

　　(13)　I ≠ who am a boy　cannot do it.　　　　　　　　　(= (10a))

一方，例えば (11b) の関係詞が who であるのか whose であるのか whom であるのかは，先行詞の上には一切関係なく，関係詞節内での働きによってのみ決まる．

(14)　This grammar book is especially intended　　　　　　　(= (11b))

　　　　　　　　for people ≠ whose native tongue is not English.

このように，複文とは，従属節の中と外の世界が明確に分かれているものなので，文法項目に応じて家の外での顔なのか家の中での顔なのかを明確に区別する必要がある．

2.2.　複文としての準動詞

　前節では，複文を形成する例として，従属接続詞と関係詞の例を見たが，本節では，時制を持たないために一般には独立した節を形成しないものと見なされる「準動詞 (verbals)」の場合にも，この内と外の世界の区別が重要な役割を果たしており，したがって，準動詞を含む文の場合にも，従属接続詞や関係詞同様，複文として扱われるべきであることを述べていく．

　最初に，準動詞がどのようなものであるかを見ていくことにしよう．準動詞とは，不定詞 (infinitives)・動名詞 (gerunds)・分詞 (participles) の総称である．総称であるということは，この三つの範疇の共通点が準動詞の定義ということになる．その共通点，つまり準動詞の働きを図式化したものが次の (15) である．

(15)　Verbal:　| (S +)　V　(+ X) |
　　　　　　　　　N / Adj / Adv

(15) の意味するところは，「準動詞は，準動詞句（すなわち従属節と見なすべき部分）の領域内では動詞の働きを保ちながら，全体として名詞・形容詞・副詞として機能する」というものである．つまり，準動詞の場合も，従属接続詞や関係詞の場合と同じように，その領域内と領域外での（家にたとえれば，家庭の中と外での）働きを区別することによって，その本来の働きを理解できるのである．具体的には，準動詞は従属節内では動詞として機能する一方で，従属節全体としては名詞・形容詞・副詞として機能するものなのである．したがって，以下では準動詞の影響下にある領域を従属節と捉えて説明をしていく．

　(15) の図で，四角の中の，すなわち従属節中の (S +) は，準動詞が動詞として機能する場合には，主部が形式上現れないことがしばしばあるために S が括弧に入っている．しかし，これは必ずしも意味上の主部が存在しないことを意

味しているのではない．逆に，動詞が存在すれば，そこには必ず意味上の主部は存在する．その意味上の主部が，準動詞の場合には形式上現れないことがしばしばあるという意味である．言い換えると，一見「句」にしか見えない準動詞も，必ずそこには主部と述部が存在し，それ故句ではなく節として扱われるべきであるという結論に達するのである．

さて，ここまでは，準動詞として一括で扱ってきたが，不定詞・動名詞・分詞それぞれに事情は異なる．細かい違いは第6章2節（p. 344）に回すことにして，ここでは単に品詞的な機能の違いのみを見ていくことにする．まず，不定詞は従属節全体として名詞・形容詞・副詞のすべての機能を果たす．

(16) a. I want to drink cold water．（冷たい水が飲みたい）
　　　S　V　　O(=N)

b. Fred is not a man to tell a lie．
　　S　V　　C　　M=(Adj)

（フレッドは嘘をつくような男じゃないよ）

c. Max worked energetically to support his family．
　　S　　V　　　M　　　　M=(Adv)

（マックスは家族を養うために精力的に働いた）

(16a) では，to drink cold water が不定詞の従属節で，従属節内では，drink が動詞として機能し，cold water を目的語に取っている．主部は明示されていないが，意味的には myself が to の前に隠れている．そして，(myself) to drink cold water が全体で名詞的に機能して主節動詞 want の目的語になっている．従属節の部分だけを (15) に対応させて説明すると，(15) の (S) が (myself)，V が to drink，(X) が cold water に対応する．N / Adj / Adv の部分はここでは N が選択される．これを図示すると次のようになる．

(17) 　| (myself) to drink cold water |　　（=(16a)）
　　　|　　S　　V　　　　O　　　　|
　　V　　　　O(as an N)

(16b, c) についても，同じように (15) に対応させて図示すると次のようになる．

(18) [(for him) [to] tell a lie]　　　　　　　　　　　　　　(= (16b))
　　　　 S　　　V　 O

N ←────── M (as an Adj)

(19) [(for him) [to] support his family]　　　　　　　　　(= (16c))
　　　　 S　　　V　　　　 O

V ←────── M (as an Adv)

全体としてどのように機能するか，つまり，外向きの顔としてはどのような顔をしているかについては，(17) は N, (18) は Adj, (19) は Adv とそれぞれ異なっているが，どの場合にでも，不定詞は従属節内で共通して動詞として機能しており，(たまたま偶然にではあるが) それぞれ動詞として目的語を取り，音形上は現れていないが，潜在的に主部が存在している．不定詞の主部は通常前置詞 for を伴って表されるため，(18) と (19) では，表層上現れていない意味上の主部は for によって導かれているが，(17) の場合には不定詞従属節が want の目的語になっているため，for を伴わず単に myself という形で表示してある．[8]

　不定詞が，名詞・形容詞・副詞の働きをするのに対して，動名詞は従属節全体として名詞の機能を果たすのみに留まる．不定詞が名詞の機能を果たす時と動名詞が名詞としての機能を果たす時の違いについては，第 6 章 2 節を参照のこと．

(20) a. [Keeping regular hours] is essential to good health.
　　　　　　 S　　　　　　　　 V　 C　　 M
　　　　(規則正しい生活は健康には不可欠だ)

　　 b. His favourite pastime is [reading mystery novels].
　　　　　　 S　　　　　　 V　　　　 C
　　　　(彼は，ミステリー小説を読むのがいちばん好きです)

---

[8] want は，時として目的語従属節中の意味上の主部が for 付きで現れることがあるが，ここでは無標の形として，for のつかない形を選択した．
　(i)　I want for you to do this. (君にはこれをしてもらいたいんだ)

c. I hate [bothering you], but would you mind [explaining that again]?
　　S　V　　　O　　　　　　V　　　S　　V　　　　O

（面倒で申し訳ないんだけど，もう一度説明してもらってもいいですか？）

(20a) では，keeping regular hours が動名詞による従属節ということになるが，従属節内では，keep が動詞として機能して，regular hours を目的語に取っている．主部は明示されていないが，意味的には一般の人々を表す主部 (our, their, people's など) が keeping の前に隠れている．そして，(our) keeping regular hours が全体で名詞的に機能して文全体の主部になっている．従属節の部分だけを (15) に対応させて説明すると，(15) の (S +) が (our)，V が keep, (+ X) が regular hours に対応する．N / Adj / Adv の部分は，ここでは動名詞であるために自動的に N が選択される．(20) の各文における動名詞句の働きを図示すると次のようになる．

(21)　[(our) keeping regular hours] is ...　　　　　　(= (20a))
　　　　S　　V　　　　O
　　　　S (as an N)　　　　　V

(22)　... is [(his) reading mystery novels]　　　　　(= (20b))
　　　　　　S　　V　　　　O
　　　　V　　C (as an N)

(23) a.　... hate [(me) bothering you]　　　　　　　(= (20c))
　　　　　　　　S　　V　　　O
　　　　　V　　O (as an N)

　　b.　... mind [(you) explaining that again]
　　　　　　　　S　　V　　　O　　M
　　　　　V　　O (as an N)

動名詞の場合には，意味上の主部を目的格で表すことと，所有格で表すことがあるが，動名詞節全体が主節主部になっている場合には，意味上の主部に格を与える要素がなくなるために，義務的に所有格で現れる．動名詞節全体が補語

2.2. 複文としての準動詞

になっている場合にも事情は同じで，動名詞節全体が主節の主部になっている (21) では意味上の主部が所有格の our で現れ，動名詞節全体が主節の補語になっている (22) の場合にも意味上の主部は所有格の his で現れている．一方，(23) の場合には動名詞節全体が他動詞 hate と mind の目的語になっている．このような場合には，原則として意味上の主部は所有格でも目的格でも現れることができるが，頻度としては目的格のほうが高いために，ここでは目的格 me, you の形で表してある (cf. 第 6 章 2.3.2 節 (p. 369))．

不定詞が，動詞の働きに加えて名詞・形容詞・副詞の働きをし，動名詞が動詞の働きに加えて名詞の働きをするのに対して，分詞は原則として，形容詞と副詞の働きをする．

(24) a. Who is the woman crying her eyes out over there.
  　　　 C V　 S　　　　　　 M

　　　（あそこで目を泣きはらしている女の人は誰ですか？）

  b. We often find the medical language used by doctors confusing.
  　 S　 M　 V　　　 O　　　　　　　 M　　　　　　 C

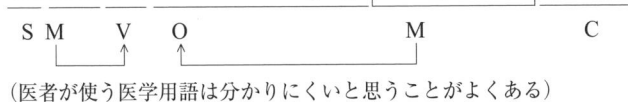

　　　（医者が使う医学用語は分かりにくいと思うことがよくある）

(25) a. Not knowing what to do, I called the office to get some information.
  　　　　　　 M　　　　　　 S V　　 O　　　 M

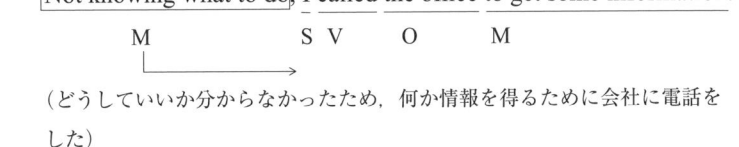

　　　（どうしていいか分からなかったため，何か情報を得るために会社に電話をした）

  b. Served with milk and sugar, it makes a delicious breakfast.
  　　　　　 M　　　　　　　 S　 V　 O

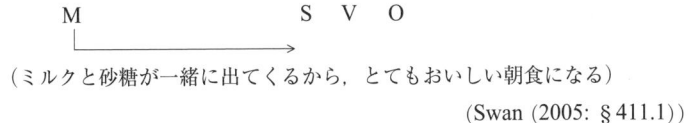

　　　（ミルクと砂糖が一緒に出てくるから，とてもおいしい朝食になる）

　　　　　　　　　　　　　　　　　　　　　　　　(Swan (2005: §411.1))

(24), (25) はすべて分詞を含む部分が修飾部として機能しているが，(24) は名詞を修飾し，(25) では後続する文全体を修飾している．また，それぞれの (a) は現在分詞の例，(b) は過去分詞の例になっている．まず，(24) の分詞従属節の内部構造を (15) に倣って表示すると次のようになる．

(26)　[(she) cry|ing| her eyes out]　　　　　(= (24a))
　　　　　　S　V　　O　　M
　　　N ←─────── M (as an Adj)

(27)　[(the medical language) use|d| by doctors]　(= (24b))
　　　　　　　S　　　　　　　　V　　M
　　　N ←─────────── M (as an Adj)

(25)はいわゆる分詞構文で，修飾をする対象が名詞ではなく，後続する文全体になるが，複文であることに変わりはなく，その構造を図示すると次のようになる．

(28)　[(I) Not know|ing| what to do]　　　(= (25a))
　　　　　S　　V　　　O
　　　　　　　M (as an Adv)　─→ 文全体

(29)　[(it) Serve|d| with milk and sugar]　　(= (25b))
　　　　　S　V　　　　M
　　　　　　M (as an Adv)　────→ 文全体

分詞の場合，意味上の主部は原則として主格で表されるため，(26)-(29)では分詞の意味上の主部は，すべて主格の形で括弧内に示されている．主部に続く助動詞としてのbeは省略されたまま表示されている．ただし，(28)の場合，knowingは進行形を形成しているわけではないので，助動詞beの省略はない．

Part II 品詞

Word Functions

0. Introduction

0.1. 語の文法的機能

　Part II では，品詞別に文法事項を見ていく．Part I の 0.2 節でも述べたように，品詞は学校文法の中では 8 品詞に分類するのが一般的であるが，本書ではその 8 品詞からは離れて，独自の品詞分類を採用し，文を構成する上で共通の働きを持つものをまとめるようにしながら，それぞれの品詞本来の働きを説明するとともに，品詞横断的に共通点を説明することにより，文構成上の大まかな品詞の働きを理解してもらう．そのような意味で，各論に入る前に，本書で採用する品詞の分類法を紹介しておく．

　品詞は，語の果たす文法的機能に応じて，大きく「主部の類（subjective categories）」と「叙述の類（predicative categories）」に分けられる．主部の類とは，その名の如く主部になることができる品詞の類で，言い換えれば名詞的な性質を共有している．大まかなイメージとしては「固体的（solid）」なもので，形のある輪郭のはっきりしているような語の集まりである．（ただ，これはあくまでも実際に映像として輪郭がはっきりしていることを意味しているわけではなく，あくまでも「語の文法的機能」としてそのようなイメージを持っているのであると理解してもらいたい．）具体的には名詞・代名詞・冠詞・名詞節を導く従属接続詞がこのグループに含まれる．一方，叙述の類とは，主部の類とは反対に「主部になれない」という性質を共有しているグループである．主部という用語を用いずにその性質を説明すると，動詞・助動詞といった述部を形成することができる語，形容詞・副詞・前置詞など修飾することを主な機能とする語がこのグループに含まれる．主部の類が個体的なイメージを持っているのに対して，叙述の類は「液体的（liquid）」なイメージを持っていると言える．

(1) 語の文法的機能別分類（= 品詞）
　　a. 主部の類：
　　　 名詞・代名詞・冠詞・名詞節を導く従属接続詞
　　b. 叙述の類：
　　　 動詞・助動詞・副詞・形容詞・前置詞・
　　　 副詞節を導く従属接続詞・等位接続詞

(1a) の主部の類は，それ自体が直接的に現実世界に存在する事物や概念を指す「名詞（nouns）」と，それ自体は直接的に事物や概念と一対一で対応するような意味はもたず，別の名詞を指したり，名詞の意味を限定したりするような

機能を持つ「代名詞類（pronominals）」に分けられる．

(2) 主部の類
   a. 名詞
   b. 代名詞類：代名詞・冠詞・名詞節を導く従属接続詞

(2b) の代名詞類は，どのような要素が後続するかに応じて 3 種類に下位分類される．一つは何も後続せず単独で代名詞の働きをするもの，もう一つは名詞が後続して全体で一つの代名詞の働きをするもの，最後は節が後続して全体で一つの代名詞の働きをするものである．単独で代名詞の働きをするのは，代名詞の主格・目的格で，具体的な語としては，I, you, it, this, that, who, none, anyone などが挙げられる．名詞が後続して全体で一つの代名詞の働きをするものは，代名詞の所有格・冠詞で，具体的な語としては，my, its, this, that, whose, a, the などが挙げられる．節が後続して全体で一つの代名詞として機能するのは，名詞節を導く従属接続詞で，具体的な語としては，that, if, whether, for が挙げられる．主部の類の詳細については，第 4 章「主部の類」を参照のこと．

(3) 代名詞類
   a. + ø: *I, you, it, this, that, who, none, anyone*, etc.
   b. + N: *my, its, this, that, whose, a, the*, etc.
   c. + clause: *that, if, whether, for*

(1b) の叙述の類は，さらにその下位分類として，述部の中心になれる動詞類と，修飾機能を持つ修飾詞類と連結詞に分けられる．動詞類に含まれるのは動詞と助動詞，修飾詞類に含まれるのは形容詞・副詞・前置詞・副詞節を導く従属接続詞，連結詞は等位接続詞である．

(4) 叙述の類
   a. 動詞類：助動詞・動詞
   b. 修飾詞類：形容詞・副詞・前置詞・副詞節を導く従属接続詞
   c. 連結詞：等位接続詞

修飾詞類は，(3) の代名詞類同様，単独で修飾の働きをするのか，名詞が後続して全体で一つの修飾詞の働きをするのか，節が後続して全体で修飾詞の働きをするのかで，さらに下位分類される．単独で修飾詞の働きをするのが形容詞と副詞，名詞に先行して全体で一つの修飾詞の働きをするのが前置詞，節に先

行して全体で一つの修飾詞の働きをするのが副詞句を導く従属接続詞である.

(5) 修飾詞類
  a. + ø: 形容詞・副詞
  b. + N: 前置詞
  c. + clause: 副詞節を導く従属接続詞

ここまで述べてきた主部の類と叙述の類に含まれていない品詞として,「間投詞 (interjections)」がある. この品詞は, ある意味でこれまで述べてきた他の品詞と比べると特殊である. それは,「言語」というものを人間特有の能力と定義した場合, その最大の特徴は, 他の生き物のコミュニケーション手段に比べてはるかに複雑な規則 (つまり,「文法 (grammar)」) を有していることである. その一つの現れが, これまで述べてきたような, 語の文法的機能に応じて複雑に分類が可能な点である. しかし, 唯一, 間投詞については, 文法的に複雑な機能は果たさず, 人間以外の動物が用いる鳴き声のような働きしかしない. 具体的には, 間投詞という範疇に分類される語は, 主部や述部のような文の中での文法的な機能を果たすことはなく, 単発の音として何かの意味を伝えることをその働きとする語の集団なのである. そのような意味で, 他の品詞に比べて特殊な品詞であるため, 本書では, 他の品詞と同等には扱わない.

また, 間投詞とは別の意味で特殊な品詞と言えるのが,「関係詞 (relatives)」と「準動詞 (verbals)」である. これらは, ふたつの品詞にまたがっているという点で特殊で, 関係詞の場合には, 節全体としては修飾詞の働きをする一方で, 節内では別の品詞 (具体的には, 名詞・形容詞・副詞) としての働きをする. 準動詞の場合には, 節全体として名詞・形容詞・副詞として働く一方で, 節内では動詞として働く. いずれの場合にも, ふたつの品詞にまたがる働きを同時に果たしている特殊な品詞である. そのような事情から, 本書では, これらについては, 間投詞を含めた上述の品詞とはまた別に扱うものとする.

以上, 語の文法的機能に応じた分類をまとめて, 以下の節番号とともに表示すると次のようになる.

(6) 語の文法的機能に応じた品詞分類
    0. 語の文法的機能
    第4章　主部の類
      1. 名詞
        1.1. 名詞の数
        1.2. 名詞の性
        1.3. 名詞の格
        1.4. 名詞の種類
      2. 代名詞類
        2.1. ＋ø
        2.2. ＋N
        2.3. ＋clause
    第5章　叙述の類
      1. 動詞類
        1.1. 動詞
        1.2. 助動詞
      2. 修飾詞類
      3. 連結詞

(7) 特殊品詞
    第6章　準品詞
      1. 準動詞
      2. 関係詞

0.2. 固体的範疇と液体的範疇

　前節の(1)で触れたように，名詞を始めとする主部の類は固体的なイメージがあり，動詞をはじめとする叙述の類は液体的なイメージがある．本節では，この「固体的／液体的」というイメージが，主部の類と叙述の類の区別以外にも当てはまる「範疇横断的」な概念であることを見る．具体的な話に入る前に，この「固体的」「液体的」というイメージがどのようなものであるか，改めて定義してみる．

(8) a. 固体的：「かたまり」のようなもので，時として境界線や輪郭が明確なもの．それに伴い，複数存在したり，繰り返されたりすることがしばしばある．

b. 液体的：つかみどころのない漠然としたもので，原則として境界線や輪郭がないもの．区切りがないことから，複数存在したり，繰り返されたりすることができない．

このように，「固体的」「液体的」のイメージを明確にすると，これらのイメージが次のような対立する範疇のイメージに当てはめられることが理解されよう．以下，固体的な要素は四角で囲み，液体的な要素は網掛けで表す．

(9) 　　　固体的　　　　　　液体的
　　a. 主部の類　　　　叙述の類
　　b. 可算名詞　　　　不可算名詞
　　c. 定冠詞　　　　　不定冠詞（ゼロ冠詞を含む）
　　d. 動作動詞　　　　状態動詞

(9a) の主部の類と叙述の類の対立については，主部の類は境界線が存在するからこそ，主部になれたり，目的語になれたりすると見ることができる．そのような境界線を持たない述部の類は主部にも目的語にもなれない．

(10) a. The death of her son came as a terrible shock.
　　　　（息子の死にひどくショックを受けた）
　　b. *The die of her son came as a severe shock.
(11) a. Hundreds of people were mourning her death.
　　　　（多くの人が彼女の死を悼んでいた）
　　b. *Hundreds of people were mourning her die.

このように見ると，補語になれる品詞は名詞か形容詞であることから，そのような意味では，形容詞は複数形は持たない叙述の類として液体的ではありながらも，固体的な（すなわち，名詞的）な面も有していると見ることができる．

(12) a. He became a teacher.（教師になった）
　　b. He became popular.（人気が出た）

次に，(9b) の可算名詞と不可算名詞の対立を見てみよう．可算名詞は，固体的で境界線が存在するからこそ不定冠詞 a と共起したり複数形になることができるが，不可算名詞は液体的で境界線が存在しないから不定冠詞 a と共起したり複数形になることができない．これが，可算名詞は固体的で，不可算名詞は液体的である根拠である．

(13) a. *a* chair, chairs
b. **a* furniture, *furnitures

　(9c) の定冠詞と不定冠詞の対立は，それほどすっきりとはいかない．不定冠詞の a と不定冠詞のゼロ冠詞とでは，多少事情が異なるからである．違いがはっきり出る定冠詞とゼロ冠詞の対立から見ていこう．定冠詞は，境界線，言い換えると輪郭をはっきりさせるような固体的な意味を表すから，共起する名詞が指示する物の実態は明確になる．一方，ゼロ冠詞は液体的で，境界線がないことを表すために，共起する名詞が指す物の実態は漠然としている．ゼロ冠詞は ø で表す．

(14) a. Martin pulled the *chair* forward and told her about the accident.
（マーティンは座っている椅子をテーブルのほうに引いて，彼女にその事故のことを話した）
b. The office *furniture* I inherited from the previous tenants is wearing out.（この前のテナントから譲り受けたオフィス用家具がすり減ってきてるんだ）

(15) a. The office staff need ø well-designed *desks* and *chairs*.
（事務所のスタッフはデザインのいい机と椅子を必要としてるんだ）
b. The wood is used for making ø good *furniture*.
（(他の素材はさておき) 木という素材は良い家具を作るのに使われる）

　(14) で，chair は可算名詞，furniture は不可算名詞で，それだけであれば chair は固体的，furniture は液体的ということになる．しかし，そこに定冠詞というキャップがかぶせられると，元来固体的である chair だけでなく，元来液体的である furniture もその輪郭が明確になって固体的になる．(14) の場合，chair も furniture もその映像（輪郭）は明確にイメージされる．一方，(15) の場合，同じ chair と furniture でも，かぶせられているキャップは，液体的に明確な輪郭を持たない不定冠詞のゼロ冠詞である．話し手はさておき，少なくとも聞き手は，(15a, b) の発話から何らかの意味で限定された椅子や家具の映像を話し手と共有することはできない．

　このように，定冠詞とゼロ冠詞は，固体的と液体的という性質に関しては，その相違が明らかになるが，不定冠詞の a はやや中間的な位置付けになる．その理由は，この語が，(16) のように相矛盾する次の二つの意味を同時に表すからである．

(16) a. 不定
　　 b. 1

「不定 (indefinite)」は，聞き手が明確な輪郭を持ったものを連想できないという意味で，液体的な概念である．一方で，「1」は，特定の数字であり，その境界線は明確で，固体的な概念である．このように，この不定冠詞 a は液体的と固体的という相矛盾する二つの性質を兼ね備えた語なのである．

(17)　They have three daughters and a son.
　　　（あそこの家は娘さんが 3 人に息子さんが 1 人よ）

この場合，不定冠詞 a は，未知の不特定の息子であるという液体的意味と，その数は 1 人であるという特定的，固体的意味の両方を聞き手に対して表していることになる．この場合には，比較的その固体的意味が明確に現れるほうであるが，場合によっては，固体的意味は前面には現れず，液体的意味のみが前面に現れる場合がある．

(18)　Tin is a metal. （錫は金属である）

ここでは，錫という物質が金属という種類に属することが述べられている．主部が不可算名詞であることからも分かるように，それを叙述している部分に含まれる不定冠詞の a には「1」という概念は含まれていない．ここでは，単に「種類」を表しているに過ぎず，そこには明確な境界線や輪郭は存在しない．このように，本来的には固体的概念と液体的概念の両方を兼ね備えている不定冠詞の a であるが，そのどちらの概念が前面に出てくるかは，それが置かれる環境によって異なるのである．

　固体的概念と液体的概念の対立の最後に，動作動詞と状態動詞の違いを見ていく．動作動詞は，進行形で用いられて反復を表すことができることから固体的，状態動詞は，もともと境界線が明確でなく，進行形で用いられて反復を表すことができないことから液体的であると言える．

(19) a.　He kicked the ball into the goal.
　　　　　（彼はゴールにボールを蹴り込んだ）
　　 b.　James was kicking a ball around the yard.
　　　　　（ジェームズは庭でドリブルの練習をしていた）
(20) a.　A dictionary belongs in every home.
　　　　　（辞書というものはすべての家にあるものだ）

b. *That curtain is belonging to me.

　(19a) では，動作動詞が単一の出来事を表しているが，その出来事が固体的で境界線が明確であることから，その行為を繰り返すことが可能で，(19b) のように進行形にすると時間幅が延長された分だけ，その期間繰り返されて複数の出来事になる．一方，(20) のような状態動詞の場合には，表される事象が液体的で明確な輪郭を持たないことから，(20b) のように進行形にして複数の事象として表すことは不可能である．

　この「固体的／液体的」の対立から分かることは，この対比が絶対的なものではなく，あくまでも相対的なものであるということである．例えば，不可算名詞・不定冠詞を例に取ると，一方で，不可算名詞と不定冠詞は主部の類に属するわけであるから，本来的には固体的な範疇である．しかし，他方で，不可算名詞は可算名詞との対比で，不定冠詞は定冠詞との対比で，液体的な範疇に分類される．また，動作動詞の場合には，叙述の類に属することから，本来的には液体的ではあるが，状態動詞との対比では，固体的な範疇に分類される．このように，個々の対比で見る限り，この「固体的／液体的」の対立は絶対的なものではなく，相対的なものであることが分かる．

		固体的	液体的
(21)	a.	furniture (*n.*) (家具)	furnish (*v.*) (〜に必要な物を備える)
	b.	furnisher C (家具商)	furniture U
(22)	a.	a beggar (*art.*)	beg (*v.*)
	b.	the beggar (*def. art.*)	a beggar (*indef. art.*)

　しかし，個々の対立から各分類の全体像に目を転じると，固体的な範疇から液体的な範疇への段階的な推移が見て取れる．

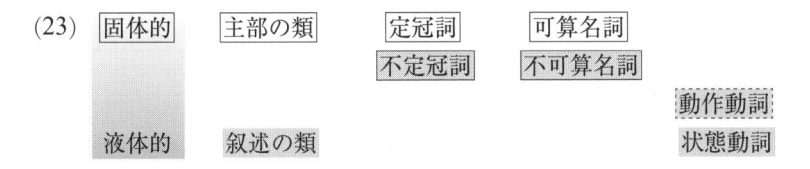

(23)　固体的　　主部の類　　定冠詞　　可算名詞
　　　　　　　　　　　　　　不定冠詞　　不可算名詞
　　　　　　　　　　　　　　　　　　　　　動作動詞
　　　液体的　　叙述の類　　　　　　　　　状態動詞

　この図から分かることは，同じ固体的範疇に属するものでも，より固体的な範疇からより液体的範疇まで，同じ液体的範疇に属するものでも，より液体的な範疇からより固体的な範疇まで，段階的に存在するということである．

　本節で紹介した固体的範疇と液体的範疇の対立が，どこまで様々な範疇に適

用できるかは，これからの研究を待たなければならない．ただ，現時点での見通しとしては，固体的範疇／液体的範疇の対立として捉えられる他の例は，単純過去時制／現在完了時制，動名詞／不定詞，直説法／仮定法・命令法，叙実的／断定的などがある．少なくとも我々が言葉を使っている時に，無意識にでもこのような大まかなイメージを持ちながら言葉を使っていることは事実であろう．

第4章

主部の類 (Subjective Categories)

　この章では，これまで広い意味で「名詞 (nouns)」と呼ばれてきた語について，それらが英語という言語の中でどのように機能するかを，総括的に見ていくと同時に，その中でそれぞれが具体的にどのように異なった機能を果たしているのかを詳しく見ていく．この章で扱う品詞に共通している働きは，この章のタイトルどおり，「主部になる」という機能である．ここに分類されるのは，「名詞 (nouns; 略号 N)」「代名詞 (pronouns; 略号 Pron.)」「冠詞 (articles; 略号 Art.)」「名詞節を導く従属接続詞 (nominal subordinate conjunctions; 略号 NSC)」であるが，特に冠詞が名詞の機能を果たすという点については，2節 (p. 128ff) を参照されたい．主部の類が共通に果たす働きを図示すると次のようになる．

(1)　$\boxed{\text{Sub}}$ (X)
　　　S

　図 (1) が意味するところは，主部の類 Sub が時として補部を取り，常に主部として機能する能力を持っているというものである．
　1節では，「名詞」という品詞についてその働きを見ていく．2節では，最初に「代名詞」および従来は(代)名詞に類するものとしては扱われてこなかった「冠詞」「名詞節を導く従属接続詞」について，共通して名詞的な働きをする点について述べる．その後で，「代名詞」「冠詞」「名詞節を導く従属接続詞」それぞれについて，その機能を詳しく見ていく．

1. 名詞

名詞はすべて文法的に以下の三つの働きをする (cf. 第1章1節).[1]

(1) a. 主部になることができる.
　　b. 補語になることができる.
　　c. 目的語になることができる.

まず,「主部」になる例を具体的に見てみよう.

(2) a. <u>Labrador retrievers</u> make excellent hunting dogs.
　　　（ラブラドール・レトリーバは，優れた猟犬になります）
　　b. <u>The police</u> have confirmed that <u>the money</u> has been paid.
　　　（警察は，金が支払われていることを確認済みだ）
　　c. <u>Gold</u> is heavier than <u>silver</u>. （金は銀よりも重い）
　　d. <u>Crime</u> is often attributable to drugs. 　　　　(= 第1章3節(2))
　　　（犯罪は，しばしば薬物が原因で起こる）
　　e. <u>The Smiths</u> have had trouble with all their neighbors.
　　　（スミス家はすべての近所の人たちとトラブルを起こしてきている）

---

[1] 実際には代名詞や動名詞も含むが，ここでは話を「名詞」に限定する．代名詞をはじめとするその他の品詞の名詞的機能については，「代名詞」「冠詞」「名詞節を導く従属接続詞」「不定詞」「動名詞」の各節を参照されたい．ここで，これらの働きを一覧表でまとめると以下のようになる．

(i)

	主部	補語	間接目的語	直接目的語	前置詞目的語
名詞・代名詞・冠詞	○	○	○	○	○
名詞的従属接続詞	○	○	×	○	×*
疑問詞節	○	○	×	○	○
不定詞	○	○	×	○	×
動名詞	○	○	×	○	○

* in that ... と whether ... 節を除く

少なくともこの表から言えることは，典型的な主部の類である名詞・代名詞・冠詞に近い働きをするのは動名詞と疑問詞節で，不定詞と名詞的従属接続詞は，前置詞の目的語にはなれないという点で名詞的ではないと言える．

次は，名詞が補語になる例である．

(3) a. Violent crime is becoming <u>a major problem</u>.　　　［主格補語］
　　　（暴力犯罪は大きな問題になりつつある）
　b. He was elected <u>mayor</u> of Boston.　　　［目的格補語］
　　　（彼はボストン市長に選ばれた）
　c. I cannot live on my wages with prices <u>what they are</u>.[2]
　　　（物価が今のままでは，僕の給料ではやっていけません）　　　［前置詞の補語］

最後に，すべての名詞は「目的語」になることができる．

(4) a. I had to break <u>the window</u> to get into the house.　　　［直接目的語］
　　　（窓を破って家に入らなければならなかった）
　b. Don't ask <u>him</u>. — He won't know.　　　［間接目的語］
　　　（ヤツに聞いてもダメだよ．知らないだろう）
　c. We sat around listening to <u>music</u>.　　　［前置詞の目的語］
　　　（特に何をするわけでもなく音楽を聴きながらぼうっとしていた）

1.1. 名詞の数

　英語の名詞が持っている重要な特徴の一つに「可算性 (countability)」があり，名詞であれば必ず「数える名詞」と「数えない名詞」に分けられる．一般に，前者を「可算名詞 (countable nouns)」，後者を「不可算名詞 (uncountable nouns)」と呼ぶ．可算名詞は，その表すイメージとして，「形のあるもの」「境界線がハッキリしているもの」「壊すことができるもの」「半分にすることができるもの」「具体的なもの」などと説明される一方，不可算名詞は，逆に「形のないもの」「境界線がハッキリしていないもの」「壊すことができないもの」「半分にできないもの」「抽象的なもの」などと説明される．この基準は，可算名詞と不可算名詞を区別する上で一つの目安になるもので，例えば，experience は，漠然と「経験」という意味で用いられる時には不可算名詞であるが，具体的にある特定の時の経験という意味では可算名詞になる．[3]

---

　[2] ここでの what they are は語ではないので，厳密に言えば名詞のところに出す例文としては不適切であるが，what they are 全体で名詞になって with の補語になっている珍しい例文であるために例として挙げた．
　[3] 可算名詞と不可算名詞の違いを，固体と液体の違いに喩えた説明については，Part II の 0.2 節（p. 91）を参照のこと．

(5) a. Animals have some capacity to learn from experience.
   （動物は経験から学習する能力を持っている）
   b. I had a similar experience last year.（去年，同じ経験をした）

注意すべき点は，英語の名詞はこの experience のように，時と場合に応じて可算名詞になったり不可算名詞になったりする点であるが，その違いをはっきりさせるために，可算名詞と不可算名詞の具体例を次に挙げる．

(6) 可算名詞　　　　　　　　　不可算名詞
　　solid（固体）　　　　　　　gas（気体）[4]
　　computer（コンピュータ）　salt（塩）
　　mountain（山）　　　　　　art（芸術）
　　day（日）　　　　　　　　　success（成功）
　　family（家族）　　　　　　 Harvard University（ハーバード大学）
　　people（人々）　　　　　　 wealth（富）
　　sheet（紙）　　　　　　　　paper（紙）
　　bag（かばん）　　　　　　　baggage（手荷物）
　　table（テーブル）　　　　　furniture（家具）
　　suggestion（提案）　　　　 advice（忠告）
　　request（要求）　　　　　　permission（許可）
　　job（仕事）　　　　　　　　work（仕事）
　　assignment（課題）　　　　 homework（宿題）
　　oat（オート麦）　　　　　　wheat（小麦），barley（大麦）

　この表の初め6ペアは，比較的違いをイメージしやすいペアが挙げてあるが，それよりも下に行くと違いが理解しにくくなる．つまり，両者の区別を，意味もしくは概念の違いから説明することが極めて難しいことを示唆している．英語の paper は材質を表すのに使われるために，数えられない名詞になる．「紙」は，英語では sheet など別の可算名詞が使われる．bag が数えられるのに，baggage は数えられない．chair, table などは数えられるのに，furniture は数えられない．同じ「仕事」なのに数えられる仕事と数えられない仕事があるのか．「課題」と「宿題」の違いは何か．極めつきは，同じ麦でも，オート麦

---

[4] solid が可算名詞で，gas が不可算名詞であることから，液体を表す liquid は water や milk のように不可算名詞かと思いきや，liquid は不可算名詞でも可算名詞でも用いられる．したがって，Water and milk are liquids. のような文が成り立つからおもしろい．

は数えられるのに，小麦・大麦は数えられないのはなぜか．[5] これらの問題に対する明快な答えはそう簡単に見つけることは難しく，形のありなしや，境界線のありなしは一定の目安でしかなく，可算／不可算の区別には決定的な規則性はなく，突き詰めれば「それぞれの名詞に固有の性質」であると言える．

　可算名詞と不可算名詞という区別は，実際にはどのような場合に重要になってくるのであろうか．まず，数えられるということの最もはっきりした証は，複数形になるということである．上に挙げた可算名詞はすべて，solids, computers, mountains, days, families, sheets, bags, tables, suggestions, requests, jobs, assignments, oats というように複数形になる．次に，不定冠詞 a(n) との共起可能性が挙げられる．当然のこととして，可算名詞単数形は不定冠詞 a(n) と共起できるが，可算名詞複数形は不定冠詞 a(n) とは共起できない．そしてここで重要なのは，可算名詞単数形は冠詞なしで用いることはできないという点である．[6] これは，不可算名詞と不定冠詞 a(n) との共起関係との対比で明確になる．不可算名詞は単数形のみが許されることはすでに見たが，不定冠詞 a(n) との関係も理論的には複数形の関係と同じで，数えられないものに一つという意味を表す語を共起させることはできない．この可算名詞・不可算名詞と不定冠詞 a(n) との共起関係を，可算名詞 car と不可算名詞 air を例にして一覧にすると，次のようになる．

(7) 　　　　　　　　　　可算名詞　　　不可算名詞
　　　無冠詞単数　　　　*car　　　　　air
　　　不定冠詞単数　　　a car　　　　 *an air
　　　無冠詞複数　　　　cars　　　　　*airs
　　　不定冠詞複数　　　*a cars　　　 *an airs

可算性の概念が未習得の初学者がよく誤るのが，下線部である．

　最後に，可算名詞は「数」を表す語と共に用いられ，不可算名詞は「量」を表す語と共に用いられる．以下に「数」を表す語と「量」を表す語の例をいくつか挙げる．

---

[5] 英米での五穀は barley, corn, rye, oat, wheat とされるが，この中で可算名詞は oat だけで，barley, corn, rye, wheat は，すべて不可算名詞である．また，oat も本来的には可算名詞であるが，実際には専ら複数形の oats で用いられ，oat の形で用いられるのは名詞を修飾する形容詞に限られる．

[6] 冠詞の用法については，本章 2.2.1.1 節 (p. 176) のところで詳しく述べるが，そこでは冠詞が付かない場合，それを「ゼロ冠詞 (a zero article)」と呼ぶ．

(8) a. one, two, <u>a few</u>, some, <u>many</u>, a lot of, etc. 　　［「数」を表す語］
　　 b. <u>a little</u>, some, <u>much</u>, a lot of, etc. 　　　　　　［「量」を表す語］

この中でも，特にa few — a little, many — much の対応が重要で，a few jobs, many jobs というように前者は可算名詞としか用いられず，a little work, much work というように後者は不可算名詞としか用いられない．言い換えると，*a few work, *many work とか*a little assignment, *much assignment とは言えない．このように可算／不可算の名詞の区別というのは，その語だけの問題ではなく，一緒に使う単語にも影響を与える．この可算名詞と不可算名詞の違いを，同じ「パン」という意味を表すloaf（焼いた塊のパン）とbread（漠然と食パン）および同じ「お金」に関わるcoin（硬貨）とmoney（金銭）を例にとって，その使い方を比較してみる．

(9) 　可算名詞と不可算名詞の用法比較

	可算名詞	不可算名詞
a.	This is a loaf.	?This is a bread.
b.	This is a coin.	*This is a money.
c.	How many loaves are there?	?How many breads are there?
d.	How many coins are there?	*How many monies are there?
e.	a large number of loaves	?a large number of breads
f.	a large number of coins	*a large number of monies
g.	six loaves	?six breads
h.	six coins	*six monies
i.	*How much loaves are there?	How much bread is there?
j.	*How much coins are there?	How much money is there?

(Griffith (2006: 55))

この比較から注目すべきことは，同じ不可算名詞でも，完全に数えられないもの（money）と文法的には少々おかしくても，完全にはおかしくならないもの（bread）があるということで，「ことば」というのは，このように「段階的（gradable）」になっているものであるということは，特に文法規則を学んでいく上では常に念頭に置くべきことである．

1.2. 名詞の性

英語をはじめとするインド・ヨーロッパ (Indo-European) 語族[7]やアフロ・アジア (Afro-Asiatic) 語族[8] に属する多くの言語には、それぞれの名詞が「性 (gender)」を持っている。ただ、この言語で用いられている「文法的性 (grammatical gender)」は、生物の性的区別とは明確に区別されるべきものである。人間に男女 (male/female) の区別があるように、文法的性にも「男性 (masculine gender)」「女性 (feminine gender)」の区別があるという点では共通しているが、人間の性別とは違って、ほかに「中性 (neuter gender)」や「通性 (common gender)」[9] といった性もある。

ドイツ語やフランス語、古期英語など、言語によっては名詞の性に合わせて、一緒に使われる冠詞や形容詞、動詞などが変化するので、名詞がどの性かというのは極めて重要な問題になってくるが、[10] 現代英語の場合には以下に述べる

---

[7] ヨーロッパからインドにかけての地域に広範囲にわたって分布する語族で、東はロシア語から西はアイスランド語までを含む。英語・スペイン語・ヒンディー語・ベンガル語・ロシア語・ポルトガル語・ドイツ語など、世界でも使用人口の多い言語の多くはこの語族に属している。

[8] 地域的には北アフリカから中東にかけて広がる語族で、主にベルベル諸語 (Berber)、チャド諸語 (Chadic)、クシ諸語 (Cushitic)、エジプト語 (Egyptian)、オモト諸語 (Omotic)、セム系諸語 (Semitic) を含む語族である。

[9] 具体的には、parent (father/mother), spouse (husband/wife), baby (baby boy/baby girl), child (son/daughter), friend (boyfriend/girlfriend), chair (chairman/chairwoman), police officer (policeman/policewoman), doctor, nurse, teacher などが通性名詞の例として挙げられる。「中性」と「通性」の違いは、中性は原則として代名詞 it で受けるのに対し、通性は文脈に応じて時には it で受けたり、she/he で受けたりするところにある。

    (i) a. She is expecting *another baby* and hopes it will be a boy.
        （彼女、また子どもができるんだけど、男の子がいいんだって）
      b. *The sick child* impressed everyone with her patience and good humor.
        （その病気の子がとても我慢強くて周りに心配をかけないようにしているのがとても印象的だった）
      c. *A baby* should have one bath every day and if strong he may have two.
        （赤ちゃんは一日に最低1回、元気ならば2回はお風呂に入れたほうがいい）

[10] ドイツ語の例を挙げておこう。
    (i) a. der gute Mann ('the good man') ［男性名詞1格］
      b. die alte Burg ('the old castle') ［女性名詞1格］
      c. das kleine Haus ('the small house') ［中性名詞1格］

(ia) では、男性名詞 Mann と共に、定冠詞男性名詞1格（主格）の形 der と形容詞 gut の男性名詞1格の形 gute が用いられており、(ib) では、女性名詞 Burg と共に定冠詞女性名詞1格（主格）の形 die と形容詞 alt の女性名詞1格の形 alte が用いられており、(ic) では、中性名詞

ような例外的な場合を除けば，冠詞や形容詞が名詞の性に合わせて変化することはない．

具体的に現代英語の例に入る前に，文法的な性がどのようなものであるかについて簡単に触れておく．自然性とは，例えば動物の場合であれば雄と雌の区別があり，人間の場合であれば男と女の区別がある．物や概念の場合は，机や健康には性別がない．しかし，文法性は必ずしも自然性と一致するわけではない．英語の場合には，the bride を she — her — her で受け，a bachelor を he — his — him で受けるというように，自然性と文法性が一致することがほとんどであるが，例えばフランス語の場合，the house「家」を表す maison という名詞は女性名詞で，la maison のように，冠詞も la という女性形を用いる．

現代英語の場合にも，稀に自然性と文法的性が一致しない場合がある．その代表的な例が，船・列車・自動車などの乗り物である．渡航に自分が所有する乗り物を利用する場合には，愛情や尊敬の念を持ってそれらの名詞を女性名詞として扱う．また，国名も時として女性名詞として扱われる．

(10) a. *The ship* struck an iceberg, which tore a huge hole in her side.
（船は氷山に衝突して，船腹に巨大な穴があいてしまった）
b. *Scotland* lost many of her bravest men in two great rebellions.
（スコットランドは二つの大きな反乱によって，多くの最も勇敢な男たちを失ってしまった）

その他，列車・月・海・都市・自然・運命・平和なども女性として扱われることがある．一方で，太陽・山・川・死・戦争などは男性として扱われることがある．

(11) When *the sun* makes his appearance he is photographed, that folks may not forget what he is like.　　　　　　(Jespersen (1949; 1983c: 216))
（太陽が姿を現す時にその姿を写真におさめる．その姿がどのようなものであるかを人々が忘れないようにするために）

ただし，次の例が示すように，特に詩的効果が不必要な場合や，感情が込められていないような場合には，中性として it で受ける．

Haus と共に，定冠詞中性名詞 1 格（主格）の形 das と形容詞 klein の中性名詞 1 格の形 kleine が用いられている．

(12) *The space shuttle Atlantis* was to roll to the launch pad this week for a trip to the international space station. Instead, NASA is mourning the crew of a sister ship, and the agency must decide when the fleet should fly again. The nation must decide whether it should fly at all.

(CNN.com: February 5, 2003)

(スペースシャトル・アトランティスは，国際宇宙ステーションへ向かうために，今週発射台へと移動していくことになっていました．一方で NASA はその姉妹船の乗組員達の死を悼み，担当機関がシャトルの再打ち上げをいつにするかを決めなければなりません．国としては，打ち上げそのものの是非を検討しなければなりません）

名詞の性の最後に，男女・雌雄で対になって存在する例をいくつか挙げておく．基本的なパターンとしては，語源を異にする別の語で表す場合，語幹に性別を表す要素を付加して表す場合，男女どちらかの語を基本としてもう一方の性に接尾辞[11]を付加する場合に分けられる．

(13) 語源を異にする別の語で表す場合（人間）

	男	女
a.	boy（男の子）	girl（女の子）
b.	father（父）	mother（母）
c.	son（息子）	daughter（娘）
d.	brother（兄弟）	sister（姉妹）
e.	uncle（おじ）	aunt（おば）
f.	nephew（甥）	niece（姪）
g.	husband（夫）	wife（妻）
h.	gentleman（紳士）	lady（婦人）
i.	sir（男に対する敬称）	madam（女に対する敬称）

---

[11]「接尾辞 (suffix)」とは，ある元となる単語から別の語を派生させる際に，元の語の最後に付加される要素で，それ自体では独立して用いられない．日本語であれば，「重さ」の「-さ」，「人間性」の「-性」などが接尾辞の例である．これに対して，元の語の最初に付加される要素を「接頭辞 (prefix)」と言う．英語では，demerit の de-, unkind の un- などが，日本語の場合であれば，「お名前」の「お-」や「不平等」の「不-」などが接頭辞の例である．これ以外に，単語の中にこのような要素を付加して別の語を派生させるものを「接中辞 (infix)」と言うが，parts-of-speech における複数接辞 -s など，ごく一部の例外を除いて，原則として日本語や英語にはこのような要素は存在しない．「接頭辞」「接中辞」「接尾辞」を総称して「接辞 (affix)」と言う．

  j. lad（少年）   lass（小娘）
  k. bachelor（独身男性） spinster（独身女性）
  l. king（王）   queen（女王）
  m. lord（貴族）   lady（貴族婦人）
  n. wizard（(男の) 魔法使い） witch（魔女）

(14) 語源を異にする別の語で表す場合（動物）[12]

     雄   雌
  a. dog（犬）   bitch（雌犬）
  b. fox（キツネ）   vixen（雌ギツネ）
  c. horse（馬）   mare（雌馬）
  d. bull（雄牛）   cow（牛）
  e. cock（雄鶏）   hen（ニワトリ）
  f. drake（アヒルの雄）   duck（アヒル）
  g. gander（ガチョウの雄） goose（ガチョウ）
  h. drone（雄バチ）   bee（ミツバチ）

(15) 語幹に性別を表す要素を付加して表す場合

     男・雄   女・雌
  a. boyfriend（ボーイフレンド） girlfriend（ガールフレンド）
  b. baby boy（男の赤ちゃん） baby girl（女の赤ちゃん）
  c. chairman（男の議長） chairwoman（女の議長）[13]
  d. manservant（下男）   maidservant（女中）
  e. peacock（雄のクジャク） peahen（雌のクジャク）

---

 [12] ここに挙げたペアは，雌雄どちらかの語で両方の性を代表させることが多い．一般的には，それぞれ下線を引いた語で代表され，例えば，「犬」を表すのには dog という語が雌雄両方を表すのに用いられる．また，雌の単語が両性を代表するようなケースは，雌のほうがより人間にとって身近な場合であると言える．つまり，牛乳を出す牛の雌，卵を産む鶏の雌，女王蜂と働き蜂が共に雌である蜂などは人間の日常生活により密接関係しているために，そちらの語のほうが両性を代表するようになったと言える．

 [13] 性差別の問題から，両性を表す chairperson という語が用いられていたことがあったが，当時は chairman に対する女性を表す語として chairperson が用いられることが多かった．しかし，その紛らわしさから，現在では chair という語に取って代わられ，chairperson はほとんど用いられなくなっている．これに関連して，かつては policeman, fireman と呼ばれていた職業も，現在ではそれぞれ police officer, firefighter に取って代わられている．

(16) 男女どちらかの語を基本としてもう一方の性に接辞を付加する場合

男・雄	女・雌
a. god（神）	goddess（女神）
b. man（男）	woman（女）
c. male（雄）	female（雌）
d. prince（王子）	princess（王女）
e. duke（公爵）	duchess（公爵夫人）
f. hero（男の主人公）	heroin（女の主人公）
g. tiger（トラ）	tigress（雌のトラ）
h. lion（ライオン）	lioness（雌のライオン）
i. bridegroom（花婿）	bride（花嫁）
j. widower（男やもめ）	widow（未亡人）

1.3. 名詞の格

「格 (case)」とは，名詞や代名詞が文の中でどのような文法的・意味的役割を果たしているのかを，形態上の変化で表すことを言う．例えば，主格は，その名詞が文法上主部であり意味的には日本語の「～は，～が」に相当することを形態上表し，所有格は文法上名詞が後続してその名詞を限定し，意味的には「～の」という意味を表すということを形態上表す．厳密には，格は名詞や代名詞に与えられ，それに応じてその名詞や代名詞の形態が変化するのであるが，実際，現代英語の場合には，we — our — us, he — his — him などの人称代名詞を除いてその格変化はほとんど消失していて，名詞で格変化が形態上明確に現れるのは所有格のみである．

(17) a. John's bag（ジョンのバッグ）
b. my father's car（父の車）
c. a girls' school（女子校）
d. these children's T-shirts[14]
（子どもたちが持っているTシャツ／子ども用のTシャツ）

一方，英語と同じインド・ヨーロッパ語族でも，ドイツ語・トルコ語・ロシ

---

[14] (17c, d) の用法については，本章1.3.2節 (p.109) の所有格が「記述」の意味を表す場合の説明を参照のこと．

ア語・バスク語[15]・フィンランド語，ハンガリー語には豊富な格変化が存在し，多い場合には 20 以上の格変化がある．格変化の種類として代表的なものは次のとおりである．

(18) a. 主格 (nominative)：「〜が」にあたる，動作・経験の主体，性状の本体を表す．
b. 対格 (accusative)： 英文法では「目的格 (objective)」と呼ばれるもので，日本語の「〜を」という意味を表す．
c. 与格 (dative)： 対格同様，英文法では「目的格」に相当するが，日本で言えば「〜に」という意味になるもので，I gave him a book. の him に相当する格．
d. 属格 (genitive)： その意味から英文法では「所有格 (possessive)」と呼ばれることもあるが，日本語の「〜の」にあたるもので，所属・発生などを表し，名詞を限定するもの．
e. 奪格 (ablative)： ある場所から離れることを表す格で，出発点（〜から）・原因（〜ために）・手段（〜によって）などを表す．ラテン語・トルコ語などに存在する．
f. 所格 (locative)： 出来事や存在の場所を表す．サンスクリット語・トルコ語などに存在する．
f. 具格 (instrumental)： 手段・用具を表す．サンスクリット語・ロシア語などに存在する．
g. 呼格 (vocative)： 呼びかけを表す．ギリシャ語・ラテン語などに存在する．

現代英語の場合，主格・所有格（上では属格）・目的格（上では対格）の区別があるが，上でも述べたように明確に形態上変化するのは人称代名詞をはじめとする一部の語だけで，そのほか名詞・代名詞は主格と目的格の形態が同じであるため，変化するのは所有格の場合のみということになる．[16]

---

[15] フランス国境に近いスペインのピレネー山脈地方で，バスク人という少数民族によって話されている言語である．地理的にはフランス語やスペイン語などのロマンス語派に囲まれているが，これらの言語とは別の系統の言語と考えられていて，日本語同様，どの系統に属するかが未だに不明な言語である．

[16] このような事情から，主格と目的格を併せて「通格 (common case)」と呼ぶこともある．

1.3.1. 主格・目的格

主格 (subjective case)[17] は次のような場合に用いられる.

(19) a. The boy was running in front of the store.　　　［主部］
(その子は店の前を走っていたよ)

　　b. She wanted to be a doctor.　　　［主格補語］
(彼女は医者になりたかったんだ)

　　c. Boys and girls, bring a dictionary to class next Monday.　［呼び掛け］
(みんな，今度の月曜日の授業の時には辞書を持ってきてくださいね)

目的格 (objective case) は，次のような場合に用いられる.

(20) a. She has already bought the dictionary.　　　［他動詞の(直接)目的語］
(彼女はもうその辞書は買ってるよ)

　　b. She sang the children her favorite song.　　　［二重目的語の間接目的語］
(彼女は子どもたちに彼女のお気に入りの歌を歌ってあげた)

　　c. They elected him mayor.　　　［目的格補語］
(彼を市長に選んだ)

　　d. We went to the hospital on Saturday.　　　［前置詞の目的語］
(土曜日に病院に行った)

　　e. He visits his parents every Sunday.　　　［副詞的に］
(彼は日曜日ごとに両親のもとを訪れている)

　　f. I went to Rome three years ago.　　　［副詞的に］
(3年前にローマに行った)

(20e, f) は，品詞としては前置詞が付いていない名詞句であるが，機能的には副詞的に働いていて，普通の名詞の用法とは異なる.

1.3.2. 所有格

名詞の所有格 (possessive case) は，形態上は名詞にアポストロフィを付け，それに続けて -s という接尾辞を付ける．意味的には，ほぼ日本語の「〜の」に相当する．原則として，人間，もしくはそれに準ずる動物の場合に，この所有

---

[17] (18a) では，「主格」を nominative case という英語で挙げたが，「英文法」の中では subjective case のほうが分かりやすいため，ここでは 'subjective' という用語を使うことにする．

格が可能で，物としての house や概念としての philosophy などはこの形にはならない．これらの名詞に「〜の」という意味を持たせたい場合には，of the house, of philosophy のように of という前置詞を用いるか，場合に応じて他の前置詞を用いる．ただし，次のような場合には，人以外の物でも所有格の形を取る．

(21) 国名などが擬人化された場合
 a. Goodbye, England's rose （さようなら，イギリスのバラよ）
   [Diana 元イギリス皇太子妃の死を悼んだ Elton John の歌の冒頭]
 b. Nature's law （自然の法則）
 c. our city's transportation （我々の市の交通機関）

(22) 時間・距離を表す名詞
 a. today's newspaper （今日の新聞）
 b. five minutes' walk （歩いて5分）

(23) 慣用句
 a. for Heaven's sake （後生だから）
 b. at one's wits' end （途方に暮れて）
 c. by a hair's breadth （間一髪で）

以上のように，「所有格」は原則として後に名詞を導くのが原則であるが，時として後ろに名詞を導かず，所有格が単独で用いられることがある．これを所有格の「独立用法 (absolute use)」と呼ぶ．この独立用法には二つのパターンがあり，一つは前にすでに出てきている名詞の反復を避けるパターンで，これは mine, yours, theirs などの所有代名詞 (possessive pronouns) の用法と共通している．もう一つは慣用的に店・家・教会・宮殿・病院などが，文脈からもしくは語彙的に明らかなために省略されるパターンである．

(24) 名詞の反復を避けるパターン
 a. This book is my brother's (book). （この本は兄のです）
 b. She put her arm through her mother's (arm).
   （母親と腕を組んだ［母の(腕)に自分の腕を通した］）

(25) 慣用的な省略
 a. We can buy it at the chemist's. （それは薬局で買えるよ）
 b. We had lunch at Bill's. （ビルの家で昼食をとった）
 c. McDonald's, Macy's, Sotheby's   [創業者の名前の所有格]

1.3. 名詞の格

次に，名詞の所有格が表す意味を列挙する．先にも述べたように，簡単に「～の」という日本語に相当すると言っても，次のように様々な意味を表すことができる．

(26) a. 所有： my wife's father = My wife has a father.
(妻の父)
b. 主格： the boy's application = The boy applied for ...
(あの少年の申し込み)
c. 目的格： the boy's release = (...) released the boy
(あの少年の釈放)
d. 起源： the general's letter = The general wrote a letter.
(将軍の手紙)
e. 記述： a women's college = a college for women
(女子大学)
f. 計量： ten days' absence = The absence lasted ten days.
(10日間の休み)
g. 属性： the victim's courage = The victim was courageous.
(犠牲者の勇気)
h. 部分： the baby's eyes = The baby has (blue) eyes.
(赤ちゃんの目)
i. 同格： Dublin's fair city = Dublin, a fair city
(ダブリンという美しい町)　　(Quirk et al. (1985: 321-322))

ここに挙げた中でも，「所有」「属性」「部分」は時としてその区別がはっきりしないことがある．

所有格は，本章2.2節 (p. 171) で見る「決定詞 (determiners)」の役割を果たす．決定詞は，不定冠詞のa(n)，定冠詞のthe，代名詞のthat, this, every, no, my, his など名詞の前で用いられて，名詞の文法的な働きを決定したり，意味を限定したりする．また，決定詞は二つ以上の要素を同時に用いることができない．例えば，(26a) の my wife's father の場合，my wife's という所有格が冠詞と同じ働きをして後の father を導いている．my wife's が決定詞として働いている証拠に，*this my wife's father とは言えない．また，my wife's で一つの決定詞の働きをしているので，my が father にかかる解釈もできない．

ただし，(26e) に挙げた「記述」の意味で用いられる場合にはこの限りではなく，a women's college において，不定冠詞 a と直接的に結び付いている名

詞は，women ではなく college である．つまり，この「記述」の意味で所有格が用いられる時に限り，所有格は単なる形容詞的な修飾語として機能しているだけであるため，可算名詞 college が単数形であることから必然的に不定冠詞 a が必要となってくるのである．このように，所有格が決定詞として機能する場合とそうでない場合があるがために，次の場合には二とおりの解釈が可能になる．

(27) Where did you find these children's clothes?
(どこでこの子どもの服を見つけたの？)

(Greenbaum and Quirk (1990: 106))

一方の解釈は，所有格を所有の意味で解釈した場合で，その場合には所有格が決定詞の働きをするために，必然的に these は children にかかり，「この子どもたちのものであるところの洋服」という意味になる．他方の解釈は，所有格を記述の意味で解釈した場合で，その場合 these は clothes にかかり「子ども用のこれらの服」という意味になる．

1.4. 名詞の種類

これまで，名詞の数・性・格について見てきたが，ここで，名詞の文法的性質や意味的性質に応じて分けられたいくつかの種類を見ていくことにする．

(28) a. 普通名詞 (common nouns): *father, inch, mouse, train*, etc.
b. 集合名詞 (collective nouns): *class, government, group, jury*, etc.
c. 物質名詞 (material nouns): *ice, oxygen, paper, stone, water*, etc.
d. 抽象名詞 (abstract nouns): *behavior, music, sincerity, truth*, etc.
e. 固有名詞 (proper nouns): *Boston, Harvard, Kennedy*, etc.

それぞれの種類は，数と冠詞との共起関係に関して，次のような性質を共有している．

(29)

		a/an + sg.	the	ø + sg.	ø + pl.
a.	father	✓	✓	–	✓
b.	class	✓ / –	✓	– / ✓	✓ / –
c.	oxygen	–	✓	✓	–
d.	music	–	✓	✓	–
e.	Tokyo	–	–	✓	–

a/an + sg. の列は不定冠詞 a/an + 単数形で使われるか（共起する）どうか，the の列は定冠詞と共起するかどうか，ø + sg. の列は単数形が無冠詞で使われるかどうか，ø + pl. の列は複数形になるかどうかを表していて，「✓」は使われることを，「−」は使われないことを表している．本章 1.2 節（p. 103）で説明した可算／不可算名詞という点で分けると，普通名詞は可算名詞で，物質名詞・抽象名詞・固有名詞は不可算名詞である．集合名詞は，可算名詞と不可算名詞の両方が含まれている．そのため，(29b) の行は，スラッシュの左側が可算名詞としての性質，スラッシュの右側が不可算名詞としての性質になっている．以下，それぞれの種類について詳しく見ていくことにする．

1.4.1. 普通名詞

「普通名詞（common nouns）」とは，生物，無生物を問わず，同じ種類の集合体に関して共通に付けられた名前のことである．中には形あるものも多く含まれるが，week や yen のようにはっきりとした形を持たないものも含まれている．この範疇に含まれるすべての名詞が共通して持っている文法的な性質は，「数えられる」ということである．[18] 代表的なものは以下のとおりである．

(30) a. animal, ant, bird, boy, cat, creature, mammal, plant, wife, etc.
    b. ball, book, computer, desk, guitar, house, shirt, star, tear, thing, train, etc.
    c. day, dollar, hour, liter, meter, minute, month, second, week, year, etc.

(30a) は生物を意味する名詞，(30b) は無生物を表す名詞，(30c) は単位を表す名詞である．これらすべてが可算名詞であるから，a boy, an hour のように不定冠詞と共起することが可能であるし，また wives, seconds のように複数形になることも可能である．一方，無冠詞単数形で用いることはできない：*cat, *ball, *dollar．(30) の各例からも分かるように，普通名詞は我々が日常生活をしていく中で触れるものが多く，文法的にも最も典型的な名詞であると言えよう．

---

[18] 日本の「学校文法」では，このように「普通名詞」を可算名詞に限るのが慣例になっているが，欧米の英文法では，「種類」を指す「普通名詞」と「個体」を指す「固有名詞（proper nouns）」に大別して，「集合名詞」「物質名詞」「抽象名詞」は普通名詞の下位分類とすることが多い．

ここで，普通名詞に関連して，「総称文 (generic sentences)」について説明しておく．総称文とは，典型的には次のように定義されるものを言う．

(31) 総称文とは，複数の個体によって構成されるある種について，その恒常的属性や種類について述べる文である．

英語の場合，このような総称文を作るのに，次の三とおりの形式が可能である．

(32) a. *Bullterriers* make excellent watchdogs.
b. *A bullterrier* makes an excellent watchdog.
c. *The bullterrier* makes an excellent watchdog.
（ブルテリアは立派な番犬になる）　　　　(Quirk et al. (1985: 281))

本節の最初にも述べたように，普通名詞というのは，元来が同じ種類のものに付けられた名称のことである．その名詞が主部の位置に生起すると，しばしば「～というものは」という総称的な意味を表すようになるが，問題は，主部位置で総称的意味を表す方法が複数存在するところにある．それが，(32a-c) である．(32a) の無冠詞複数形は，「その種を構成するある個体ではなく，その種を連続する全体として表す表現」で，主部位置に限らず最も頻度が高く総称的意味を表すのに用いられる．(32b) の不定冠詞単数形は，「明確な形をもつ単一の個体をイメージしながら，その種に属する個体であればどんな個体でもそのような性質を持つ」という意味を表す．したがって，次のような場合にはこの表現は不適切になる．

(33) a. *A tiger is becoming almost extinct.　　(Quirk et al. (1985: 281))
b. *A beaver is increasing in number.

不定冠詞単数形は，あくまでもその成員である一個体を表しているに過ぎないので，種全体の性質に言及する述部とは相容れないのである．(33a, b) を敢えて解釈すると，「*トラであればどんなトラでも絶滅しかけている」「*ビーバーであればどんなビーバーでも数的に増えている」となり，意味論的に容認不可能になる．最後に，(32c) の定冠詞単数形は，その種の成員である個体を指しているというよりは，その種全体を指していて，「その種の中でも最も典型的な例に代表される，他の種とは明確に区別された種を表す表現」である．したがって，(32b) の不定冠詞単数形の場合とは異なり，同じ単数形でも種全体の性質を表す述部との共起が可能となる．

(34) a. *The tiger* is becoming almost extinct.　　　(Quirk et al. (1985: 281))
　　　（トラはほとんど絶滅しつつある）
　　b. *The beaver* is increasing in number.
　　　（ビーバーは数の上では増えてきている）

ただし，この定冠詞単数形は特定的な個体を指す解釈を受ける可能性を常に秘めているため，(32) に挙げた三つの総称表現の中では最も用いられる頻度が低い．

1.4.2.　集合名詞

「集合名詞（collective nouns）」とは，いくつかの個体が集まった集合体を表す名詞である．単数形で用いられても，話し手が，その集合体を一つのまとまりとして捉えれば単数扱いとなり，その集合体を構成する成員に注意が向けば複数扱いとなる．このような振る舞いをする語は以下のとおりである (cf. Quirk et al. (1985: 316), Declerck (1991: 245ff.), Swan (2005: §526.1))．

(35) a. archive, army, association, audience, band, bank, board, cast, class, club, college, commission, committee, community, company, corporation, council, couple, crew, crowd, data, department, enemy, family, federation, firm, flock, gang, generation, government, group, herd, institute, jury, majority, minority, orchestra, party, population, school, staff, team, union, university
　　b. the aristocracy, the bourgeoisie, the choir, the elite, the gentry, the intelligentsia, the laity, the nobility, the press, the public, the rank and file, the youth (of today)
　　c. the BBC, (the) Congress [US], England [the football team], the Kremlin, Parliament, the Vatican

(35a) は特に冠詞との共起制限もなく用いられる集合名詞，(35b) は定冠詞 the とともに用いられる集合名詞，(35c) は固有名詞の集合名詞である．

(36) a. Our team *is* the best.
　　　（うちのチームは最高だ）

b. Our team *are* wearing their new jerseys.[19]

　　　　　　　　　　　　　　　　　(Thomson and Martinet (1986: 26))

　　　　(うちのチーム，新しいジャージーを着てるよ)

(36) では，ともに team は単数形である．(36a) では team を一つのまとまりと捉えているために is で単数扱いになっているが，(36b) では team のメンバーに注意が向いているために are で複数扱いになっている．

　単数で呼応する場合には，その集合体に重点が置かれているという点で，関係詞も which で受ける傾向にあり，一方複数で呼応する場合には，その構成メンバーに重点が置かれているという点で，関係詞も who で受ける傾向にある．

(37) a. a family *which dates* back to the Norman Conquest
　　　　(ノルマン征服までさかのぼる一族)
　　　b. a family *who quarrel* amongst themselves　(Quirk et al. (1985: 759))
　　　　(内輪もめをしている家族)

集合名詞は，全体としては一つの集合体を表すことから，次のようにその集合体が複数存在する場合には，複数形になって常に複数扱いとなる．

(38) a. Single-parent families *are* becoming more and more common these days.
　　　　(親がひとりしかいない家庭が，最近ではどんどん普通になっている)
　　　b. There *were* to be six teams of four crewing the boat.
　　　　(ボートに乗り込むのが4名で1チームになっていて，全部で6チーム出ることになっていた)

　ただし，ここで注意すべきことは，このように単数名詞を単複両方に扱う用

---

[19] ただし，名詞は単数でも冠詞類が単数を表す場合には単数に，複数を表す場合には複数に呼応する傾向がある．
　(i) a. A team *which is* full of enthusiasm *has* a better chance of winning.
　　　　(More natural than *A team who are full* ...)　　　(Swan (2005: §526.1))
　　　　(勝ちたいという気持ちが強いチームのほうが勝つ可能性が高い)
　　　b. This crowd *is* not so large as to be impossible to control.　(Declerck (1991: 246))
　　　　(これくらいの数の人だったらコントロールできないことないよ)
　(ii) Six crew *were* injured when fire broke out on board a Liberian tanker. (also, *six crewmen*)　　　　　　　　　　　　　　　　　(Declerck (1991: 246))
　　　　(リベリアのタンカーに乗船中に火災が起きた時，6人の乗組員が負傷した)

法は，原則としてイギリス英語に限られた現象で，アメリカ英語の場合には，(36b) のように単数形主部を複数の動詞で受けることはない．Quirk et al. (1985: 19) は，次の場合，アメリカ英語では is のみが許されるとしている．[20]

(39) The government is/are in favour of economic sanctions.
　　　（政府は経済制裁に賛成である）

集合名詞は，様々な文法的性質の名詞を含んでいて，時としてある語が集合名詞なのかそうでないのか，不明確になることすらある．まず，次の語は，意味的には集合名詞であるが，数の一致という点では常に複数扱いである．

(40) a. *cattle, folk, people*
　　 b. *the clergy, the gentry, the police*
(41) a. I don't care what people *think*.
　　　（人が何を考えていても気にならない）
　　 b. The police *are* searching for clues in the area.
　　　（警察はその地域で手がかりを探している）

(40a) は特に冠詞の共起制限なく用いられる名詞，(40b) は常に，もしくはしばしば定冠詞とともに用いられる名詞である．

次に，(35c) では，集合的な意味を持つ固有名詞が単複両方の扱いになる例を挙げたが，同じ集合的な意味を持つ固有名詞の中には，形式上は複数形で現れていても，意味的には単数扱いになるものがいくつかある．

---

[20] Quirk et al. (1985: 19) は，イギリス英語とアメリカ英語の数少ない文法的な違いとして，この集合名詞の用法以外に次のような項目を挙げている．
  (i) get の過去分詞について，アメリカ英語では got と gotten という二とおりの過去分詞を持つのに対して，イギリス英語では got という過去分詞しかない．
  (ii) アメリカ英語では，イギリス英語で現在完了形を使うような場合に，話し言葉では単純過去時制を用いる．
    a. Sue just finished her homework.
    b. Sue's just finished her homework.
      （スーは宿題を終えたばかりだ）
  (iii) アメリカ英語では仮定法現在を用いるような場合に，イギリス英語では should を用いる．
    a. I *insisted* that he take the documents with him.
    b. I *insisted* that he should take the documents with him.
      （僕は彼に是非そのいろんな書類を持っていきなさいと言った）

(42) the Commons [UK], Flanders, the Netherlands, the Philippines, the United Nations, the United States

(43) a. <u>The United States</u> *is* anxious to improve its image in Latin America.
(アメリカはラテンアメリカにおける自国のイメージを改善したいと思っている) (Swan (2005: §527.6))
 b. <u>Flanders</u> *is* the country where I was born.　(Declerck (1991: 247))
(フランドルは僕が生まれたところなんだ)

　これまで見てきた集合名詞の各例は，原則として可算名詞であるが，同じように意味的に集合名詞であっても，その語の文法的性質として不可算名詞であるために，それ自体が複数形になれないものもある．当然のことながら，これらの名詞は常に単数扱いとなるため，(38) のように集合体全体が複数になるようなことはない．

(44) apparatus, artillery, baggage/luggage, biography, fiction, furniture, poetry
(45) <u>The furniture</u> *was* difficult to carry.
(その家具は運びにくかった)

1.4.3. 物質名詞

　「物質名詞 (material nouns)」とは，ものの原料や材料になる物質の名称で，不可算名詞特有の「はっきりとした境界線を持たず漠然とした連続体」を意味する．固体・液体・気体を問わず，鉱物，飲み物，食料，元素，日用雑貨の材質などに付けられた名前が物質名詞である．

(46) a. air, fire, gas, hydrogen, oxygen, smoke, etc.　　　　　　［気体］
　　 b. alcohol, beer, juice, milk, oil, water, whisky, etc.　　　　［液体］
　　 c. glass, gold, iron, lead, paper, wood, stone, etc.　　　　　［材質］
　　 d. bread, celery, chocolate, corn, lamb, meat, rice, salt, wheat, etc.
　　　　　　　　　　　　　　　　　　　　　　　　　　　　　　［食料］
　　 e. coal, dirt, dust, fog, grass, ice, light, rain, sand, snow, etc.　［自然］
　　 f. chalk, dynamite, money, soap, tobacco, etc.　　　　　　　［その他］

　これらの物質名詞の最大の特徴は，*a gas のように不定冠詞と共起することはできず，また同時に *moneys のように複数形になることもできない点である．しかし一方で，ゼロ冠詞とは共起できるため（つまり，冠詞なしで用いることがで

1.4. 名詞の種類

きるため), oil のような無冠詞単数形の形が可能である.

この物質名詞のもう一つの大きな特徴は, 単位を付けることによって数えることが可能になるという点である.

(47) a. a breath of air (風のひと吹き)
b. a drop of water (ひと粒の水)[21]
c. a bar of gold (棒状になった金 (金の延べ棒) 1 本)
d. a cut of lamb (子羊の肉ひと切れ)
e. a speck of dust (一片の埃)
f. a stick of chalk (チョーク 1 本)

しかし, 日本語でもそうであるように, ある物質を数える時の数え方は, 必ずしも一様ではない. 例えば, 塩を数える時, 「大さじ一杯の塩」「ひとつまみの塩」「ひと握りの塩」「コップ一杯の塩」など, 状況に応じて様々な数え方が可能になる.

(48) a. a pinch / grain / teaspoonful / table spoonful of salt
(ひとつまみ／一粒／小さじ一杯／大さじ一杯の塩)
b. a knob / lump / pat / dab / square / stick of butter
(ひとかたまり／ひとかたまり／小さなかたまり／ひと塗り／四角いかたまりの／(細長い棒状の) 1 本のバター)
c. a cake / bar / tablet / cube of soap
(1 個／(棒状の) 1 本／(小さく平たい) 1 枚／(角砂糖程度の大きさの) 1 個の石けん)
d. a can / drop of oil
(1 缶／1 滴の油)
e. a trail / plume / bloom of smoke
(ひとすじ／(羽毛状) ひとかたまり／(花状の) ひとかたまりの煙)

---

[21] 文法的には, コーヒーや紅茶などを数えるときには a cup of coffee/tea となるが, 日常使われる英語では, 特に注文するときなどは, a coffee, two teas などとなる.
(i) a. Would you like a coffee? (コーヒーがいい？)
b. We ordered him a shandy. (彼にはシャンディを一杯注文したよ)
c. I'll have two teas and a piece of carrot cake.
(私は紅茶を二つとキャロットケーキを一ついただくわ)

f. a pool / fountain / spurt / trickle / spot / clot / drop of blood
（水たまりのようにたまった／噴水のように吹き出た／ほとばしる／したたる一つ一つの／一つのシミになっている／どろっとした固まりの／一粒の血）

本章の 1.1 節（p. 99）でも述べたように，英語の名詞の多くは可算名詞としても，不可算名詞としても用いられる．物質名詞の場合にも例外ではなく，具体的な製品を表したり物質の種類を表したりして，具体的に境界線が明確な形になっている時には普通名詞として扱われる．

(49) a. Find out from your local government where your nearest collection points are for glass, metals and plastic.
（ガラス類，金属類，プラスチック類を捨てる最寄りの回収場所については，地方自治体に問い合わせてください）
［不可算名詞：原料としての「ガラス」］
b. Adrian had a small glass of lager with his meal.
（エイドリアンは食事の時に小さなグラス1杯のラガービールを飲んだ）
［可算名詞単数形：製品としての「グラス」］
c. She took off her glasses.（彼女は眼鏡をはずした）
［可算名詞複数形：製品としての「眼鏡」］

(50) a. Do you drink beer?（ビールは飲みますか？）
［不可算名詞：飲み物としての「ビール」］
b. Would you like another beer?
（ビールもう一ついかがですか？）
［可算名詞単数形：缶ビール，瓶ビールなどの「ビール」］
c. We have a wide selection of draught and bottled beers.
（生ビールと瓶ビールは豊富に取り揃えております）
［可算名詞複数形：種類としての「ビール」］

物質名詞が普通名詞として使われるのは，以下のような場合がある．

(51) a. air（空気）　　　　an air（外見）
b. gold（金）　　　　a gold（金貨）
c. iron（鉄）　　　　an iron（アイロン）
d. smoke（煙）　　　a smoke（一服）
e. cloth（布）　　　　a cloth（布巾）

1.4.4. 抽象名詞

「抽象名詞（abstract nouns）」とは，物質名詞同様，その指示対象は明確な境界線を持たず，その名のとおり抽象的な意味を表す名詞である．明確な境界線を持たないということから，当然不可算名詞である．具体的には「性質」「状態」「関係」「学問」など，まさに具体的な形には表れないような概念を表す．

(52) a. 性質：
   aptitude, beauty, bravery, diligence, intelligence, magnitude, sincerity, talent, thoughtfulness
   b. 状態：
   comfort, darkness, difficulty, freedom, happiness, liberty, pleasure, silence
   c. 行為：
   achievement, arrival, communication, effort, examination, invention, marriage, realization
   d. 関係：
   change, difference, friendship, latitude, neighborhood, relation, similarity
   e. 社会：
   civilization, culture, democracy, economy, history, kingdom, society
   f. 学問：
   acoustics, athletics, classics, economics, ethics, gymnastics, linguistics, mathematics, phonetics, physics, physiology, statistics, anthropology, biology, phonology, phrenology, psychology, zoology, anatomy, astronomy, plutonomy, taxonomy

このように，抽象名詞は元来「性質」や「状態」や「行為」を表すことから，語源的にも元来動詞や形容詞だったものから派生したり，また，本来的には普通名詞だったものがその意味が拡張して抽象的な意味を持つようになったりしたものもある．次の各例は，抽象名詞をその発生別にまとめたものである．[G] は英語本来の語彙であるゲルマン系の接尾辞，[L] はラテン語・フランス

語などのロマンス系（もしくはラテン系）の接尾辞を表す。[22]

(53) 動詞から派生した例
    a. -al [L]: arrival = arrive + -al
    b. -ence [L]: difference = differ + -ence
    c. -ion [L]: communication = communicate + -ion, civilization = civilize + -ion, examination = examine + -ion, invention = invent + -ion, relation = relate + -ion, realization = realize + -ion
    d. -ment [L]: achievement = achieve + -ment

(54) 形容詞から派生した例
    a. -dom [G]: freedom = free + -dom,
    b. -ity [L]: sincerity = sincere + -ity, similarity = similar + -ity
    c. -ness [G]: darkness = dark + -ness, happiness = happy + -ness
    d. -tude [L]: aptitude = apt + -tude, magnitude = magnus + -tude

(55) 普通名詞から派生した例
    a. -cracy [L]: democracy = demo + -cracy
    b. -dom [G]: kingdom = king + -dom
    c. -hood [G]: neighborhood = neighbor + -hood
    d. -ics [L]: physics = physic + -ics, statistics = status + -ics
    e. -logy [L]: biology = bio + -logy, psychology = psycho + -logy
    f. -ship [G]: friendship = friend + -ship

(52f)に挙げた「学問」の名前については，形式上語末が-sで終わる．つまり，形の上では複数形になっているが，学問の名前として用いられる時には単数扱いになる．

(56) a. Statistics *is* a branch of mathematics. （統計学は数学の一分野です）
    b. Politics *is* the study of the ways in which countries are governed.
       （政治学は国をいかに治めるかを研究する学問である）

---

[22] ゲルマン系の接尾辞か，ロマンス系の接尾辞かの違いは，しばしばアクセント位置と深い関係がある．ゲルマン系の接尾辞は原則として語幹のアクセント位置は変えず，ロマンス系の接尾辞は原則として語幹のアクセント位置に影響を与える．次の (ia) はゲルマン系の接尾辞が付いた場合，(ib) はロマンス系の接尾辞が付いた場合である (cf. 窪薗 (1998: 106-107))．
  (i) a. emPLOY> emPLOyer, USEful >USEfulness, SCHOLar >SCHOLarship
     b. exAMine> examinEE, JaPAN> JapaNESE, MENtal > menTALity

c.　Mathematics *is* an exact science.（数学は精密科学だ）

しかし，時としてその学問の内容や知識に言及するような場合には，複数扱いになることもある．

(57)　a.　Her politics have become more liberal over the past few years.
　　　　　（彼女の政治的な考え方は，過去数年でよりリベラル（自由主義的）になってきている）
　　　b.　Statistics *suggest* that women live longer than men.
　　　　　（統計によれば，女性は男性よりも長生きするようだ）
　　　c.　Her ethics are questionable.（彼女の道徳観は信用できない）
　　　d.　His mathematics *are/is* weak.（彼は計算が弱い）

このような意味で用いられる場合，敢えて複数扱いを避けるために，語形が単数形になることもある．

(58)　a.　The nation's most startling statistic *is* its low infant mortality rate.
　　　　　（国の最も驚くべき統計は，幼児の死亡率が低いことだ）
　　　b.　An ethic of a particular kind *is* an idea or moral belief that influences the behavior, attitudes, and philosophy of a group of people.（ある種の倫理というのは，集団における行動や態度や哲学に影響を与えるような考えもしくは道徳的な信念を言う）
　　　cf. *Ethics* is the study of questions about what is morally right and wrong.（倫理学は何が道徳的に正しいか誤りかについての問題を研究対象とする学問である）

物質名詞が種類や具体的な製品を表す場合に可算名詞として扱われるのと同じように，抽象名詞も指示対象が具体的なものになると可算名詞として扱われる．

(59)　a.　I believe in democracy.　　　　　　　　　［不可算名詞・抽象名詞］
　　　　　（僕は，民主主義は正しいと思う）
　　　b.　Most democracies have abolished capital punishment.
　　　　　（民主主義の国はほとんどが死刑を廃止している）　　［可算名詞・普通名詞］
(60)　a.　He was usually the personification of kindness.　　　［不可算名詞・抽象名詞］
　　　　　（彼は普段は優しさを絵に描いたような人だ）

  b. You would be doing me a great kindness if you agreed to help.
   （手を貸してくれる気になってくれると大変助かるんだけどなあ）

                     [可算名詞・普通名詞]

(61) a. Children find endless pleasure in playing with toys.

                     [不可算名詞・抽象名詞]

   （子どもたちはオモチャ遊びにいつまでも興じている）

  b. Tennis is one of my greatest pleasures. [可算名詞・普通名詞]
   （テニスは，僕の最高の楽しみの一つなんだ）

このように抽象名詞と普通名詞を比較しても分かるように，抽象名詞は本来的に漠然とした意味を表すので，本質的意味をつかみにくい．その問題を解消する一つの手段として，抽象名詞が前置詞や動詞と結び付いて修飾句を形成したり，述部を形成したりする例をいくつか挙げておこう．このような例によって，単に抽象名詞が表す意味を感覚的に理解するだけでなく，抽象名詞を中心とする連語関係にも親しんでほしい．

(62) 前置詞 + 抽象名詞
  a. He gave up tobacco and alcohol with ease.
   （彼はたばこと酒をいとも簡単に止めた）
  b. Don't act in haste or be hot-headed.
   （慌てて行動に移したり，短気になったりするなよ）
  c. The island's in the Atlantic Ocean; I'm not at liberty to say exactly where, because we're still negotiating for its purchase. （その島は大西洋にあります．ただ，厳密にどこにあるかは申し上げられません（許されていません）．まだ，購入することができるかどうか交渉中なんです）
  d. A friend in need is a friend indeed. （困った時の友こそ真の友）
  e. Safety is of paramount importance.
   （安全性を最も優先的に考えるべきだ）
  f. Was it an accident, or did Jimmy do it on purpose?
   （それは偶然そうなっちゃったの？ それともジミーがわざとやったの？）

(63) 動詞 + 抽象名詞
  a. Take care! （気を付けてね）
  b. If you can't get hold of ripe tomatoes, add some tomato purée.
   （熟したトマトが手に入らないなら，トマトピューレを少し加えなさい）

c. She gave me permission to use her computer.
（彼女は自分のコンピュータを使うことを許可してくれた）
d. The medical community continues to make progress in the fight against cancer. （医学界は癌との戦いの中で進歩し続けている）
e. Everyone has respect for the old man. （皆があの老人を尊敬している）
f. Albert caught sight of her small black hat in the crowd.
（アルバートは人混みの中に，彼女の小さな黒い帽子を見つけた）

1.4.5. 固有名詞

「固有名詞（proper nouns）」とは，地名や人名など，そのものに固有に付けられた名前のことで，普通は大文字で始める．文法的な特徴としては，物質名詞，抽象名詞と同じく，複数形にはならない不可算名詞で，基本的な用法としては不定冠詞も定冠詞も共起しない．

(64) a. 人　名：Alice, Dick, Beethoven, Edison, Ono, Sharapova, Shakespeare, ...
b. 時間：Christmas, Easter, New Year's Eve, January, Monday, ...
c. 地理：Japan, France, Rome, Boston, Ayers Rock, Antarctica, ...
d. 会社名：Ford, General Motors, Toyota, Nissan, Microsoft, Apple, ...
e. その他：Harvard University, Scotland Yard, ...

このように，一見大した問題がなさそうなこの固有名詞という範疇に関する最大の問題は，定冠詞との共起可能性である．原則としては，以下のようなものを表す場合には定冠詞と共起するが，例えば国名だからと言ってどんな場合にでも定冠詞が付くかというとそういうわけでもなく，一貫した規則性が見えないため，固有名詞が出てくる度に個別に定冠詞を伴うかどうかを覚える必要がある．「固有名詞と定冠詞の関係は複雑で，英米人にとっても決して簡単なことではない」（江川 (1991: 119)）．[23]

---

[23] Huddleston and Pullum (2002: 517, n. 77) では，通言語的な観点から，定冠詞と固有名詞の関係の複雑さに言及している．ここでの strong は固有名詞が定冠詞を伴わずに使われる場合を，weak は定冠詞を伴って使われる場合を指している．

(i) Whether proper names are strong or weak is, from a cross-linguistic perspective, a rather arbitrary matter. Personal names like *Mary* are weak in modern Greek, but strong in English. Similarly, river names are invariably weak in English, but in

(65) 定冠詞付き固有名詞の例　　(cf. Huddleston and Pullum (2002: 517-518))
　a. 国名：the Argentine, the Ukraine; (the) Sudan, (the) Yemen; the United States of America, the Netherlands, the Philippines
　b. 地域：the Crimea, the Caucasus, the Ruhr
　　　cf. Scandinavia, Siberia, Transylvania
　c. 地名：the Hague, the Arctic
　d. 川・海峡：the (River) Thames, the Potomac, the Bosporus
　e. 海：the Adriatic, The Atlantic, The Mediterranean, the East China Sea
　f. 砂漠：the Gobi, the Sahara, the Negev
　g. 山脈：the Alps, the Andes, the Rockies
　h. スイス・アルプスの山：the Eiger, the Jungfrau, the Matterhorn
　　　cf. Dhaulagiri, Everest, K2, Kilimanjaro, McKinley
　i. 有名な建物：the Coliseum, the Imperial Palace, the Pantheon, the Parthenon, the White House
　j. 政府当局・軍当局：the Knesset, the Kremlin, the Pentagon, the FBI, the KCIA
　k. 図書館・美術館・博物館：the Bodleian, the Widener Memorial Library; the Guggenheim, the Louvre, the Tate; the British Museum, the Topkapi Palace Museum
　l. 宗教の伝道用冊子：the Bible, the Koran, the Talmud
　m. 新聞・刊行物：The Economist, The New York Times, The Guardian, The Reader's Digest, The Times
　　　cf. Nature, New Scientist, Linguistic Inquiry
　n. 船舶：the Titanic, the Queen Mary

上で述べたように，そして上例からも分かるように，どのような場合に固有名詞に定冠詞をつけていいかは一筋縄ではいかない問題であるが，押し並べて，

Bulgarian some are strong and some weak.
（固有名詞が定冠詞なしで用いられるのか定冠詞を伴って用いられるのかは，通言語的な観点から見ると，かなり恣意的な問題である．Maryのような人名は，現代ギリシャ語では定冠詞を伴うが，英語では定冠詞は伴わない．同じように，川の名前は，英語では一様に定冠詞を伴うが，ブルガリア語では時に定冠詞を伴わず，時に定冠詞を伴う）

次の場合には定冠詞を伴うと考えられる（江川 (1991: 118)）．

(66) a. 普通名詞＋普通名詞： the Red Sea, the Middle East
    b. of ～ の限定がつくもの： the Gulf of Mexico
    c. 複数形： the Alps, the West Indies

固有名詞も，普通名詞と同じように使われることがある．

(67) 同じ固有名詞が複数存在する場合
    a. There are *three* Johns here.
       （ここにはジョンが 3 人います）
    b. The Marcy *I know* is a doctor, not a nurse.
       （私の知っているマーシーは医者であって看護師ではありません）［別のマーシーと区別して］

(68) 「～のような人」という意味を表す場合
    a. He will be a Shakespeare some day.
       （彼はシェイクスピアのような立派な作家になるだろう）
    b. She was hailed as a second Janis Joplin.
       （彼女はジャニス・ジョプリンの再来と認められていた）

(69) 「～という人」という意味を表す場合
    a. A Mr. Connors came to see you in your absence.
       （留守の間にコナーズさんという方がお見えになりました）
    b. I've never heard of a Mr. Rosewall around here.
       （ここら辺ではローズウォールというお名前は聞いたことがありません）

(70) 「～家の人」という意味を表す場合
    a. My mother was a Jackson.
       （私の母はジャクソン家の出（旧姓ジャクソン）でした）
    b. I know the Kennedys very well.
       （ケネディ家の人たちはよく知ってるよ）

(71) 「～の製品，～の作品」の意味を表す場合
    a. Our car is a GM. （うちの車は GM です）
    b. Even the experts took the painting for a genuine Picasso.
       （専門家でもその絵が本物のピカソだと思った）

2. 代名詞類

　代名詞類とは，簡単に言えば，伝統的な英文法で言うところの代名詞・冠詞・名詞節を導く従属接続詞の総称で，共通点は，何らかの意味で主部になる力を持っているという点である．代名詞類は，その統語的（文法的）特徴に応じて三つに下位分類される．

(1) a. 単独で機能する [X + ø]:
　　　　I, you, it, this, that, none, anyone, who, etc.
　　b. 名詞を伴って機能する [X + N]:
　　　　a, the, my, its, this, that, whose, etc.
　　c. 節を伴って機能する [X + Cl]:
　　　　that, if, whether, for

　(1a) は，代名詞の主格・目的格から構成されている．ただ，一言に代名詞と言っても，そこに含まれている種類は多く，代名詞の種類は，人称代名詞・指示代名詞・不定代名詞・疑問代名詞・関係代名詞と代名詞の種類すべてがここに含まれる．(1b) は，冠詞，人称代名詞の所有格，指示代名詞・疑問代名詞の形容詞的用法，不定代名詞が形容詞として機能する場合などが含まれている．代名詞類の中でも，この名詞が後続する (1b) の種類は，特に「決定詞 (determiners)」と呼ばれることがある．決定詞の資格については本章 2.2 節 (p. 171) で詳述する．(1c) は，英文法では伝統的に「名詞節を導く従属接続詞 (nominal subordinate conjunctions)」と呼ばれる範疇である．これらの語が果たす文法的機能は，文（もしくは節）という資格しか持たない要素に対して，名詞という機能を付与するもので，決して接続機能を有するものではない．これと同じことは，後に触れる「副詞節を導く従属接続詞 (adverbial subordinate conjunctions)」についても言える．

　ここで伝統的に代名詞と呼ばれている品詞について簡単に説明しておくことにする．「代名詞 (pronouns)」とは，その名のとおり，名詞の代わりに用いられる語のことを言う．pronoun という英語でも，pro- という接頭辞は，「〜の代わり，代理」を意味することから，noun（名詞）の代わりを務めるものという意味になる．次の (2) で下付き文字になっている i, j, k, l は「指標 (index)」と呼ばれるもので，同じ指標を持っているものは同じ指示対象を指す．

(2) Peter's uncle$_i$ lived in the country. Once Peter$_j$ went to stay with him$_i$ for a few weeks. Whenever they$_k$ went for a walk or for a drive in the car and they$_k$ passed somebody, his$_j$ uncle waved. Peter was surprised, and said, 'Uncle George, you$_i$ know everybody$_l$ here. Where did you$_i$ meet them$_l$ all?'
[i = Peter's uncle, j = Peter, k = Peter and Peter's uncle, l = everybody]
(L. A. Hill, *Elementary Anecdotes in American English* 26)

（ピーターのおじさん$_i$はその国に住んでいました．かつてピーター$_j$は数週間彼$_i$のところに泊まりに行きました．彼ら$_k$が散歩やドライブに出かけて誰かのそばを通り過ぎるたびに彼$_j$のおじさんは手を振りました．ピーターは，驚いて言いました．「ジョージおじさん，ここの人をみんな知ってるんだねえ．みんなとどこで会ったの？」）

この文から分かるように，誤解の恐れがない限り，極力代名詞を使うことによって同じ名詞の繰り返しを避けている．[24] これが代名詞という品詞の本質的な働きであるが，一方でその統語的[25] な働きは名詞と同じである．名詞の働きについて，ここでもう一度確認しておく．

(3) a. 主部になることができる
    b. 補語になることができる
    c. 目的語になることができる
(4) a. Honesty matters too.（正直であることもまた重要である）
    b. Zachary was a trial lawyer for many years.
       （ザカリーは長年法廷弁護士をしていた）
    c. I wasn't the only one asking questions.
       （僕だけが質問したわけじゃないよ）

代名詞も，名詞同様主部になったり，補語になったり，目的語になったりすることができる．

---

[24] これは，「言語の経済性（economy of speech）」という原理の一つの現れである．言語の経済性とは，無駄に長い文章を作ったり，無駄に同じ語を繰り返したりすることを避けようとする性質で，語句の省略などはその典型的な例である．

[25] 「統語的な働き（syntactic functions）」とは，文の中でどのような位置に現れるか，何を修飾するかなどの，その語の外的な振る舞いのことを言う．それに対応する「形態的な働き（morphological functions）」とは，その語がどのような変化をするか，どのような接辞（接頭辞・接中辞・接尾辞）が付くかなど，単語の内的な働きのことを言う．

(5) a. He is a nurse.（彼は看護師です）
   b. The story is this.（話はこうです）
   c. Gary wanted it.（ゲリーはそれが欲しかったのです）

このように，代名詞の統語的な働きは名詞の働きに準ずるが，代名詞はいくつかの種類に下位分類されるので，まずはどのような種類があるのかを見ておくことにする．

(6) a. 人称代名詞（personal pronouns）（所有代名詞・再帰代名詞を含む）: *I*, *our*, *him*, *hers*, *themselves*, etc.
   b. 指示代名詞（demonstrative pronouns）: *this*, *these*, *that*, *those*, etc.
   c. 不定代名詞（indefinite pronouns）（相互代名詞を含む）: *all*, *some*, *both*, *neither*, *each other*, etc.
   d. 疑問代名詞（interrogative pronouns）: *who*, *whose*, *whom*, *which*, *what*
   e. 関係代名詞（relative pronouns）: *who*, *whose*, *whom*, *which*, *that*, *what*, etc.

以下，2.1 節では，(6) に挙げた順でそれぞれの代名詞の働きを見ていきながら，代名詞が単独で用いられるものの説明をしていく．次に 2.2 節では，代名詞の中でも名詞を伴って用いられるものと，同じく名詞を伴う冠詞の説明をしていく．ここでは，名詞を伴う代名詞と冠詞を総括して「決定詞（determiners）」という名称を用いていく．最後に 2.3 節では，節を伴うことによって名詞の機能を果たす「名詞節を導く従属接続詞（nominal subordinate conjunctions）」について説明をしていく．ここでは，この品詞に属する語がいかに名詞として機能しているか，同時にいかに接続詞として機能していないかを説明していく．

(7) 代名詞類
   単独で用いられる代名詞類
    人称代名詞，指示代名詞，疑問代名詞，不定代名詞
   名詞を伴う代名詞類
    中心的決定詞，前置決定詞，後置決定詞
   節を伴う代名詞類
    名詞的従属接続詞

2.1. 単独で用いられる代名詞類

ここに分類される語は，従来代名詞として分類されていた語の中で，所有格や形容詞的な働きをするものを除いたものである．ここに属するのはすべて伝統的に代名詞に分類されてきた語であるため，本節のタイトルは「代名詞類」ではなく，「代名詞」になっている．したがって，以下の説明は，代名詞の伝統的な下位分類に従って進めていく．2.1.1 節では「所有代名詞」「再帰代名詞」を含む「人称代名詞」を，2.1.2 節では「指示代名詞」を，2.1.3 節では「相互代名詞」を含む「不定代名詞」を，2.1.4 節では「疑問代名詞」をそれぞれ扱っていくが，「関係代名詞」については，Part III の「準品詞」で詳しく扱っていく．

2.1.1. 人称代名詞

人称代名詞がどのようなものであるかを説明する前に，その名前の中に含まれる「人称」という用語が何を表しているかを説明しておく．その理由は，「人を指す代名詞」のことを人称代名詞だと誤解しがちだからである．人称には，一人称・二人称・三人称がある．一人称は話し手，二人称は聞き手，三人称はそれ以外のすべてを指す．こうしてみると，確かに一人称と二人称は人を指す．しかし，三人称というのは，he や she だけでなく it もある．さらに，名詞はすべて三人称である．名詞の数に限りがないように，三人称の語の数にも限りがない．Cynthia や Larry は she や he と人を表す代名詞で代用されるが，newspaper, train, philosophy, imagination はすべて it という「中性」を表す人称代名詞で代用される．これは，「ことば」という世界の中では，Cynthia が「女性」，Larry が「男性」という「性」を持つと認識されるのと同じように，新聞・電車・哲学・空想は「中性」という性を持つものと認識されるからである．また，現実世界では性は持たないと認識される船や車が女性名詞として認識されたり，山や川が男性名詞として認識されたりすることもある．さらには，まだ性別が問題にならないような乳幼児の場合には「中性」として it で代用されることもある．

具体的に，人称代名詞としては，次のような語が挙げられる．

(8)   単数   複数
   a. 一人称： I   we
   b. 二人称： you   you
   c. 三人称： he, she, it   they

これら人称代名詞の最大の特徴は，一人称・二人称・三人称という人称によって用いられる語が異なる点で，この違いは単に代名詞だけに関わる問題ではなく，共起する動詞にも関係する．一般に「主部と動詞の一致（subject-verb agreement）」と呼ばれる現象である．

(9) a. It is I who *am* to blame for the accident.[26]
　　　（その事故の責任は私にあります）
　　b. Either you or she *is* wrong.
　　　（君か彼女かどちらかが悪い）
　　c. He as well as his parents *is* attending to the funeral tomorrow.
　　　（両親は元より彼も明日の葬儀には参列するよ）

(9a) は強調構文だが，who の直後の動詞が am になっているのは，who が一人称単数代名詞 I を指しているからである．(9b) では，either A or B の場合には，その動詞は B に合わせて変化するために，are という動詞が使われている．(9c) では，A as well as B の場合には焦点が A になるので，動詞もそれに合わせて is という形になる．

人称代名詞が持つもう一つの特徴が「格変化」である．名詞のところでも触れたが（本章 1.3 節 (p. 107)），現代の英語には主格・所有格・目的格の三つの格変化がある．主格は文の中で主部の位置で用いられ，日本語では「～が」「～は」と訳されることが多い．目的格は文の中で動詞の間接目的語・直接目的語，前置詞の目的語，[27] さらには口語英語などでは be 動詞の補語の位置で用いられる．間接目的語の場合には「～に」，直接目的語の場合には「～を」という日本語によく訳される．所有格は「～の」という意味を表して，後ろの名詞を修飾する場合に用いられる格であるが，本書では所有格は本章 2.2 節 (p. 171)「名詞を伴う代名詞類（=「決定詞」）」のところで詳しく扱う．

人称代名詞が持つ三つ目の特徴として，「性」の区別が挙げられる．性の区別については，この本章 1.2 節 (p. 103) ですでに説明したが，代名詞の場合に性

---

[26] 学校文法ではこのように I に一致させて am を用いる形を教えるが，実際のくだけた英語では，It's me who's to blame. という形が使われる．さらに二人称の場合でも you が単数で使われる場合には，It's you who's to blame. という言い方がくだけた英語では使われるようである (Quirk et al. (1985: 766))．

[27] くだけた英語では，between you and I, for you and I などと言うこともあるが，標準的ではない．

の区別が明確になるのは，特に三人称単数の場合で，それが指す名詞が男性か女性か中性かによって用いる語が異なる．ここでの男性・女性・中性の区別は，実際の性別に一致することが多いが，時として性別を持たない物を擬人的に女性や男性で受けることがある．次の例は，すでに 1.2 節の (10a), (11) で出した例文である．

(10) a. *The ship* struck an iceberg, which tore a huge hole in her side.

(= 1.2 節 (10a))

   b. When the sun makes his appearance he is photographed, that folks may not forget what he is like. (= 1.2 節 (11))

三人称代名詞に男性・女性・中性の区別があるのに対して，一人称と二人称の代名詞にはこの区別はない．このように，性にかかわらず同じ語を使う場合，その語の性は「通性 (common gender)」[28] であると言う．したがって，英語の人称代名詞における一人称と二人称は通性であるということになる．

人称代名詞の特徴の四つ目として挙げられるのが，「数」の区別である．人称代名詞における数の区別は，基本的には名詞と同じで単数と複数の区別である．当然，単数と複数の区別は可算名詞についてなされるもので，不可算名詞については，すべて三人称単数の it で受けることになる．

(11) We have $10,000. Will *it* be enough for a deposit?
   （1 万ドルはある．頭金として足りるかな）

これまでに説明した人称・格・性・数の区別を一覧にしたのが次の (12) である．

(12)   主格   所有格   目的格
   a. I   my   me   ［一人称通性単数］
   b. we   our   us   ［一人称通性複数］
   c. you   your   you[29]   ［二人称通性単数・複数］
   d. he   his   him   ［三人称男性単数］
   e. she   her   her   ［三人称女性単数］

---

[28] 名詞の通性の例については，本章 1.2 節の注 9 (p. 103) を参照．
[29] 古い形には，単数形で thou (主格) thy (所有格) thee (目的格)，複数形で ye (主格) your (所有格) you, ye (目的格) というのもある．

f.	it	its	it	［三人称中性単数］
g.	they	their	them	［三人称中性複数］

　人称代名詞には，この主格・所有格・目的格に加えて，「所有代名詞（possessive pronouns）」と「再帰代名詞（reflexive pronouns）」（または，「複合人称代名詞（compound personal pronouns）」）がある．所有代名詞は，「〜のもの（所有物）」という意味を表し，三人称単数中性の it を除くすべての人称代名詞がそれぞれに対応する所有代名詞を持つ．所有代名詞も代名詞の一種であることから，統語的な働きは名詞に準じて，主部・目的語・補語になることができる．一方，再帰代名詞は，同じ文や節の中で，主部を指すのに用いられる．したがって，原則として単独で主部になることはできず，その意味でその用法は必ずしも名詞に準じない．詳細については本章 2.1.1.6 節（p. 143）で述べるが，その用法は他の人称代名詞に比べると特殊である．it も含めて，上に挙げた代名詞はすべてそれぞれに対応する再帰代名詞を持つ．次の (13) が，人称代名詞に所有代名詞と再帰代名詞を加えた一覧表である．

(13)	主格	所有格	目的格	所有代名詞	再帰代名詞
a.	I	my	me	mine	myself
b.	we	our	us	ours	ourselves[30]
c.	you	your	you	yours	yourself
d.	you	your	you	yours	yourselves
e.	he	his	him	his	himself
f.	she	her	her	hers	herself
g.	it	its	it	—	itself
h.	they	their	them	theirs	themselves[31]

---

[30] 詳細については本章 2.1.1.5 節（p. 143）で触れるが，we の特殊用法に「親身の we」「編集者の we」「君主の we」と呼ばれる用法などがある．この中で，「君主の we」では再帰代名詞に ourself が使われることがある．OED によると初出は 14 世紀で，当初は ourselves との違いはなかったが，後に普通の用法の we と特殊用法の we を区別するために用いられるようになった．ただ，一般にはあまり用いられることはなく，標準的な英語としては認められない．
　(i)　We must choose which aspects of <u>ourself</u> to express to the world.
　　　　　　　　　　　　　　　　　　　　　　　　　　　(*NOAD*² : s.v. *ourself*)
　　　（余は世に向けて余のどの側面を表していくかを選ばなければならない）

[31] *NOAD*² によれば，ourself と同じように themself という形が最近使われるそうであるが，こちらも標準的な英語とは認められない．

形態上，所有代名詞は人称代名詞の所有格に接尾辞の -s が付いたもの，再帰代名詞は人称代名詞の所有格か目的格に接尾辞の -self が付いたものとおおむね言える．特に二人称の場合，再帰代名詞以外は単数の場合にも複数の場合にも形が同じであるために，再帰代名詞を用いる場合に単複を明確に区別する必要がある．

(14) a. Your baby depends on *you* to look after yourself properly while you are pregnant.（赤ちゃんは，あなたが妊娠中にちゃんと自分で健康管理をしてくれると信じてるわよ）

　　b. Treat yourselves to a glass of wine to help you relax at the end of the day.（一日の最後に身体を休めるためにも，自分自身に対するご褒美としてワインを一杯飲みなさいよ）

2.1.1.1. 人称代名詞の基本用法

まず，一人称と二人称の代名詞は，それぞれ話し手と聞き手を具体的に指すために，会話の始めから用いられるが，三人称代名詞は，前に出てきた名詞を受けるのが最も一般的な用法である．

(15) *My brother$_i$* bought *a pair of new shoes$_j$*, but he$_i$ doesn't like them$_j$ so much.

　　（兄は新しい靴を1足買ったんだけど，あまり気に入ってないんだ）

人称代名詞は，それが指す名詞と人称・数・性の点で一致していなければならないため，my brother が三人称・単数・男性であるから，それに対応した三人称・単数・男性の人称代名詞 he が用いられ，a pair of new shoes は三人称・複数・中性であることからそれに対応した三人称・複数・中性の人称代名詞 them が用いられている．さらに，my は一人称代名詞であることから，前に指すも

(i) The singular form **themself**, first recorded in the 14th century, has reemerged in recent years corresponding to the singular gender-neutral use of **they**, as in : *this is the first step in helping someone to help **themself***. The form is not widely accepted in standard English, however.　　　　　　　　　　　　　　　(*NOAD^2*: s.v. *themself*)
（単数形の themself は，14世紀に初めて記録されているが，they が単数で性中立的に用いられるのにしたがって，近年再び用いられるようになってきている．例えば，「これは，人が他人に頼らずに努力する手助けとなる最初のステップです」というような場合に用いる．しかしながら，この形は標準的な英語としては広くは認められていない）

のが出てきていなくても，文頭で使われている．

2.1.1.2. 人称代名詞の後方照応

人称代名詞が先に出てきて，それが指す名詞がその後に出てくる場合がある．このような用法を「後方照応（cataphoric reference）」と呼ぶ．代名詞が前の名詞を指す基本的な用法は「前方照応（anaphoric reference）」と呼ばれる．

(16) a. Before he_i joined the Navy, *Gerald$_i$* made peace with his_i family.
(= Before *Gerald* joined the Navy, he made peace with his family.)
（ジェラルドは海軍に入隊する前に家族と仲直りをした）
b. Those who most deserve it_i rarely seem to_i *suffer defeat*.[32]
（最も挫折感に苦しむ必要がある人ほど滅多に挫折感に苦しまないようだ）
c. On his_i arrival in the capital, *the Secretary of State$_i$* declared support for the government.
（国務長官は，首都に到着するなり政府への援助を宣言した）

なぜこのように代名詞が後から出てくる名詞を指すことが可能なのか．次のような，代名詞が後に出てくる名詞を指すことができないような例がヒントになる．

(17) a. *Maria$_i$* thinks she_i understands me.
（マリアは自分が私のことを理解していると思っている）
b. *She_i thinks *Maria$_i$* understands me.

(17a) では，she よりも Maria が先行しているために she は Maria を指すことができるが，(17b) では，(16) の場合と異なり，she が Maria に先行しているために Maria を指すことができない．このように代名詞が後ろの名詞を指すことができないのは，代名詞が主節に入っていて指される名詞が従属節に入っているのである．したがって，代名詞が名詞を指す場合には次の条件のいずれかをクリアしなければならない．[33]

---

[32] it が指している内容は to suffer defeat という不定詞全部であることから，指標 i は不定詞全体の最後に付けるべきではないかという疑問も出てくるが，文法上は to がこの句の中心になっているために，to に指標の i を付けた．

[33] ただし，次のような場合には，名詞が先行していても代名詞はそれを指すことができない．

(18) a. 名詞が代名詞に先行する．
    b. 代名詞よりも名詞のほうが統語的に上位に位置する．

2.1.1.3. it の特殊用法

it には，特に特定の名詞句を指さない特殊な用法がいくつかある．

(19) a. 形式主部・形式目的語
    b. 時・天候・距離・状況
    c. 強調構文

まず，形式主部・形式目的語とは，文体を整えるために，主部や目的語の位置に重たい節や句が来た場合に，その代わりに it を置いて重たい節や句を後回しにすることである．このように形式主部や形式目的語が用いられる背景には，重たいものを文末へという「文末重心 (end-weight)」の原則が存在する．つまり，日本語でもしばしば起こることであるが，英語でも「頭でっかち」の文というのは避けられる傾向にある．いくつか例を挙げておこう．

(20) 形式主部
    a. It is easy *to criticize*.　　　　　　　　　　　[to 不定詞]
       (批判するのは簡単だ)
    b. It seems a pity *to give up now*.　　　　　　　[to 不定詞]
       (今やめるのはもったいない気がする)
    c. It is essential *that he be prepared*.　　　　　　[that 節]
       (彼の準備が整っていることが不可欠だ)
    d. It never occurred to me *that perhaps he was lying*.　[that 節]
       (彼がもしかしたら嘘をついていたなんて思いもよらなかった)

(i) On account of *Paul$_i$*'s ill health, he$_j$ was obliged to give up his job.
   (ポールの病気のために，彼は仕事を辞めざるをえなかった)

これは，Paul という名詞が on account of という前置詞の目的語ではなく，さらに目的語名詞句の中の所有格になってしまっているからである．厳密に言えば，代名詞によって指される名詞はそれを中心とした句を形成していなければならず，他の語を中心とする句の中に入り込んでしまうと，代名詞が指すことができなくなってしまうのである．面白いことに Paul と he を入れ替えると今度は he が Paul を指すことができるようになる．

(ii) On account of his$_i$ ill health, *Paul$_i$* was obliged to give up his job.
    (病気のために，ポールは仕事を辞めざるをえなかった)

  e. What does it matter *how old I am*? [34]   [疑問詞節]
    (僕が何歳であろうがそれが何だっていうんだ)
  f. It is questionable *whether Columbus was the first European to see America*.   [whether 節]
    (コロンブスがアメリカ大陸を見た最初のヨーロッパ人ではないという疑いがある)
  g. It's been good *talking to you*.（話ができてよかったです） [動名詞]
  h. It's astonishing, *the size of his head*.   [名詞句]
    (驚きだよ，あの頭のサイズ)

(21) 形式目的語
  a. He thought it better *to say nothing*.   [to 不定詞]
    (何も言わないほうがいいと思った)
  b. He seemed to take it for granted *that he should speak as a representative*.   [that 節]
    (彼は代表者として話をするものだと思っていたようだ)
  c. Lucy saw to it *that everyone got enough to eat and drink*.
             [it が前置詞の目的語]
    (ルーシーはみんなに食べ物と飲み物が行き渡るように気を配った)
  d. He thought it foolish *trying to answer such a silly question*.
                 [動名詞]
    (そんなくだらない質問に答えようとするのはバカらしいと思った)

　次に，it が「時・天候・距離・漠然としたその場の状況など」を表す例を見ていく．この用法が日本語母語話者にとって難しいのは，まず日本語の代名詞に「時・天候・距離・状況」を指すようなものがなく，さらに，この用法の it は文中に登場する他の名詞を指すものではないからである．

(22) a. It's already fifteen years since my grandmother died. [時]
    (祖母が亡くなってもう 15 年になります)

---

[34] この場合の what が何であるかが問題であるが，matter は基本的に完全自動詞（補語をとらない自動詞）であるため，この what は副詞と考えられる．類例に，やや文語的ではあるが，次のように matter に nothing が後続することがある．この場合の nothing も，副詞と考えられる．
 (i) It mattered nothing to him what she wore for the party.
   （彼女がパーティに何を着ていこうが，彼にはどうでもいいことだった）

b. It's my birthday today. ［時］
   (今日は私の誕生日です)
c. It's really hot in here. (この中は本当に暑いねえ) ［天候］
d. It's so near Christmas. (もうクリスマスが近いねえ) ［季節］
e. It's a long way from Kilimanjaro to the Serengeti. ［距離］
   (キリマンジャロからセレンゲティまでは随分距離があるよ)
f. How is it going? (調子はどう？) ［状況］
g. That's it. (そう，それだ／それでおしまい) ［状況］
h. I'm taking it easy myself, at least during this dry season. ［状況］
   (私自身はのんびりやってますよ，少なくともこの乾燥した季節の間はね)

　it の特殊用法の最後は「強調構文」もしくは「分裂文 (cleft sentences)」と呼ばれる構文である．例えば，Roger plays tennis. という文の tennis という部分を特に強調したいとする．そうすると，日本語で言えば，「ロジャーがやるのは(バスケットボールでもゴルフでもなくて)テニスだよ」という言い方になる．そのような場合に，英語では it is 〜 that/who/which ... という構文を用い，問題となる語(この場合で言えば tennis)を 〜 の位置(「焦点の位置」)に入れることによって，It is tennis that Roger plays. という形式にして，tennis に焦点を当てるようにする．さらに，強調したい部分を Roger にして「テニスをするのは，(Millard でも Franklin でもなく) Roger だよ」というようにしたければ，It is Roger who plays tennis. となる．このように元の文を it is 〜 that/who ... で分ける構文であるために「分裂文」と呼ばれる．[35] いくつか例を示そう．

(23) a. *It was* Peter *who* lent us the money. ［名詞］
   (金を貸してくれたのはピーターだよ［ポールじゃないよ］)
b. *It's* you *who* are responsible for the accident. ［人称代名詞］
   (その事故の責任は君にあるよ)
c. Who *was it who* interviewed you? ［疑問詞］
   (君にインタビューしたのは一体誰なんだ)

---

[35]「分裂文」に似た形としてしばしば引き合いに出されるのが，「疑似分裂文 (pseudo-cleft sentences)」である．
   (i) a. What I want is a good sleep. (今したいことはぐっすり寝ることだ)
       b. What he did was open my letters. (彼がしたのは私の手紙を開けたことだ)

  d. *It is* <u>what Tom says</u> *that* I don't understand. [名詞節]
   (僕が理解できないのはトムが言ってることだよ)
  e. *It's* <u>today</u> *that* he's going. [副詞][36]
   (彼が行くのは今日だよ[明日じゃないよ])
  f. *It was* <u>in Paris</u> *that* Leyton and Rebecca fell in love. [副詞句]
   (レイトンとレベッカが恋に落ちたのはパリでだよ)
  g. *It was* <u>after I spent a summer working for a butcher</u> *that* I decided to become a vegetarian. [副詞節]
   (僕がベジタリアンになると決めたのは，夏に肉屋で働いた後のことだった)

このように，焦点の位置には様々な要素が来ることが可能だが，実は焦点の位置に来られる要素には，少々厄介な制限がある．まず，原則として形容詞[37] と動詞（動詞句・不定詞・動名詞）と名詞節 (that 節，疑問詞節)[38] は焦点の位置に生起することは不可能である．

(24) a. *It is <u>very pretty</u> *that* she is. [形容詞]
  b. **It's* <u>wore</u> *that* John a white suit at the dance. [動詞]
  c. *It is <u>go home</u> *that* I will. [動詞句]
  d. *It was <u>to buy a new hat</u> *that* I wanted. [不定詞]
  e. *It was <u>playing golf</u> *that* they began. [動名詞][39]

---

[36] ただし，副詞でも「様態」を表す副詞は焦点の位置に来ることができない．
 (i) a. *It is <u>very quickly</u> *that* she writes.
  b. *It was <u>happily</u> *that* he spoke.
[37] ただし，「結果」の意味を表す目的格補語の場合には焦点の位置に来ることができる．
 (i) a. *It's* not <u>lonely</u> he made me feel —*it's* <u>angry</u>.
            (Huddleston and Pullum (2002: 1419))
  (あいつのせいで感じたことは孤独ではなく怒りだ)
  b. *It's* <u>dark green</u> *that* we've painted the kitchen. (Quirk et al. (1985: 1385))
  (キッチンを塗ったのは深緑だ)
[38] この基準も絶対的なものではなく，(23d) や次のような場合には容認される．
 (i) a. *It's* <u>that he's so self-satisfied</u> *that* I find offputting.
  (私が反感を感じたのは，彼が非常に独りよがりだということだ)
  b. *It's* not <u>whether you win or lose</u> *that* matters, but <u>how you play the game</u>.
  (大切なのは，勝つか負けるかではなくて，どのようにプレーするかだ)
            (Huddleston and Pullum (2002: 1419))
[39] 不定詞について，「目的」を表す場合には非文にならない．

  f. ?*It's* that he did it deliberately *that* I'm inclined to think.　　　[that 節]
  g. ?*It's* why no one told us *that* I'm wondering.　　　　　　　　[疑問詞節]

品詞とは別に文の働きによる制約もある．まず，たとえ名詞でも be 動詞の後の主格補語が焦点の位置に来ると文の容認度が落ちる．

(25) a. ?*It's* a genius *that* he is.
  b. ?*It's* a lecturer *that* I am now.

二重目的語構文の間接目的語も，焦点の位置に来ると容認度が落ちる．

(26) ?*It's* me (*that*) he gave the book.

しかし，この me が前置詞付きで表されると，容認可能になる．

(27) a. *It's* me *that* he gave the book to.
  b. *It's* to me *that* he gave the book.

このように，分裂文の焦点の位置というのは，一筋縄ではいかない問題をはらんでいるが，大まかに言えば名詞・副詞・前置詞は焦点の位置に生起することができるが，動詞・形容詞は生起できないと考えておけばよいであろう．

2.1.1.4.　we, you, they の不定用法

人称代名詞の複数形はその人称にかかわらず，「一般的な人々」を表すことができる．一人称は we，二人称は you，三人称は they である．

(28) a. Science tells us that the Earth goes around the sun.
   （科学によれば，地球は太陽の周りを回っている）
  b. We live in an age of immense changes.
   （我々は限りない変化の時代に生きている）
  c. You can never tell what will happen.
   （何が起こるかは決して分からないよ）

 (i) *It's* certainly not to make life easier for us *that* they are changing the rules.
   （彼らが規則を変えたのは，決して我々にとって生活を楽にするためではない）
また，動名詞の場合にも，次のような文は非文にはならないが，このような使い方は一般的ではない．
 (ii) *It was* listening to Sue's story *that* made me realize how lucky we have been.
   （我々がどれだけ幸運だったかを私が知ったのはスーの話を聞いたからだった）

d. If you want to make people angry, you just have to tell them the truth.
   （人を怒らせたければ，本当のことを言えばいいのさ）
e. They say it's going to snow today.
   （今日は雪になりそうだってよ）
f. I see they're raising the bus fares again. Whatever will they be doing next?
   （またバス料金の値上げだろう．一体今度はどうなるんだろう）

(28a, c, e, f) の日本語訳を見て分かるとおり，代名詞の不定用法は，日本語に訳出されないことがしばしばある．そのため，十分にその意味を感覚的に感じ取ってもらいたい．これらの人称代名詞は，どれも不特定多数の人々を指すが，必ずしも常にどれを使ってもいいというわけではない．最も広い意味で一般的な人々を表すのは we であるが，それは話し手である一人称を含むためであって，we が使われる時には，状況的に一般的な人々に話し手が含まれる場合である．二人称代名詞の you は，不定代名詞 one にほぼ相当するくだけた言い方で，話し手を含まない一方で聞き手は含む一般的な人々を表すため，時として「自分は違うけれども」という含みを持ち，聞き手への注意・説得・主張などを意味することがある．上の例で言えば，(28d) は，聞き手を含めた一般の人々が人を怒らせたければ言いにくいことも隠さず言えば人は怒るものだという一般論を述べている．三人称の they も you と同じようにややくだけた言い方であるが，話し手と聞き手は含まない言い方になるため，時としてよそよそしい感じや非難めいた感じを与えることがある．上の例で言うと，(28f) がそれにあたり，この場合には，バス料金の値上げに対する非難めいた響きを持っている．人が何語を話すかが問題となる場合には，自分の母語については we を用い，話し手と聞き手の母語が異なる場合に聞き手の母語について述べる場合は you を用い，話し手も聞き手も母語でない国語について問題にする場合には they を用いる．次の (29) は，すべてベルギー人がカナダ人に話している場面を想定している．

(29) a. Do you know what language we use in Belgium?
   b. What language do you speak in Canada?
   c. What language do they speak in India?

2.1.1.5. we の特殊用法

一人称複数代名詞 we には次のような特殊な用法がある.

(30) a. 著者の we (inclusive authorial *we*)
As we saw in Section 5, ... (第 5 節で見たように ...)
b. 編集者の we (editorial *we*)
We believe that the Government has made a profound mistake in imposing this tax. (我々は政府がこの税金を課したことによって, 重大な誤りを犯したと信じている)
c. 親身の we (paternal *we*)
How are we feeling today? (今日は調子はどうですか？)
d. 三人称単数 he, she の代わりに用いられる we (in reference to a third person)
We're in a bad mood today. (今日は機嫌が悪いわね)
e. 君主の we (royal *we*)
We are not interested in the possibilities of defeat.
(余は負ける可能性などには興味はない)

「著者の we」とは, 論文などやや内容の堅い文などで見られる用法で, 書き手と読み手を一体化させる効果を持つ.「編集者の we」は新聞の社説などに見られる用法で, 書き手個人の意見として表現してしまうと「独りよがり」の印象を与えるために, 主体を複数にすることによりその意見に客観性を持たせる効果がある.「親身の we」は, 親子, 師弟, 医者と患者などの間に交わされる会話などに見られる用法で, (30c) は医者が患者に対して, 患者の視点に立ってその病気を患者と共有するかのような感じを与えるものである.「he や she の代わりに用いられる we」というのは, 例えば職場で同僚同士がその上司に関して述べる場合などに出てくる用法で, (30d) では we を主部に使いながらも実際に指しているのは自分の上司の機嫌が悪いことを述べている. 最後の「君主の we」というのは, 実際にはもうほとんど使われないが, 君主などの統治者が公式見解を表明する場合に用いるもので, 日本語の「朕は〜」「余は〜」などに相当するものである. 注 30 でも触れたが, この「君主の we」の再帰代名詞は, まれに ourself の形で現れることがある.

2.1.1.6. 再帰代名詞

「再帰代名詞 (reflexive pronouns)」の用法は, 大きく次の三つに分けられる.

(31) a. 再帰用法 (reflexive use)
　　 b. 慣用用法 (idiomatic use)
　　 c. 強意用法 (emphatic use)

「再帰用法」とは，原則として他動詞の目的語が主部と同じものを指す場合に，その目的語として用いられるもので，これが再帰代名詞の本来の用法である．

(32) a. She always *prides* herself on her academic background.
　　　　 (cf. *She always prides on her academic background.)
　　　　 (彼女はいつも学歴を自慢する)
　　 b. He has to *shave* himself twice a day.
　　　　 (≒ He has to shave twice a day.)
　　　　 (彼は一日に2回は髭を剃らなければならない)
　　 c. William publicly *blamed* himself for the accident.
　　　　 (ウィリアムは正式にその事故に対する自らの責任を認めた)

これらの再帰代名詞は，すべて同じ文の主部を指しているという点では共通しているが，それぞれに事情が異なる．(32a) の場合，pride という動詞にとって再帰代名詞 herself を目的語に取るのは義務的で，目的語としての再帰代名詞がないと非文になる．それに対して，(32b) の場合には，再帰代名詞の himself がなくてもほとんど文意に変わりなく，文として成立する．つまり，再帰代名詞を義務的に目的語として取る動詞 (absent, avail, demean など) と，随意的に取る動詞 (adjust, behave, dress, hide, identify, prepare, prove, wash, worry など) に分けられるのである．そして，この再帰用法に関する非常に重要な点が，(32a, b) と (32c) の違いである．前者の場合，日本語に訳したときに「自分自身を，自分を」などという日本語にはならないのに対して，(32c) の blame のような動詞の場合には「自ら」という日本語になる．したがって，再帰代名詞は，「自分(自身)」という日本語にしなければならない場合と，してはいけない場合があることを，十分に留意しておく必要がある．

次は，同じ再帰用法でも，前置詞の目的語になる例である．

(33) a. Mary stood *looking at* herself in the mirror.
　　　　 (メアリーは自らの姿を鏡で見ながら立っていた)
　　 b. Every writer's first novel is basically a *story* about himself.
　　　　 (すべての作家が，最初の作品は基本的に自らについて語ったものである)

c. Andy stepped back, gently closed the door behind him(self), and walked down the corridor. (アンディは後ろに下がって，[自分の] 後ろのドアを静かに閉め，廊下を歩いていった)

(33a) では，look at で一つの他動詞[40] のような働きをしているために，形式上他動詞が含まれていなくても，実質的には (32) で見た他動詞の場合と同じように at の目的語に再帰代名詞が用いられている．(33b) では，前置詞 about は名詞 story の後に来ているが，story, picture, portrait, photograph など，芸術作品や物語などの名詞に続く人称代名詞が，「自分自身」という意味になる場合にも再帰代名詞が用いられる．しかし，(33c) の場合は，(33a, b) とは少々事情が異なる．(33a, b) の場合，再帰代名詞を普通の人称代名詞 her, him に変えてしまうと，全く違う人物を指すことになるが，(33c) の場合には，普通の人称代名詞を使っても，再帰代名詞を使っても，ともに主部 (この場合は Andy) を指すことができる．これは，前置詞とその前の動詞 (この場合は close) とのつながりが，少なくとも (33a, b) の場合に比べると弱いために，主部 Andy からの影響力が弱まり，前置詞の後ろの人称代名詞に再帰代名詞を使うことが義務的ではなくなるのである．このような場合，普通の人称代名詞を使うか再帰代名詞を使うかは，聞き手に誤解を与えるかどうかによって決まる．例えば，She took her dog with her. (彼女は犬を一緒に連れて行った) という場合，her が主部である she 以外の人を指すような誤解を与える恐れが少ないので，her が使われる．[41]

---

[40] このような動詞を「句動詞 (phrasal verbs)」と呼ぶ．句動詞にもいろいろな種類があり，基本的なパターンとしては，動詞＋副詞 (look up, put off など)，動詞＋前置詞 (look for, take after など)，動詞＋副詞＋前置詞 (do away with, catch up with など)，動詞＋名詞＋前置詞 (take care of, take advantage of など) がある．

[41] 澤田 (1993: 291) によれば，同じ状況を表現するのにでも，普通の人称代名詞を使うのか，再帰代名詞を使うのかで，話し手と聞き手の位置関係が変わることがある．
 (i) a. There is a *picture* of me on the wall.
    b. There is a *picture* of myself on the wall.
(ia) は聞き手に壁が見えている場合に使い，(ib) は聞き手に壁が見えていないような場面で用いられる．これは，(ia) の場合，聞き手が目の前にいるために，「あなたが私 (の絵) を見る」という関係になり，聞き手が主部で話し手が目的語の関係になる．そのような場合に目的語である「私」に再帰代名詞を使うのはおかしいことになる．一方，(ib) の場合は，聞き手が目の前にいないために，壁の絵を見るのは話し手自身と言うことになる．つまり「話し手が話し手を見る」ことによって聞き手にその状況を伝えることになるから，そのような場合には目的語に再帰代名詞を用いるのが妥当ということになる．

二つ目の慣用用法は,「前置詞＋再帰代名詞」で一つの慣用句になるものである．以下がその具体例である．

(34) a. Mardy was living in that big house by himself.
（マーディはその大きな家に独りで住んでいた）
b. We can't build a house for ourselves.
（自分たちで家を建てるなんてできないよ）
c. You have the room to yourselves, don't you?
（君たちだけでその部屋を独占しているんだろう？）
d. She was beside herself with anguish.
（彼女は悲しみで気が動転していた）

最後は「強意用法」である．再帰代名詞の強意用法とは，主部・補語・目的語の位置にある名詞や代名詞を強めるために同格語として用いる用法である．上述の再帰用法や慣用方法と根本的に異なる点は，強調のために同格で用いられることから，働きとしては，代名詞と言うよりはむしろ副詞的であるという点である．したがって，再帰代名詞を省略してもそのまま文としては成立し，文意も大きく変わることはない．再帰代名詞は，必ずしも強調する要素の直後に現れる必要はない．

(35) a. *I* went there myself.（私自ら出向いていったわ）
b. *She* herself killed her son.（彼女自らの手で息子を殺した）
c. The problem *itself* is now clear enough.
（その問題そのものはもうはっきりしているよ）

2.1.1.7. 所有代名詞

所有代名詞（possessive pronouns）は「～のもの」という意味を表し，用語としては所有代名詞となっているが，実質的には人称代名詞の一部として，その形態も人称代名詞の形態に準じている．(13)でその一覧を示したが，改めて所有代名詞に属する語を列挙すると以下のとおりである．

(36) mine, yours, his, hers, ours, theirs

mine, ours は一人称の所有代名詞，yours は二人称の所有代名詞，his, hers, theirs は三人称の所有代名詞と言うことはできるが，表す意味が「～のもの」であることからも分かるように，これら単語はすべて三人称になる．また，数に

ついても，これらの単語そのものは「～のもの」を表すわけであるから，その都度単数扱いになったり，複数扱いになったりする．

(37) a. 'This is your *bike*, isn't it?' 'No, mine is parked across the street.'
（「これは君の自転車でしょ」「いえ，僕のは道路の向こうに停めてあります」）
b. Her eyes are brown and mine are blue.
（彼女の目は茶色で僕のは青です）

また，格という点では，(37a, b) のように主格としても用いられるし，次の (38) のように，目的格としても用いられる．

(38) a. Could I borrow your pens? I can't *find* mine. ［動詞の目的語］
（ペン借りてもいい？ 僕のが見つからないんだ）
b. She wanted one *like* mine. ［前置詞の目的語］
（彼女は僕のみたいのが欲しかったんだよ）

次のように副詞的に用いられる場合もある．

(39) You go your *way*, and I'll go mine.
（君は君の道を行く，そして僕は僕の道を行く［それでいいじゃないか］）

三人称単数中性の it に対応する所有代名詞は存在せず，代わりに its own の形式が用いられる (Declerck (1991: 285))．

(40) That's the dog's bone. It's its own. (Declerck (1991: 285))
（それはその犬の骨だよ．その犬のだよ）

ただし，これは原則論で，対比的に用いられる場合には its が所有代名詞的に用いられることがある．

(41) The Guardian seems to respect its readers more than the Sun respects its. (Huddleston and Pullum (2002: 471))
（『ガーディアン』のほうが『サン』よりも読者を大切にしているような気がする）

所有代名詞の最後に，疑問代名詞 who の所有格である whose が所有代名詞として用いられる例を挙げておく．

(42) a. "Whose is this?" "It's mine." （「これ誰の？」「私の」）

b. Whose was the better performance?
　　（どっちのほうがいい演技だった？）

2.1.2. 指示代名詞

「指示代名詞（demonstrative pronouns）」とは，文字どおり何かを指す代名詞のことである．ただ，注意が必要なのは，日本語の「こ─そ─あ─ど」を連想してしまうことである．日本語では，「これ，それ，あれ，どれ」をひとまとめにして「指示語」「指示詞」「指示代名詞」などと呼んでいるが，これは英語には全く当てはまらない．大まかではあるが，日本語の「こそあど」と英語の代名詞の分類を比較してみよう．

(43) 　　日本語　　日本語の品詞　　　英語　　英語の品詞
　　a.　これ　　　指示代名詞　　　　this　　指示代名詞
　　b.　それ　　　指示代名詞　　　　it　　　人称代名詞
　　c.　あれ　　　指示代名詞　　　　that　　指示代名詞
　　d.　どれ　　　指示代名詞　　　　which　疑問代名詞

このように指示代名詞の範囲が日本語と英語では異なることから，日本語母語話者が英語を学ぶ際に指示代名詞が具体的にどの語を含むかについて誤解をすることがよくある．もう一つ，注意を要する点は，指示代名詞が必ずしも物を指すとは限らないという点である．2.1.1 節の人称代名詞のところですでに触れたように，人称代名詞に「人」という文字が入っているからといって，必ずしも人だけを指すとは限らない．その代表的な例は it であるが，これと同じように，指示代名詞もそれが指すものは必ずしも物に限らない．例えば，電話をかけて相手側がその電話を取った時に，次のように言う．

(44) 　Hello. This is Martina.[42] Is that Pamela?
　　（もしもし．マルチナだけど．パメーラ？）

これらの点を踏まえた上で，本節では，日本語の「これ，あれ」と比較しながら，指示代名詞を this と that に限定して説明していく．[43]

---

[42] この場合，I am Martina. という言い方も可能であるが，This is ... よりは I am ... のほうが多少丁寧で，初めての相手などに電話をするときには，I am ... を使ったほうが無難である．

[43] 時に，指示代名詞には such, so, same などが含まれることもあるが，ここではそれらの語の説明は省略する．

2.1. 単独で用いられる代名詞類

この 2.1 節では，代名詞類の中でも単独で用いられる語について説明をしてきているが，ここでは，便宜上 this と that がどのような要素を後ろに伴って使われるかという点をまとめて提示しておく．まず，this も that も，(44) のように単独で用いられる場合と，次の (45) のように後ろに名詞を伴って所有格的に（もしくは形容詞的に）用いられる場合がある．[44]

(45) a. This *beach* was quite empty last year.
   （この海岸は去年はかなり空いてたよ）
   b. That *exhibition* closed a month ago.
   （あの展覧会は 1 か月前に終わったよ）

この事実を定式化すると，次のようになる．

(46) a. this: [___ ø], [___ N]
   b. that: [___ ø], [___ N]

[ ] はその語が生起する環境を表し，下線はその語そのものが現れる場所を示している．[___ ø] は this や that が後ろに何の要素も伴わず単独で用いられることを表し，[___ N] は this や that が後ろに名詞を伴うことを表している．このように，ここまでは this も that もその共起関係という点では，共通しているが，後ろに節を伴うことができるかどうかという点では，this は後ろに節を伴うことはできないが，that は伴うことができる．

(47) a. We were worried that *she was going to die*.
   （彼女が死んでしまうのではないかと心配だった）
   b. *We were worried this *she was going to die*.

これも，(46) に倣って定式化すると (48) のようになる．

(48) a. this: *[___ S]
   b. that: [___ S]

指示代名詞 this と that の共起関係に関する以上の説明をまとめると，次のようになる．

(49) a. this: [___ ø] [___ N] [___ S]

---

[44] この用法は本書では決定詞として扱うが，詳細については第 4 章 2.2 節 (p. 171) を参照．

b.　that: [＿＿ ø]　[＿＿ N]　*[＿＿ S]

　この先の詳しい話は，2.2節「名詞を伴う代名詞類」(p. 171) に委ねることとするが，この段階で注目してほしいのは，「これ」とか「あれ」という意味レベルとは別の統語レベルの話として，this と that は性質を異にしているという点である．この this と that の統語的性質の違いというのは，代名詞や形容詞に関わる問題に留まらず，品詞全体の問題にまで発展する重大なことであるので覚えておいてほしい．名詞を補部に取る点については 2.2 節で，節を補部に取る点については 2.3 節 (p. 202) で詳しく述べる．

　さて，this と that の統語的な違いを確認した後は，それぞれの意味的な違いを観察していく．this と that の意味的な違いは，日本語の「これ」と「あれ」の違いと平行するもので，this は身近なものを指し，that は遠いものを指すのが原則である．

　　(50)　a.　This is very nice — can I have some more?
　　　　　　（これ美味しい!!　もうちょっともらってもいい？）
　　　　b.　That smells nice — is it for lunch?
　　　　　　（それ，いいにおいだね．それがお昼？）

　この対比から明らかなのは，this で表されているほうが，明らかに身近で「手元」にあるものというニュアンスが感じられるのに対して，that で表されているほうは，聞き手に近く話し手から遠いというニュアンスが感じ取れる．それが結果として，(50a) は話し手が食べている物，(50b) は聞き手が食べている物であるという含みにつながるのである．this と that が表す意味の根本的違いは，このような「主観的距離」の違いにある．

　このような this と that が持つ空間的な違いが，時間的な違いとして現れることもある．this は，現在進行中のことやこれからまさに開始される出来事を指すのに用いられる．

　　(51)　a.　I *like* this music. What is it?
　　　　　　（この音楽いいねえ．なぁに，これ？）
　　　　b.　*Listen* to this. You'll like it.
　　　　　　（これ聞いてよ．いいよ）

　これらの例文から，(51a) では音楽が現在流れているものであり，また (51b) では相手に聞いてもらうものが，現在聞こえているものかまたはこれからすぐ

に聞こえてくるものということが容易に想像できる．(51a) では，状態動詞の直説法現在時制が用いられていることから，現在時の解釈になるのに対して，(51b) では，動作動詞が命令法になっていることから，未来時の解釈になる．this がこのように，時間的に「近い」ものを指すのに対して，that は，まさに終わったばかりの出来事や遠い過去の出来事を指すのに用いられる．

(52) a. *That* was nice. What was it?
    (あれ，良かったね．何だったの？)
  b. *Did* you see that? (あれ見た？)

これら場合には，動詞が過去時制になっていることから，that が指しているのは明らかに過去の出来事である．また，これと同種の用法として，二つのものを提示して「前者 (the former)」「後者 (the latter)」と言う場合に，this がより時間的により近い「後者」，that がより遠い「前者」の意味で用いられることもある．

(53) *The cow*$_i$ and *the sheep*$_j$ are both useful to us; this$_j$ gives us wool and that$_i$ give us milk. (牛と羊は共に我々人間にとって役に立つ．後者は羊毛を，前者は牛乳を我々に与えてくれる)

これは，this と that が表す意味を理解する上では参考になる用法であるが，実際には少し古い言い方で，最近はもっぱら the former / the latter，もしくは the first (one) / the second (one) が用いられる．

このように，this と that は空間的・時間的な遠近を表すのに用いられるのが基本だが，これらが代名詞ではなく副詞として使われることがよくある．

(54) a. He's not used to this much attention.
    (彼はこんなに気遣ってもらうことには慣れてないよ)
  b. I would not go that far.
    (私はそんな遠くには行かないわ)

this には，人称代名詞の用法のところで説明した「後方照応」の用法がある．

(55) a. The story is this. (話はこうです)   (= (5b))
  b. Listen to this. (これを聞いてごらんよ)   (=(51b))

that には，この後方照応の用法はないが，this にはない用法として，同じ名詞の繰り返しを避けるための用法がある．

(56) a. A recession like that of 1973-74 could put one in ten American companies into bankruptcy.
(1973年から1974年に起こった不景気と同じような不景気が起こったとしたら，アメリカの企業の10社に1社は倒産するだろう)
b. His appearance was that of an undergrown man.
(彼の見た目は，まだ十分に成長していない男のそれであった)

指示代名詞の最後に，those という指示代名詞には「人々」という意味を表す用法がある．この用法は those who ～ の形で用いられるので，この形が出てきたらまず those の意味が「～する人々」という意味だと考えてよい．

(57) a. Those who are rich are not always happy.
(金持ちの人たちが必ずしも幸せとはかぎらない)
b. A little selfish behaviour is unlikely to cause real damage to those around us. (ちょっとしたわがままな振る舞いが，周囲の人たちに本当の損害を与えることはあまりない)

2.1.3. 疑問代名詞

疑問代名詞とは，いわゆる wh の付いた疑問詞の中でも，代名詞の働きをするものを言う．一般に wh の付いた疑問詞は，who, what, which, when, where, why, how の7語[45] とされるが，その中の who, what, which が疑問代名詞である．疑問代名詞は基本的には wh 疑問文を作るときに使われる．なお，人称代名詞や指示代名詞の時にもそうであったが，疑問代名詞の場合も，所有格的な働きをする場合については，「2.2. 名詞を伴う代名詞類」で扱う．

まずは基本的な wh 疑問詞を含む直接疑問文の作り方について確認しておく．

(58) a. She died of pneumonia. (彼女は肺炎で死んだ) ［元の平叙文］
b. she died of what   ［疑問の焦点を適当な wh 句へ変換］
c. *did* she die of what[46] ［疑問文にするために助動詞を主部の前に移動］

---

[45] ただし，who の所有格である whose，目的格の whom や，疑問を強調する whoever (whosever, whomever)，whatever, whichever, whenever, wherever, however, whyever (非標準)，さらには yes/no 疑問文や選択疑問文の間接疑問文を作る際に用いる「～かどうか」という意味を表す if, whether なども疑問詞に入れれば，その数はさらに増える．

[46] (50b, c) は，文ができるまでの中間段階で，実際の文としては成り立たない文であるた

d.   What *did* she die of?　　　　　　　　　　［wh 句を文頭へ移動］
　　（彼女は何が原因で死んだのですか？）

(58a) の平叙文の下線部 pneumonia が問題の疑問の焦点となる部分である．(58b) で疑問となっている下線部分を適切な wh 疑問詞に変換する．この場合 pneumonia という「もの」に関する部分が疑問の焦点になるので what に変換するが，人であれば who，場所であれば where，手段・原因であれば how にそれぞれ変換する．次に (58c) で一般動詞の疑問文形成規則を適用して，助動詞 do を，died の過去時制を引き継いだ形 did に換えて主部である she の前に移動する．そして，最後に (58d) で wh 疑問詞 what をさらに文頭に移動して wh 疑問文全体が完成する．

　直接疑問文が文の一部として組み込まれると「間接疑問文 (indirect questions)」になる．間接疑問文は，その部分全体が名詞的な働きをするために，全体で主部・補語・目的語になることができる．間接疑問文の形成過程は，基本的に直接疑問文のそれとほぼ同じであるが，その部分が主節ではなく従属節になることから，(58c) における助動詞の主部の前への移動は省略される．次の (59) が具体例である．(58) の場合同様，下線部が疑問の焦点である．

(59) a.   He is my brother.（彼は私の弟です）　　　　　　［元の平叙文］
　　　b.   he is who　　　　　　　　　［疑問の焦点を適当な wh 句へ変換］
　　　c.   ~~is he who~~　　　　　　［疑問文にするために助動詞を主部の前に移動］
　　　d.   who he is　　　　　　　　　　　　　　　　［wh 句を文頭へ移動］
　　　e.   She asked me *who* he was.（彼女は彼が誰かを聞いてきた）
　　　　　　　　　　　　　　　［間接疑問文を She asked me 〜 の中に組み込む］
　　　f.   Do you know *who* he is?（彼が誰だか知ってる？）
　　　　　　　　　　　　　　　［間接疑問文を Do you know 〜 の中に組み込む］

(59a) において，疑問の焦点は my brother である．(59b) で，その疑問の焦点を wh 句に変換する．この場合 my brother は人であるために，適切な wh 句は who になる．そして，直接疑問文であれば，ここで疑問文にするために助動詞を主部の前に移動するわけであるが，間接疑問文の場合にはこの操作が省略される．(59c) のところが二重取り消し線になっているのは，この操作が省かれることを表している．(59d) では，wh 句 who が文頭に移動される．(59e) は

め，通常の文の表記とは異なり，文頭は小文字で始め，文末もピリオドを用いない．

主節が平叙文，(59f)は主節が疑問文になっているが，いずれの場合にも，間接疑問文 who he is はそのままの形でそれぞれの目的語位置に挿入されて，(59e, f)のような文が完成する．

直接疑問文と間接疑問文の対比をもう少し挙げておくことにする．特に，(61)，(62)では，直接疑問文と間接疑問文では時制や人称代名詞が変換されている点に注意してほしい．

(60) a.　Whose books are they?（そこに散らかっているのは誰の本ですか？）[47]
　　 b.　I'm wondering whose books they are.
　　　　（そこに散らかっているのは誰の本なんでしょう）
(61) a.　Who lives next door?（誰が隣に住んでるんですか？）
　　 b.　He asked who lived next door.（彼は誰が隣に住んでいるのか聞いた）
　　　　　　　　　　　　　　　　　［時制の一致で lives が lived になる］
(62) a.　What do you want, guys?（皆，何が欲しいっていうんだい？）
　　 b.　She asked them what they wanted.
　　　　（彼女は彼らに何が欲しいのか聞いた）
　　　　　　　　　　　　　　　　　［直接疑問文の主部 you は they に変わる］

(61)は，主節動詞が過去時制であるために，間接疑問文の部分に時制の一致が適用されて，lived という過去時制になる．(62)の場合は，同じく主節動詞が過去時制であることから間接疑問文の部分に時制の一致が適用されるのに加えて，主節の主部が she であるから，間接疑問文の部分が she の視点から述べられることになるため，直接疑問文では you であった主部が they[48] に変わる．このように，間接疑問文というのは，「話法 (narration)」の一種として wh の移動以外にも様々な変換操作を受ける．

以上が，間接疑問文の基本的なパターンであるが，間接疑問文にはもう一つ別の種類があり，主節動詞によってどちらの間接疑問文になるかが決まる．その主節動詞は，believe, consider, guess, imagine, say, suppose, tell, think など「思考・伝達」に関する動詞で，これらの動詞が主節に来ると，間接疑問文中の

---

[47] 日本語では表現しにくい複数の概念を「散らかっている」という表現を使って表したが，当然英文の中にはそのような表現は入っていない．素直な日本語訳は「それは誰の本ですか」になるであろうが，これでは単数か複数か区別できない．

[48] ここでは，(53b) の聞き手は，(53a) の主部である you とは一致しないものとして they に変換されるものとしたが，(53a) の主部と (53b) の聞き手が一致する場合には，you は変換されずそのまま用いられる．

疑問詞が主節の先頭まで移動する．以下が具体例である．

(63) a. What is this?（これは何？）
 b. Do you know what this is?（これなんだか知ってる？）
 c. What do you think this is?（これなんだと思う？）
(64) a. What time will Richard leave for Portland?
   （リチャードはポートランドに何時に発つの？）
 b. Do you remember what time Richard will leave for Portland?
   （リチャードが何時にポートランドに発つか覚えてる？）
 c. What time does the email say Richard will leave for Portland?
   （リチャードは何時にポートランドに発つってメールに書いてある？）

(64c)の場合，次の疑問文との区別が重要となる．

(65) Does the email say what time Richard will leave for Portland?
   （メールにはリチャードが何時にポートランドに発つか書いてある？）

(64c)の文はあくまでも何時かを知りたがっている文だからこそ What time が文頭に来ているが，(65)の場合には何時かを知ろうとしているのではなく，メールに書いてあるかないかを聞いている文であるから，主節は yes/no 疑問文の形になり，目的語節の wh 句も主節の先頭にまで移動することはない．

2.1.4. 不定代名詞

不定代名詞とは，「あるもの」「ある人」「ある数量」など不定のものを指すのに用いられる代名詞で，具体的には one, all, some, any, each, both, either, neither, few, little, many, much, other, another, -thing/-body/-one, such などがある．この中の多くの語が直後に名詞を伴う働きを兼ねているため，これまで同様，不定代名詞が単独で用いられる用法のみをここで扱い，所有格的な働きをする不定代名詞は，2.2節 (p. 171) で扱う．不定代名詞の中には人称代名詞 it が漠然と「時・天候・距離・状況」を表すように，特定の指示対象を持たない場合もある．不定代名詞の場合には，人称代名詞・指示代名詞・疑問代名詞とは異なり，すべての不定代名詞に共通の統語的機能は，ほぼ名詞と共通する．そこで，まずは不定代名詞に共通する意味論的機能から説明を始めることにする．

「不定代名詞 (indefinite pronouns)」における「不定 (indefinite)」という用語は，「定的／不定的 (definite / indefinite)」という対立の中で用いられる用語

であるが，この概念が一般的に用いられているのは，「定冠詞／不定冠詞（the definite article / the indefinite articles）」という対立においてである．定冠詞と不定冠詞の違いは 2.2 節（p. 171）で説明していくが，ここで明らかにしておきたいのが定的／不定的の対立と「特定的（specific）」／「総称的（generic）」（もしくは「不特定的（non-specific）」）の対立との違いである．次の 2 文の下線部は，ともに特定的な意味を表しているが，前者は定冠詞が用いられていて「定的な（definite）表現」となっているのに対して，後者は不定冠詞 a が用いられていて「不定的な（indefinite）表現」となっている．

(66) a. Here's the shop I was telling you about.
（ここが（あの時）君に話していたお店だよ）
b. Here's a summer soup that is almost a meal in itself.
（こちらがそれだけでほとんどお食事になる夏のスープです）

(66a) では，話し手も聞き手もその店がどの店かが分かっているために the という「定的な」表現になっているが，(66b) の場合には，話し手は，聞き手がどの「夏のスープ」なのか特定していないと判断しているために，「不定的な」a という不定冠詞を用いているのである．言い換えると，特定的な記述というのは，単に話し手が，ある特定の指示対象を念頭に置いていることで，定的な記述というのは，話し手と聞き手がその特定性を共有していることが前提となるのである．

以下，この節では次の不定代名詞を扱う．

(67) a. one
b. all
c. both
d. each と every
e. either と neither
f. another と other
g. 相互代名詞（reciprocal pronouns）
h. some, any no, every ＋ -thing, -body, -one

2.1.4.1. one

不定代名詞としての one は，不定（indefinite）の「物」と「人」を表す．

(68) A: Do you have a computer?（コンピュータ持ってる？）

B: Yes, I have one. / Yes, I have *a cheap* one.
（うん，（1台）持ってるよ／うん，安いのを持ってるよ）

ここでの one は質問文に出てくる computer を受けているが，A と B が特定のコンピュータを知識的に共有しているわけではない．もちろん B はどのコンピュータかは具体的に（特定的 (specific) に）イメージしているが，A が具体的にどのコンピュータか分からないということを念頭に置いて，one という「不定」表現を用いている．この用法の one には形容詞がつくと不定冠詞の a が必要になる．この one の複数形は ones だが，ones を省略するような形で，some が用いられることもある．

(69) Do you have any cotton swabs?（綿棒ある？）
— Yes, I have some. / Yes, I have some black ones.
（うん，何本かあるよ／うん，何本か黒いのがあるよ）

この one の表す「不定的」な意味は，it が表す「定的 (definite)」な意味と明確に区別しなければならない．次の例で，a rhinoceros の表す意味の違いを考えてみよう．

(70) a. *A rhinoceros* eats small snakes. I saw one doing just that yesterday.
（サイっていうのは小さいヘビを食べるんだよ．昨日，まさに食べてるのを見たよ）
b. *A rhinoceros* eats small snakes. I saw it yesterday.
(Jackendoff (1972: 310))
（サイが小さいヘビを食べるんだよ．昨日見たんだ）

(70a) は，サイという動物全般に関する記述である．このようなその種全体に関する記述を「総称文 (a generic sentence)」と言う．前半文における a rhinoceros が総称的である証拠に，後半文ではそのサイを指すのに，その種全体の中であればどの個体でもいいという意味で one という不定代名詞が用いられている．それに対して，(70b) は総称文ではない．話し手は特定のサイを念頭に置きながらも，聞き手をそのサイを特定できないという前提から，主部で a rhinoceros という不定表現を用いている．(70b) の後半文では，話し手は，聞き手が主題となっているサイをもう特定できているという認識から，そのサイを表すのに定表現の it を選択している．これが，不定的な one と定的な it の使い分けということになる．

次は，one が一般の「人」を表す場合である．この one が表す意味は 2.1.1.4 節 (p. 141) で見た人称代名詞 we, you の不定用法と同じもので，日常会話では we や you のほうが普通に使われる．

(71) One must do one's best.[49]
（人は最善を尽くさなければならない）

one の否定形には no one と none があるが，前者は人だけに使われて単数扱いで，後者は人と物に使われて単数扱いにも複数扱いにもなる．

(72) Everyone wants to be a hero, but no one wants to die.
（みんながヒーローになりたいと思っているが，誰も死にたいとは思っていない）

(73) a. None of my friends *was/were* present.
  （友達は誰も出席しなかった）
 b. Lindsay had lots of food left, but Lleyton had none.
  （リンジーはたくさん食べ物が残ってたけど，レイトンは残ってなかった）

no one は通例単数扱いであるが，人称代名詞で受ける時には性の問題から三人称複数形の they で受けることがよくある．

(74) No one complained, did *they*? （誰も文句言ってなかったよねえ）

ここまで，不定代名詞 one が人や物を指す場合を見てきたが，この one が指すことができるのは可算名詞だけで，不可算名詞を指すことはできない．

(75) a. Jimmy likes South African wine much better than French (wine).
  （ジミーはフランスのワインよりも南アフリカのワインのほうが好きなんだよ）
 b. *Jimmy likes South African wine much better than French one.

---

[49] この例文のように，形式的には one の所有格は one's であるが，特にアメリカ英語では，かつては his で受けていたことがあり，また最近では their で受けることがある．
  (i) a. One ought to try *his* best.
    （人はベストを尽くすべきだ）
   b. One should do *their* best to ensure that such disputes are resolved amicably.
    （そのような争議が友好的に解決したということを確かめるためには最善を尽くすべきだ）

2.1.4.2. all

　all は，可算名詞の場合には 3 以上の数[50] を指す場合に用いられ，複数扱いになる．不可算名詞とともに用いられる場合は，不可算名詞そのものが単数扱いであることから，all も単数扱いになる．品詞的には，単独で代名詞として用いられる場合，名詞を伴って形容詞として用いられる場合，副詞として用いられる場合があるが，ここでは，単独で代名詞として用いられる場合を主に扱い，必要に応じて，副詞として用いられる場合の例を示す．名詞とともに形容詞として（もしくは所有格的に）用いられる場合については，2.2 節 (p. 171) で扱う．

(76) a. They have got their results: all of them *have* been accepted.　　　　　［代名詞］
　　　　（結果が出たけど皆合格だったよ）
　　b. All we want *is* peace and quiet.　　　　［代名詞］
　　　　（とにかく（喧嘩などの後の）静けさが欲しい）
　　c. You're all *wet*.（びしょびしょだよ）　　　　［副詞］
　　d. If they want more freedom of choice, I'm all *for it*.　　　　［副詞］
　　　　（選択の自由がもっと欲しいというのなら，大賛成です）

　not ... all で「必ずしもすべてが〜というわけではない」という意味を表す．いわゆる「部分否定 (partial negation)」であるが，時には all ... not の語順になることもある．

(77) a. *Not* all Japanese like sushi.
　　　　（日本人が，みんな寿司が好きだとはかぎらない）
　　b. All that glitters is *not* gold.（光るもの全部が金だとはかぎらない）《諺》

　ただし，(77b) のような all ... not の語順は全否定 (total negation) になることもあるため，解釈には十分に注意を要する．英語の非母語話者が発信する場合には，相手に誤解を与える恐れがあるために避けるべきである．部分否定になるのか全否定になるのかにはイントネーションも大きく関わってくる．

(78) a. All the children didn't slèep.（子どもたちは全員寝なかった）
　　b. Ǎll the children didn't sleep.　　　　(Quirk et al. (1985: 790))
　　　　（子どもたちがみな寝られなかったわけではない）

---

[50] 意味から考えて，all が 1 という数と一緒に使われないのは当然であるが，all が 2 を意味することがないのは，2 を意味するのには both（もしくは，時として either）という別の単語が使われるからである．

(78a) は，最後の sleep が下降調に発音されることを表していて，この場合には全否定になる．(78b) では，all のところを下降上昇調で発音するが，この場合は部分否定になる．

全否定には，普通 none of ... や no ... の形が用いられる．

(79) a. None of the children slept.（子どもたちは誰も寝なかった）
  b. No student is to leave the room.
    （その部屋から出られた生徒は一人もいなかった）

改めて部分否定と全否定を比較してみよう．

(80) a. Not all birds can fly.（すべての鳥が飛べるとはかぎらない）　［部分否定］
  b. No birds can play cards.（トランプのできる鳥はいない）　［全否定］

2.1.4.3. both

both は基本的には all と同じように用いられ，品詞的には，単独で代名詞として用いられる場合，名詞を伴って形容詞として用いられる場合，副詞として用いられる場合があるが，all の場合同様，ここでは単独で代名詞として用いられる場合を主に扱い，必要に応じて，副詞として用いられる場合の例を示す．名詞とともに形容詞として（もしくは所有格的に）用いられる場合については，2.2 節 (p. 171) で扱う．

(81) a. Both *of these ladies* have strong memories of the Vietnam War.
    ［代名詞］
    （こちらのおばさまは 2 人ともベトナム戦争のことをはっきりと記憶しています）
  b. She put both *feet* in the stream.　　　　　　　　　　　　［形容詞］
    （彼女は両足を川に入れた）

both には，both A and B で「A も B もともに」という意味を表す連語関係がある．この場合の both は，等位接続詞 and を修飾する副詞である．[51]

---

[51] この場合の both，および either A or B，neither A nor B の場合の either, neither の品詞がしばしば問題となる．時として副詞として扱われ，時として（相関）接続詞として扱われる．副詞であるとしても，接続詞であるとしても，典型的な副詞とも典型的な接続詞とも言えないが，both そのものが接続の働きを果たしているとは言いがたいため，本来的な等位接続詞である and, or, both を修飾する副詞と見るのが妥当であろう．

(82) a. Maria is both *beautiful* and *charming*.
   (マリアは美しくまた魅力的だわ)
   b. Nowadays women work both *before* and *after* having children.
   (今日では，女性は出産前（妊娠中）でも出産後でも仕事をします)

原則的には，A の要素と B の要素は同じ働きをしたもの同士が来るが，一般的には良くないとされていながらも，時として次のように「不格好な (clumsy)」ものもある．

(83) a. She both dances and she sings.
   (彼女は踊りも歌も両方やる)
   b. I both *play the piano* and *the violin*.
   (ピアノもバイオリンも弾きますよ)

(83a) は，本来であれば both dances and sings となり，(83b) は both the piano and the violin となるべきものであるが，実際にはこのような「不格好な」英語が散見される．ただし，英語の非母語話者が発信する場合には，このような形は避けるべきである．

all と同じように，not ... both で部分否定を表す．

(84) I didn't study both of the two languages.
   (二つの言語の両方をやったわけではないよ)

ただ，この場合，「両方の言語をともに勉強しなかった」という全体否定の解釈も可能であるため，通常はこのような曖昧な形式は避けられる．また，(77a) では，主部の位置で not all ... とは言えるが，both の場合には主部の位置で not both ... とは言えない．

(85) *Not both of them were invited.

全否定には普通 neither か not/no ... either を用いる．

(86) a. Neither of us felt like going for a walk.
   (我々のどちらも散歩に行く気はしなかった)
   b. There are no simple answers to either of those questions.
   (これらの問題のいずれにも簡単な答えはない)

2.1.4.4. either と neither

either は,「(二つのうちで) どちらか一方」という意味を基本的に表すが, 時に「どちらの〜でも」という意味になったり, side, hand など対になっている名詞とともに用いられると, on either side of the street (通りの両側で), with either hand (どちらの手でも) などのように,「両方の」という意味になったりもする. また,「〜も」という意味を表す too の否定文における代役も務める. neither は, 基本的には not ... either と同じ意味で,「どちらも〜ない」という意味になる. either, neither ともに, all, both と同じように, 単独で代名詞として用いられる場合, 名詞を伴って形容詞として用いられる場合, 副詞として用いられる場合がある. これまで同様, ここでは, 単独で代名詞として用いられる場合を主に扱い, 必要に応じて, 副詞として用いられる場合の例を示す. 名詞とともに形容詞として (もしくは所有格的に) 用いられる場合については, 2.2 節 (p. 171) で扱う.

代名詞としては次のように用いられる.

(87) a. Did either of you smoke marijuana?
(あなたのうちどちらかはマリファナを吸いましたか？)
b. I tried both cards but neither worked.
(両方のカードを試してみたけど両方ともダメだった)

副詞として用いられる場合は, either と neither の用法は異なる. either は, 同じ文内で先行する否定要素と呼応して, 文末に置かれて「〜も (... ない)」という意味を表すのに用いられるのに対して, neither は先行する文内の否定要素と呼応して, 文頭に置かれて「〜も (... ない)」という意味を表すのに用いられる.

(88) a. Karen did *not* even say anything to Chuck, and he did not speak to her either. (カレンはチャックに対して一言も口にすることなく, また彼も彼女に何も語りかけなかった)
b. I ca*n't* ever recall Dad embracing me. Neither did I sit on his knee.
(父に抱きしめてもらった記憶もございません. 父の膝の上に座ったこともございません)

最後に, both A and B と同じように, either A or B, neither A nor B の形もしばしば用いられる. この場合も, either, neither はともに副詞である.

(89) a. Either *I accompany you to your room*, or *I wait here*.
    (僕が君の部屋まで一緒について行くか，それとも僕がここで待つか)
   b. Professor Suzuki spoke neither *English* nor *German*.
    (鈴木教授は英語も話さなければドイツ語も話さなかった)

2.1.4.5. each

品詞としては，each は単独で代名詞として用いられる用法，名詞とともに形容詞的として用いられる用法，副詞として用いられる用法があるが，every には，名詞とともに形容詞的に用いられる用法しかないため，each と every の比較，および all との比較については，2.2 節 (p. 171) に回すこととし，ここでは，each が代名詞として用いられる例文と副詞として用いられる例文のみを提示することにする．

(90) a. Each of the people here *has* some useful flair or knowledge.　　　［代名詞］
    (ここにいる人たちひとりひとりが，何らかの役に立つ才能と知識を持っているのです)
   b. I'd like each of you to speak for five minutes.　　　［代名詞］
    (あなた方ひとりひとりに 5 分間ずつ話をしてもらいたいのです)
   c. 'Red or white?' 'I'll take one of each, please.'　　　［代名詞］
    (「赤にしますか，白にしますか？」「赤と白と 1 本ずついただきます」)
   d. They each have done their best.　　　［副詞］
    (皆それぞれ最善は尽くしたよ)
   e. When the students come, you give them each a card.[52]　　　［副詞］
    (生徒たちが来たら，カードをひとりずつに渡すのよ)
   f. There aren't enough cards for everyone to have one each.　　　［副詞］
    (全員がそれぞれ 1 枚ずつもらえるだけのカードがないんです)

each は，否定文では用いられず，代わりに none が用いられる．

(91) a. None of the birds was singing. (鳥は 1 羽も鳴いていなかった)
   b. *Each of the birds was not singing.

---

[52] (90d, e) の each などは，一見それぞれ they, them と同格の代名詞にも見えるが，(90d) の例では，動詞 have が複数に呼応していることから，they と each が同格の関係ではないことが分かる．このような意味で，これらの例の each は代名詞ではなく副詞であると言える．

2.1.4.6. another と other

　another は不定冠詞 an と代名詞 other が結合したもので「(任意の) もう一つのもの」という意味を表す．したがって，当然のことながら可算名詞の単数しか表すことができない．other はそれだけが単独で用いられることはなく，定冠詞 the とともに用いられて the other(s) になるか，無冠詞で others になるか，いずれかである．いずれの語も，単独で用いられる代名詞の用法と名詞を伴って用いられる形容詞の用法があるが，副詞としての用法はない．ここでは，例によって，代名詞としての用法のみを扱い，形容詞としての用法は，2.2 節 (p. 171) で扱う．

　まず，another が単独で用いられる場合を見てみよう．another が単独で用いられると「別のもの，もう一つのもの」という意味を表す．

(92)　a.　I don't like *this one*. Show me another.
　　　　　（これはダメだな．別のを見せて）
　　　b.　It is *one thing* to formulate policies and quite another to implement them.（方針を立てるのとそれを実行に移すのはまったく別物である）

　ここで，one, some と another, the other(s), others という不定代名詞の対応関係を図式的に見ていくことにする．今 4 冊の本が本棚にあるとする．そして，それぞれの本には A から D までの名前がついている．最初に，本棚から A と B の 2 冊を取り出した．A は黒い本，B は青い本である．その場合の表現は，

(93)　One (of the two books I took out of the bookshelf) is black. The other is blue.
　　　 A (one) 　 **B** (the other)

となる．まず，複数あるものから任意に一つの物を最初に取り出す場合は one で表す．そして，二つしかない場合にはもう一つは必然的に決まってくるため，定冠詞の the を付けて「残り全部」という意味を表し，さらにその残りは一つしかないために単数形の other を続けるのである．これを規則化すると次のようになる．

(94)　a.　Rule 1
　　　　　最初の一つを提示する場合には one で始める．

b. Rule 2
最後の残りが一つの場合には the other を用いる．

今度は，本棚からもう 1 冊 C という本を取り出したとする．今度は黄色い本である．そうすると，最初の黒はまた one で表されるが，今度は全体が 3 冊であるから青い本は残りのすべてではなくなるので，残りの中でも任意の 1 冊という意味で，another で表現される．そして最後に残った C の黄色い本が，今度は残りの 1 冊ということになるため，the other で表される．

(95) Now, I have three books. One is black, another (is) blue, and the other yellow.
A (one)   **B** (another)   **C** (the other)

これを規則化すると，次のようになる．

(96) Rule 3
ほかにも残りがある場合に一つを提示する場合には another を用いる．

今度は同じ 3 冊を使って別の形で表現してみる．今度は色ではなくて内容の問題である．黒の A は旅行関係の本，青の B と黄色の C は小説だとする．そうすると，最初の黒を one で表すのは同じであるが，残りの 2 冊は「残り全部」ということで決まった複数の本になるので，the others で表される．

(97) One of the three is about traveling and the others (are) novels.
旅行 (one), **小説** (the others)

この規則は次のように表される．

(98) Rule 4
最後の残りが複数の場合には the others を用いる．

さて，今度はもう 1 冊増やして全部で 4 冊にしてみよう．4 冊目の D は黒で漫画だとする．表現としては，「4 冊の本の中には黒い本がいくつかある．もう 1 冊が青で，あとは黄色である」という文を考えてみよう．

(99) Some (= Two) of the four books are black. Another (one) is blue, and the other (one) (is) yellow.
A, **D** (some) **B** (another) **C** (the other)

今度は，最初に提示するものが複数である場合には some で始める．その次に説明する B は任意の一つになるため another になり，残りの C は最後の一つになるために，the other になる．この規則は次のようになる．

(100) Rule 5
最初に複数提示する場合には，some を用いる．

それでは今度は漠然とたくさんの本があって，中には複数の旅行関係の本，複数の小説，さらには別の本もあるとしよう．

(101) Some are about traveling and others are novels.
旅行 (one) 小説 (others)

この場合のポイントは二つ目の提示の仕方である．複数の本が小説であるということを説明したいわけだが，残りがまだほかにあることから，the を付けるわけにはいかない．また，対象が複数の本であることから another を使うわけにもいかない．結果として the を付けない複数形 others を使うことになる．この規則は次のようになる．

(102) Rule 6
他にも残りがあり，二つ以上を提示する場合には others を用いる．

本節で挙げた Rule 1 から Rule 6 をまとめると，次のようになる．

(103)
	最初	ほかに残りあり	最後の残り
一つ	one	another	the other
二つ以上	some	others	the others

本節で述べてきた不定代名詞のまとめとして，Quirk et al. (1985: 377) の提示する一覧表を紹介しておく．

Table 2.1.4.6 Major indefinite pronouns and determiners

	NUMBER	FUNCTION	COUNT personal	COUNT nonpersonal	NONCOUNT
UNIVERSAL	singular	pronoun	*everyone* *everybody*	*everything*	(*it* (...)) *all*
			each	*each*	
		determiner	*every*	*every*	*all*
			each	*each*	
	plural	pronoun	(*they* (...)) *all* / *both*		
		determiner	*all* / *both*		
ASSERTIVE	singular	pronoun	*someone* *somebody*	*something*	*some*
		determiner	*a(n)*	*a(n)*	
	plural	pronoun and determiner	*some*		
NONASSERTIVE	singular	pronoun	*anyone* *anybody*	*anything*	*any*
		determiner	*either*	*either*	
			any	*any*	
	plural	pronoun and determiner	*any*		
NEGATIVE	singular	pronoun	*no one* *nobody*	*nothing*	*none*
			none	*none*	
		pronoun and determiner	*neither*		
	plural	pronoun	*none*		
	singular or plural	determiner	*no*		

横軸の number は単数・複数の数，function は品詞としての機能，count/noncount は可算性について可算か不可算か，可算名詞の下位分類である personal と nonpersonal は，人間を表すものかそうでないものかである．縦軸では，universal は「すべて」を意味する全称的な意味を持つことを，assertive

は平叙肯定文で用いられることを，nonassertive は否定文・疑問文で用いられることを，negative は否定を意味することをそれぞれ表す．number の列の singular は単数，plural は複数を表し，function の列の pronoun はその語が単独で代名詞として用いられることを表し，determiner は名詞を伴って形容詞的・所有格的に用いられることを表す．これまでの流れで言うと，本節では pronoun に分類される語を扱い，determiner の部分は 2.2 節 (p. 171) で扱うということになる．

2.1.4.7. 相互代名詞

「お互い」という意味を表す each other と one another を「相互代名詞 (reciprocal pronouns)」と呼ぶ．each other と one another の違いを，each other は二つ／2 人の相互関係を述べる場合に，かつては，one another は三つ／3 人以上の相互関係を述べる場合に用いるといった説明をしていたことがあったが，今日では，そのような厳密な区別は存在しない．二つの表現の唯一の違いと言えば，each other のほうがややくだけた言い方であるという程度である．

(104)　Lindsay and Goran write to each other / one another every week.
　　　　(リンジーとゴランは毎週お互いに手紙のやりとりをしている)

相互代名詞は，再帰代名詞と同じように，同じ文の中にそれが指すもの (つまり「先行詞 (antecedents)」) が存在しないと使えないため，原則として主部の位置で使うことはできない．[53] このように，相互代名詞と再帰代名詞はその機能に関して共通するところが多いが，意味的には微妙に異なることがある．

(105)　a.　Chris and Jimmy talk to each other on the phone every day.
　　　　　　(クリスとジミーは毎日お互いに電話を掛け合ってるんだ)
　　　　b.　Andre and Steffi are strange: *they* talk to themselves a lot.
　　　　　　(アンドレとシュテフィは変だよ．いつも独り言を言ってるんだ)

相互代名詞は，基本的に「たすき掛け」のような相互関係を表すため，(105a)

---

[53] ただし，くだけた英語では，次の (ia) のように，従属節中の主部の位置に each other が出てくることもあるが，標準的ではない．本来的には (ib) のように表される．
　(i)　a.　They listened carefully to what each other said.
　　　　b.　They each listened carefully to what the other said.
　　　　　　(彼らはお互いが言っていることを注意深く聞いた)

では，クリスはジミーに対して，ジミーはクリスに対して電話をするという意味になる．それに対して，再帰代名詞は文字どおり自分自らを指すため，(105b) では，アンドレはアンドレ自身に話しかけ，シュテフィはシュテフィ自身に話しかけるという意味になる．これが，相互代名詞と再帰代名詞の意味が異なる場合である．

2.1.4.8.　some, any, several

　some, any, several には，単独で用いる代名詞の用法と名詞が後続する形容詞的な用法の両方があり，no と every には名詞が後続する形容詞的な用法しかない．no, every についてはその扱いを 2.2 節 (p. 171) に譲り，ここでは，some, any, several の代名詞としての用法のみを挙げておく．

(106) a.　Some will disapprove of the bill.
　　　　　（中にはその法案に反対する人もいるだろう）
　　　b.　Did some of you sleep on the job?
　　　　　（あなたたち，誰か仕事中に寝たでしょう）
(107) a.　I'll take any you don't like.
　　　　　（君の気に入らない物は何でも持っていくよ）
　　　b.　Did any of your photos appear in the papers?
　　　　　（君が撮った写真，どれか新聞に載った？）
(108) a.　If you're looking for a photo of Maggy, you'll find several in here.
　　　　　（マギーの写真を探しているのなら，この中にいくつかあるよ）
　　　b.　Several of his friends joined us for lunch.
　　　　　（彼の友達も何人か一緒にお昼を食べたよ）

2.1.4.9.　複合代名詞

　some, any, no, every が body, one, thing と結び付いて，合成語として不定代名詞を形成することがある．このような代名詞を，一般に「複合代名詞 (compound pronouns)」と呼ぶ．具体的には，somebody, anybody, nobody, everybody / someone, anyone, everyone / something, anything, nothing, everything という 11 語がある．つまり，前半部分が 4 通り，後半部分が 3 通り，合計 12 通りの組み合わせの可能性があるが，そのうち no + one で 1 語になる形だけが英語には存在しないことになる．しかし，実際には no one と none という形があり，これらについては，別に 2.1.4.1 節 (p. 156) で不定代

詞 one の否定形として説明したので，そちらを参照してほしい．Table 2.1.4.6 で提示した表の一部として，Quirk et al. (1985: 377) の表を不定代名詞の部分だけを抜粋して提示する．

Table 2.1.4.9 Compound pronouns

	人称指示 (PERSONAL REFERENCE)		非人称指示 (NONPERSONAL REFERENCE)
全称的（UNIVERSAL）	*everybody*	*everyone*	*everything*
断定的（ASSERTIVE）	*somebody*	*someone*	*something*
非断定的（NONASSERTIVE）	*anybody*	*anyone*	*anything*
否定的（NEGATIVE）	*nobody*	*no one / none*	*nothing / none*

まず，これらの不定代名詞の文法的特徴の一つとして挙げられるのが，これらを修飾する形容詞が後に置かれる（後置される）ことである．[54]

(109) a. Anybody *younger* would have run faster.
（もっと若い人だったらもっと速く走っただろう）
b. We need somebody/someone *young* for the post.
（その職には若い人が必要だよ）
c. Anyone *intelligent* can do it.（それは賢ければ誰でもできる）
d. I'll try on something *larger*.（もっと大きいのを着てみるよ）
e. There is nothing *wrong* with the computer.
（コンピュータには悪いところはない）

また，これらの不定代名詞は，しばしば else（ほかに，ほかの）という語を後ろに伴って，everyone else, nobody else, anything else のように用いられるが，これらが所有格になるときは，else に 's が付いて someone else's という形で用いられ，someone's else という形にはならない．

(110) a. You must be drinking someone else's / *someone's else beer.
（それ，きっと誰かほかの人のビールだよ）

---

[54] -where の形をしている副詞も，これらの代名詞と同じく後置形容詞に修飾される．
(i) We're not going anywhere *very exciting*.　　　　(Quirk et al. (1985: 418))
（刺激的なところにはどこも行くつもりはないよ）

b. Her racket is more expensive than anybody else's / *anybody's else.
（あの子のラケットはほかの誰のよりも高いんだよ）

2.2. 名詞を伴う代名詞類（＝「決定詞」）

本節で扱う「名詞を伴う代名詞類」とは，伝統文法で言うところの，「冠詞 (articles)」「人称代名詞・疑問代名詞の所有格 (possessive pronouns)」「指示代名詞・不定代名詞の形容詞用法」などに相当するもので，しばしば「決定詞 (determiners)」と呼ばれるものである．各論に入る前に，この決定詞と呼ばれる語，およびそれに類する語がどのようなものであるかについて詳しく説明しておく．

決定詞とは，ひと言で言うと，名詞にかぶせるキャップのようなものである．名詞というのは原則として単独で存在することはできず，必ず何かしらの決定詞を伴わなければならない．しかし，そうだとすると，次のような場合はどうなるのかという疑問が出てくる．

(111) a. Cattle were first domesticated in Neolithic times.
（牛は新石器時代に初めて家畜化された）
b. There has been significant progress in controlling AIDS.
（エイズを抑える方法は重要な進展を成し遂げてきている）

これらの場合，形の上では名詞が単独で用いられているように見えるが，実際には目に見えない冠詞が付いていると考えられる．次の各例を参照してほしい．

(112) a. Does anyone want a drink of water?
（誰か水一杯ほしい人）
b. She fell into the water.
（彼女は水に落ちた）
(113) a. Beauty is in the eye of the beholder.
（美は，見る者の目の中にある＝美の判断は見る人次第）《諺》
b. The exquisite beauty of the scenery took my breath away.
（この景色のこの上もない美しさに息を飲んだ）
(114) a. Rod borrowed money to open the store.
（ロッドはその店を開くのに金を借りた）

b. Don't spend all your money on the first day of the trip!
　　　（［何日もある］旅行の初日に有り金をすべて使うようなことはするなよ）

　それぞれの (a) の例文に用いられている名詞は，外見上決定詞が付いておらず，一方 (b) の例文に用いられている名詞には［定 (definite)］の意味を確定する決定詞が付いている．ここで重要な点は，動詞に原形があるように，名詞にも文に挿入される前の形があるということである．動詞の原形とは，文に挿入される前の形であるため，それ自体，統語的・意味的・語用論的に全く制約を受けておらず，その語が持ちうる文法的働きや意味のすべてを持つ可能性を有している．例えば，be という語がある．この語は文に挿入される前は，文法的には動詞である可能性もあるし助動詞である可能性もある．同時に，意味的には，「〜である」という意味になる可能性，「存在する」という意味になる可能性，「〜ている」という意味になる可能性，「〜される」という意味になる可能性，これらすべての可能性を持っている．それが実際の文に挿入されて，例えば，There must be something wrong. となると，その挿入された環境から，品詞は動詞，形は be という原形不定詞，意味は「存在する」と決定される．名詞の場合にも事情は同じである．例えば water の場合，文に挿入される前の段階では，文法的には名詞になる可能性もあれば動詞になる可能性もある．また，同じ名詞でも可算名詞になる可能性もあれば，不可算名詞になる可能性もある．意味的には「水」「水のある場所」「水道」「体液」「〜に水をやる」「(目が)涙を流す」など，様々な意味になる可能性を有している．それが実際の文に挿入されて，例えば，Does anyone want a drink of water? になると，その挿入された環境から，品詞は名詞，名詞の種類は不可算名詞，形は water，意味は「(特定されない) 水」と決定される．ここで重要な点は，不可算名詞という種類と「(特定されない) 水」という意味を決定している要因は何であるかという点である．その要因が，目には見えていない「ゼロ冠詞 (zero article)」という決定詞なのである．少なくとも，英語母語話者であれば，このゼロ冠詞の存在を (無意識にではあるが) 知識として有しているからこそ，この water が不可算名詞で「(不定の) 水」を意味すると判断するのである．いわば，無の力とでもいうべきものである．以下，本書では，このようなゼロ冠詞を含め，不可視の要素については，「ø (空)」という記号を用いていく．(111) の両文をこの記号を用いて表すと次のようになる．

(111′)　a.　ø cattle were first domesticated in Neolithic times.
　　　　b.　There has been ø significant progress in controlling AIDS.

2.2. 名詞を伴う代名詞類（＝「決定詞」）

話を元に戻すと，少なくとも英語の場合，名詞には必ず決定詞が先行する．そして，この決定詞は，実際には統語的にも意味的にも名詞よりも中心的な働きを果たしている．これは，先に見た water の例からも分かるように，単なる water がどのような water であるのか，不可算名詞なのか可算名詞なのか，定的な意味を持つのか不定的な意味を持つのか，これらはすべて決定詞の種類によって決定されるのである．本節では，名詞を先導する役目を果たすこのような決定詞の働きについて詳細に見ていく．そして，英語を学習する日本語母語話者にとっては，このような決定詞が日本語に存在しないことから，その働きを十分に理解し身に付けることは，真の英語の感覚を身に付けるには不可欠なことなのである．

ここまで，主に名詞と決定詞との関係について詳しく述べてきたが，具体的な決定詞の話に入る前に，本書における決定詞の全体像を明らかにしておく．まず，決定詞という範疇には次のような語が含まれる．

(115) 決定詞 (determiners)
　　　決定詞とは，名詞の前に生起し，意味的に名詞の定／不定，数量などを決定する語を言う．統語的には，名詞の前で互いに共起できないか，もしくは互いに共起できたとしても，決定詞以外の品詞に属する語がさらに先行することはない．名詞を伴わず単独で代名詞としても機能できる語も中にはある．

まず，統語的に，名詞の前で互いに共起できない決定詞として，次のような語が挙げられる．これらは，決定詞のプロトタイプと言えるもので，Quirk et al. (1985: 253) では，「中心的決定詞 (central determiners)」と呼ばれている (cf. Quirk et al. (1985: 253ff), Huddleston and Pullum (2002: 354ff))．

(116) 中心的決定詞
　　a. **冠詞**： **a(n), ø, the**
　　b. **人称代名詞の所有格**： **my, our, your, his, her, its, their**
　　c. **指示代名詞の形容詞用法**： this (these), that (those)
　　d. **wh 語の所有格および形容詞的用法**： **whose**, what,[55] which, **whosever**, whatever, whichever

---

[55] 次の (117) に挙げるように，感嘆文で用いられる what は，不定冠詞との共起が可能であるため，ここからは除外される．

e. **否定の形容詞**： **no**
f. 不定代名詞の形容詞用法： some, any, several; enough; every,[56] each, another, either, neither
g. 「記述」の意味以外の名詞の所有格： John's, his father's, today's, etc.

この中で，太字で示したものは，決定詞としての用法しかなく，単独で代名詞としての用法はない．

(116) に挙げた中心的決定詞とともに用いることはでき，また名詞を伴わず代名詞として用いられる語は，大きく二つに下位区分される．一つは中心的決定詞の前に生起できるもの，もう一つは中心的決定詞の後に生起できるものである．前者を「前置決定詞（pre-determiners）」，後者を「後置決定詞（post-determiners）」と呼ぶ．まず，前置決定詞には，次の語が含まれる．

(117) 前置決定詞 (pre-determiners)
  a. 不定代名詞の形容詞用法： all, both
  b. 倍数を表す語： double, twice, three times, etc.
  c. 分数を表す語： one-third, a fifth, etc.
  d. such，感嘆文の what

これらは中心的決定詞とは共起できるものであるが，一方で前置決定詞同士は共起できない．

(118) a. *all both girls
  b. *half double the sum   (Quirk et al. (1985: 258))

次に，中心的決定詞の後に生起できる決定詞としては，以下のようなものが挙げられる．

---

[56] every だけは，例外的に所有格とは共起できる．
 (i) a. Her every action shows that she is resolute in her convictions.
   （彼女の一つ一つの行動から，彼女が自分の確信に揺るぎがないことが分かる）
  b. We were watching his every movement.
   （彼の一挙手一投足を見ていた）
  c. The students hung on her every word.
   （学生たちは彼女のひと言ひと言に熱心に耳を傾けていた）
ただし，共起できるのは所有格だけで，冠詞とは共起できない．
 (ii) *the/an every action   (Quirk et al. (1985: 257))

(119) 後置決定詞 (post-determiners)
    a. 基数を表す語： one, two, three, etc.
    b. 序数を表す語： first, second, last, etc.
    c. その他の数量詞の形容詞用法： many, much, a few, few, a little, little

以下では，中心的決定詞，前置決定詞，後置決定詞の順に，これら決定詞の用法について見ていく．これまでは決定詞の後ろに名詞が生起する場合の決定詞の用法を「形容詞用法」と表現してきたが，次節以降では「決定詞用法」と表現していく．

2.2.1. 中心的決定詞

Quirk et al. (1985: 256) によれば，中心的決定詞は，それに後続する名詞の性質との共起可能性によって，次のように分類される．

(120)

Type	SINGULAR COUNT	PLURAL COUNT	NONCOUNT
(a)	+	+	+
(b)	-	+	+
(c)	+	-	+
(d)	-	+	-
(e)	+	-	-

[＋は「共起可能」，－は「共起不可能」を表す]

(a) は，可算名詞の単数・複数，不可算名詞のいずれとも共起可能な語で，具体的には，定冠詞 the, 人称代名詞の所有格 my, your, his, her, its, their, 名詞の所有格 my mother's, Mary's, today's, 疑問代名詞および関係代名詞 whose, which, what, 複合関係代名詞 whosever, whichever, whatever, 否定形容詞 no, 不定代名詞 some, any の決定詞用法がここに分類される．(b) は，可算名詞の複数形と不可算名詞と共起可能な語で，ゼロ冠詞，enough の決定詞用法がここに分類される．(c) は，可算名詞の単数形と不可算名詞が共起可能な語で，指示代名詞で単数指示の this, that がここに分類される．(d) は可算複数名詞とのみ共起可能な語で，指示代名詞の複数指示 these, those と不定代名詞 several の決定詞用法がここに入る．最後に，可算名詞単数とのみ共起可能なものであるが，ここに分類される語は意外と多く，不定冠詞 a(n), 全称不定代名詞 every, each, another, either, neither の決定詞用法がここに入る．このよう

に，中心的決定詞とそれに後続する名詞との共起関係は，中心的決定詞が本来的に持つ意味などにより様々に異なるが，本書では，読みやすさを優先して，以下では，(116) の順に，伝統的な品詞別にその用法を見ていく．

2.2.1.1. 冠詞

　冠詞の大きな特徴の一つは，そこに属する単語の数が極めて限られているという点である．具体的な単語としては，不定冠詞 a(n) と定冠詞 the の二つしかなく，[57] 仮に a と an を別の語と見ても三つにしかならない．しかし，2.2 節で述べたように，さらにその範囲の広げると，冠詞の場合には，具体的な単語としてではなく抽象的な存在として，「ゼロ冠詞 (a zero article)」というものがある．ゼロ冠詞は，不定のものを表すことから，不定冠詞の一種で，一般には数学の空集合「ø」を用いて表す．以上のことから，英語における冠詞の全体像は次のようになる．

　(121) a.　不定冠詞： a(n), ø
　　　　b.　定冠詞： the

このように，冠詞の数は，最大でも a, an, ø, the の四つということになる．冠詞以外の品詞に目を移すと，例えば，等位接続詞は，純粋なものに限定すれば and, but, or の三つであるが，for, so, still, yet など等位接続詞と見なすこともできる語を含めると 10 近くになる．名詞節を導く従属接続詞も，少なく見れば that, if, whether の 3 語だが，不定詞の主部を表す for も含めることがあり，また，that は省略されることもあるため，ゼロ冠詞と同じ理屈で「ゼロ名詞的従属接続詞」も認めることになると，その数は五つということになる．このようにして見ると，冠詞に属する単語の数がいかに少ないかが理解されるであろう．それでは，冠詞とは一体どのようなものなのか．以下では，「冠詞の文法的な働き」，「冠詞の表す意味」，「総称文 (generic sentences)」の順に冠詞の働きを説明していく．

　冠詞とは，文法的にどのように定義されるものであろうか．実は，この単純

---

[57] a と the には弱形と強形の二つの発音がある．a の弱形は [ə]，強形は [ei] という発音に，the の弱形は [ðə]，強形は [ðiː] という発音になる．一般になじみがあるのは弱形のほうの発音であるが，強形のほうは特に冠詞の部分に焦点を置きたいときや，それぞれの冠詞を単独で発音したりするときには強形の発音になる．また，特に意味的な動機付けもなく，単に間延びさせたり言いよどんだりする時に，その物理的空間を埋めるのに強形の発音になることもしばしばある．

な質問に対して明確に答えることは意外に難しく、この質問には様々な答え方がある。その中で、冠詞と名詞との相対的な関係を規定する、相反する二つの答えを紹介しておこう。一つの答えは、冠詞と名詞を比べた場合に、名詞のほうが中心になっているという考え方で、これは一般に「学校文法」で教えている方法である。そのため、日本のみならず、いわゆる教室で英語を学んだ人は、このような感覚で冠詞を捉えているであろう。例えば、不定冠詞 a は「一つの」という意味で、定冠詞 the は「その」という意味で、それぞれ形容詞的に後ろの名詞にかかるという考え方である。もう一つの答えは、冠詞と名詞を比べた場合に、冠詞のほうが中心になっているという考え方である。これは、1980年代になってチョムスキーを中心とする生成文法理論[58]の枠組みの中で出てきた考え方で、分かりやすい言い方をすると、冠詞＋名詞が名詞句ではなく冠詞句になるという考え方である。例えば、buy a magazine という句は、3語が結合して主部を必要とする動詞句を形成するが、その主部を必要とするというのは buy という動詞が持っている働きであるために、これは動詞 buy を中心とする動詞句ということになる。また、in Boston の場合であれば、2語が結合して何かを修飾するという働きをするが、この働きは前置詞 in によるものであるために、この句は前置詞 in を中心とする前置詞句ということになる。同じように、the book の場合には、この句の中心が book ではなく、the になるという考え方である。本書では、このような冠詞の統語的な働きを詳細に説明していくものではないが、理論的には、名詞よりも冠詞のほうが中心になるという後者の立場に立って話を進めていく。

　ここで、冠詞と名詞の組み合わせについて述べておく。冠詞と名詞の組み合わせは、可算名詞か不可算名詞かという名詞の種類、さらには可算名詞の場合であれば、単数形か複数形かによって、その組み合わせが決まってくる。ただ、定冠詞 the は可算名詞にも不可算名詞にも、単数形とも複数形とも共起できる

---

[58] 1950年代後半に出てきた言語理論。アメリカの言語学者ノーム・チョムスキー（Noam Chomsky）によって提唱され、「言語生得説 (innate hypothesis)」に基づき、次の三つの疑問に答えようとする。

(i) a. What constitutes knowledge of language?
        （人間の言語知識の中身は何か）
   b. How is knowledge of language acquired?
        （人間はいかに言語知識を習得するか）
   c. How is knowledge of language put to use?
        （人間はどのようにして言語知識を使っているのか）　　　(Chomsky (1986: 3))

ので，ポイントは，不定冠詞 a とゼロ冠詞がどのような名詞と共起可能かという点に絞られる．以下では，不定冠詞は a として表現するが，そこには an も含まれるものとする．また，可算名詞の代表としては book（本）を，不可算名詞の代表としては air（空気）を使用する．

定冠詞 the が，可算性に関してすべての名詞と共起可能である事実を一覧表にすると，次のようになる．

(122)

	可算名詞		不可算名詞
	単数	複数	
定冠詞 the	the book	the books	the air

次に，不定冠詞が可算性に関してどのような名詞と共起可能であるかを見ていく．可算名詞は文字どおり「数えられる名詞」であるため，イメージとしては「明確な輪郭（もしくは境界線）を持つ (delimited)」名詞である．したがって，単数で用いられる場合には，その数が「一つ」と限定されるため，共起できる冠詞も「一つ」という意味を表す不定冠詞 a に限定され，そのような数については明確な意味を表さないゼロ冠詞 ø とは共起しない．可算名詞単数形と定冠詞・不定冠詞との共起関係をまとめると次のようになる．

(124)

		可算名詞	
		単数	複数
a.	定冠詞 the	the book	the books
b.	不定冠詞 a	a book	*a books
c.	不定冠詞 ø	*ø book	ø books

(123)

		可算名詞
		単数
a.	定冠詞 the	the book
b.	不定冠詞 a	a book
c.	不定冠詞 ø	*ø book

可算名詞が複数形で用いられた場合には，単数の時とは違いその数は「一つ」ではなくなるため，当然「一つ」を意味する不定冠詞 a とは共起できず，逆に数については何も語らない不定冠詞 ø が用いられるようになる．再び，定冠詞との共起関係も含めて一覧にすると，次のようになる．

最後に，不可算名詞と不定冠詞の共起関係を見てみる．不可算名詞というの

2.2. 名詞を伴う代名詞類（=「決定詞」）

は，もともと明確な輪郭を持たないものであるために数えられないわけであるから，不定冠詞 a とは共起できず，代わりに明確な輪郭を持たない不定冠詞 ø が用いられる．以上をまとめると次のようになる．

(125)
		可算名詞		不可算名詞
		単数	複数	
a.	定冠詞 the	the book	the books	the air
b.	不定冠詞 a	a book	*a books	*an air
c.	不定冠詞 ø	*ø book	ø books	ø air

このまとめの表で，容認不可能になる部分には下線が施してあるが，この中でも特に注意を要するのが，無冠詞可算名詞単数が容認不可能になる点である．

次に，冠詞の位置について考えてみよう．冠詞の位置は，原則として名詞の前であることは，これまでに見た例からも明らかであろう．名詞の前に形容詞やその形容詞を修飾する副詞が付いた場合にでも，その句の先頭に生起するのが原則となっている．

(126) a. a student（学生）
     b. a Russian student（ロシア人の学生）
     c. a tall Russian student（長身のロシア人の学生）
     d. a very tall Russian student（とても背が高いロシア人の学生）

この原則を踏まえて上で，以下に挙げる語と冠詞が共起する場合にはこの原則が当てはまらない例外となる．

(127)「要素 x + 不定冠詞 + 形容詞 + 名詞」
     a. I have never seen [such *a beautiful woman*].
        （あんなにキレイな女性は見たことがない）
     b. Virginia is [quite *a charming girl*].
        （バージニアはとても魅力的な女の子だ）
        cf. It's *a quite profound story*, with powerful religious overtones.
          （とても心に深く感じる話で，説得力のある宗教的な含みがある）
     c. Andreas is [rather *an unpleasant man*].
        （アンドレアスは結構嫌な男だよ）
        cf. Last Sunday was *a rather hot day*.
          （この間の日曜日はかなり暑い日だったねえ）

d. [What *a busy day*] (it is)! (何と忙しい日だ)
   e. [Many *a talented man*] has been destroyed by gambling.
      (多くの才気あふれる男がギャンブルで身を滅ぼしてきた)
(128) 「要素 x + 形容詞 y + 不定冠詞 + 名詞」
   a. I have never seen [so beautiful *a lady*].
      (あんなにキレイなご婦人は見たことがない)
   b. There was a clear reason why this could not be [as good *a movie*] as the original. (この映画が、原作ほどの出来映えになり得なかったのには、はっきりした理由があった)
   c. It is [too good *a story*]. (うますぎる話だ)
   d. [How clever *a man*] Brian is! (ブライアンは何と頭が切れる男だろう)
(129) 「要素 x + 定冠詞 + 名詞」
   a. [Both *the band's writers*] were intriguing lyricists.
      (そのバンドの作曲家は二人とも大変魅力的な作詞家だ)
   b. Roscoe was looking at Kerry [all *the time*].
      (ロスコーはずっとケリーを見ていた)
(130) 「half + *(不)定冠詞 + 名詞*」
   a. They just sat and talked for [half *an* hour] or so.
      (30 分ほど座って話しただけだった)
      cf. They live *a half* mile away from my house.
         (うちから 0.5 マイルのところに住んでいる)
   b. They had only received [half *the money*] promised.
      (約束の金の半分しか受け取っていなかった)
      cf. Steve barely said a handful of words during *the first half hour*.
         (スティーブは最初の 30 分はほとんど口をきかなかった)

2.2.1.1.1. 不定冠詞

不定冠詞の意味を見ていく前に、基本的なことではあるが、音声的な a と an の使い分けについて簡単に触れておく。原則については、周知のとおり、直後に来る副詞・形容詞・名詞が母音で始まる語であれば an が、それ以外の音、つまり子音で始まる語であれば a が用いられる。

(131) a. an *American* / a *Mexican*
   b. an *old* woman / a *young* man

c. an *awfully* hot city / a *terribly* cold city
　　　（ひどく暑い天気／ひどく寒い天気）

ここで言う「母音」とは綴り字に関係なく，発音を意味する．

(132) a. an *hour* [auə]
　　　b. an *honest* boy [ánəst]
　　　c. an *SOS* [és ou ès]
　　　d. an '*x*' [eks]

ただ，ここで敢えて a と an の区別に言及したのは，次のような母音と子音の区別が，日本語母語話者には難しいからである．

(133) a. a *year* [jiə] / an *ear* [iə]
　　　b. a *wolf* [wulf] / an *oolong* [úːlɔ̀ːŋ]（ウーロン茶 1 杯）

このような困難が生じるのは，日本語ではヤ行イ段の音とワ行ウ段の音を母音に代えて使うからで，例えばイースト菌も本来は yeast という子音で始まる単語で，a yeast plant となり，タイガー・ウッズも本当は Woods であるから「ウ」の音で始まるのはおかしいことになる．

　さて，話を本来の不定冠詞が表す意味に戻すことにする．不定冠詞 a は，主に次の意味を表す (Thomson and Martinet (1986: 15ff.))．

(134) a. 可算名詞単数形を伴って，不特定の人や物を表す
　　　　I need a *visa*.（査証が必要です）
　　　b. 可算名詞単数形を伴って，ある種の代表例を表す
　　　　A *car* must be insured. = All cars / Any cars / Cars must be insured.
　　　　（車には保険を掛けなければならない）
　　　c. 補語の位置に現れる名詞を伴って，職業の名前などを表す
　　　　She'll be a *dancer*.（彼女はダンサーになる）
　　　d. 量を表す表現を伴って
　　　　a *lot of*, a *dozen*
　　　e. 数詞を伴って
　　　　a *hundred*, 1 ½ (one and a *half* kilos), ⅓ (a *third*)
　　　f. 「～について」という意味で
　　　　5p (five pence) a kilo（1 キロ 5 ペンス），sixty kilometres an hour（毎時 60 キロ），four times a day（1 日 4 回）

g. 固有名詞を伴って「〜という ...」という意味で
   a Mr. Smith（スミスさんという人）

　この中でも，特に (134b) は注意を要するが，これについては後で 2.2.1.1.4 節 (p. 187)「総称文」で詳しく見る．(134f, g) についても同様に注意が必要だが，現れる環境が，前者の場合であれば「数詞＋単位＋a＋単位」，後者の場合であれば固有名詞の前と決まっているので，形式からその意味が推測できるという点では，それほど解釈に困ることはないであろう．

　さてここで，2.1.4 節 (p. 157)「不定代名詞」の (70) のところで触れた，不定表現の表す「不特定／特定」の区別をもう一度見ることにする．(70) の例文は，(135) として再掲する．

(135) a. *A rhinoceros* eats small snakes. I saw <u>one</u> doing just that yesterday.
   （サイっていうのは小さいヘビを食べるんだよ．昨日，まさに食べてるのを見たよ）
   b. *A rhinoceros* eats small snakes. I saw <u>it</u> yesterday.
   （サイが小さいヘビを食べるんだよ．昨日見たんだ）

　なぜここで，この「特定／不特定」の区別を引き合いに出してきたかと言うと，不定冠詞のaがこのように「特定」のものを表したり「不特定」のものを表したりすることがしばしばあることを確認するためである．次の例を見てみよう．

(136) a. Vikki wanted to be <u>a doctor</u>.
   （ビッキーは医者になりたいと思っている）
   b. Vikki married <u>a doctor</u>. He graduated from Harvard.
   （ビッキーは医者と結婚した．彼はハーバード卒である）
   c. Vikki wants to marry <u>a doctor</u>.
   （ビッキーは医者と結婚したいと思っている）

(136a) の a doctor は，(134c) の用法で職種を表しているから，特に特定の医者を念頭に置いているわけではないので，不特定である．それに対して，(136b) の a doctor は，すでに結婚した相手である特定の人を念頭に置いた上で，その人を表すのに a doctor という表現を用いている．特定の人を念頭に置いているのになぜ定表現である the doctor で表現しないかというと，この結婚相手の医者について，「話し手は特定しているが，聞き手は特定できていない」

2.2. 名詞を伴う代名詞類（=「決定詞」）

からである．つまり，聞き手が知らない，聞き手にとっては新たな情報であると話し手が判断しているために，不定表現である不定冠詞の a を用いているのである．この「話し手が特定していても，話し手と聞き手が特定性を共有していなければ不定表現を用いる」というのが重要な点で，文脈によっては，不定冠詞を伴う表現が特定な意味を表しているとも，不特定な意味を表しているとも解釈できる場合が出てくる．(136c) がその例で，ビッキーにはすでに意中の人がいて，その人との結婚を望んでいるという「特定的」な意味にも解釈できるし，まだ意中の人はいないけれども，医者という職業であれば誰でもいいから結婚したいという「不特定的」な意味にも解釈できる．不定冠詞 a を伴う表現にはこのような曖昧さが出てくることがしばしばあるので，文脈からどちらの解釈が適当であるかを判断する必要がある．

2.2.1.1.2. 定冠詞

定冠詞 the には，主に次のような用法がある (Thomson and Martinet (1986: 19ff.))．

(137) a. 唯一の存在を表す
   the sun, the sea, the earth, the sky, ...
b. 会話の中ですでに出てきたもので，話し手にも聞き手にも特定できるものを表す
   His car struck *a tree*; you can still see the mark on the tree.
   （彼の車が木にぶつかったんだ．その木を見れば，まだ跡が見えるよ）
c. 修飾語句などによって限定された名詞を伴って
   the girl *in blue*（[他の色ではなくて] 青い服を着た女の子）
   the man *with the banner*（[人がたくさんいる中でも] 旗を持った男）
   the place *where I met him*（[他ならぬ] 私が彼と出会った場所）
d. その場の状況から，何を指しているか明らかなものを表す
   Ann is in the garden.（アンは [家の] 庭にいるよ）
   Please pass the wine.（[そこにある] ワインを取って）
e. 最上級・序数詞・only とともに
   the *best* day, the *first* week, the *only* way
f. 単数名詞を伴って，動物や物の種類を表す
   The *whale* is in danger of becoming extinct.
   （鯨は絶滅の危機に瀕している）

   g. 形容詞を伴って，その種の人々を表す
      the *elderly* = old people in general（年を取った人たち）
   h. 海洋・川・群島・山脈・複数名詞を主要部とする国名・砂漠・地域を表す固有名詞などを伴って[59]
      the Atlantic, the Thames, the Alps, the Sahara, ...
   i. 姓を表す固有名詞の複数形を伴って「〜家の人々」を表す
      the Smiths = Mr. and Mrs. Smith (and children)（スミス家の人々）

不定冠詞が，問題となる名詞を伴って，「話し手が聞き手とその特定性を共有していないと判断する場合」に用いられる一方で，定冠詞はその逆に「話し手が聞き手とその特定性を共有していると判断する場合」に用いられる．(137b) はその典型的な例で，この場合には談話文法的に問題となる名詞である tree がどの tree であるか特定されるが，(137c) の場合には，談話の流れの中で特定されるものではなく，ある名詞が他の要素により修飾されて意味論的に特定化されることにより，その特定性が話し手と聞き手の間で共有されるようになり，結果として定冠詞が用いられる．(137d) の場合にはまた事情が異なり，談話の流れからでもなく，また文内の意味によるものでもなく，「その場の状況」により話し手と聞き手の間でどの名詞を指しているかが特定される例である．このような不定冠詞との違いから，次のような場合には容認度に差が出てくる．

(138) a. I have a brother.（兄弟がひとりいます）
      b. *I have the brother.

(138a) の場合，「兄弟」が話し手にとっては特定の人間であるが，聞き手にとっては不特定の人間であると判断しているために，不定冠詞を用いている．一方，(138b) では，聞き手が話し手の兄弟であるということを知っている人間（旧情報）を，改めて自分の兄弟であると聞き手に伝えている（新情報）ために，旧情報を新情報として伝えているという点で矛盾をきたすために非文となっている．ただ，所有関係が恒常的である場合はこのような容認度の差が出るが，所有関係が恒常的でない場合には，不定冠詞と定冠詞の間に容認度の差

---

[59] 固有名詞と定冠詞との関係については，本章 1.4.5 節「固有名詞」(p. 125) の (64) で，「一筋縄ではいかない問題である」と述べているが，まさにそのとおりであるので，ここでも詳述は避けることにする．詳しくは，本章 1.4.5 節を参照．

は出ない．

(139) a. I have a car. (車は1台持っています)
  b. I have the car. (その車なら私が持っています)

(139a) は，話し手は特定しているが，聞き手は特定していない1台の車を話し手が所有しているという意味を表す．一方，(139b) の場合には，(138b) とは事情が異なる．それは，(138) の場合には所有関係が恒常的であるのに対して，(139) の場合には所有関係が時間的に限られる点にある．例えば，中古車の場合，新車で購入したオーナーAの所有から，それを中古車で買ったオーナーBに所有権は移る．最初のオーナーAと，2番目のオーナーBが知り合いだったとしよう．Bは自分が購入した中古車の元のオーナーがAだとは知らずにその中古車を購入した．後日，Aと食事を共にしたBが，Aがその車を売った話を聞き，その車の特徴からBが購入した車は，もともとA所有のものであったことを知った時の発言として，I have the car now! という発話が可能になる．このように「話し手と聞き手が特定性を共有しているかどうか」が不定冠詞と定冠詞に使い分けには極めて重要な要素になっているのである．

 不定冠詞の場合にもそうであったが，定冠詞の場合にでも最も注意を要するのが，(137f) の用法である．これについても，上の (134b) とともに 2.2.1.1.4 節「総称文」(p. 187) で詳しく扱う．繰り返しになるが，この定冠詞が表す基本的な意味は，話し手と聞き手が特定性を共有しているということであるので，ここではその根本的な意味を押さえておいてもらいたい．

2.2.1.1.3. ゼロ冠詞

 名詞が音形を持つ決定詞と共起せず「裸」で使われるような場合，その名詞にはゼロ冠詞と共起していると言う．ゼロ冠詞が用いられるのは，次の場合がある．なお，「不定」とは，聞き手がその名詞を特定のものとして同定できないことを表す．

(140) a. 可算名詞複数形に先行して不定の意味を表す場合
  b. 不可算名詞に先行して不定の意味を表す場合
  c. 何らかの理由で可算名詞単数形に先行する場合
  d. 冠詞が省略される場合

以下，本節ではゼロ冠詞を ø で表記し，(140a-d) の順に具体例を挙げていく．

(141) 可算名詞複数形に先行して不定の意味を表す場合
- a. ø *Chickens* and ø *geese* rove around freely in the back yard.
（ニワトリとガチョウが裏庭を自由に歩き回っている）
- b. ø *Students* of high ability demand ø more absorbing *tasks*.
（出来のいい生徒たちは，もっと自分が夢中になれる活動をしたいと言ってくる）
- c. ø *Cattle* were grazing on the hillside.
（牛が何匹も丘の斜面で牧草を食べていたよ）
- d. ø *Bacteria* are added to help break down the sewage.
（汚水を分解しやすくするためにバクテリアを加えます）
- e. All the applicants must satisfy ø strict *criteria*.
（すべての志願者は厳しい基準を満たさなければならない）

(142) 不可算名詞に先行して不定の意味を表す場合
- a. ø Garden *furniture* sells well when the weather is mild.
（天候が穏やかだと庭で使う椅子やテーブルなどがよく売れる）　［集合名詞］
- b. ø *Gold* does not tarnish easily.
（金は変色しにくい）　［物質名詞］
- c. A baby needs ø *love* and ø *affection*.
（赤ちゃんには愛情が必要である）　［抽象名詞］
- d. How life began on ø *Earth* is one of the great mysteries of science.
（地球上にいかに生命が誕生したかは，科学の大いなる神秘の一つである）
［固有名詞］

(143) 何らかの理由で可算名詞単数形に先行する場合
- a. 建物・施設などを表す名詞が，その本来の目的を表す場合
I go to ø *church* every Sunday.（毎週日曜日には教会に行きます）
My brother is still in ø *bed*.（弟はまだ寝ています）
- b. 交通・通信手段を表す場合
My daughter goes to school by ø *train* every day.
（娘は毎日電車で通学しています）
The announcement was broadcast on ø *radio* and *television*.
（その発表はラジオとテレビで放送された）
- c. 呼びかけの場合
ø Sir, your order is ready.（お客様，ご注文の準備が整いました）
May I come in, ø *professor*?（先生，入ってもよろしいですか？）

d. 役職・官職・身分などを表す語が，補語として用いられた場合
They elected him ø *chair*. (彼らは彼を議長に選んだ)
Gary is ø *captain* of the football team.
(ゲリーはそのサッカーチームの主将です)

(144) 不定冠詞が省略される場合
a. ø Jet *passenger* tries to open ø *door* in midair

(CNN.com: Sept. 13, 2006)

(ジェット機の乗客空中でドアを開けようとする)
cf. A jet passenger tried to open the door in midair.
b. ø *Dog* saves ø *owner* from ø *fire*, dies trying to rescue ø *cat*

(CNN.com: Oct. 18, 2006)

(犬が飼い主を火事から救出，猫を助け出そうとして死亡)
cf. (A) dog saved (the) owner from (a) fire, (but) died trying to rescue (a) cat.

2.2.1.1.4. 総称文

　総称文とは，典型的には，「複数の物や生き物からなる，ある「種」について の恒常的な性質や属性について述べる文」と定義されるものである．冠詞に関 連して言うと，総称的な意味を表す表現方法には，次の三つの言い方がある (Declerck (1991: 323ff.))．

(145) a. *Bullterriers* make excellent watchdogs.
b. *A bullterrier* makes an excellent watchdog.
c. *The bullterrier* makes an excellent watchdog.
(ブルテリアは素晴らしい番犬になる)　　(Quirk et al. (1985: 281))

まず，冠詞ø＋複数形の(145a)は，その種全体を見た言い方で，その種を構成 する個々の要素よりも，種類全体の特性や特徴を記述する表現である．した がって，この例の場合には，ある特定のブルテリアや特定のグループを念頭に 置いた記述ではなく，ブルテリアという動物の種類が素晴らしい番犬になると いうことを述べている文である．したがって，三つの表現の中では，総称的な 意味を表すには最も無難な表現と言える．不定冠詞a＋単数形の(145b)は， 「その種の構成要素から任意の個体を取り出した場合に，その個体の性質は 何々である」という意味を表す形で，明確に個体を意識した言い方になる．し たがって，この場合には，「ブルテリアを一匹連れてきてみなさい．どんなブル

テリアだって見ればすぐに素晴らしい番犬になることが分かるでしょう」といった意味になる．ただし，(136) でも見たように，不定冠詞には不特定の意味と特定の意味があるので，文脈によっては特定の意味に解釈されてしまう可能性もある．つまり，(145b) が，文脈によってはある特定のブルテリアに関する記述であると解釈される可能性もあるという点は注意を要する．この場合には，次の存在文とほぼ等価になる．

(145′) b.　There is a bullterrier that would make an excellent watchdog.

最後に，定冠詞 the + 単数形の (145c) は，the という定冠詞の特性から，その種を他の種と区別して明確な境界線を持つものとして表現したもので，話し手は，その種をイメージした場合に最も典型的な例として思い出される個体を念頭に置きながら述べている．したがって，この場合，ブルテリアという動物は他の動物と違って素晴らしい番犬になる性質を持っていて，その中でも典型的なブルテリアを思い浮かべながら，その性質を述べている文であると言える．
　総称的な意味を表す表現として，一見同じ意味を表しているように見える (145) の三つの表現も，このような微妙な意味の違いがあるため，場合によってはどれかが不適切な表現になることがある．それが，次の (146) のような場合である．

(146) a.　<u>Cats</u> have been domestic pets for a very long time.
　　　b. *<u>A cat</u> was one of the first animals to be kept as a domestic pet.
　　　c.　<u>The cat</u> was one of the first animals to be kept as a domestic pet.
(Declerck (1991: 323ff))

(146a) は猫という種全体が，歴史的に長い間ペットとして飼われてきたことを述べている文であるために問題ない．(146c) についても，野良猫として生きている猫はいるとしても，他の種と区別した，人間にとっての猫というのはペットとして飼われた最初の動物であるという記述であるために問題ない．しかし，(146b) の文は「どんな猫でも」という含みが出てきてしまうために，現実世界ではペットとして飼われていない猫もいる現状を鑑みると，不適切な表現になってしまうのである．

2.2.1.2.　人称代名詞・指示代名詞・疑問代名詞の所有格

　人称代名詞・指示代名詞・疑問代名詞の基本的な用法については，すでに 2.1.1-2.1.3 節 (pp. 131-155) で見たので，ここでは，それぞれが決定詞として機

能している例文のみを提示することにする．

(147) 人称代名詞
　　a. It was my fault that we lost the game.
　　　（試合に負けたのは僕の責任だった）
　　b. Your sister lives in Sweden, doesn't she?
　　　（妹さんは，スウェーデンに住んでるんだよねえ）
　　c. Adriano was sitting there, his eyes closed and his hands in his pockets, looking half asleep. （アドリアーノはそこに座っていた．目を閉じ，両手をポケットに入れ，半ば寝ているようだった）
　　d. Barbara's got a chip on her shoulder.
　　　（バーバラはかなりご機嫌ななめだよ）
　　e. The dog's in a good mood. It's just had its breakfast.
　　　（犬はご機嫌だ．ちょうど朝食を終えたところだ）
　　f. We must preserve our natural environment. .
　　　（自然環境を守らなければならない）
　　g. In Japan they are taught to respect their elders.
　　　（日本では年長者を尊敬するように教育を受けてるよ）
　　h. Trees drop their leaves in fall.
　　　（木々は秋には落葉する）

(148) 指示代名詞
　　a. Will he be coming this Friday?
　　　（あの人は今度の金曜日には来ることになっていますか？）
　　b. Have you finished with this newspaper?
　　　（こちらの新聞はよろしいですか？）
　　c. That son of yours ruined my shirt.
　　　（あの君の息子が僕のシャツをダメにしたんだよ）
　　d. That boy will bring trouble unless something is done soon.
　　　（あの子は面倒を起こすよ．何か手を下すしかないよ）

(149) 疑問代名詞
　　a. Whose car were they in?
　　　（彼らは誰の車に乗ってたの？）
　　b. I wanted to know which school it was you went to.
　　　（君が行っていた学校がどの学校か知りたかったんだ）

c. I didn't know what college I wanted to go to.
   （何大学に行きたいのか分からなかったんだ）

2.2.1.3. 不定代名詞の中心的決定詞用法
2.2.1.3.1. one の所有格

不定代名詞 one が一般の「人」を表すことがある．この one が表す意味は 2.1.1.4 節 (p. 141) で見た人称代名詞 we, you の不定用法と同じもので，日常会話では we や you のほうが普通に使われる．この one が所有格で用いられることがある．

(150) a. *One* must do one's best.[60] （人は最善を尽くさなければならない）
   b. It's easy to lose one's way in Casablanca.
      （カサブランカでは道に迷いやすい）
   c. It's easy to lose one's temper when *one* is criticised.
      （人は批判されると腹を立てやすい）

2.2.1.3.2. either, neither の決定詞用法

either, neither ともに，可算名詞の単数形にしか付かない．

(151) a. The basketball nets hung down from the ceiling at either end of the gymnasium. （バスケットボールのネットが，体育館の両側に天井からつり下がっていた）
   b. At first, neither student could speak.
      （最初はどちらの学生も話ができなかった）

2.2.1.3.3. each, every の決定詞用法

each は不定代名詞としても決定詞としても使われるが，every は決定詞の用法しかない．ここでは，これら二つの意味が似通っているために一緒に扱うことにする．まず，all, every, each の意味的な違いを簡単に説明しておく．理論的には，all は集団・集合体としての「全員(の)，すべて(の)」を意味する時には，複数扱いになるが，every はより個人に目を向けた「全員の，すべての」を意味するために単数扱いになる．each は every よりもさらに個々に視点を置

---

[60] 所有格 one's の用法については，本章の注 49 を参照されたい．

いているため，every 同様，単数扱いになる．したがって，全体に視点を置くか個々に視点を置くかの段階的に推移は，次のようになる．

(152) ［全体］all → every → each ［個人］

every と each の違いは，次の二つの文を比較すると分かる．

(153) a. Every player was awarded a prize.
(すべての選手が賞をもらった)
b. Each player came forward to receive a medal.
(選手はひとりひとり前に出てメダルを受け取った)

(153a) は，ひとりひとりの生徒というよりは，むしろ全員がもれなく賞をもらったということを強調している文で，話し手の視点は明らかに全体に置かれていることが分かる．それに対して，(153b) から読み取れるのは，生徒のひとりひとりが順番に前に出ていく様子で，あくまでも話し手の視点は個々に置かれている．次の場合には，全く同じ環境に every と each が用いられている例である．

(154) a. Every man had a weapon. (すべての男が武器を持っていた)
b. Each man had a weapon. (それぞれの男が武器を持っていた)
(Thomson and Martinet (1986: 64))

(154a) は，話し手が男たちと武器の数を数えて，それぞれの数が同じであったことを確認した感じであるが，(154b) のほうは話し手が男たちひとりひとりのところまで順に行って，それぞれが武器を持っていることをチェックしたという感じである．このような違いが，さらに明確に両者の違いになって現れることがある．

(155) a. Every city in the region was destroyed by the earthquake.
(この地域のすべての町がその地震で (一瞬にして) 破壊された)
b. Each city in the region was destroyed by the earthquake.
(この地域のそれぞれの町がその地震で (順に) 破壊された)
(Huddleston and Pullum (2002: 379))

また，every はある決まった場面に限らず，総称的な意味でも用いることができるが，each はある決まった場面での「すべて」を表す．

(156) a. Every philosopher admires Aristotle.
(すべての哲学者がアリストテレスを賞賛している)
b. Each philosopher admires Aristotle.
(それぞれの哲学者がアリストテレスを賞賛している)

(Huddleston and Pullum (2002: 378))

(156a) は，哲学者一般を総称的に意味することができる．それに対して，(156b) は，ある特定の集団の中の哲学者たちがそれぞれアリストテレスを賞賛しているという意味で，哲学者一般を総称的に意味することはできない．

each は，二つもしくは 2 人が対になってできるものにも使うことができるが，every は二つのものに使うことはできない．したがって，次の場合に each の代わりに every を使うことはできない．

(157) Cars were parked on each side of the road.
(車が道路の両側に駐車してあった) (Huddleston and Pullum (2002: 379))

上述したように，every は形容詞の用法しかないが，each は代名詞・形容詞・副詞として使われる．

(158) a. I'll ask each of you to choose a topic and to speak about it for two minutes. ［代名詞］
(では，君たちそれぞれにトピックを選んでもらって，2 分間ずつ話してもらおう)
b. Each year, hundreds of animals are killed in this area. ［形容詞］
(毎年，この地域では何百頭もの動物が殺されている)
c. They sold for fifty dollars each. ［副詞］
(それぞれが 50 ドルで売れた)

every に限られた用法としては，not ... every で部分否定を表す．

(159) a. Not every child enjoyed the game.
(すべての子どもたちがそのゲームを楽しんだわけではなかった)
a. Ivan does not know everything.
(イワンはすべてを知っているわけではない)
b. I don't take a walk every morning. (毎朝散歩をするわけではない)

同じように，almost, nearly も every のみを修飾することができる．

(160) a. Almost every bottle of wine was broken.
    (ほとんどのワインボトルが壊されていた)
  b. I've got nearly every book he has published.
    (彼が出した本はほとんどすべて持っているよ)

every ＋数詞で「〜ごとに，〜おきに」という意味を表す．

(161) a. Tours are every *twenty* minutes.
    (ツアーは 20 分おきです)
  b. We had every *third* week off.
    (3 週間に一度は休みを取った)
  c. I went home every *other* (=*second*) month.
    (1 か月おきに家に帰った)

each and every という句は，ある集団におけるすべての人や物を表すのに用いられるため，each よりはむしろ every の強調形と言える．

(162) These are issues that affect each and every one of you.
    (これは君たちのひとりひとり全員にはね返ってくる問題だぞ)

2.2.1.3.4. another の決定詞用法

another は，「他の，別の」という意味を表す語で，an ＋ other であることから，同時に「不定・単数」を表す．ここでは，another の決定詞用法の例文に加えて，関連する other の例文も挙げておく．other は形容詞で，ゼロ冠詞と共起して「不定・複数」の意味を表すこと，some, any や数詞と共起して「不定・単複数」を表すこと，定冠詞と共起して「定・単複数」を表すことがある．

(163) a. Could I have another mug of beer?
    (ビールをもう一杯いただけますか？)
  b. There are *one* or *two* other topics we have to discuss.
    (話し合わなきゃいけないことがあと一つ二つあるんだ)
  c. Are there *any* other questions?
    (他に質問はありますか？)
  d. Stick the video camera on a tripod or *some* other means of support.
    (三脚か，何かほかの台になるものにビデオを固定してください)

e. My father works on *the* other side of town.
    (父は町の反対側で働いています)
f. She's far smarter than all *the* other students in her class.
    (彼女はクラスのほかの生徒たちに比べてはるかに頭がいいよ)

2.2.1.3.5. some, any, several, no, every の決定詞用法

それぞれの語の，共に用いられる名詞との共起関係は次のとおりである．

(164)

	可算名詞単数形	可算名詞複数形	不可算名詞
some	◯	◯	◯
any	◯	◯	◯
several	×	◯	×
no	◯	◯	◯
every	◯	×	◯

some と any は，基本的に漠然とした数量を表すが，原則として，some が平叙肯定文で使われるのに対して，any は平叙否定文と疑問文で用いられる．

(165) a. Some baby was crying behind me throughout the whole flight and I never slept. (誰か赤ん坊が僕の後ろで飛行中にずっと泣いてたから全く眠れなかったよ)
  b. There are some extra pillows in the closet if you need them.
    (必要なら，クローゼットの中に予備の枕がいくつかあるよ)
  c. Some children got necessary amounts and *others* got nothing.
    (子どもたちの中には必要な量を手に入れたものも，何も手に入れられなかったものもいる)
  d. Would you like some wine?
    (ワインを少しいかがですか？)

(165a) の some は，不定冠詞とほぼ同じで，話し手が正確にはよく分からないものを表すのに用いられる．(165b) の some は，数は定かではないが，限られた数の予備の枕があることを表している．(165c) の some は，漠然とした数を表し，ここではすべてではないことを意味している．(165d) の some は，漠然とした量を表し，ここでは人に物を勧める疑問文で用いられ，肯定の答えを

2.2. 名詞を伴う代名詞類（=「決定詞」）

期待する用法である．

(166) a. <u>Any</u> child who breaks the rules will be punished.
(この規則を破ったらどんな子どもでも罰せられる)
b. Are there <u>any</u> messages on the answering machine?
(留守電に何かメッセージ入ってる？)
c. Only one of us had <u>any</u> experience in rock climbing.
(我々のうち1人しかロック・クライミングの経験がなかった)

(166a) の any は，可算名詞単数形とともに用いられて「どんな〜」という意味を表す．(166b) の any は，疑問文で用いられて漠然とした数を表している．(166c) の any は，否定語 only に反応して用いられていて，何の経験もないのに等しい経験の少なさを否定的に表している．

several は，3 以上で，a few よりも多く，a large number よりも少ない数を漠然と表す．a number of, quite a few とほぼ同じ意味で，a number of よりもくだけた表現で，quite a few よりも形式張った表現である (*LDOCE*[5]: s.v. *several*)．

(167) a. Van Gogh was just one of <u>several</u> artists who gathered at Auvers.
(ヴァン・ゴッホはオーベールに集まった何人かの芸術家のひとりでしかなかった)
b. There are <u>several</u> similar stores in the airport.
(空港にはいくつか同じような店があるよ)

several は「別々の，それぞれの，異なった」という意味を表す時には，人称代名詞の所有格・定冠詞・数詞などと共起し，形容詞として用いられる．

(168) a. They hugged each other and went *their* <u>several</u> ways.
(彼らは抱き合ってそれぞれの方向へと分かれていった)
b. It's a federal union of *the* <u>several</u> states.
(別々の国から成る連邦国家です)
c. A tenant has *a* joint and <u>several</u> responsibility.
(テナントは連帯責任を持つ)
d. We have *five* <u>several</u> items on our agenda tonight.
(今晩は五つの別々の協議事項があります)

この several を決定詞よりも形容詞とみなしたほうがよい理由は，(168c) のよ

うに他の形容詞と並置されるのと，次のようにそれから派生した副詞が存在するからである．

(169) These problems can be discussed severally, or as a whole.
（これらの問題は別個に議論することができますが，全体として議論することもできます）

no は，some, any と同じように，可算名詞単数形・可算名詞複数形・不可算名詞のいずれとも結び付く．

(170) a. I knocked on the door, but there was no reply.　　　［可算名詞単数］
（ドアをノックしたが何の返事もなかった）
b. There are no buses on Sundays.　　　［可算名詞複数］
（日曜日にはバスはありません）
c. No two days are the same.　　　［可算名詞複数］
（二日として同じ日はない）
d. There is no food left in the fridge.　　　［不可算名詞］
（冷蔵庫にはもう何も食べ物は残ってないわ）

every は，原則的には可算単数名詞と結び付くが，時として不可算名詞と結び付いて「可能な限り最高の（すべての）」という意味になることもある．

(171) a. I have every confidence that he will make the right decision.
（彼のことだからきっと正しい決断を下してくれるよ）
b. He had every reason to believe it.
（彼がそれを信じたのはもっともな理由があったんだ）

2.2.1.3.6. 名詞の所有格

名詞の所有格については，1.3.2 節 (26) (p. 111) で詳しく述べてあるが，便宜上，その表す意味のみここで再び提示する．

(172) a. 所有： my wife's father = My wife has a father
b. 主格： the boy's application = The boy applied for ...
c. 目的格： the boy's release = (...) released the boy
d. 起源： the general's letter = The general wrote a letter.
e. 記述： a women's college = a college for women
f. 計量： ten day's absence = The absence lasted ten days.

g. 属性： the victim's courage = The victim was courageous.
　　h. 部分： the baby's eyes = The baby has (blue) eyes.

この中で，(172e) の「記述」の意味で用いられる場合のみ，後置決定詞として機能する．したがって，ここでは，(172a-d) と (172f-h) の例文を挙げておく．決定詞ではなく，修飾部として機能する「記述」の意味を表す場合の用法については，本章の 1.3.2 節（p. 109）を参照してほしい．

(173) a. The Sampras' *house* is about the same size as ours.
　　　　（サンプラス家の家の大きさはうちと大体同じだ）　　　　　　　［所有］
　　b. Earl Warren and a special committee, called the Warren Commission, studied the facts relating to Kennedy's *murder* and decided that the President was killed by a single person, and that there was no conspiracy. Many people, however, do not accept this decision, and believe that Kennedy's *death* was organized by political opponents.　　　　　　　　　　　　　　　　(*Warren Report*)
　　　　（ウォレン伯爵と特別委員会は，一般にはウォレン委員会と呼ばれ，ケネディ暗殺に関わるいくつもの事実を検証し，結論として，大統領殺害は単独犯で，複数の人間が関与した陰謀はなかったとした．しかしながら，この結論を受け入れず，ケネディの死は政敵が計画したものであると信じている人は多い）　　　　　　　　　　　　　　　　　　　　　　　　［目的格］［主格］
　　c. The company has the sole rights to market Elton John's *CDs*.
　　　　（その会社はエルトン・ジョンの CD に関する独占販売権を持っている）
　　　　　　　　　　　　　　　　　　　　　　　　　　　　　　　　　　［起源］
　　d. Fans observed a minute's *silence* to commemorate the tragic event.
　　　　（ファンはあの悲劇的な出来事を追悼するために 1 分間黙祷をした）
　　　　　　　　　　　　　　　　　　　　　　　　　　　　　　　　　　［計量］
　　e. Hana did not propose to gratify Ken's *curiosity* any further.
　　　　（ハナはケンの好奇心をこれ以上満たすつもりはなかった）　　　　［属性］
　　f. Mats is Yanik's *right-hand man* and has put a lot of time into the company.　　　　　　　　　　　　　　　　　　　　　　　　　　　　［部分］
　　　　（マッツはヤニの右腕で多くの時間を会社のために割いている）

2.2.2. 前置決定詞

前置決定詞には以下のようなものがある．

(174) 前置決定詞 (pre-determiners)
 a. 不定代名詞の形容詞用法： all, both
 b. 倍数を表す語： double, twice, three times, etc.
 c. 分数を表す語： one-third, a fifth, etc.
 d. such，感嘆文の what

以下では，(174) の順に用例を挙げていく．

2.2.2.1. 不定代名詞の前置決定詞用法

 all は可算名詞と不可算名詞に付くことがある．(175) のように中心的決定詞と共起しない場合と，(176) のように中心的決定詞と共起する場合がある．後者の場合には「前置決定詞」という名のとおり，中心的決定詞に先行する．

(175) a. All wood tends to shrink.
   （すべての木材は縮みやすい）
  b. All children need love.
   （すべての子どもに愛が必要だ）
(176) a. All *the* children you invited are coming.
   （君が招待した子どもたちは皆来るよ）
  b. Have you done all *your* assignment?
   （課題は全部終わったの？）

 both は可算名詞とのみ用いられる．all の場合同様，中心的決定詞と共起しない場合と共起する場合があり，後者の場合には中心的決定詞に先行する．

(177) Put both potatoes into a bowl and mash them with a fork
  （両方のジャガイモをボウルに入れて，フォークでつぶして）
(178) Both *the* professors were Canadian.
  （教授はふたりともカナダ人だった）

次の例は，前置決定詞 both が中心的決定詞である名詞の所有格と共起している例である．

(179) Both *Helen's* parents are doctors.
  （ヘレンの両親はふたりとも医者だよ）

2.2.2.2. 倍数を表す語

限定詞としての倍数を表す語は，原則として「倍数を表す語＋定冠詞・人称代名詞所有格＋不可算名詞」の形で用いられる．

(180) a. An anaconda is about twice the length of a spectacled caiman.
(アナコンダの長さは，メガネカイマンの大体2倍はあるよ)
b. Over 30% of marriages end in divorce, which is double the number 20 years ago. (結婚しても30パーセントを超えるカップルが最終的に離婚している．これは20年前の数の倍である)
c. Half the fun of gardening is never knowing precisely what's going to come up.[61] (ガーデニングの楽しみの半分は，地面から何の芽が出てきそうか100％分かることは絶対にないところにある)
d. Half the time he doesn't even listen to what I say.
(ほとんどいつも，彼は僕が言うことに耳を傾けることさえしないよね)
e. Hold on. I'll be ready in half a minute.
(ちょっと待ってください．すぐに用意ができますから)
f. This book is about three times the size of that dictionary.[62]
(この本はあの辞書の約3倍の大きさである)

ここで，(180d) では half the time で副詞句になっており，(180e) では中心的決定詞が不定冠詞になっている．

---

[61] 「half＋不定冠詞を除く中心的決定詞＋名詞」については，次のような違いが出ることがある．
(i) a. Half the peach is bad.
(その桃は半分ダメだよ)
b. Half the peaches are bad.
(そこにある桃のうち半分はダメだよ)
half に後続する名詞が単数の場合には，単体の桃のうち半分がダメになっているという意味になり，動詞も単数に呼応するが，half に後続する名詞が複数の場合には，動詞も複数に呼応する．

[62] 次のように，一見中心的決定詞＋倍数を表す語＋名詞の語順に見える例もあるが，この場合，one's x times table で「掛け算表」を意味する．一般には，a multiplication table と言う．日本では 9×9＝81 までの表であるところから，一般には「九九（表）」と言うが，英米は 12×12＝144 まである．
(i) Mats's 10 years old and still doesn't know his three *times table*.
(マッツは10歳なのにまだ（九九の）3の段を覚えていない)

(181) a. He married a woman who was twice *his* age.
(彼は，彼の倍の年齢の女性と結婚した)
b. Mima is double *my* age.（ミマは僕の 2 倍の歳だよ）
c. Katie spends half *her* time preparing for her presentation.
(ケイティは彼女の時間の半分を発表の準備に費やしている)
d. My bag is around three times *the* weight of your bag.
(僕のバッグは，大体君のバッグの 3 倍の重さだよ)

倍数を表す語の中でも，double と half は形容詞として機能して，「中心的決定詞＋倍数を表す語＋名詞」の語順で現れることがある．

(182) a. His name's Gibbon with *a* double 'b.'
(彼の名前はギボンで，b は二つです)
b. One and *a* half hours is given for the test.（テストは 1 時間半です）

したがって，次のように同じ事柄を異なった語順で表すことができる．

(183) a. It's about half *a* mile down the road.
b. It's about *a* half mile down the road.
(この道をずっと行けば大体 800 メートルくらいです)

2.2.2.3. 分数を表す語

分数を表す語の特徴として挙げられるのが，of を伴うことができる点である．of を伴う場合の分数を表す語は，決定詞ではなく名詞である．

(184) He did it in {one-third / a fifth} (of) *the* time it took me.
(彼は，僕のかかった時間の 3 分の 1 ／ 5 分の 1 で，それを終わらせた)

2.2.2.4. such, 感嘆文の what

such も感嘆文の what も，不定冠詞の a か ø に先行する．

(185) a. I've never seen such *a* large crowd there before.
(あそこにあんなたくさんの人がいたのを，これまで見たことがないよ)
b. How could I believe such ø nonsense?
(僕がどうしてそんなばかげた話を信じられるっていうんだ)
(186) a. What *a* horrible thing to do!（何と嫌なことをしなければいけないんだ）
b. Remember what ø fun we had?（どれだけ楽しかったか覚えてる？）

2.2.3. 後置決定詞

(187) 後置決定詞（post-determiners）
　　a. 基数を表す語： one, two, three など
　　b. 序数を表す語： first, second, last など
　　c. その他の数量詞の形容詞用法： many, much, a few, few, a little, little

後置決定詞は，中心的決定詞の後ろに生起する決定詞である．(187)の順に具体例を挙げる．

(188) 基数を表す語
　　a. *The* one word which seems to be predominant in every discussion is benefit.（すべての議論で最も重要と思われる一つの単語は利益である）
　　b. Ivan was left to raise *their* three daughters alone.
　　　（イワンは妻に先立たれ，ひとりで 3 人の娘を育てることとなった）
　　c. *An* estimated ten million illegal immigrants were brought into Western Europe each year.[63]
　　　（推計で 1000 万人の違法移民が毎年西ヨーロッパに流入した）

(189) 序数を表す語[64]
　　a. *The* first thirty correct entries will win $100.
　　　（正しく申し込みをされた方の中から先着 30 名様に 100 ドルが当たります）
　　b. The US is *Scotland's* second largest export market after France.
　　　（合衆国は，フランスに次いで，スコットランドの 2 番目に大きな輸出市場です）
　　c. The park has just received *its* ten millionth visitor!
　　　（当園は，ちょうど一千万人目のお客様をお迎えしました！）

---

[63] この場合，不定冠詞＋形容詞＋2 以上の基数詞＋複数名詞という特殊な語順になっている．不定冠詞は，後続する複数名詞を一つの集合体として捉えるために用いられており，名詞句全体は複数扱いになる．

[64] 序数＋名詞で一つの結び付きが強い一種の複合語のようになり，それに形容詞が先行するような場合がある．

　　(i) a *disastrous* first marriage　　　　　　　　　(*LDOCE*[5]: s.v. *disastrous*)
　　　（悲惨な最初の結婚）

(190) その他の数量詞の形容詞用法
    a. It was one of *my* many mistakes.
       （僕の間違いはたくさんあったけど，それはそのうちの一つだよ）
    b. We're now doing *four times* as much business as we did five years ago. （今は5年前の4倍の仕事量をこなしている）
    c. Barbara had enjoyed *her* few days in Morocco.
       （バーバラは，モロッコでの滞在を数日間楽しんだ）
    d. I visited my parents *every* few days.
       （数日おきに両親のところに行こうとした）
    e. We had little or *no* choice in the matter.
       （その件については我々には選択の自由はほとんどなかった）
    f. There was *no* little sadness in her voice.
       （彼女の声には少なからぬ寂しさがあった）

2.3. 節を伴う代名詞類

2節「代名詞類」の最後に，2.1節の「単独で用いられる代名詞」，2.2節の「名詞を伴う代名詞類（＝「決定詞」）に続いて，「節を伴う代名詞類（＝「名詞的従属接続詞（nominal subordinate conjunctions: NSCs）」）を扱う．

名詞的従属接続詞の説明に入る前に，この用語の中に含まれている「従属接続詞（subordinate conjunctions）」がどのようなものであるかを説明しておく．従属接続詞とは，次に示すように，当該の要素が節を補部として導いて全体で何らかの働きをするものである．

(191) $\boxed{\text{X}}$ *clause*
             α

(191)が示しているものは，従属接続詞である要素Xが主要部となり，節を補部として導き，その従属接続詞と節が一体となって，αという何らかの働きをするというものである．具体的な例に当てはめると次のようになる．

(192) a. $\boxed{\text{That}}$ *he is wrong* is clear. （彼が悪いのは明らかだ）
         S (= N)
    b. $\boxed{\text{When}}$ *I came back*, my brother was studying.
         M (= Adv)
       （戻ってきた時には兄は勉強していました）

いずれの場合にも共通している従属接続詞の働きは，その語単独では成り立つことができず，かつ補部に時制を有する節を取っていることである．逆に，唯一の違いといえば，前者が名詞的に機能して文の主部になっているのに対して，後者は副詞的に後続する文全体を修飾している点である．これを図示すると次のようになる．

(193) a. [That] *he is wrong* *is* *clear*.　[名詞的]
　　　　　　S　　　　　　V　　C

　　　b. [When] *I came back*, my brother was studying.　[副詞的]
　　　　　　M └─────→

このように，後ろに節を導いて全体で名詞，もしくは副詞の働きをするものを，一般には「従属接続詞」と呼ぶ．(191) をさらに詳細に図示すると次のようになる．

(194)　　[SC] clause [+ tense]
　　　　　N / Adv

(194) では，従属接続詞 SC が主要部になって時制 tense を持つ節 Clause を補部に取って，全体で名詞 N か副詞 Adv の働きをするということが示されている．

　ここからは，この従属接続詞の中でも，全体が名詞として機能する名詞的従属接続詞に焦点を当てて，その機能を説明していく．

(195) a.　It is surprising that *he can speak English so well*.
　　　　　（彼がそんなに上手に英語を話せるなんて驚きだ）

　　　b.　Do you know if *Mr. Smith is at home*?
　　　　　（スミスさんが家にいるかどうか知っていますか？）

　　　c.　The problem is whether *he will come in time*.
　　　　　（問題は彼が間に合うかどうかだ）

これらの従属接続詞の働きを図式化して表すと次のようになる．

(196) a.　It is surprising [that] *he can speak English so well*.
　　　　　S　V　　C　　　　　S (=N)

b. Do you know [if] *Mr. Smith is at home*?
      V S   O (=N)

   c. The problem is [whether] *he will come in time*.
      S   V   C (=N)

　このように，名詞的従属接続詞は，学校文法では接続詞の一種として扱われているが，これは紛れもなく「名詞」の一種である．そのような理由から，本書では，この名詞的従属接続詞を「代名詞類」の一つとして扱っている．この名詞的従属接続詞が代名詞の一種である証拠に，同じく代名詞の一種である指示代名詞と同じ働きをする．2.1.2, 2.2.1.2 節で見たように，that という語は，単独で代名詞として用いられることもあれば，名詞を補部として伴って，決定詞として用いられることもある．これまでもそうであったように「ø」は「空」を表し，ゼロの要素を補部に取ることを表す．

(197) a. She said [[that] *she'd collect it for me after work*].
         (彼女は仕事の後でそれを集めてくれると言った)
     b. Put [[that] *box*] down before you drop it.
        (落とさないうちにその箱を置きなさい)
     c. Who's [[that] ø]? Is [[that] ø] the girl you told me about?
        (あれ誰？ あなたが私に言ってた女の子？)

(197) では，(a), (b), (c) のいずれに用いられている that も，それを含む句全体が名詞的に働いている．(a) では said の目的語，(b) では put の目的語，(c) では is の補語と主部である．これは，次の形をしたものがすべて名詞として機能していることを表している．

(198) a. [that] *Clause* [+ tense]
     b. [that] *N*
     c. [that] *ø*

この事実は，know という動詞が様々な補部を取りながらも，一つの動詞という品詞として認められている事実を連想させる．

(199) c. I [know] you are innocent.   [[know] Clause [+ tense]]
     b. I don't [know] *the answer*.   [[know] *N*]
     a. I don't [know] *ø*.   [[know] *ø*]   (Radford (1988: 135))

さらにこの現象は，第2章2節で見る，when や because をはじめとする副詞的従属接続詞の現象にも酷似していることは，英語の語の働き全体を理解する上でも非常に重要なことである．

ここで，名詞的従属接続詞に属する，同じ「～かどうか」という意味を表す whether と if の違いについて，Quirk et al. (1985: 1054) による説明を紹介しておく．まず，両者の相違点の一つとして，whether 節は主部の位置に来ることができるが，if 節はできない．ただし，主部の位置に仮主部の it が来る場合には後置される名詞節に if を用いることは可能である．

(200) a. Whether she likes the present is not clear to me.
　　　b. *If she likes the present is not clear to me.
　　　c. It's not clear to me whether/if she likes the present.
　　　（彼女がそのプレゼントを気に入っているかどうかは私にははっきり分からないわ）

相違点の二つ目として，whether 節は補語の位置に来ることができるが，if 節はできない．

(201) a. My main problem right now is whether I should ask for another loan.（目下のところ主な問題は，さらに借金を求めるべきかどうかだ）
　　　b.?*My main problem right now is if I should ask for another loan.

三つ目としては，whether 節は前置詞の目的語になることができるが，if 節はできない．

(202) a. It all depends on whether they will support us.
　　　（すべて彼らが我々を援助してくれるかどうかによる）
　　　b.?*It all depends on if they will support us.

四つ目として，whether 節は同格節になることができるが，if 節はできない．

(203) a. You have yet to answer my question, whether I can count on your vote.
　　　（まだ僕の質問に答えてないよ，君の投票をあてにしていいかどうかね）
　　　b.?*You have yet to answer my question, if I can count on your vote.

五つ目として，whether 節は不定詞句を補部に取ることができるが，if 節はできない．

(204) a. I don't know whether *to see my doctor today*.
 （今日主治医に診てもらうべきかどうか分からない）
   b. *I don't know if *to see my doctor today*.

最後に，whether 節は直後に or not を伴うことができるが，if 節はできない．ただし，if でも節の最後に or not が来る場合は容認可能になる．

(205) a. He didn't say whether *or not* he'll be staying here.
 （彼はここにいることになっているかどうかを言わなかった）
   b. *He didn't say if *or not* he'll be staying here.
   c. He didn't say if he'll be staying here *or not*.

3. その他の主部になることができる要素

　ここまで，「主部になることができる」という共通の働きを持つ語として，名詞・代名詞・冠詞・名詞的従属接続詞を見てきたが，本節では，品詞という点ではそれらとはやや異質でありながらも，「主部になることができる」という点では同じ働きをする要素を見ていく．

　具体的には，疑問詞を含む節・不定詞節・動名詞節がそれに相当するが，疑問詞については，第 4 章 1.2 節で，不定詞・動名詞については，第 7 章 1 節で，それぞれ具体的な用法等に触れているのでそちらも参照してほしい．したがって，ここでは，疑問詞節・不定詞節・動名詞節が主部として用いられた場合，補語として用いられた場合，目的語として用いられた場合の例文のみを提示していく．

3.1. 疑問詞節 [65]

(1) a. *It* really matters who will do it.　　　　　　　　　　［主部］
 （誰がそれをやるかが本当に大事なんだよ）

---

[65]「疑問詞節」は，ここでは「疑問詞によって導かれる節」と定義するため，本章 2.1.3 節 (p. 152) でも触れたとおり疑問詞 who, what, which, when, where, why, how によって導かれる節を指す．ただし，「疑問詞節」を「直接疑問に対応する間接疑問を表す部分」と定義すると，これらの語に 2.3 節 (p. 201) で見た if と whether が加えられることになる．直接疑問が wh 疑問文であれば，それに対応する間接疑問も wh の疑問詞が用いられた間接疑問になるが，直接疑問が yes-no 疑問文の場合には，それに対応する間接疑問は if か whether を用いた間接疑問になるからである．

 b. Michael loves you — that's why he wants to be with you.
  （マイケルは君のことが好きなんだよ．だから君と一緒にいたいんだ）
               ［動詞の一つ目の補部（補語）］
 c. The twins are so alike I can't *tell* which is which.
  （あの双子はすごく似てるからどっちがどっちか見分けがつかないよ）
              ［動詞の一つ目の補部（目的語）］
 d. I *asked* him where he lived. ［動詞の二つ目の補部（目的語）］
  （彼にどこに住んでいるのか聞いたんだ）
 e. The question *of* what caused the leak remains unsolved.
                   ［前置詞の補部］
  （何が原因でその情報が漏れたのかは未だに分かっていない）
 f. I'm not *sure* when dinner will be ready. ［形容詞の補部］
  （夕食がいつ準備できるかは分からないんだ）
 g. You've no *idea* how hard the test was. ［名詞の補部］
  （今回のテストの難しさっていったらすごかったよ）

3.2. 不定詞

(2) a. Is *it* possible to get tickets to the game? ［主部］
  （試合のチケットを手に入れることは可能かなあ）
 b. His dream *was* to become a professor at this university.
  （あの人の夢はこの大学の教授になることだったんだよ）
               ［動詞の一つ目の補部（補語）］
 c. I don't *know* what to say.
  （何を言っていいのか分からない） ［動詞の一つ目の補部（目的語）］
 d. Computer technology *makes* it possible for many people to work from home.（コンピュータ技術のお陰で，多くの人の在宅勤務が可能になっている） ［動詞の一つ目の補部（目的語）］
 e. The teacher *asked* the students to leave immediately.
  （先生は生徒たちにすぐに出発するように言った）
               ［動詞の二つ目の補部（目的語）］

ただ，疑問詞と if/whether は統語的には全く異なった振る舞いをする．疑問詞は，それが導く節の中で必ず何らかの働きをするのに対して，if/whether はそれが導く節の中では何ら統語的な働きはしない．

f. Boris wouldn't talk about work, *except* to say that he was busy.
(ボリスは仕事のことについては話そうとしなかった．唯一，忙しいとだけは言っていた)　　　　　　　　　　　　　　　　　　　　　［前置詞の補部］

g. Andres is a bright kid and *eager* to learn.　　　　［形容詞の補部］
(アンドレスは頭がいい子で，とても勉強したがっている)

h. Tracy always had an *ambition* to be a lawyer.　　　　［名詞の補部］
(トレーシーは弁護士になろうという野望を常に持っていたのだった)

3.3. 動名詞

(3) a. Getting up early in the morning makes us feel really superior.
(朝早く起きると得をしたような気分になる)　　　　　　　　　［主部］

b. *It* was tough solving the problem.　　　　　　　　　　　　［主部］
(その問題を解決するのはきつかったよ)

c. His hobbies *are* skiing and gardening.　［動詞の一つ目の補部（補語）］
(彼の趣味はスキーとガーデニングだよ)

d. Do you *mind* me having a seat here?　［動詞の一つ目の補部（目的語）］
(ここに座っても構いませんか？)

e. Pete *found* parking difficult.　　　　［動詞の一つ目の補部（目的語）］
(ピートは駐車するのは難しいと思った)

f. *With* there being so many people in the hall, Jim could not hear Monica.　　　　　　　　　　　　　　　　　　　　　　　　　　［前置詞の補部］
(ホールには非常にたくさんの人がいたために，ジムはモニカの言うことが聞きとれなかった)

g. Gabriela said goodbye and thanked us *for* coming.　　［前置詞の補部］
(ガブリエラは「さようなら．来てくれて有り難う」と言った)

h. A lot of the temples in this area are absolutely *worth* visiting.
(この辺りの寺は，ほとんどが絶対行く価値があるよ)　　［形容詞の補部］

第 5 章

叙述の類 (Predicative Categories)

　第 4 章では,「主部の類」として名詞などの品詞を見たが, この章では, それら以外の品詞で, 機能的には主部になることができない類の品詞を見ていく. この「叙述の類 (predicative categories)」は, さらに, 文の述部になることができる「動詞類 (verbal categories)」と, 他の要素を修飾する力を持つ「修飾詞類 (modificationals)」と, 複数の要素を結合させる力を持つ「結合詞 (connectors)」に下位分類される. 動詞類は, さらに動詞と助動詞に下位分類され, 修飾詞類は, さらに形容詞, 副詞, 前置詞, 副詞的従属接続詞に下位分類される. 最後の結合詞は, 伝統的に等位接続詞と呼ばれてきたものである.

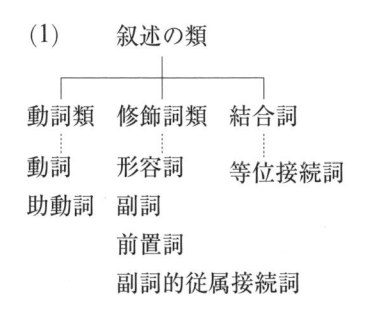

```
(1)         叙述の類
    ┌────────┼────────┐
  動詞類   修飾詞類   結合詞
  動詞     形容詞     等位接続詞
  助動詞   副詞
          前置詞
          副詞的従属接続詞
```

　1 節では, 主部になれない叙述の類の中でも, 述部になることができる「動詞類 (verbal categories)」を扱っていく. 次いで, 2 節では, 修飾する機能を持つ「修飾類 (modificationals)」を扱い, 最後に 3 節で,「結合詞 (connectors)」を扱っていく.

1. 動詞類

「動詞類 (verbal categories)」とは，伝統的な品詞分類で言えば，動詞と助動詞の総称である．以下で，動詞と助動詞の具体的な働きを見ていく前に，この動詞と助動詞に共通する，動詞類としての性質を見ておく．

動詞類 (V) とは，次のような性質を持っているものを言う．

(1) a. 述部 (P) の主要部になることができる．
　　b. 時制 (T) を持つことができる．
　　c. 主部 (S) を必要とする．
　　d. 任意の要素 (X) を補部に取ることがある．

$$\underset{P}{S\ \boxed{V\ [+T]}\ (X)}$$

網掛けの部分が述部全体，下線部がその述部のもっとも中心となっている（助）動詞である．

(2) a. *Michael* plays golf *every day.*
　　　（マイケルは毎日ゴルフをしている）
　　b. *Michael* played golf *yesterday.*
　　　（マイケルは昨日ゴルフをした）
(3) a. *Stefan* can/may/will see Monica *soon.*
　　　（ステファンはもうすぐモニカに会える／会うかもしれない／会うだろう）
　　b. *Stefan knew he* could/might/would see Monica *soon.*
　　　（ステファンは，自分がもうすぐモニカに会える／会うかもしれない／会うだろうことが分かっていた）

1.1. 動詞

本節では「動詞 (verbs)」について説明していく．動詞という語はしばしば「述語」もしくは「述語動詞」という語と同義に用いられることがある．しかし，動詞というのはその語が本来的に持っている「品詞」の名前で，「述語」もしくは「述語動詞」というのは，ある語が文の中に組み込まれたときにその中で果たす働きの名前である．ここでこれから話をするのは，品詞としての動詞であるということを明確にしておきたい．

1.1. 動詞

　現代の英語の場合，述部の主要部になれるのは動詞類だけであり，[1] 時制を持つことができるのも動詞類だけであり，また主部を必要とするのも動詞類だけであるため，これら三つの性質は，ある要素が動詞であるための必要条件であるだけでなく，十分条件でもある．

　動詞の文法的特性の一つとして活用がある．一般的には，「原形—過去時制—過去分詞」の3種類が挙げられる．

(4)　　原形　　　過去時制　　　過去分詞
　　a.　do　　　did　　　　　done
　　b.　have　　had　　　　　had
　　c.　get　　　got　　　　　got [gotten]
　　d.　take　　took　　　　　taken
　　e.　put　　　put　　　　　put
　　f.　sing　　sang　　　　　sung
　　g.　lie　　　lay　　　　　lain

　しかしながら，実際には，現代英語の動詞の活用はこの3種類に限られたものではなく，ほかにも多くの活用形が存在する．まず，時制という点で言うと，過去時制以外にも現在時制がある．ここで，動詞の原形と現在時制とは別のものであるという点に注意が必要である．下でも見るように，be動詞の場合とその他の動詞の三人称単数を除けば，原形と現在時制は同じ形であるために混同しがちであるが，根本的には別のものである．また，時制以外では，「法 (mood)」の活用がある．現代英語における法には，直説法・仮定法・命令法があり，直説法と仮定法には現在と過去という2種類があるのに加え，それぞれが主部の人称と数に応じて形を変える．（場合によっては，同じ形になることもある．）命令法にはそのような区別はない．このように，主部の人称と数，および時制と法に応じて変化する動詞を，「定形動詞 (finite verbs)」と呼ぶが，この定

---

[1] ただし，日本語の場合には，動詞が述部になれるという部分は共通しているが，述部になれるのは必ずしも動詞に限らない．形容詞が単独で述部になれるからである．例えば，

　(i)　あの車は安い．

といった場合，「安い」という語は形容詞で，必ずしもそれに加えて動詞の助けを借りなくても，文法的に正しい述部を形成することができる．これに対して，英語の場合には，

　(ii) a. *That car cheap.
　　　b. That car is cheap.

のように，述部に動詞が入らないと容認不可能になる．このような事情から，しばしば日本語母語話者の英作文にはbe動詞の抜けた形容詞のみの述部が出現することがある．

形動詞に加えて，現代の英語には「非定形動詞 (non-finite verbs)」が存在する．非定形動詞には，不定詞・分詞・動名詞があり，(5) に列挙するのが，現代英語における動詞の活用形である．

(5) a. 原形
   b. 定形動詞
      直説法： 一人称・二人称・三人称＊単数・複数＊現在・過去
      仮定法： 現在・過去
      命令法
   c. 非定形動詞
      不定詞： to 不定詞・原形不定詞
      分詞：　 現在分詞・過去分詞
      動名詞

Huddleston and Pullum (2002: 76) を参考に，(5) による be と do の具体的な活用を一覧表にすると次のようになる．

(6) **Conjugations of *be* and *do***

FINITE	Indicative		Subjunctive		Imperative
	Past	Pres	Past	Pres	Pres
1st sg	*was*	*am*	*were*	*be*	
	did	*do*	*did*	*do*	
2nd sg	*were*	*are*	*were*	*be*	*be*
	did	*do*	*did*	*do*	*do*
3rd sg	*was*	*is*	*were*	*be*	
	did	*does*	*did*	*do*	
1st pl	*were*	*are*	*were*	*be*	
	did	*do*	*did*	*do*	
2nd pl	*were*	*are*	*were*	*be*	*be*
	did	*do*	*did*	*do*	*do*
3rd pl	*were*	*are*	*were*	*be*	
	did	*do*	*did*	*do*	

1.1. 動詞

NON-FINITE	
Infinitive	*be*
	do
Gerund	*being*
	doing
Present participle	*being*
	doing
Past participle	*been*
	done

　動名詞と現在分詞については，すべての動詞に共通して最後が -ing という形になるが，必ずしも規則的であるわけではない．例えば，hide の -ing 形は hiding というように最後の -e を落としたり，lie の -ing 形は lying というように語幹[2]のスペリングが変わったりする．さらには，traffic (密売買をする) の場合には，trafficking のように k を挿入する．（過去時制・過去分詞も trafficked になる．）動名詞と現在分詞は，歴史的には異なった発達をしてきている．古英語の時代には，動名詞の語尾は，-ung(e) または -ing(e) で，現在分詞の語尾は -ende であった．中英語の時期に入ると，動名詞の語尾は -ing になったが，現在分詞のほうはまだ -ind(e) で，中英語も終わりの 15 世紀になって，これらが音韻的に融合して -ing という共通の語尾を持つようになった（橋本 (2005: 146)）．

　次に，仮定法における活用について説明する．仮定法の「法 (mood)」とは，話し手が文を表現する際に，述べようとする事象に関して話し手がどのような心的状態であるかに応じて動詞の形を変えるもので，ある事象を事実として述べようとする場合には，直説法という動詞の形を選択し，またある事象を一種

---

　[2]「語幹 (stem)」とは，語が変化する場合に，変化をしないその語の中心となる部分を言う．例えば，kick という動詞が変化する場合，過去時制と過去分詞は接尾辞 -ed を付加して kicked にするが，語幹である kick の部分は変わらない．また，名詞の場合も同様で，book を複数形にする時には，-s という接尾辞を付加するが，その場合，book という語幹部分は変化しない．日本語の例では，「置く」という動詞は，「置か (ない) –置き (ます) –置く–置け (ば) –置こう」と変化するが，この場合に変化するのは「ok-」に続く母音の部分であるので，語幹は「ok-」の部分ということになる．

の仮の反事実的な世界のこととして述べようとする場合には仮定法という動詞の形を選択する．

(8) a. Mr. Laver *insisted* that his daughter had no connection with drugs.
〔直説法過去〕
（レイバーさんは，娘は麻薬には関わっていないと主張した）
b. Mr. Laver *insisted* that his daughter have no connection with drugs.
〔仮定法現在〕
（レイバーさんは，娘に麻薬には関わらないように言って聞かせた）

1.1.1. 動詞の文法的種類

動詞は複雑な品詞であるが，文法的な分類と意味的な分類に大別できる．本節では，文法的な分類として本動詞／助動詞の区別と自動詞／他動詞の区別を紹介し，1.1.3 節で意味的な分類として状態動詞／動作動詞の区別を紹介する．

(8) 動詞の文法的分類
a. 本動詞（main verbs）と助動詞（auxiliary verbs）
b. 自動詞（intransitive verbs）と他動詞（transitive verbs）

まず，本動詞と助動詞の区別は，何を補部に取るかによって区別される．本動詞の場合，補部になれるのは，ゼロ（ø）・（代）名詞・名詞的従属接続詞・動詞・形容詞・副詞・前置詞・副詞的従属接続詞と様々であるが，助動詞の場合，補部は常に動詞である．

(9) 本動詞の補部
a. He *skis* ø.（彼はスキーはやるよ） 〔ゼロ〕
b. It's a lie.（それは嘘です） 〔名詞〕
c. I *love* you.（愛してるよ） 〔代名詞〕
d. Arantxa came to *help* wash the car. 〔動詞（原形不定詞）〕
（アランチャは車を洗うのを手伝いに来てくれたんだ）
e. Conchita's *decided* to go to Damascus for her holidays.
（コンチータは休暇中にダマスカスに行くことにした）〔動詞（to 不定詞）〕
f. I *keep* thinking about Sergi, all alone in that place.
〔動詞（現在分詞）〕
（セルギのことをずっと考えてるんだ．あんなところにひとりで寂しくいるんだもの）

  g. Arantxa couldn't *make* herself heard above the noise of the traffic.

                       [動詞（過去分詞）]

   （アランチャは車の音がうるさくて言っていることを聞き取ってもらえなかった）

  h. Mary and Pete decided to *postpone* having a family for a while.

                          [動詞（動名詞）]

   （メアリーとピートは，当分の間子どもを作るのは延期することにした）

  i. Something *smells* wrong.（何か変なにおいがする）　　　　［形容詞］

  j. I'll *stay* home tomorrow.（明日は家にいるよ）　　　　　　［副詞］

  k. We used to *live* in Dublin.　　　　　　　　　　　　　　　［前置詞］

   （かつてはダブリンに住んでいたんだ）

  l. Iva was a little girl, but she *behaved* as if she was an adult.

                         [副詞的従属接続詞]

   （イヴァは幼い女の子だったが，まるで大人のようにふるまった）

  m. The point *was* whether protection could be improved.

   （問題は保護貿易制度が改善されうるかどうかだった）［名詞的従属接続詞］

(10)　助動詞の補部

  a. *Does* she have any pets?　　　　　　　　　　　　　　　[原形不定詞]

   （彼女はペットを飼ってるの？）

  b. This dictionary *must* not be removed from the library.　[原形不定詞]

   （この辞書は図書館から持ち出してはいけません）

  c. They *ought* to respect the law.（法律を尊重すべきだ）　　[to 不定詞]

  d. They *are* coming.（奴らは来るよ）　　　　　　　［現在分詞（進行形）］

  e. It *was* done.（それはやりました）　　　　　　　［過去分詞（受動態）］

  f. I *have* finished.（僕は終わりました）　　　　　［過去分詞（完了形）］

 このように，動詞と助動詞は同じ動詞類として，「述部の主要部になる」「時制を持つ」「主部を必要とする」という共通点を持ちながら（本章1節(1)参照 p. 210），どのような補部を取るのかという点で明確に区別される．

 次に，(8b) の「自動詞」と「他動詞」の区別について説明すると，自動詞は目的語を取らない動詞，他動詞は目的語を取る動詞ということになる．しかし，問題は，「目的語（object）」がどのような概念であるかを一言で説明することが難しい点にある．目的語の定義については，第1章1節 (p. 22ff) で詳述したので，詳しくはそちらを参照してほしい．

1.1.2. 動詞の補部

　ここでは，動詞という品詞がどのような補部を取るかを具体的に見ていく．動詞の補部になることができる要素は，補部を取らない「ゼロ（ø）」の場合も含め，主部の類・叙述の類に含まれる要素のほとんどである．動詞の補部になることができない要素は，助動詞・連結詞・関係詞のみである．動詞の補部になることができる品詞は，名詞・名詞を伴った冠詞・代名詞・節を伴った名詞的従属接続詞・疑問詞節・動詞（準動詞）・形容詞・副詞・名詞を伴った前置詞・節を伴った副詞的従属接続詞である．以下では，品詞ごとに一つ目の補部になる場合と二つ目の補部になる場合の具体例を挙げていく．[3]　（①は一つ目の補部，②は二つ目の補部であることを表す．)

(11)　ゼロ

　　　I *agree* ø.（賛成だね）

(12)　名詞

　　a.　Andre made me *look* a complete fool.　　　　　　　　[① C]
　　　　（アンドレと一緒にいると僕は完全な愚か者に見られるよ）
　　b.　Thomas *stroked* his beard.　　　　　　　　　　　　　[① O]
　　　　（トーマスは自分の髭をなでた）
　　c.　The heat has *turned* the milk sour.　　　　　　　　　[① O + OC]
　　　　（暑さで牛乳が酸っぱくなってしまったよ）
　　d.　Yevgeny *treated* his car almost as tenderly as he did his dog.
　　　　　　　　　　　　　　　　　　　　　　　　　　　　[① O + M]
　　　　（イェフゲニーは自分の車を，自分の犬にするのと同じくらい愛情をもって扱っていた）
　　e.　We must *remind* Dick that there's a party on Friday night.
　　　　　　　　　　　　　　　　　　　　　　　　　　　　[① IO + DO]
　　　　（ディックには金曜日に夜にパーティがあることを言っておかなくちゃ）
　　f.　They *elected* Martina their leader.　　　　　　　　　[② O + OC]
　　　　（マルティナをリーダーに選んだ）
　　g.　I'll *show* you my diploma.　　　　　　　　　　　　　[② IO + DO]
　　　　（僕の学位を見せるよ）

---

　[3] 動詞の補部が二つ存在する場合，一つ目の補部は必ず主部の類で目的語である．特に，間接目的語は，人もしくはそれに準ずる擬人化された名詞か代名詞に限られる．

1.1. 動詞

(13) 代名詞
   a. That's me. (それは私です) [① C]
   b. I got it. (分かった) [① O]
   c. I want to see you happy. [① O + OC]
      (君が幸せなのを見たいんだ)
   d. The secretary showed him into the manager's office. [① O + M]
      (秘書は彼を支配人の部屋に案内した)
   e. Her friends will save her a seat. [① IO + DO]
      (彼女の友達が彼女の席は取っておいてくれるよ)
   f. I want to call him something cute in a different language so he won't understand what it means. [② O + OC]
      (彼のことを違う国の言葉で何か可愛い呼び方をしたいの. 彼にはそれがどういう意味だか分からないように)
   g. Come over here – I want to show you something. [② IO + DO]
      (こっちにおいでよ, 見せたいものがある)

(14) 名詞的従属接続詞
   a. The trouble is (that) there aren't any trains at that time. [① C]
      (困ったことに, その時間は電車がないんだ)
   b. It's worth mentioning that they only studied a very small number of cases. [① O]
      (彼らが非常に限られた数の症例しか研究していないことは一言触れておく価値がある)
   c. I found it strange that she didn't want to play. [① O + OC]
      (彼女がプレーしたくないのは変だと思った)
   d. Go and ask Ili if he's coming tonight. [② IO + DO]
      (行ってイリーに聞いてこいよ. 今晩来るかどうか)

(15) 疑問詞節
   a. Petr is an impressive player. That's why he made the team. [① C]
      (ペトルは印象に残る選手だよ. だからチームのメンバーに選ばれたんだ)
   b. I don't know when I'll see Jana again. [① O]
      (何時ヤナにまた会えるのか分からないんだ)
   c. Lindsay showed us how we ought to behave. [② IO + DO]
      (リンジーは, 我々がどう振る舞ったらいいかを説明してくれた)

(16) 原形不定詞
 a. She helped <u>set the table</u>. （彼女は食卓の準備を手伝ってくれた）　[① <u>O</u>]
 b. Don't let this opportunity <u>slip away</u>.　[② O + <u>OC</u>]
  （この機会を逃してはいけない）

(17) 不定詞
 a. Much *remains* <u>to be done</u>.　[① <u>C</u>]
  （やらなければならないことがたくさんある）
 b. I didn't *like* <u>to disturb you</u>.　[① <u>O</u>]
  （君の邪魔をしたくなかったんだ）
 c. Billie *finds* it a strain <u>to meet a lot of new people</u>.　[① O + <u>OC</u>]
  （ビリーはたくさんの新しい人に会うのは負担だと思っている）
 d. I'll *tell* them <u>when to stop</u>.　[② IO + <u>DO</u>]
  （いつ止めればいいかはこちらから彼らに言います）
 e. They *consider* themselves <u>to be Europeans</u>.　[② O + <u>OC</u>]
  （彼らは自分たちをヨーロッパ人だと思っている）

(18) 動名詞
 a. Seeing *is* <u>believing</u>. （百聞は一見にしかず）《諺》　[① <u>C</u>]
 b. I *hate* <u>my students quarreling</u>.　[① <u>O</u>]
  （［もう止めてくれ．］自分の生徒同士が喧嘩するのは好きじゃない）
 c. This *made* <u>obtaining a loan</u> virtually impossible.
          (Huddleston and Pullum (2002: 1255))
  （これのせいで借入が事実上不可能になったんだ）　[① <u>O</u> + OC]
 d. We've been *giving* <u>moving to Sydney</u> a good deal of thought recently.　[② <u>IO</u> + DO]
  （最近，シドニーに引っ越すことをかなりきちんと考えているんだ）
 e. I *call* that <u>taking advantage of him</u>.　[② O + <u>OC</u>]
          (Huddleston and Pullum (2002: 1252))
  （それは彼を利用しているってことだよ）

(19) 分詞
 a. He *keeps* <u>going on about the murder</u>.[4]　[① <u>C</u>]
  （ヤツはいつも例の殺人のことばかり話すんだ）

---

[4] しばしば，keep on -ing の形で用いられる．その場合の on は，「持続性，しつこさ (per-

  b. I'm *getting* excited about my vacation.[5]   [① C]
   （休暇のことを考えるとワクワクしてくるよ）
  c. I *kept* him waiting outside for over two hours.   [② O + OC]
   （彼を 2 時間以上外で待たせたんだ）
  d. Can you *make* yourself understood in Greek?   [② O + OC]
   （ギリシャ語で言いたいことが言えますか？）

(20) 形容詞
  a. Virginia *seemed* stupid.   [① C]
   （バージニアはバカみたいだったよ）
  b. Jan *thought* Virginia stupid.   [① O + OC]
   （ヤンは，バージニアはバカだと思った）

(21) 副詞
  a. He *behaved* badly.   [① M]
   （彼は行儀が悪かった）
  b. Ask David to *move* these chairs next door.   [② O + M]
   （デイビッドにここに並べてある椅子を隣の家に動かしてもらえ）

(22) 前置詞
  a. Do you think I could *pass* as a Frenchman?   [① M]
   （僕はフランス人で通ると思う？）
  b. What *prevents* you from coming earlier?   [② O + M]
   （なぜもっと早く来られなかったの？）

(23) 副詞的従属接続詞
  a. He *behaves* as if he owned the place.   [① M]
   （彼はまるでその場所の持ち主であるかのように振る舞った）

---

sistence)」を強調し（Wood (1964: 146)），品詞は副詞になる．時として，-ing が省略され，on のみが残ることもある．
 (i) Turn to the left and keep on till you come to the church. (i.e. keep on going)
  （左に曲がって，教会までずっと行ってください）
[5] 過去分詞が主格補語になる場合，その過去分詞は形容詞化している．その証拠に，この場所に現れる過去分詞は，普通の形容詞と同じように程度を表す副詞によって修飾されうる．
 (i) a. I was *very* interested to learn that Nancy had once lived in Boston.
   （ナンシーがかつてボストンに住んでいたことを知ってとても興味を持った）
  b. I was *really* tired after the boring journey.
   （退屈な旅の後で本当に疲れた）

b. Don't accept everything you see on TV <u>as if it were the truth.</u>

[② O + <u>M</u>]

(テレビで見たことはすべて本当であるかのように受け止めちゃいけないよ)　　　　　　　　　　　　　　　　　　(Hornby (1975: 61))

1.1.3.　状態動詞と動作動詞

　状態動詞とは，文字どおり動詞の持つ本来的な意味が状態的で，それゆえ状態的な意味を表す文法形式である進行形とは本質的に共起しにくいという特性を持っている．一方，動作動詞とは，行為や動作といった動的な意味を表す動詞で，進行中の動作などの状態的な意味を表すためには，進行形という形で現れる動詞の仲間を言う．

(24) a. *I'm <u>knowing</u> Tom.　　　　　　　　　　　　　　[状態動詞]
　　　b. We were <u>thinking</u> about it. (それを考えていました)　[動作動詞]

　また，状態動詞は普通に現在時制で用いられるが，動作動詞が現在時制で用いられるのは，習慣的意味で用いられる場合，瞬間的意味で用いられる場合，変更不可能な予定を表す場合など，ごく限られた場面に限られる．

(25) a. I <u>know</u> Tom. (トムを知っています)　　　　　　　　[状態動詞]
　　　b. We <u>think</u> about it. (我々はそれを考えます)　　　　　[動作動詞]

　訳語を見て分かるように，(25a) はごく自然な表現であると感じられるが，(25b) はどのような状況で用いられるのかすぐには思い浮かばない．想像できる状況としては，芝居のト書きなどで，ある場面における「我々」の役目が「それを考える」であるとして，台本に書かれているというくらいで，日常で頻繁に用いられる表現ではない．このように，動作動詞が現在時制で用いられると，違和感を感じることはしばしばある．

　状態動詞は，動作動詞に比べて数が限られており，その表す意味に応じていくつかに分類される．

(26) a. 存在しているその状態や二つ以上のものの関係を意味する動詞
belong (所属する), consist (なる), contain (〜を含む), deserve (〜に値する), differ (異なる), exist (存在する), matter (重要である), own (〜を所有する), possess (〜を所有する), remain (〜のままである), resemble (〜に似ている) など

b. 感情や心理状態，思考・好悪を意味する動詞
believe（～を信じている），care（～に関心がある），consider（～だと考える），doubt（～を疑う），fear（～ではないかと心配する），find（～は...だと思う），forget（～を忘れる），imagine（～を想像する），know（～を知っている），regret（～を後悔する），recognize（～の覚えがある），remember（～を覚えている），suppose（～だと思う），think（～と思う），trust（～を信頼する），understand（～が分かる），like（～が気に入っている），love（～がとても好きである），prefer（～が好きである），hate（ひどく嫌う）; hope（～を望む），want（～がほしい），wish（～すればいいのだがと思う）など

c. 人間の五感を表す知覚動詞
see（～が見える），look（視線を向ける），appear（～のように見える），hear（～が聞こえる），sound（～に聞こえる），smell（～の匂いがする），feel（～の感じがする），taste（～の味がする）など

しかしながら，状態動詞でも文中で用いられる意味が動作的になれば，進行形で用いることができる．

(27) a. I am seeing the doctor this afternoon.
(午後，医者に診てもらう予定だ)
b. He is having breakfast in his own room.
(自分の部屋で朝食を食べています)

状態動詞は，進行形にならないという性質以外にも，その多くが次のような場合にも用いられないという性質を共有している．[6]

(28) a. *Know the answer!　　　　　　　　　　　　［命令文で］
b. *James reluctantly/enthusiastically/carefully knows the answer.
　　　　　　　　　　　　　　　　　　　　　　［様態の意味を持つ副詞と］
c. *What James does is know the answer.　　　［疑似分裂文で］
d. *James knows the answer and Bill does so, too.　　［do so 構文で］
e. *I persuaded James to know the answer.
　　　　　　　　　　　　　　　　　　［persuade の補部の to 不定詞句で］

---

[6] すべての状態動詞がこの性質のすべてを共有しているわけではなく，動詞によって，ある構文では用いられるが，別の構文では用いられないというような多少の違いはある．

f. *James knows the answer for my sake.　　　　[for one's sake と]
　　g. *James knows the answer instead of looking for the way to solve it.
　　　　　　　　　　　　　　　　　　　　　　　　　　　[instead of と]

　このように，状態動詞と動作動詞の区別は，進行形との関係だけでなく，様々な言語事象と深く関係しているため，その感覚を正確につかんでおくことは重要である．これは，名詞が可算名詞なのか不可算名詞なのかの区別と平行するところがある．この点については，Part II の「0.2. 固体的範疇と液体的範疇」(p. 91) を参照してほしい．

1.2.　助動詞

　本節では，普通の動詞を「本動詞 (main verbs)」と呼んで，助動詞と区別し，本動詞と助動詞をあわせて「動詞」と呼ぶことにする．

　(29)　動詞
　　　　助動詞　(be, have, do, may, will, have (to + infinitive),[7] need, ought, ...)
　　　　本動詞　(be, have, do, get, make, need, help, go, come, ...)

助動詞の性質は次のとおりである．

　(30) a.　述部の主要部になることができる．
　　　 b.　主部を必要とする．
　(31) a.　常に動詞を補部に取る．[8]
　　　 b.　疑問文・否定文になるときに「do による支え (do-support)」を必要としない．

ここで，(30) は本動詞・助動詞に共通する特性，(31) は助動詞独自の特性である．言い換えると，助動詞にはない，本動詞独自の特性は次のようになる．

　(32) a.　動詞以外も補部に取る．

---

　[7] have (to + infinitive) は，普通は have to と表記されるが，本書では have という助動詞が to 不定詞を補部に取ると考えるため，このように表記する．同様に，be to については，be (to + infinitive) と表記するが，ought to と used to については，後ろの to 不定詞を明記しなくても分かるため，そのまま ought, used と表記する．

　[8] can, may, used, ought などの法助動詞は（一部の方言を除き）助動詞の補部になることはできない．

b. 疑問文・否定文になる時に do による支えを必要とする.

以上を一覧表にすると次のようになる.

(33)
動詞	
主部を必要とする	
述部の主要部になる	
助動詞	本動詞
補部は動詞のみ	補部は名詞・動詞・形容詞など
do の支えは不要	do の支えは必要

まず，本動詞と助動詞が共有している (30) の性質の具体例を見ていこう．四角で囲まれた部分が主要部，イタリック部分が補部，四角を含む下線部が述部を表す．

(34) a. He was *here* until about ten-thirty.
　　　　S　P
　　　（彼は 10 時半頃までここにいた）

　　b. He was *crossing* the street then. （彼はその時通りを渡っていた）
　　　　S　P

(35) a. Being a baker (= As/Since *he* is a baker), *Dick* has to get up early.
　　　　　　　　　　　　　　　　　　S　P
　　　（パン屋であるがために，ディックは早起きをしなければならない）

　　b. Having lost the bet (= Since *he* had lost the bet), *Dick* had to pay for lunch.　　　　　　　　　　　　S　P
　　　（賭に負けたがために，ディックは昼食代を払わなければならなかった）

次に，(31) に挙げた助動詞独自の特性を具体例で見ていこう．助動詞は，(36) のように，活用形は様々でも動詞のみを補部に取り，(37b-d) のように動詞以外が補部になると統語的に容認不可能になる．

(36) a. She would sooner *lose* everything than *admit* that she was wrong.
　　　［原形不定詞］
　　　（彼女は，自分が悪かったと認めるくらいならすべてを失ったほうがましだと思っている）

b. Aunt Mary said winters used *to be* harder here. ［to 不定詞］
   （メアリーおばさんは，ここら辺は冬は昔はもっと厳しかったと言った）
   c. Andy is *studying* linguistics at Harvard. ［現在分詞］
   （アンディーはハーバードで言語学を勉強しています）
   d. President Kennedy was *killed* by Lee Harvey Oswald in 1963.
   ［過去分詞］
   （ケネディ大統領は，1963 年にリー・ハービー・オズワルドに殺された）
(37) a. They may have *to widen* the road to cope with the increase in traffic.
   （交通量が増えたから道路を広げなければならないかも知れない）　［動詞］
   b. *They may have *width* the road to cope with the increase in traffic.
   ［名詞］
   c. *They may have *wide* the road to cope with the increase in traffic.
   ［形容詞］
   d. *They may have *widely* the road to cope with the increase in traffic.
   ［副詞］

また，助動詞は do による支えは必要としない．

(38) We must go.（我々は行かなければならない）
   cf. *We did not *must* go. / We must not go.
   cf. *Do we *must* go? / *Must* we go?［疑問文］

ただし，助動詞の have はこの限りではない．

(39) a. Tom doesn't *have* to wear uniform at school.
   （トムは学校で制服を着る必要はないんだ）
   b. Ann hasn't *got* to go to this lecture. Attendance is optional.[9]
   (Thomson and Martinet (1986: 144))
   （アンはこの講義に行く必要はないよ．出席しなくてもいいんだ）
(40) a. Does he *have* to go?
   （彼，行かなければいけないの？）

---

[9] Thomson and Martinet (1986: 143) では，haven't to 〜 という形は認められていないが，Huddleston and Pullum (2002: 112) では，一部の方言に限られるとしながらも認められている．

b. Has he *got* to go?[10]　　　　　　(Thomson and Martinet (1986: 144-145))
　　(彼, 行かなくちゃいけないの？)

used も do による支えを受けることがある.

(41) a. Roy didn't *use* to smoke. (ロイは昔は吸ってなかったよ)
　　b. Roy used not to smoke, did he?[11]　(ロイは昔は吸ってなかったよねえ)
(42) a. Did Nancy *use* to come here?
　　b. Used Nancy to come here? (ナンシーは昔はここに来てたの？)

dare は助動詞としての用法と, 本動詞としての用法があるが, do による支えを受けながら原形不定詞を補部に取るという両方の働きを兼ねた用法もある. ただ, (48c) のような場合は, do の支えを受けているため, 本動詞の補部の to が省略可能であると見る.

(43) a. Francoise wanted to ask John, but she didn't *dare*.　　[本動詞]
　　　(フランソワはジョンに尋ねたかったのだが, 敢えてそうしなかった)
　　b. They dared not *move*.　　　　　　　　　　　　　　[助動詞]
　　　(彼らは敢えて動こうとしなかった)
　　c. They didn't *dare* (to) *say* anything.　　　　　　　　　[本動詞]
　　　(彼は敢えて何も言わなかった)

助動詞と本動詞の文法的な違いを見た後は, 助動詞という品詞の特徴に目を向けてみよう. 助動詞はその形態的・統語的・意味的特徴から次のように分けられる (cf. Quirk et al. (1985: 136ff)).

(44) a. 第一次助動詞：do, be, have
　　b. 法助動詞：　　can, could, may, might, must, will, would, shall, should
　　c. 準法助動詞：　dare, need, ought, used, had better, would rather/sooner, etc.

---

[10] Thomson and Martinet (1986: 144) では, have I to ～ という形を認めているが, Huddleston and Pullum (2002: 112) では, この形は一部の方言に限られるとしている.
[11] Thomson and Martinet (1986: 151) および *OALD*[8] では, usedn't という縮約形も認められている.

d. 擬似助動詞： be going (to + infinitive), be able (to + infinitive), be about (to + infinitive), be bound (to + infinitive), be likely (to + infinitive), be obliged (to + infinitive), be supposed (to + infinitive), be willing (to + infinitive), etc.

第一次助動詞とは，主部の人称・数にしたがって形を変える助動詞である．補部として後ろに続く動詞の形は，原形不定詞・to 不定詞・現在分詞・過去分詞と様々である．[12]

(45) a. Margaret doesn't *like* him.　　　　　　　　　　　　［原形不定詞］
　　　（マーガレットは彼のことを好きじゃないのよ）
　　b. Does she *play* the piano?（彼女ピアノ弾ける？）　　［原形不定詞］
　　c. Please be quiet. I'm *reading*.　　　　　　　　　　［現在分詞（進行形）］
　　　（静かにしてください．読書中です）
　　d. The girl was *killed*.　　　　　　　　　　　　　　［過去分詞（受動態）］
　　　（その少女は殺された）
　　e. No one is *to leave* this building without the permission of the police.
　　　（誰も警察の許可なしにこのビルから出ることはできません）　［to 不定詞］
　　f. I've *seen* Ken this morning.　　　　　　　　　　［過去分詞（完了形）］
　　　（今朝ケンを見かけたよ）
　　g. I have *to wipe* my feet every time I come in.　　　［to 不定詞］
　　　（中に入るときは必ず足を拭かなきゃいけないんだ）

法助動詞は，主部の人称・数にかかわらず形を変えない．

(46) a. *I* can't pay you now. Can *you* wait until next week?
　　　（今は払えないんだ．来週まで待てる？）　　［一人称単数・二人称単数］
　　b. Manuel may be slow, but he does a very good job.　　　［三人称単数］
　　　（マヌエルはやるのは遅いかも知れないけど，とてもいい仕事をする）

---

[12] have (to + infinitive) と be (to + infinitive) については，(44b) に挙げる法助動詞に分類するのが普通だが，ここではあくまでも主部の人称・数に一致して形を変える動詞という形態論的な理由から，第一次助動詞に分類した．したがって，have (to + infinitive), be (to + infinitive) が表す義務・予定などの意味を考えた場合には，これらを法助動詞と考えるのが妥当である．

1.2. 助動詞

c. *All passengers* must exit at the next stop.　　　　　［三人称複数］
（お客様は全員次の駅で出なければなりません）

次に，準法助動詞は，その名のとおり何らかの意味で法助動詞に準ずるグループである．次の (47) では，主語との人称・数に関わる一致（AGR），doの支え（*do*-spt.），時制（tense），補部（comp.），本動詞の用法（main v.），平叙文での用法（assertive），表す意味（meaning），語数（number）に関して，典型的な法助動詞である can との比較を一覧表にしたものである．

(47)

	AGR	*do*-spt.	tense	comp.	main v.	assertive	meaning	number
can	**no**	**no**	**both**	**bare**	**no**	**yes**	**modality**	**1**
need	no	no	present	bare	yes	no	modality	1
dare	no	no	both	bare	yes	no	modality	1
ought	no	no	present	to	no	yes	modality	1
used	no	no	past	to	no	yes	time	1
had better	no	no	past	bare	no	yes	modality	2
would rather/sooner	no	no	past	bare	no	yes	modality	2

この表からも，can 以外の助動詞が何らかの点で典型的な法助動詞である can と異なることが分かる．以下にそれぞれの例を挙げる．

(48) a. You need *only* look at him to understand why I fell in love.
　　　（彼を見てもらえればなぜ私が好きになったか分かってもらえるわ）
　　b. This is a problem which dare *not* be overlooked.
　　　　　　　　　　　　　　　　　　　　　　　　　(Quirk et al. (1985: 139))
　　　（これは，我々が（触れたくないからといって）黙認できるような問題じゃないよ）
　　c. David ought *to be* here by now.
　　　（デイビッドはもう来てるはずだよ）
　　d. *Did* you use *to work* there?
　　　（昔あそこで働いてたの？）
　　e. Had*n't* you better leave now if you want to get there on time?
　　　（予定の時間に着きたいのなら，今出なきゃダメなんじゃない？）

f. George would sooner lose everything than admit that he was wrong.
　　　（ジョージは自分が悪いと認めるんだったらすべてを失ったほうがましだと思っている）

　最後に，擬似助動詞は複数の語がまとまって一つの助動詞として機能するものである．これらの助動詞は最初の構成素である be 動詞が主部の人称・数に応じて変化する．また，この be 動詞を原形不定詞の形で用いることも可能であるため，他の助動詞に後続して使われることもある．

(49) a. I told her *I* was quite willing to do it.　　　　　［一人称単数］
　　　（彼女にはすすんでそれをすると言っておいたよ）
　　b. What time are *you* supposed to be there?　　　　［二人称単数・複数］
　　　（何時にそこに行くことになってるの？）
　　c. *Germany* is going to win the European Championship.
　　　（ドイツがヨーロッパ選手権を制しそうだ）　　　　［三人称単数］
　　d. Tony *will* be obliged to resign.　　　［原形不定詞（will の補部）］
　　　（トニーは辞職せざるを得ないだろう）
　　e. *No one is likely to* be able to recognize Naoko.
　　　（誰も直子だと分かりそうもないなあ）
　　　　　　　　　　　　　［三人称単数・原形不定詞（be likely to の補部）］

以下では，助動詞に関する様々な文法現象を，次の順で説明していく．

　　1.2.1.　法
　　1.2.2.　法助動詞
　　1.2.3.　アスペクト
　　1.2.4.　時制・未来表現
　　1.2.5.　完了形
　　1.2.6.　進行形
　　1.2.7.　受動態

1.2.1.　法

「法（mood）」とは，話し手が，話そうとする内容について，どの程度事実として認めているか，どの程度想定上のものと考えているかに応じて変化する動詞の形や助動詞のことである．現代英語には次のような法がある．

(50) a. 形態論的法（動詞の変化による場合）
直説法・仮定法・命令法
b. 語彙的法（法助動詞による場合）
can, may, must, will, have (to + infinitive), be going (to + infinitive), etc.

法は，多くの言語において，文法上最も上位の位置に表れる．文法上上位の位置というのは，具体的に言えば，日本語の場合には動詞句の最後，英語の場合であれば動詞句の最初である．[13]

(51) a. They <u>may</u> have been old-fashioned, but they <u>were</u> excellent teachers.
b. あの人たちは考え方が古かった<u>かもしれない</u>けど，優秀な先生たち<u>だった</u>．

以下では，この法の具体的な種類について見ていく．

1.2.1.1. 直説法

直説法とは，話し手が文で述べようとする事柄を事実として認定している際に用いる動詞の形である．現代英語における直説法の最大の特徴は，現在・過去の時制を持つことと，主部の人称・数に一致して動詞が変化することである．直説法については，1.2.4 節（p. 253）で詳しく述べるため以下にいくつかの例を挙げるに留めておく．

(52) a. It is *I* who <u>am</u> to blame for the accident.
b. Either you or *she* <u>is</u> wrong.
c. *He* as well as his parents <u>is</u> attending the funeral tomorrow.

(=第 4 章 2.1.1 節 (9))

直説法に関連して，if 節（条件節）内で用いられる will について，簡単に補足しておく．次のように，時や条件を表す副詞節の中では未来を表す will は用いられないというのが原則である．

---

[13] 原則として英語は主要部―補部，日本語は補部―主要部の語順になるため，英語の場合には文法的に上位の要素は前に，日本語の場合には文法的に上位のも要素は後に来ることになる．

(53) a. *When* you are finished, call me. (終わったら電話ちょうだい)
　　 b. *If* I see Lesley I'll ask her. (レスリーに会ったら聞いておくよ)
　　 c. *If and when* I ever meet Chuck again, I hope he remembers what we did today. (もし今度チャックに会う時には，彼には今日したことを覚えていてほしいな)
　　 d. I'll stay home *until* Fred gets back.
　　　 (フレッドが戻ってくるまで家にいるよ)
　　 e. Nicola will fail the course *unless* she gets a 90 on the exam.
　　　 (ニコラがこの科目に合格するためには 90 点を取るしかない)
　　 f. We must not give patients solid food *unless and until* their fever breaks. (熱が下がらない限り患者に固形食を与えてはいけません)

しかし，if 節の場合，will が意志の意味で用いられたり，相手に対する丁寧な依頼を表したりする場合には will が用いられる．

(54) a. *If* Neale will listen to me I'*ll be able to help* him.
　　　 (もしニールが私の言うことを聞くつもりがあるなら，手を貸すことはできるよ)
　　 b. *If* you will sit down for a few moments I'*ll see* if Mr Jones is free.
　　　 (しばらく座ってお待ちいただければ，ジョーンズさんがお忙しくないかどうか見てまいります)

さらに，普通は出来事が生じる順番は if 節の出来事が生じてから，主節の出来事が生じるが，逆に主節の出来事が生じた結果が if 節の出来事につながるような場合にも，if 節の中に will が現れる．

(55) a. If it will make you happier (as a result), I'*ll stop* smoking.
　　　 ([私が禁煙したら結果として] 君が喜ぶのなら，禁煙をしよう)
　　 b. He *is* not above telling a lie, if it will serve his purpose.
　　　 (彼は自分の目的にかなうとなれば，うそもつきかねない男だ)

(江川 (1991: 212))

この if 節の中に will が現れる現象で重要な点は，用いられる法が直説法であるという点である．条件節（すなわち if 節）というのは，帰結節（すなわち主節）が成立するための前提条件となっているために，話し手にとっては全くの事実として認識される．そのために，原則として条件節には直説法しか許され

ず，will でも「意志」(ここでは「依頼」も「意志」の一種) や「成り行き」(または「習性」) を表す場合には出現できるようになるのである．

1.2.1.2. 仮定法

仮定法とは，話し手が非現実的な事柄であると判断するときに用いられる動詞の形で，現代英語の場合には「仮定法現在 (subjunctive present)」「仮定法過去 (subjunctive past)」「仮定法過去完了 (subjunctive past perfect)」の三つの形が一般に認められている．[14]

仮定法現在は，次のように命令・要求・主張などの意味を表す動詞・形容詞・名詞の後の that 節中において用いられるのが原則である．[15]

(56) a. The committee {proposes/proposed} (that) Mr. Day *be* elected.[16]
（委員会はデイ氏を選ぶよう提案している／した）

---

[14] 学者によっては，仮定法過去と仮定法過去完了を区別せず，仮定法現在と仮定法過去の二つの形のみを認めている (cf. Quirk et al. (1985))．

[15] まれなケースとしては，次のように「慣用的に用いられる用法」と「if, whether, lest などの節内で用いられる用法」が挙げられるが，いずれも文語体である．
  (i) 慣用的用法
    a. Come what may, we will go ahead with our plan.
      （何があろうとも，我々の計画は引き続き実行していく）
    b. God save the Queen!（女王陛下万歳）
    c. Suffice it to say that the movie is not suitable for children.
      （その映画は子ども向けではないと言っておけば十分だ）
    d. Long live democracy!（民主主義万歳）
    e. Be that as it may, ...（それはともあれ, ...）
    f. So be it.（それならそれで仕方がない）
    g. Come next week, I'll be lying on a beach.　　(Greenbaum and Nelson (2009: 81))
      （来週になれば，浜で寝転んでいるだろう）
  (ii) if, whether, lest 節内
    a. (Even) *if* this be the unofficial view, we cannot accept it.
      （たとえそれが非公式な見解であるとしても，受け入れられない）
    b. Karen sat up late worrying *lest* Ashley be held up on the way home.
      （カレンはアシュリーが途中で遅れているのはないかと心配しながら遅くまで起きていた）

[16] この例からも分かるように，補文中の仮定法現在は時制の一致を受けないのが原則である．時制の一致が直説法における現象だからである．

b. They recommend
c. It is appropriate } that this tax *be* abolished.
d. We were faced with the demand

(Quirk et al. (1985: 156))

（彼らはこの税は廃止したほうがいいと勧めている）

（この税は廃止したほうがいい）

（この税は廃止すべきだという要求に直面している）

(56) に挙げた propose, recommend, appropriate, demand 以外に，後続する that 節内に仮定法現在が用いられる動詞・形容詞・名詞には次のような語がある．

(57) a. verbs: *decide, insist, move, order, prefer, request,* etc.
b. adjectives: *advisable, desirable, fitting, imperative,* etc.
c. nouns: *decision, decree, order, requirement, resolution,* etc.

仮定法過去と仮定法過去完了は if 節内で用いられることが最も多い．

(58) a. If S V [past] / were ...,
　　　S *would/could/might/should* + V *[bare infinitive]* ....
　　　　　　　　　　　　　　　　　　　　　　　　　　　［仮定法過去］
b. If S V [past perfect] ...,
　　　S *would/could/might/should* + *have* + V *[past participle]* ....
　　　　　　　　　　　　　　　　　　　　　　　　　　　［仮定法過去完了］

仮定法過去と仮定法過去完了は，原則的には，共に「事実と反対の仮定」を表す．仮定法過去と仮定法過去完了の違いはそれぞれが指し示す時間の違いである．仮定法過去は現在の事実に反対の仮定，仮定法過去完了は過去の事実に反対の仮定を表す．

(59) a. If I were in charge, I'*d do* it differently.
　　（僕が担当だったら別の方法でやるんだけどなあ）
b. If I were rich, I *would buy* a new car.
　　（お金さえあれば，新車を買うんだけどなあ）
c. If he could speak German, I *might employ* him.
　　（彼がドイツ語を話せるんだったら雇うんだけど）

(60) a. If I had known that you were coming, I *would have met* you at the station.（来るって分かっていれば，駅まで迎えに行ったのに）
   b. If she had been found earlier, she *might have been saved*.
（もう少し早く見つかっていれば，救出されてたかもしれないのに）
   c. Angela *would have been* here by now if she'd caught the early train.
（アンジェラは早い電車に乗っていたら今頃はここにいたはずなのに）

仮定法過去は現在の事実に反する仮定ではなく，未来において実現する可能性の低いと判断される仮定をも表す。[17]

(61) a. If we caught the 2 o'clock train, we *would/could/might get* there before dinner.
（2 時の電車に乗れば，夕食前にはそこに着くだろうけど）
   b. If she were to try harder next time, she *would pass* the examination.
（もし彼女が次の時にもっと努力するのであれば，試験に合格するだろうけどねえ） (Quirk et al. (1985: 1010))
   c. If you should fail, what *would* you *do*?
（もし失敗したらどうするの？）

仮定法過去・仮定法過去完了は，ともに，I wish や as if の後でも用いられる．

(62) a. *I wish* this bus went to the stadium.
（このバスがスタジアムに行ってくれればなあ）
   b. *I wish* I had passed the examination.
（試験に合格していたらよかったんだけど）
   c. Mervyn acts *as if* he knew everything.
（マービンはまるですべてを知っているかのように振る舞うね）
   d. She looks *as if* she had seen a ghost.
（彼女はまるで幽霊に会ったかのような顔をしている）

「過去において～であったなら，今は ... だろうに」という意味を表す場合であれば，if 節内に仮定法過去完了の形を用い，主節に仮定法過去の形を用いることもある．

---

[17] should と were to を「仮定法未来」という名称で扱うこともある．これらの表現も未来における実現可能性の低い事柄を表す表現であるためにそのように呼ばれる．

(63) If I had won the lottery I *would buy* a sport car.

(Huddleston and Pullum (2002: 752))

（あの時宝くじに当たっていたらスポーツカーを買うんだけどなぁ）

逆に if 節内に仮定法過去の形を用い，主節に仮定法過去完了の形を用いて「～なら，あの時は ... だっただろうに」という意味を表す場合もある．

(64) If she were more forgiving, they *might have reached* an agreement.

(Peters (2004: s.v. *if*))

（彼女がもっと寛大なら，彼らは合意に達していただろうに）

1.2.1.3. 命令法

命令法というのは動詞の活用形に関する名称である．命令法には原形と同じ形の1種類しかないため，形については単純である．通常は，主部のない動詞から始まる形で用いられる．

(65) a. *Behave* yourself!（お行儀よくしなさい）
  b. *Don't* make me say it.
   （それを私に言わせるな．（＝言わなくても分かるでしょう？））
  c. Never *mind*.（気にするなよ）
  d. *Excuse* me.（失礼しました）
  e. Please *give* my best regards to Professor Williams.
   （ウィリアムズ教授に宜しくお伝えください）
  f. Let's *let* her take the credit this time.
   （今回は彼女に花を持たせることにしましょう）

このように，英語の命令文は主部がないのが原則であるが，時として主部が形式上現れてくることがある．

(66) a. You be quiet!（君（たち），静かにしなさい！）　　　［二人称］
  b. Everybody shut their eyes.（みんな目を閉じて）　　［三人称単数］
  c. Men in the front row take one step forward.　　　［三人称複数］
   （最前列の人は一歩前に出てください）

(以上，Quirk et al. (1985: 828-829))

命令文については，第3章1.3節 (p. 71) を参照されたい．

1.2.2. 法助動詞

　法助動詞とは,「文で述べようとする内容に対する話し手の心的態度を表す助動詞」のことを言う.

(67) a. You must be tired.（絶対に疲れてるよ）
　　 b. They will be miles away by now.
　　　　（今頃はもうずっと遠くにいるんだろうなあ）
　　 c. The bus should arrive in a few minutes.（バスは数分で着くはずです）
　　 d. Smoking might be totally banned in most buildings.
　　　　（ひょっとすると喫煙はほとんどの建物で完全に禁止されるかもしれない）

法助動詞は,このように文で述べようとする内容に対する話し手の判断や推量を表すが,これ以外にも主部に関する能力や主部に対する許可・義務・命令なども表す.

(68) a. Carl can run fast.（カールは速く走ることができる）
　　 b. There is a set of rules which declares what club members may and may not do.
　　　　（会員がしていいこととしてはいけないことが書いてある規則がある）
　　 c. You shouldn't have gone.（君は行くべきではなかったよ）
　　 d. You must show your ID card.（身分証明書を見せなければいけません）

　このように,法助動詞は話し手の文内容に対する可能性を表したり,文の主部の能力や義務などを表したりすることがある.一般に前者を「認識的モダリティ (epistemic modality)」,後者を「根源的モダリティ (root modality)」と呼ぶ.[18]

　法助動詞には次のような語が含まれる.

(69) a. can, could, may, might, must, will, would, shall, should
　　 b. need, dare, had better, ought, used
　　 c. have (to + infinitive), be (to + infinitive), be going (to + infinitive)
　　　　　　　　　　　　　　　　　　　　　　　　　　　　　　　　（cf. (44)）

(69a) に挙げた法助動詞の現在時制と過去時制の対応は次のように示される.

---

[18]「モダリティ (modality)」とは,「法 (mood)」や「法助動詞 (modal auxiliaries)」によって表される意味範疇を表す用語である.

(70) 現在時制　can　　may　　must　　will　　shall
　　 過去時制　could　might　(had to)　would　should

ここで注目するべきは，下線を施した must と should である．must は OE の時期には mōste という形で，この語は mōt という動詞の過去時制であった．それが，現代英語では元の現在時制がなくなり，過去時制の must だけが残った．その理由は，法助動詞の現在時制と過去時制の違いによるものであると考えられる．法助動詞の場合，時制とは名ばかりで，その主な違いは，現在時制が直接的な意味を表すのに対して，過去時制が間接的な意味を表すところにある．次の場合，現在時制の can は直接的な依頼を表し，過去時制の could は間接的な依頼を表すため，結果として丁寧な依頼となる．

(71) a. Can you help me with these bags?
　　　　（このバッグを運ぶの手伝ってくれる？）
　　 b. Could you help me with these bags?
　　　　（このバッグを運ぶのを手伝っていただけますか？）

このように，時として表現を和らげるために間接的な過去時制が好まれ，現在時制の mōt がすたれて，過去時制の mōste が残ったものと考えられる．

　同じように，shall は元来「義務」の意味を表したが，現在ではその意味は「〜したほうがいい」という意味で should に受け継がれているだけで，shall はもっぱら未来を表すのに用いられる．さらには，その未来の意味ですら一人称主部の疑問文に限られ，使用頻度は極めて低くなっている．そして，must が過去の意味を全く持たないように，should も，時制の一致などのごく一部の場合を除けば，現代英語では過去の意味で用いられることはまずない．このように，特に聞き手に対して何かを求めるような場合には，現在時制よりも過去時制のほうが頻繁に用いられるようになる流れがある．

　(69b, c) は，法助動詞として (69a) に準じるもので，(69b) は原則として主部の人称・数に一致することなく常に同じ形で用いられ，(69c) は主部の人称・数に合わせて助動詞の形が変わる．

　本節では，一般的に法助動詞としてよく扱われるものを取り上げて，以下の順で説明していく．なお，便宜上，will, would, shall, should については，1.2.4.3 節 (p. 257) 以下「未来を表す表現」の中で詳しく見ていくことにする．

(72) a. can, could［能力・可能］［許可］［可能性］
　　 b. may, might［許可］［可能性］［祈願］［目的節・譲歩節の中で］

c. must, have (+ to infinitive) ［義務］［推量］
d. その他 (need, dare, had better, ought, used)

1.2.2.1.　can, could ［能力・可能］［許可］［可能性］

can が「能力」を表す場合の例を示す．どの場合にでも，主部にその能力が備わっている（もしくは備わっていない）ことを述べている．[19]

(73) a. She can speak five languages.
　　　　（彼女は5か国語を話すことができる）
　　b. He can't speak a word of Japanese.[20]
　　　　（彼は日本語を一言も話すことができない）
　　c. Can he cook?（彼って料理できるの？）
　　d. Even a small personal computer can store enormous amounts of information.
　　　　（小さなパソコンでも膨大な量の情報を保存することができる）

次に can が「可能」を表す場合を見てみよう．

(74) a. If you want a monkey wrench, you can get one at Costco.
　　　　（モンキーレンチがほしければ，コストコで手に入るよ）
　　b. I'm afraid Mr. Newcombe can't see you now — he's busy.
　　　　（申し訳ありませんが，ニューカムさんは今お会いすることはできません．お忙しいのです）

---

[19] このように，can に限らず，主部について何かを述べる法助動詞の文の場合，能動態と受動態の意味が変わってしまうことがある．
(i) a. She can't teach John. ['She is unable to teach John']
　　　（彼女はジョンを教えることはできない）
　　b. John can't be taught. ['It's impossible to teach him' or 'He is unable to learn']
　　　（ジョンを教えるのは不可能だ／ジョンは教わることはできない）

[20] can と can't の発音について，二つの語の発音の違いは，一見最後の /t/ という子音を発音するかしないかのように思われるが，実際の会話では母音部分の発音の違いで区別することが多い．つまり，肯定形の can は [kən] と弱く発音し，否定形の can't は [kæ(ː)n(t)] と強く（そしてやや長く）発音する．したがって，can の否定形を口語で用いる場合には，cannot を使うほうが無難であろう．

c. "You're needed here, Sven." "But what can I do?"
      (「スヴェン，今君が必要とされているんだ」「でも，僕に何ができるっていうんだい？」)

can が「可能」を表すのは，その場の状況で，主部が述部で述べられていることをすることが可能であるとか不可能であるといったことを述べる場合である．しかし，次のような場合には，「能力」とも「可能」とも解釈が可能で，必ずしもこの二つの意味が明確に分けられるというわけではない．

(75)　The police are doing all they can to find the suspect.
　　　(警察は容疑者を見つけるために全力を尽くしている)

次は，過去時制の could に話を移そう．

(76) a. He could speak Polish and Bulgarian.
　　　　([故人として] 彼はポーランド語とブルガリア語を話せたんだよ)
　　 b. When Lew left school at 16, he couldn't read or write.
　　　　(ルーは16で学校を卒業したときには，読み書きができなかった)
　　 c. We could go to Professor Smith's office whenever we wanted to.
　　　　(好きなときにいつでも，スミス教授の研究室に行くことができた)

「能力」の can が過去時制 could で過去の能力を表す場合，通常は過去の一般的能力を述べるのに用いられ，過去の一時点でたまたまできたことには，could の代わりに was/were able to などが用いられる．

(77) a. *I ran fast, and could catch the last train.
　　　　cf. I ran fast and was able to catch the last train.
　　　　　　(速く走ったので終電に間に合った)
　　 b. *I could run 10 km yesterday in under an hour.
　　　　cf. I managed to run 10 km yesterday in under an hour.
　　　　　　(昨日は何とか1時間足らずで10キロを走ることができた)
　　 c. *After six hours' climbing, we could get to the top of the mountain.
　　　　cf. After six hours' climbing, we succeeded in getting to the top of the mountain. (6時間登って，ようやく山頂に着くことができた)
　　 d. *We could find a really suitable person for the job.
　　　　cf. We found a really suitable person for the job.
　　　　　　(その仕事に本当に合った人を見つけた)

ただし，これは肯定の平叙文と疑問文の場合だけで，否定文の場合や動詞が知覚動詞[21] の場合には当てはまらない．

(78) a. I ran fast, but could*n't* catch the last train.
 （速く走ったけど，終電に間に合わなかった）
 b. She could *hardly* believe her eyes.
 （ほとんど自分の目を信じることができなかった）
 c. I could *only* get six eggs. (Swan (2005: §123.2))
 （6 個しか卵をもらえなかった）
 d. I could *almost* reach the branch.
 （もう少しで枝に届くところだった）
 e. I could *nearly* reach the branch.
 （ほとんど届くことができる状態だった）
 f. I could *just* reach the branch.
 （ちょうど届くことができた）
 g. I could reach the branch *because it was loaded down*.
 (Palmer (1990: 95))
 （枝が重みで垂れ下がっていたために届くことができた）

(78b, d, e) では実際には述部の出来事が実現しなかったことを表している．(78c) では，日本語訳が「〜なかった」という否定形になっていることからも分かるように，実際には 6 個もらえたとしても，その数を否定的に捉える only が用いられているために，could の使用が可能になる．(78f) でも，実際には枝に届いたことが述べられているが，just という語が，hardly と同じようにニュアンスとしてほとんど届いていないと同じ状態であることを表しているので，could の使用が可能になる．そして，最後の (78g) でも，実際には届いているが，because 以下で「重みで垂れ下がっていた状態だったために」と「普通ではない状況（unusual circumstances）」を設定しているために，例外的状況＝否定的状況ということから could の使用が可能になる．

---

[21] 単一動作を表す場合に could と共起が可能なのは，understand や remember など心理状態を表す動詞の場合も同じである．これらは広い意味での知覚動詞と言える．
 (i) a. I could *understand* everything Darlene said. (Swan (2005: §124.2))
 （ダーリーンの言うことはすべて理解できた）
 b. Maria could *remember* sitting in the back seat of their car.
 （マリアは彼らの車の後部座席に座ったのを覚えていた）

(79) a. I could *see* for miles from here on a clear day.
　　　　（晴れた日にはここから何マイルも見渡せたよ）
　　b. We could *hear* a dog barking.
　　　　（犬が吠えるのが聞こえた）
　　c. We could *feel* the warmth of the sun.
　　　　（太陽の暖かさを感じた）
　　d. I could *smell* garlic cooking.
　　　　（ニンニクを料理するにおいがした）
　　e. I could *taste* the garlic in this stew.
　　　　（シチューにニンニクの味がした）

次は「許可」の can である.

(80) a. Why don't you ring him? You can use my phone.
　　　　（どうして彼に電話しないの？　うちの電話使っていいのよ）
　　b. You can't eat sandwiches in the library.
　　　　（図書館ではサンドイッチは食べられません）
　　　　　　　　　　　　　　　　　　（以上，Thomson and Martinet (1986: 7)）
　　c. 'Can I see the letter you wrote?' 'Sure, you can keep it.'
　　　　　　　　　　　　　　　　　　　　　　　　（Leech (2004: 75)）
　　　　（「君が書いた手紙見てもいい？」「もちろん，持ってもいいわよ」）

この「許可」の can と may を比較した場合，may は「話し手が与える許可」を表す一方で，can は「その他の状況などが与える許可」を表す．したがって，

(81) a. You may park here.（ここに駐車していいよ）
　　b. You can park here.（ここに駐車できるよ）

を比較すると，(81a) は話し手から与えられた許可で，駐車場や私有地のオーナーが使う表現と言えるのに対して，(81b) は，その場の状況から許可されているということになるので，具体的には警察によって，もしくは法律によってそこへの駐車は認められている，という含みを持つことになる．

過去時制の could の使用については，「能力・可能」と同じように，一般的もしくは習慣的な許可については could を使うことはできるが，過去における単一の許可には could を使うことはできず，その代わりに be allowed to が用いられる．ただ，ここでも否定文では could を使うことができる．

(82) a. When I was a child, I could go to the zoo whenever I wanted to.
（子どもの頃は，行きたい時に動物園に行くことができた）
　　　　　　　　　　　　　　　　　　　　　　　［過去の習慣的許可］
　　b. Yesterday evening, Mal was allowed to / *could watch the movie for two hours. （昨晩は，マルは2時間映画を見ることができた）
　　　　　　　　　　　　　　　　　　　　　　　［過去の単一の許可（肯定文）］
　　c. Ken couldn't watch TV yesterday because he was naughty.
（ケンは，昨日は言うことを聞かなかったので，テレビを見ることができなかった）　　　　　　　　　　　　　　　［過去の単一の許可（否定文）］

could は，can よりも現在時における丁寧な依頼を表す場合によく用いられる．

(83) a. Could I talk to you a second? （少しお話しできますか？）
　　b. I can't carry this bag alone. Could you help me?
（ひとりではこの袋は運べないよ．手伝ってもらえますか？）

最後に，can が「可能性」を表す例を見てみよう．

(84) a. Even professional golfers can make mistakes.
（プロのゴルファーであってもミスを犯す可能性はある）
　　b. Tuberculosis can be quite dangerous.
（結核は非常に危険なことがある）

肯定文の場合には，一般的な可能性として，「ときに～ということがある」という意味を表す．ある特定の場合の可能性を表すには may が用いられる．

(85) a. This illness can be fatal.
（この病気は［一般論として］命に関わることがある）
　　b. This illness may be fatal.　　　　　　　　　　　(Leech (2004: 82))
（この病気は［この場合］命に関わるかもしれない）

This illness can be fatal. と言った場合には一般論として，この病気が命に関わる可能性を持っていると言っているに過ぎず，必ずしも現在の状態が危ないというわけではない．それに対して，This illness may be fatal. と言った場合には，その出来事がすでに進行している可能性に言及していることから，二つの文を比較した場合，後者のほうが切実な感じを与えることがある．

可能性の can が肯定文で用いられた場合には，その場での可能性ではなく，

一般的な可能性について述べるという説明をしたが，否定文や疑問文の場合にはその限りではない．

(86) a. If A is bigger than B, and B is bigger than C, then C can't be bigger than A. (もしも B よりも A が大きくて，C よりも B が大きいとすると，C は A よりも大きいはずがない)

b. It can't be the mail carrier at the door. It's only seven o'clock.
（ドアのところにいるのが郵便屋さんのはずがないよ．まだ7時だよ）

(87) a. Can he be serious?（彼が真剣なはずがあろうか）

b. How can he have treated it?
（いったいどうやってそれを扱ったっていうんだ）

可能性の can が疑問文で用いられた場合には，「～はずがあろうか（いやそんなはずはない）」といった反語的な意味になり，驚き・意外・いらだちの気持ちを表す．

1.2.2.2. may, might ［許可］［可能性］［祈願］［目的節・譲歩節の中で］

まずは，「許可」を表す may である．

(88) a. 'You may leave when you've finished,' he said.
（「終わったら出ていってもよろしい」と彼は言った）
(Thomson and Martinet (1986: 6))

b. May I put the TV on?（テレビつけてもいい？）
—Yes, of course you may.（ええ，もちろんいいわよ）

c. Students may *not* use the staff car park. （以上，Swan (2005: §340.2)）
（学生は職員用駐車場の使用を禁じます）

原則として，can がその場の状況から「～できる」という許可を表すのに対して，may は話し手が与える許可を表す．したがって，疑問文の場合には相手に許可を求めることから，丁寧な言い方になるが，逆に肯定文で you などを主部にして言う場合には，自らが許可を与えるという意味になり，やや尊大な言い方になることがある．通常の場合，肯定の許可の意味で使う場合には，may よりも can のほうがより当たり障りがなく無難と言える．過去時制の might は，疑問文で may よりも丁寧な表現として使われるが，特に次のように従属節中で多く使われる．

(89) I wonder if I might have a little more cheese. (Swan (2005: §340.1))
(よろしければ，もう少しチーズをいただいてもよろしいですか？)

禁止を表す場合には may not よりも，must not のほうがやや強い禁止を表す．

(90) Students must *not* use the staff car park. (Swan (2005: §340.2))
(学生は職員用駐車場の使用は禁止です)

次に，「可能性」の may の例を挙げる．

(91) a. We may go climbing in Mount McKinley next winter.[22]
(今度の冬にマッキンリーに登山に行くかもしれない)
  b. This hotel may not be so bad after all.
(このホテル，最終的にはそんなに悪くないかもよ)

「可能性」の may は原則として疑問文では用いられない．[23] 代わりに，Do you think ...? や be likely to などが用いられる．

(92) a. Do you think I believe your story?（僕が君の話を信じると思う？）
  b. Are they likely to get home before eleven?
(あの人たち，11 時前に帰れそうかしら)
  c. Has Christine gone shopping, I wonder?
(クリスティーンは買い物に行っちゃったのかしら？)

同じく「可能性」を表す can と比較した場合，否定文になるとその違いが明確になり，can は助動詞を否定して「～はずがない」という意味になるのに対して，may は動詞，もしくは文内容のほうを否定して「～でないかもしれない」という意味になる．

---

[22] climb in Mount McKinley は climb が自動詞で，Mount McKinley には行くけれども必ずしも頂上まで登ることは意味しないのに対して，climb Mount McKinley は climb が他動詞で，マッキンリーの頂上まで登ることを意味する．

[23] 否定疑問文では用いられることもある．*Webster* には，次のような例が見られる．
  (i) May it not [=mightn't it, (less formally) couldn't it] after all turn out to be true?
(*Webster*: s.v. *may*)
(最終的に本当だということが判明しないかもしれないですか？)
また，過去時制の might は，稀に疑問文で用いられることがある．
  (ii) Might you go camping?（もしかしてキャンプに行くかもしれないの？）
ただ，次のように言うほうが普通である．
  (iii) Do you think you *may*/*might* go camping? (Thomson and Martinet (1986: 131))

(93) a. John <u>may not</u> be working.
　　　　[= It is possible that John is not working.]
　　　　（ジョンは働いてないかもしれないよ）
　　b. John <u>can't</u> be working. [= It is not possible that John is working.]
　　　　（ジョンが働いているはずがないよ）

過去時制の might は，可能性の意味の場合には，現在の意味で用いられ，may よりも実現する可能性が低いことを表し，「もしかしたら〜かもしれない」という意味になる．

(94) 　Joan <u>might</u> succeed in the entrance examination.
　　　（ジョーンはもしかしたらあの入学試験に合格するかもしれないよ）

may の最後に，may が「祈願」の意味を表す場合と，「目的」と「譲歩」を表す副詞節中に用いられる場合について簡単に触れておこう．

(95) a. <u>May</u> the best man win!　　　　　　　　　　　　　　［祈願］
　　　　（最高の男が勝利しますように）
　　b. She hurried to the station *so that* she <u>might</u> be in time for the last train.　　　　　　　　　　　　　　　　　　　　　　　　　　［目的節］
　　　　（彼女は終電に間に合うように，駅に急いだ）
　　c. *However hard* you <u>may</u> study, you cannot master English in a month.　　　　　　　　　　　　　　　　　　　　　　　　　　　［譲歩節］
　　　　（どんなに一生懸命勉強しても，1か月で英語をマスターすることはできないよ）

1.2.2.3.　**must, have**（**+ to infinitive**）［**義務**］［**推量**］

最初に「義務」を表す must の例を挙げる．

(96) a. You <u>must</u> be back by 10 o'clock.　　　　　　　(Leech (2004: 78))
　　　　（10時には帰って来なきゃダメよ）
　　　　cf. You <u>have</u> to be back by 10 o'clock.　　　　(Leech (2004: 80))
　　　　　　（10時には帰って来なきゃいけないんでしょ）
　　b. It <u>must</u> *not* be over 1,000 words.
　　　　（1000語を越えてはいけません）
　　c. <u>Must</u> you always question everything I say?
　　　　（いつも私が言うことにいちいち質問しなきゃいけないの？）

(97) a. You have to be back by 10 o'clock.　　　　　　(Leech (2004: 80))
　　　（10 時には帰ってこなきゃいけないんでしょ）
　　b. You do*n't* have to knock — just walk in.
　　　（ノックの必要はありません．そのままお入りください）
　　c. When do you have to be back?
　　　（いつ戻ってこなくちゃいけないの？）
　　d. Why does it always have to rain on the weekend?
　　　（何でいつも週末になると雨が降らなきゃいけないんだ）
　　e. I hate having to get up early in the morning every day.
　　　（毎日朝早く起きなきゃいけないのはすごく嫌だ）
　　f. Many businesses have had to close.
　　　（たくさんの店が店じまいをしなければならなくなっている）

must は，「許可」の may がそうであったように，話し手が与える「義務」を表すのに対して，have (to + infinitive) は，「許可」の can がそうであったように，話し手以外の人もしくはその場の状況から与えられる「義務」を表す．したがって，You must be back by 10 o'clock. は，親が子どもに言っているような状況が考えられ，You have to be back by 10 o'clock. は，友だちに対して「寮の規則で 10 時までに戻ってくることになっているでしょう」と言っているような状況が考えられる．許可の can, may, 義務の must, have (to + infinitive) の間には次のような関係が成り立つ．

(98) 　　　　　　　　　　　　　許可　　　　義務
　　　話し手が与える　　　　　may　　　　must
　　　話し手以外が与える　　　can　　　　have (to + infinitive)

「許可」の can のところでも触れたが，(96b) の否定文は強い禁止を表す．普通は，Must I ...? などで聞かれた質問に対する否定の答えには，need not や don't have (to + infinitive) が用いられる．

(99) Must we change cars?
　　　（車を乗り換えなきゃいけませんかね）
　　— No, you need not / don't have to.
　　　（いや，その必要はないでしょう）

must not と need not / don't have (to + infinitive) をさらに比較すると，次のように説明される．

(100) a. You mustn't go now. [= You are obliged not to go.]
       （今行ってはいけない）
     b. You needn't / don't have to go now. [= You are not obliged to go.]
       （今行く必要はない）

理論的には，mustn't と needn't / don't have to の違いは，(93) で見た，may が動詞否定で「〜でないかもしれない」という意味を表し，can が助動詞否定で「〜はずがない」という意味を表すという違いと同じである．

　義務の must が疑問文で用いられた場合には，可能性の can が疑問文で用いられたときと同じように，反語的な意味になり，「〜しなければならないのですか？（そんなことはないでしょう）」という含みが出てくる．一方，have to は疑問文でも (97c) のように中立的な疑問を表すが，時として (97d) のようにいらだたしさを表すこともある．

　must には過去時制がないため，過去の義務を表す場合には通常 had to を用いる．

(101) a. We had to work on Sunday. （日曜日に働かなくてはいけませんでした）
     b. Chris isn't in her office. She had to go home.
       （クリスは会社にはおりません．帰宅しなければならなかったのです）

しかし，主節が過去時制である文の従属節中に現れて時制の一致を受ける場合には，had (to + infinitive) や would have (to + infinitive) の形で現れることもあるが，そのまま must の形で現れることもある．

(102) a. She *told* us what we must do.
     b. She *told* us what we had to do.
     c. She *told* us what we would have to do.
       （彼女が何をしなければならないか教えてくれた）

　次は，must が「推量」を表す例を挙げる．

(103) a. If A is bigger than B, and B is bigger than C, then A must *be* bigger than C. （もし A が B より大きく，B が C よりも大きかったら，A は C よりも大きいに違いない）
     b. You must *be* tired. （きっと疲れてるんだよ）
     c. He must *think* I'm a fool.
       （あいつはきっと僕がバカだと思ってる）

d. You're going to wear that dress? You must *be* kidding!
      (そのドレス着るつもり？ 冗談でしょう！)
   e. He cuts his hair himself. That must *save* him a lot of money.
      (彼は自分で髪の毛を切るんだ．きっと，とても節約になってると思うよ)

(103a-d) のイタリックになっている動詞を見ると分かるとおり，推量の意味を表す must は基本的に「状態動詞」[24] と用いられる．ただ，時として (103e) のように動作動詞と用いられることもある．

可能性の can のところで見た 1.2.2.1 節 (86a) の例文と，ここに挙げた (103a) の例文を比較すると分かるが，推量を表す must「～ちがいない」の否定形は can't「～はずがない」ということになる．

(104) a. If A is bigger than B, and B is bigger than C, then A must *be* bigger than C. (もし A が B より大きく，B が C よりも大きかったら，A は C よりも大きいに違いない)　　　　　　　　　　　　　　　　　(= (103a))
   b. If A is bigger than B, and B is bigger than C, then C can't be bigger than A. (もしも B よりも A が大きくて，C よりも B が大きいとすると，C は A よりも大きいはずがない)　　　　　　　　　　　　　　(= (86a))

must が「推量」を表す場合に「～にちがいない」という意味になり，おもに状態動詞が後続するのと同じように，have が「推量」を表す場合にも，「～にちがいない」という意味になり，主として状態動詞と共起する．時として，(105b) のように have got to の形でも現れる．

(105) a. There has to be some catch to your question.
      (君のその質問には何か落とし穴があるはずだ)
   b. The game has got to end soon. (試合はもう終わるはずだ)
   c. It has to be close to noon. (お昼近いはずだ)
   d. The train has to be coming soon. (もう電車が来るはずだよ)

1.2.2.4. その他 (need, dare, had better, ought, used)

以下では，原則としてそれぞれの助動詞の肯定文・否定文・疑問文の順に例文を提示し，必要に応じて説明を加えていく．

---

[24] 「状態動詞と動作動詞」の違いについては，1.1.3 節を参照．

(106) a. I need*n't* wear a jacket.（僕はコートは着なくてもいいよ）
　　　b. Need I tell Lew?（ルーに言う必要はありますか？）
　　　c. Tony need *never* find out what I said.
　　　　（トニーには私が言ったことの真意を理解する必要は決してなかった）
　　　d. I *don't suppose* I need wear a coat.（コートを着る必要はないと思うよ）
　　　e. *Do you think* I need tell Tom?
　　　　（トムに言う必要あると思う？）

　助動詞としての need は，原則として肯定平叙文では使われない．しかし，(106d, e) のように，主節動詞が否定や疑問で，その否定や疑問の内容が補部の従属節にまで及ぶような場合には，例外的に肯定の形で現れる．また，次のように準否定語と共に用いられることもある．

(107) a. I *need* hardly say how grateful we are to welcome Mr. Jobs.
　　　　（ジョブズ氏をお迎えしてどれだけ嬉しいか言葉では表せないほどです）
　　　b. If you want anything, you *need* only ask.
　　　　（何かほしかったら頼めばいいからね）
　　　c. All you *need* take are towels.
　　　　（タオルさえ持っていけばいいよ）

　must との比較で，must not が話し手によって課される否定的な義務を表して「～してはいけない」という意味になるのに対して，need not は話し手によって課された義務の欠如を表すことから「～する必要はない」という意味になる（cf. 本章 1.2.2.3 節，p. 244）．

(108) a. **NOTICE**: Staff must not smoke when serving customers.
　　　　（店での通達： 従業員はお客様にご用をお伺いする時には喫煙してはいけません）　　　　　　　　　　　　(Thomson and Martinet (1986: 141))
　　　b. **EMPLOYER**: You needn't make two copies. One will do.
　　　　（雇用者： 2 枚コピーしなくていいよ．1 枚で十分だよ）
　　　　　　　　　　　　　　　　　　　　　(Thomson and Martinet (1986: 142))

　助動詞としての need には過去時制はなく，need がそのまま過去時制として代用されたり，need + 完了不定詞の形が用いられたりする．また，代わりに本動詞の need (to + infinitive)，助動詞の have (to + infinitive) が用いられたりする．

(109) a. If you'd told me they were going to be late, I <u>needn</u>'t have cancelled my violin class.
(あの人たちが遅れそうだって言ってくれていれば，バイオリンのレッスンを休まなくてもすんだのに)　　　(Huddleston and Pullum (2002: 110))
　　　b. You <u>need</u> not have done it.
(それはやる必要がなかったんだ)　　　(Quirk et al. (1985: 139))
(110) a. I didn't <u>need</u> to go to the bank after all — Maria lent me the money.
(結局銀行に行く必要はなかったんだ．マリアが金を貸してくれたんだ)
　　　b. Did he <u>need</u> to come out?
(彼，出てくる必要あったのかしら)
(111) a. When he was at university he <u>didn't have to</u> pay anything for his keep, for he stayed with his uncle. (彼は大学の時，生活費を全く払う必要がなかった．おじさんの家に下宿していたからである)
　　　b. <u>Did</u> she <u>have to</u> pay a fine?
(彼女，罰金を払わなきゃいけなかったの？)

dare は本動詞と助動詞の両方の側面を持っている．助動詞としては，need 同様原則として肯定平叙文では使われない．ただ，need とは異なり過去時制として dared が用いられることがあり，また dare がそのまま過去時制として用いられたり，dare＋完了不定詞が用いられたりすることもある．

(112) a. I <u>dared</u> not turn down her proposal.
(彼女の提案を敢えて拒絶する勇気がなかった)
　　　b. <u>Dare</u> you jump from there?
(そこから飛び降りる勇気があるか？)
　　　c. How <u>dare</u> she talk to you like that!
(あの子はよくもまあ君にあんな口がきけたもんだなあ)
　　　d. The king was so hot-tempered that no one <u>dare</u> tell him the bad news.
(王様があまりにも気が短かったために，誰もその悪い知らせを彼に伝える気になれなかった)　　　(Quirk et al. (1985: 138))
　　　e. I <u>daren't</u> have gone, although I wanted to.
(僕はあえて行かなかったんだ．行きたかったけどね)
(Palmer (1988: 135))

本動詞の dare は，他の本動詞と同じように，否定文・疑問文の場合には do の支えを必要とし，時制も過去時制を持ち，補部は to 不定詞を取る．ただし，補部の to はしばしば省略されることがあるために，一見助動詞との見分けがつかなくなることがあるが，do の支えを借りていればそれは本動詞の dare である．

(113) a. I dared (to) speak to the man.
(思い切ってその男に話しかけた)
b. Maria *doesn't* dare (to) say anything.
(マリアは敢えて何も言おうとしなかった)
c. *Did* he dare (to) ask why?
(彼は敢えてなぜかを聞いたんだろうか？)

had better について特に注意すべき点はその訳語である．had better は，しばしば「～したほうがいい」と訳され，一方で should が「～べき」と訳されるが，その日本語訳から受ける印象とは逆に，特に二人称主部の場合などは，should よりも had better のほうが義務の意味は強く，should は「～したほうがいい」，had better は「～すべき，～しなければならない」という意味になることが多い．以下の例では，had better がどのように訳されているかにも着目してほしい．

(114) a. You had better leave at once.（すぐに出なきゃダメだよ）
b. You'd better *not* do that again.（あれは二度としないほうがいい）
c. Had*n't* you better leave now?（今出たほうがよくない？）

疑問文ではめったに使われないが，否定疑問文ではときどき使われ，その場合，(114c) のように縮約形は hadn't になる．

ought には，「義務」の意味と「推量」の意味がある．どちらについても，should よりもやや強い意味になるが，それほど大きな差はなくどちらも使える場面が多いため，そのような違いよりはむしろ，ought のほうが should よりもやや「かたい」言い方であると考えておく程度でよい．

(115) a. You ought to help your mother.
(お母さんの手伝いはしたほうがいいよ)
b. You ought *not* to make a noise in the library.
(図書館の中では騒がないほうがいいよ)

1.2. 助動詞

c. 'Ought I to write to say I'm sorry?' 'Yes, I think you ought.'
（「ごめんなさいって手紙を書いたほうがいいですか？」「うん，そうしたほうがいいと思うよ」）

used は「過去の習慣」を表す．

(116) a. I <u>used</u> to play golf; *now I play tennis.*
（昔はゴルフをやっていましたが，今はテニスをやっています）
 b. Althea didn't <u>use</u> to like Lew *but she quite likes him now.*
（アルシーアはかつてはルーのことが好きではなかったのに，今ではかなり気に入ってるよ）
 c. *Did* you <u>use</u> / <u>Used</u> you to play basketball after school?
（放課後にバスケットをしていましたか？）

(cf. Thomson and Martinet (1986: 151))

この used の表す意味は，「過去において～するのが常であったが，現在はそうではない」といった，過去と現在との対比である．また，used は過去の習慣として，(116b) のように状態動詞と一緒に使うこともできるが，同じように過去の習慣を表す would は状態動詞と共に使うことはできない．

(117) a. I <u>used</u> to live in Boston when I was a graduate student.
（大学院生の時にボストンに住んでいました）
 b. *I <u>would</u> live in Boston when I was a graduate student.

また，used はそれだけで過去を表すことが明確であるために，特に過去を表す副詞語句はなくても使えるが，would は現在の意味に用いられることが多いため，過去の習慣を表す場合には過去を表す副詞語句とともに用いられるか，文脈などによってそれが明確でなければならない．

(118) a. We <u>used</u> to go skiing at Whistler.
（昔はウィスラーにスキーをしに行った）
 b. We <u>would</u> go skiing at Whistler. ［過去の習慣の意味では非文］
（ウィスラーにスキーをしに行こうと思った／（それだったら）ウィスラーにスキーに行くのに）
 c. *When Shirley still lived there*, we <u>would</u> eat dinner together every weekend.（シャーリーがまだそこに住んでいた頃，よく毎週末一緒に夕食を共にしたよ）

1.2.3. アスペクト

　ここからは，助動詞の後半として，時制・アスペクト・態に関わる「4. 時制」，「5. 完了形」，「6. 進行形」，「7. 受動態」を見ていく．

　まず，用語として一般に馴染みの薄い「アスペクト（aspect）」について話をしておく．アスペクトとは，一般に次のように定義される．

(119)　アスペクト（相）とは，ある事象の「時間的内部構造」に関する様々な異なった見方である．　　　　　　　　　　　　　　(cf. Comrie (1976: 3))

ここで「事象」とは，文で述べられる出来事や状態などを指す総称である．「時間的内部構造」は，具体的には事象の開始・終結・継続または反復・単発などを言う．具体的な例を見ていくことにしよう．英語の場合には，進行形がアスペクトを表す文法形態である．

(120)　a.　A friend of mine was drowning in the river.　　　［未完結相］
　　　　　（友だちが川で溺れていたんだ）
　　　b.　A friend of mine drowned in the river.　　　［完結相］
　　　　　（友だちが川で溺れ死んだんだ）

was drowning という進行形で表されている (120a) はまだ友だちが死んでいなかった，つまり「溺死」という出来事がまだ完結していなかったという意味を表すことから，「未完結相」を表すということになる．一方，drowned という過去時制で表されている (120b) のほうは，溺死してしまったわけであるから，その出来事が完結したことを表しており，したがって「完結相」を表すということになる．また，このような文法形式でなくても，単語として，動詞 begin や start は「開始」を意味することから「起動相」を表し，副詞 repeatedly は「反復」を意味することから「反復相」を表し，名詞 completion は「終結」を意味することから「終結相」を表すということになる．

　このアスペクトの分類の一つとして，「動作動詞」と「状態動詞」の区別がある．

(121)　a.　動作動詞：*do*（～する），*go*（行く），*knock*（～をたたく），*make*（～を作る），*open*（～を開ける），*play*（遊ぶ），*sleep*（寝る），*use*（～を使う），*wash*（～を洗う），etc.

b. 状態動詞：*be*（〜である），*belong*（所属している），*have*（〜を持っている），*hear*（〜が聞こえる），*know*（〜を知っている），*like*（〜を気に入っている），*resemble*（〜に似ている），*see*（〜が見える），*think*（〜と思う），etc.

動作動詞と状態動詞の区別については，1.1.3 節（p. 220）で詳しく述べているので，それらを参照してほしいが，これから述べる時制・完了形・進行形・受動態においては，「動作／状態」の区別が重要な役割を果たす．誤解を恐れず，イメージをはっきりさせるために品詞横断的に説明すると，動作動詞というのはその境界線が明確である可算名詞のようなもので，状態動詞というのはその境界線がはっきりしない不可算名詞のようなものである．

1.2.4. 時制・未来表現

時制とは，動詞の「形」のことを言う．つまり，意味的に現在とか過去を指しているというのではなく，形が現在の形なのか過去の形なのかということで，動詞の活用形のことを時制と呼ぶ．時制とは一般的に次のように定義される．

(122) 「時制」とは，事象の時間的前後関係を文法的な形で表したものである．
　　　　　　　　　　　　　　　　　　　　　　　　　　(cf. Comrie (1985: 9))

このように，時制は動詞の変化形のことを指すため，一般には，英語の時制は現在時制と過去時制のみであるとされる．つまり，do—did, find—found, go—went, have—had, put—put, run—ran, sleep—slept, think—thought, take—took, walk—walked など原則として現在時制と過去時制は，動詞に接尾辞を付加したり，動詞そのものの形が変わったりする．[25] 未来時を指すには will や be going という別の語句の力を借りなければならないが，そもそも will そのものが現在時制であり，その過去時制が would である．このように，別の語句の力を借りて何かを表すことを，言語学では「迂言的 (periphrastic)」方法と言うが，この用語を用いると，時制とは迂言的表現を除いた動詞の語形変化のみを指すということになる．

---

[25] この原則に反するのが，本論中にも挙げた put など，現在時制と過去時制の形が同じ動詞である．put 以外には，beat, burst, cost, cut, hit, hurt, let, put set, shut, spread がある．また，must には過去時制がなく，used には現在時制がない．

1.2.4.1. 現在時制

英語の現在時制が表す基本的な意味は次のとおりである．

(123) 現在時制は現在時を含む時間を表す．

具体例は以下のとおりである．

(124) a. How many countries do you know?
(国の数をいくつ知ってる？)
b. She goes to church every Sunday morning.
(彼女は毎週日曜日の朝は教会に行っています)
c. I *promise* to be quiet.
(約束します．静かにします)
d. Three and four *make* seven.
(3と4で7になる)
e. Time flies. (光陰矢のごとし)

このような基本的な用法から派生して，次のような場合にも現在時制は用いられる．

(125) a. I retire from work *next month*. (来月で定年です)　　　［確定的な未来］
b. At that moment in comes a message from the Head Office, telling me the boss wants to see me in a hurry.　　(Leech (2004: 11))
(その瞬間に本社からのメッセージが飛び込んでくる．日く，上司が私にすぐに会いたいというのである)　　　　　　　　　　［劇的現在］
c. Stay here *until* he comes back.
(彼が戻ってくるまでここにいなさい)　　　［「時」を表す副詞節の中で］
d. I'll go out *if* you smoke here.
(君がタバコを吸うなら僕は外に出るよ)　　［「条件」を表す副詞節の中で］

(125a) は，現在時制が未来時を表す用法である．この場合，未来を表す表現を伴い，その出来事が起きる確率が極めて高いことを表す．(125b) は，現在時制が過去を表すのに用いられる用法で，一般には小説などの文語体でしばしば用いられ，「歴史的現在 (historic present)」もしくは「劇的現在 (dramatic present)」と呼ばれる．過去に起こった出来事を，あたかも現在起こっている出来事であるかのように述べる用法である．(125c, d) は，「時・条件」を表す副詞節の中で未来の出来事を表す用法である．ただ，「条件」を表す副詞節につ

いては例外的に will が用いられる場合もある．それについては，本章 1.2.1.1 節 (p. 229)「直説法」を参照されたい．また，次の場合には，「時」「条件」の副詞節の場合と異なり，未来を表す場合には普通に will が用いられる．

(126) a. 時を表す節でも名詞節（間接疑問文）になる場合
Do you know *when* he <u>will</u> be back?　　　　　　［動詞の目的語］
（彼がいつ戻ってくるか知ってますか？）

b. 時・条件以外の副詞節の場合
I'll give you a map so that you <u>won't</u> get lost.　　［目的を表す副詞節］
（迷わないように地図をあげるよ）

c. if が「〜かどうか」という意味で名詞節を作る場合
I don't know *if* Ben <u>will</u> succeed.　　　　　　　［動詞の目的語］
（ベンが出世するかどうかは分からないよ）

1.2.4.2. 過去時制

英語の過去時制が表す基本的な意味は，次のとおりである．

(127) 英語の過去時制は，発話時（通常は現在）よりも前の「特定の時」に何らかの事象が存在したことを表す．

ここで言う「特定の時」というのは，後で述べる「現在完了形」との関係で重要になってくる．つまり，英語の過去時制が「定の過去」を指すのに対して，英語の現在完了形は「不定の過去」を指すが，これについては，改めて現在完了形のところで説明する．現段階ではそれを除いて，「発話時よりも前の時点で事象が存在したことを表す」と理解しておいてほしい．ただし，「発話時よりも」という表現からも分かるように，発話時は含まない．これも後に現在完了形との比較で重要になってくる．過去時制の例文は以下のとおりである．

(128) a. Once this town <u>was</u> a beauty spot — *now it's an industrial wasteland*.
（かつてはこの町は美しいところだったが，今では情緒のない産業地域だ）

b. Stephen <u>won</u> the Fields Prize *in 1966*.　　（以上，Leech (2004: 13)）
（スティーヴンは1966年にフィールズ賞を受賞した）

c. She <u>visited</u> her uncle *every Sunday*.
（彼女は叔父のところに毎週日曜日に通った）

(128a) で表されているように，過去時制が過去の状態を表す場合には，文の主部が現在は存在しない，つまり故人であるという含みが出てくる．

(129)　Gil was a nice guy.
　　　（ギルはいい奴だったなあ）

この文は，ギルが生きていた頃にはいい奴だったという含みがある．これらの例から，現在時制とは異なり，過去時制の場合には動作動詞／状態動詞の区別はあまり重要ではないということが分かる．

　以上が過去時制が表す基本的な意味であるが，次に挙げるのは，過去時制の特殊な，しかし言葉のやりとりという点では重要な用法である．

(130)　a.　A:　Did you want me?
　　　　　　　（手伝いが必要だった？）
　　　　　　B:　Yes, I hoped you would give me a hand with the painting.
　　　　　　　（うん，ペンキ塗るのを手伝ってくれると助かるんだけど）
　　　b.　I just wondered if you had any little pieces of furniture you'd like to sell.（いや，何か小さな家具で売りたいものはないかなあとちょっと思っただけなんだ）
　　　c.　I thought I might come and see you later this evening.

(以上，Leech (2004: 15))

　　　（もしかしたら今晩あとで会いに行ってもいいかなあと思ったんだ）

重要な点は，これらの過去時制という形が表している意味が現在の気持ちを過去のものとして表している点である．相手に対する要求・依頼・希望などを，過去時制を使うことによって，「さっきまではそう思っていたけどそれは過去のことで，今はそれにこだわっていません」といった含みを持たせ，結果として相手が断りやすい丁寧な表現になっているのである．例えば，(130a) の応答文を I hope you will give me a hand with the painting. と現在時制にすると，非常にぶっきらぼうで自分勝手な要求に聞こえるが，過去時制を使うことによって，「さっきまではそう思っていたけどそれは過去のことで，今はそれにこだわっていません」といった含みを持たせ，相手が断りやすい効果を与えている．A の質問のほうも，Do you want me? とすると，非常に横柄な感じになり，「また君かい？ 君はいつも何かを必要としてるんだねえ」といった含みが出てくる．英語にもこのような謙譲的な表現は多くあるが，この過去時制の用法はその中でも頻度が高く重要である．

過去時制の最後に，過去時制が未来の出来事を指す例外的な用法を紹介しておく．この用法も，1.2.4.1 節の (125b) で見た現在時制の「歴史的現在」と同じように，物語でよく使われる手法である．

(131) In the year AD 2201, the interplanetary transit vehicle Zeno VII made a routine journey to the moon with thirty people on board.

(Leech (2004: 15))

(紀元 2201 年，惑星間輸送船ゼノン VII は 30 名の乗客を乗せて，月までの通常航行を行った)

ここで過去時制が使われているのは，話し手もしくは書き手の意識が 2201 年よりもさらに未来にあり，物語の中心となるその未来の時点から見ると，2201 年は過去になるためである．視点を物語の中のものにするための用法である．

1.2.4.3. 未来表現

一般的な時制の定義に基づけば，英語には未来時制はない．しかしながら，英語にも未来を表現する助動詞を含む様々な未来表現がある．次の例は，すべて「小包が明日届く」ことを表している．

(132) a. *will/shall* (+infinitive)
    The parcel will arrive tomorrow.
  b. *be going* (*to*+infinitive)
    The parcel is going to arrive tomorrow.
  c. 現在進行形 [*be+-ing*]
    The parcel is arriving tomorrow.
  d. 現在時制
    The parcel arrives tomorrow.
  e. *will/shall* + 進行形
    The parcel will be arriving tomorrow.
  f. *be* (*to*+infinitive)
    The parcel is to arrive tomorrow.

1.2.4.3.1. will/shall (+ infinitive)

最初に，未来表現の中でも最も頻繁に使われる will / shall の用法について見ていく．ただ，shall については，現在ではイギリス英語や一部の限られた場合

を除きほとんど使われないため，必要がある時のみ言及する．will は次のような意味で使われる．

(133) 単純未来
    a. *I* will/shall be twenty years old next year.（来年で 20 歳になります）
    b. *You* will get well in a couple of days.（数日でよくなりますよ）
    c. *He*'ll be glad to see you.（あなたに会えば彼も喜びますよ）

(133a-c) いずれの場合にでも主部の意志とは関係のない未来の事象が表されている．それに対して，次の各例では，主部の意志が表されている．

(134) 意志未来［肯定文］
    a. *I* will get up at five tomorrow morning.（明日の朝は 5 時に起きよう）
    b. If *you* will do it, do it by yourself.
        （どうしてもそれをするというのなら，自分でやりなさい）
    c. Joan says *she*'ll be back next Sunday.
        （ジョーンは今度の日曜日に帰ってくるそうだよ）

(133) の単純未来の場合とは対照的に，それぞれの例において主部の意志が表されている．特に (134b) の場合には，単純未来ではなく意志未来であるがために，条件を表す if 節で用いられていることに注目してもらいたい．このように強い意思を表す場合には will は強く発音される．

　意志未来は Shall I/we ...? や Will you ...? の形で，聞き手の意図を尋ねる場合によく用いられる．

(135) 意志未来［Shall I/we ...? 疑問文］[26]
    a. Shall *I* open the window?（窓を開けましょうか？）

---

[26] shall は元来「話し手の意図」を表す助動詞であるが，現在普通に使われるのは Shall I/we ...? の構文のみで，次のような使われ方はまれである．
  (i) a. *You* shall have these sandwiches.（このサンドイッチをあげましょう）
        [≒ I will *let* you *have* these sandwiches. ≒ I will give you these sandwiches.]
     b. *He* shall come here at once.（すぐに彼をここに来させよう）
        [≒ I will *make* him *come* here at once.]

このように，shall は元来「話し手の主部に対する意志」を表すために，You shall .... や He shall .... の文は高圧的な感じを相手に与える．そのために現在では上のような使われ方はしなくなってきているが，それに対して，Shall I ...? の疑問文になると，「主部（つまり話し手）に対する聞き手の意志」を尋ねる文になるために，結果として相手に決定権を委ねた丁寧な表現となるために，現在でもまだ使われていると言える．

1.2. 助動詞

b. Shall *we* start now?（今出発しますか？）

c. *Let's* go for a walk, shall *we*?（散歩に行きましょうよ）

Will you ...? は本来的には聞き手の意図を尋ねる文であるが，時として依頼や勧誘を表すこともある．

(136) 意志未来［Will you ...? 疑問文］

a. Will *you* go out in such a terrible weather? ［意図］
（このひどい天気の日に出掛けるの？）

b. Will *you* lend me your computer? ［依頼］[27]
（コンピュータ貸してもらえる？）

c. Will *you* join us? ［勧誘］
（仲間に入りませんか？）

このように，未来を表す表現としての will/shall は単純未来と意志未来を表すのが原則であるが，ほかにもいくつかの用法があるので，ここに挙げておく．

(137) a. 現在の推量・推測

That baggage will be yours.
（あの荷物はあなたのでしょう）

b. 習性・現在の習慣

A bear will not touch a corpse. ［習性］
（クマというのは死体には近寄らない）

Beth will *often* sit for hours before the fire. ［現在の習慣］[28]
（ベスはよく暖炉の前に何時間も座っている）

---

[27] 「依頼」などを表す場合には，過去時制の would のほうがより軟らかい丁寧な依頼を表す．次の場合，(ib) のほうがより丁寧な依頼ということになる．
  (i) a. Will you send me the bill, please?（請求書を送ってもらえますか？）
      b. Would you send me the bill, please?（請求書を送っていただけますか？）

[28] この「現在の習慣」を表す will が過去時制の would になると，「過去の習慣」を表すようになる．
  (i) When we were children we would / used to go skating every winter.
      （子どもの頃は毎年冬にスケートをしに行ったものだ） (Swan (2005: §633.8))
このように，過去において繰り返される動作や出来事は would でも used (to + infinitive) でも表されるが，過去における状態は used でしか表せない．これについては，本章の 1.2.2.4 節を参照のこと．

c. 個人的な感情を含まない軍隊調の命令
All staff will submit weekly progress reports. (Swan (2005: §629.5))
(すべての社員は，1週間に一度の進行状況の報告をすること)

1.2.4.3.2. be going (to + infinitive)

be going (to + infinitive) の表す基本的な意味を一言で表現すると「現在の状況の結果としての未来」ということになる．具体的には二つに大別でき，一つは「現在の意図の結果としての未来」，もう一つは「現在の兆候に基づく未来」である．以下では前者を「意図」，後者を「予測」という言い方で話を進めていく．

(138) 意図
 a. 'What are you going to do today?' 'I'm going to stay at home and write letters.' (Leech (2004: 58))
  (「今日はどうするつもりなの?」「家にいて手紙を書くつもりなんだ」)
 b. John says he's going to phone this evening. (Swan (2005: §213.2))
  (ジョンが今晩電話するって)

(139) 予測
 a. There's going to be a storm. ('*I can see the black clouds gathering*') (「嵐になりそうだ」)(「黒い雲が出てきてるよ」)
 b. Sandra's going to have another baby in June. ('*She's already pregnant*') (サンドラは6月にまた赤ちゃんが産まれるんだよ)(「もう妊娠してるんだ」)
 c. Watch it! That pile of boxes is going to fall! ('*I can see it already tottering*') (Leech (2004: 59), Swan (2005: §213.3))
  (気を付けて！その山積みになってる箱が崩れそうだよ)(「もうぐらぐらしてるよ」)

(139) の例に共通しているのが，発話時点における「兆候」がすでに存在しているということである．したがって，この予測の意味で be going が用いられるときには，必ず発話時における「兆候」が何らかの形で存在していることになる．

上述の「意図」と「予測」以外に，be going が主部の意図を表さずに，話し手の意図を表す場合がある．この場合，主部には二人称・三人称の(代)名詞が

来て，「命令・拒絶」などの意味を表す．[29]

(140) a. You're going to have a chance to take an exam again, I promise.
（再試験のチャンスを君にあげよう）　　［話し手の意図］（柏野 (1999: 61)）

b. She's going to take that medicine whether she likes it or not!
（彼女の好き嫌いにかかわらず，その薬を飲ませよう）　　　　［命令］

c. You're not going to play football in my garden.　　［拒絶］
（家の庭ではサッカーはやらせないぞ）　　（以上，Swan (2005: §213.4)）

ここで will と be going を比較してみる．

(141) There aren't any toilet rolls in the house.
（家のどこにもトイレットペーパーがないぞ）

a. —I'll get some today. （［じゃあ，］今日買いに行くわ）

b. —I'm going to get some today. (cf. Thomson and Martinet (1986: 186))
（［分かってる，］今日買いに行くつもりよ）

(141a) の will は，相手に応答してその場で思いついたような場合に使われるのに対して，(141b) は，その場で決められた意図を表す場合に使われる．

(142) a. He will get better. （よくなるでしょう）

b. He is going to get better. （よくなりそうですよ）
(Thomson and Martinet (1986: 187))

例えば医者の発言だとすると，will のほうは，処置は施したからという理論的な根拠から未来を予測しているのに対して，be going のほうは実際に目の前にある回復の兆しという事実をもとに未来を予測している．これは，1.2.2.1 節の (85) で見た，一般的な可能性を表す can と目の前の現実をもとに可能性を述べる may との違いに相通ずるものがある．

(143) a. The chair will break down. （その椅子は壊れるだろう）

b. The chair is going to break down. （その椅子は壊れそうだよ）
(Thomson and Martinet (1986: 187))

---

[29] この be going の用法は，注 26 で触れた shall の用法に相通ずるものがある．

(i) a. Good dog, you shall have a bone when we get home.
（いい子だねえ，家に着いたら骨をあげるね）　　（Leech (2004: 59)）

b. You shall leave at once!
（すぐに行きなさい！）

(143a) は椅子が古いなどの理論的な根拠により，もしくは「もし誰かが座ったら」といった条件付きで，「その椅子は壊れるだろう」という意味になるが，(143b) はすでにもうギシギシ音がしている兆候がすでに存在している時に使う表現である．

1.2.4.3.3. 現在進行形・現在時制

　現在進行形，現在時制ともに本来的には未来を表す表現ではないが，二次的に未来を表すことができる．現在進行形は「多少変更の余地がある確実な未来」を，現在時制は「変更不可能な確定された未来」を表す．(144) は現在進行形が未来を表す例である．

(144) a. I'm inviting several people to a party.
　　　　　（パーティに何人か招待する予定です）
　　　b. When are we going back to France?
　　　　　（いつフランスに戻るの？）
　　　c. She's getting married this spring.
　　　　　（彼女はこの春に結婚される予定です）　　　(Leech (2004: 61))

(145) は現在時制が未来を表す例である．すべて，変更不可能な予定である．

(145) a. Tomorrow's Saturday.（明日は土曜日です）
　　　b. The train leaves at 7:30 this evening.
　　　　　（その電車は夜7時半に出ます）
　　　c. The President gives his inaugural address tomorrow afternoon.
　　　　　（大統領は明日の午後に就任演説を行います）　(Leech (2004: 65))

　ここで，現在進行形と現在時制を比較してみよう．

(146) a. We are starting for Istanbul tonight.
　　　　　（今晩イスタンブールに向けて出発する予定です）
　　　b. We start for Istanbul tonight.　　　　　(Leech (2004: 65))
　　　　　（今晩イスタンブールに向けて出発します）

現在進行形は「変更される余地のある予定」を表すが，これを言い換えると「個人的な予定」を表すと言える．したがって，(146a) は時として家族旅行であるという含みを持つ．場合によっては，家族の誰かが急に体調を崩したり，パスポートを紛失したりする場合には旅行が中止になる可能性を含んでいる．しか

し，(146b) は変更不可能な予定を表すため，例えば修学旅行や旅行会社のツアー旅行を連想させ，誰か一部の人間の予定が変わっても，全体の予定は変更されないことを暗示している．

(147) a. *The sun is rising at five o'clock tomorrow.
   b. The sun rises at five o'clock tomorrow.

(147) で述べられているのは，日の出の時刻である．これは変更不可能な出来事であることから，多少なりとも変更の余地を残す進行形で表すことはできず，必然的に変更不可能な予定を表す現在時制が適切ということになる．これに対して，次のような場合には，変更不可能とも変更可能とも解釈できるため，現在時制と現在進行形のどちらを用いることもできる．

(148) a. The match is starting at 2 o'clock.
   b. The match starts at 2 o'clock.

この場合，試合の主催者の個人的な予定と見ることもできるし，観衆から見れば団体の予定と見ることもできるからである．[30] ことばというのは常にこのような「中間的な状況」というのが存在する段階的なもので，ことばを扱っていく際には，これは常に念頭に置いておくべき重要な点である．

　本節の最後に，予定を表す現在進行形と，意図を表す be going を比較してみよう．

(149) a. I'm meeting Tom at the station at six.
      （トムと6時に駅で会うことになっている）
   b. I'm going to meet Tom at the station at six.
      （トムと6時に駅で会うつもりだ）　　(Thomson and Martinet (1986: 184))

現在進行形の I'm meeting Tom ... のほうは，すでにトムと約束していることを含意する一方で，I'm going to meet Tom はあくまでも主部の意志を表しているだけで，約束しているとは限らないために，場合によってはそれを聞いた

---

[30] 言い換えると，変更不可能か変更可能かというのは，話し手の常識に委ねられた極めて主観的で流動的な区別であると言える．例えば，電車の時刻というのは，ある文化では，まず変更されることがない確定的なものと常識的に考えられる一方で，別の文化では，時刻どおりに電車が来ることはまずなく，発着時刻は変更されるのが日常茶飯事であれば，変更可能なものと常識的に判断されるであろう．

トムが「そんなことは聞いてないよ」と驚く可能性がある．

1.2.4.3.4.　will + 進行形

　will + 進行形は二つの意味を表す．一つは，will が表す単純未来と進行形が表す未完結の意味が合わさって，未来における未完結（進行中）の出来事を表す．こちらは意味の結合が 1 + 1 = 2 になるため理解しやすい．しかし，もう一つの意味は「自然の成り行きで起こる未来」である．これは，決意・意図・予定などとは関係なく，「このまま行けば必然的にそうなる」といった意味を表す．こちらのほうは，will の表す意味と進行形が表す意味の単純な和とは言えない．ここでは，前者の意味を「進行中の未来」，後者を「必然的な未来」と呼び，具体例を見ていく．(150) は「進行中の未来」の例である．

(150) a.　This time next week they will be sailing across the North Sea.
　　　　　（来週のこの時間には，彼らは北海を渡っているだろう）
　　　b.　Don't phone me at 7 o'clock — I'll be watching my favorite TV programme. 　　　　　　　　　　　　　　　　(Leech (2004: 66))
　　　　　（7 時には電話しないで．好きなテレビを見ているから）

　次は「必然的な未来」の例である．

(151) a.　When will you be moving to your new house?
　　　　　（いつ新しい家に引っ越すことになってるの？）
　　　b.　The parties will be meeting for final negotiations on July 25th.
　　　　　　　　　　　　　　　　　　　　　　　　　(Leech (2004: 67))
　　　　　（関係者は 7 月 25 日に最後の交渉に臨むことになっています）

(151a) は，例えばもう引越屋にいつ引越をするのか頼んでしまっているとか，仕事の関係でいつ引越をするかが決まっているような状況で，それがいつかを尋ねるような疑問文である．(151b) の場合は，これまで何回か重ねた交渉の末に，その必然的な結果として 7 月 25 日に最後の交渉を行うことになっているという意味になる．どちらの場合にも，主部の意図や予定といった意味合いは排除され，状況的な必然性から生じる未来の出来事を表している．
　この「必然的な未来」と will を比較してみよう．

(152) a.　I'll drive into London next week. ('I've made up my mind. That's what I've decided')（来週ロンドンまで車で行きます）

b. I'll be driving into London next week. ('This will happen as a matter of course')（来週ロンドンまで車で行くことになっています）

(以上，Leech (2004: 67))

(152a) は，話し手の意図として来週ロンドンに行くことを表しているのに対して，(152b) は「何かのついでがあって」来週ロンドンに行くことを表している．

1.2.4.3.5. be（to + infinitive）

be (to + infinitive) は表面的には「予定」「義務」「命令」「運命」「可能」などを表すが，主部以外の「第三者」の意図を伝えるのによく使われる．

(153) a. She is to be married next month. ［予定］
（彼女は来月結婚することになっています）
b. He is to stay here till we return. ［義務］
（彼は我々がここに戻るまでここにいることになっています）

(以上，Thomson and Martinet (1986: 117))

c. You are to do your homework before you watch TV. ［命令］
（テレビを見る前に宿題をすることになっているでしょう）

(Swan (2005: §91.4))

d. Mal was to regret that decision for the rest of his life (= he did regret it). ［運命］
（マルは，その後死ぬまでその決断を後悔することになるのである）
e. The only sound to be heard was the chirping of the birds above us.
（聞こえる音といったら頭上で鳥がさえずる音しかなかった） ［可能］

(153a) は「予定」を表すが，主部が決めた予定というよりは主部以外の「第三者」によって決められた予定を表す．(153b) は「義務」を表すが，こちらも話し手が与える義務ではなく，話し手以外の第三者，時には規則などによって与えられる義務を表す．(153c) は，親が子どもに対して言っているような状況が想像されるが，こちらも基本的には主部以外の第三者によって与えられた命令を表し，この場合には「学校や塾の先生から宿題が出されているでしょう」という含みがある．(153d) は「運命」を表すが，この場合には，第三者である「神」が決めた予定が結果的に「運命」という意味になったと考えられる．最後の (153e) は「可能」を表すが，可能の意味でこの構文が用いられる時は，普通

は否定文で受動態の不定詞が続く．ここでは to 不定詞が the only sound を修飾する例になっているが，意味上の主部である the only sound には only という否定語が含まれている．

「命令」を表す場合について，通常の命令文と比較してみよう．

(154) a. You <u>are to</u> stay here.
    （あなたはここにいることになっています）
   b. <u>Stay</u> here.（ここにいなさい）　　　(Thomson and Martinet (1986: 117))

(154a) は話し手が与える義務ではなく，誰か第三者か約束などで，ここにいることになっていることを伝えている文であるが，(154b) は明らかに話し手が聞き手に対して命令している文である．

1.2.5.　完了形

完了形の本質を理解しやすくするために，最初に 2 種類の時制について話をしておこう．一つは「絶対時制 (absolute tense)」，もう一つは「相対時制 (relative tense)」である．絶対時制とは，発話時（通常は現在）を基準として時間的前後関係を表す形式，相対時制とは絶対時制，もしくは他の相対時制によって設定された時点を基準として時間的前後関係を表す形式である．具体例を挙げよう．

(155) We <u>were</u> not <u>going</u> to compromise.
    （妥協するつもりはなかったんだ）

この文は過去のある時点において，それよりも後に妥協をするつもりがなかったという意味を表しており，ゆえに二つの時間関係を含んでいる．一つは were によって表されている「過去」，もう一つは be going によって表されている「未来」である．[31] 最初の were は，発話時を基準とした過去を表していることから絶対時制になる．二つ目の be going は，were によって設定された過去のある時点から見た未来を表していることから，相対時制になる．図式化すると次のようになる．

---

[31] この章の冒頭で「時制」とは何かについて述べたところでは，will や be going は動詞の語形変化ではないために時制ではないと説明した．しかし，ここでは，絶対時制と相対時制を説明するために，便宜上 will と be going も未来を表す時制として捉えて説明をしていく．

1.2. 助動詞

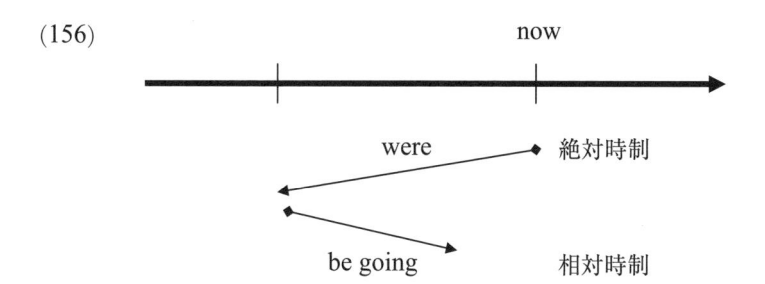

(156)

```
                        now
─────────┼──────────────┼──────────→
              were   ● 絶対時制
           ←────────/
           ●────────→
           be going   相対時制
```

　以上が，絶対時制・相対時制という考え方であるが，この考え方を活用すると，英語の現在完了形というのは，絶対時制現在と相対時制過去が結び付いたもの，過去完了形は絶対時制過去と相対時制過去が結び付いたものであると言える．抽象的な説明が続いたため，ここで具体例を見ながら，絶対時制と相対時制という考え方を用いて完了形の説明を進めていく．現在完了形は have + 過去分詞，過去完了形は had + 過去分詞の形で表される．

(157) a. I have lost my pen. ［現在完了形］
　　　b. I had lost my pen. ［過去完了形］

have は現在時制で had は過去時制である．ここに絶対時制が含まれている．その絶対時制によって，(157a) の場合であれば現在に，(157b) の場合であれば過去に，それぞれ新たな時点が設定される．そこを基準として HAVE + 過去分詞の形が相対時制過去時を指示するのである．これが完了形が表す本質的な時間的前後関係である．HAVE は原形を表す．つまり時制変化をする前の形である．この HAVE + 過去分詞の形が絶対時制で設定された時点よりも過去を表す．(157) で言えば，(a), (b) 共にこの部分は HAVE lost (my pen) で同じということになる．現在完了形と過去完了形の構造を定式化すると次のようになる．

(158) a.　現在完了形
　　　　　＝絶対時制現在（have）＋相対時制過去（HAVE ＋ 過去分詞）
　　　b.　過去完了形
　　　　　＝絶対時制過去（had）＋相対時制過去（HAVE ＋ 過去分詞）

　完了形は大きく分けて三つの意味を表す．「完了・結果」「経験」「継続」である．（次の (159) では，あえて「完了」と「結果」を別々に提示する．）

(159) a. My daughter has *just* come home from school.　　　　　［完了］
　　　　　（娘は今ちょうど学校から帰りました）
　　　b. I've cut my finger.　('*It's still bleeding*')　　　　　　　　［結果］
　　　　　（指を切ってしまった（まだ血が出ている））　　　(Palmer (1988: 49))
　　　c. I have *never* seen him smile.　　　　　　　　　　　　　［経験］
　　　　　（彼が笑うのを見たことがない）
　　　d. He has been absent from school *since Wednesday*.　　　　［継続］
　　　　　（彼は水曜日からずっと学校を休んでいる）

これらの中で，(159d) の「継続」の意味で用いられる動詞は状態動詞か，広い時間幅を持つ rain, study, walk などの動作動詞で，動詞によって述べられている事象が発話時まで続いているという点で，他の「完了」「結果」「経験」とは異なる．

　ここで，過去時制と現在完了形の違いを明らかにしておこう．過去時制は「現在とは切り離された過去」を表すのに対して，現在完了形は「現在との関わりを持った過去」を表す．

(160) a. John has lived in Vancouver for five years.
　　　　　（ジョンはバンクーバーに 5 年間住んでいる）
　　　b. Mary lived in Vancouver for five years.
　　　　　（メアリーはバンクーバーに 5 年間住んでいた）

(160a) では現在完了形が「不定の過去」を表しているのに対して，(160b) では過去時制が「定の過去」を表している (cf. 本章 1.2.4.2 節 (p. 255))．したがって，現在完了形は，原則として特定の過去を表す副詞とは共起できない．

(161) a. *I have seen him yesterday.
　　　　　cf. I *saw* him yesterday.（昨日彼に会った）
　　　b. *He has gone out a moment ago.
　　　　　cf. He *went* out a moment ago.（彼はちょっと前に出掛けました）
　　　c. *When have you come home?
　　　　　cf. When *did* you *come* home?（いつ帰ったの？）

また，just と now は単独であれば共に現在完了形と共起できるが，原則的に just now になると現在完了形とは共起できない．

(162) a. He has *just* left.（彼はちょうど出ました）

b. He has left *now*. (彼は今出ました)
　　c. *He has started *just now*.
　　　cf. He started *just now*. (彼はたった今出ました)

過去時制は定の過去を，現在完了形は不定の過去を表すことから，不定冠詞のaと定冠詞のtheの関係と同じように，会話の始めは現在完了形で始めて，次に過去時制に切り替えられる場合がよくある．

(163) a. A man and a dog came up to me. The man looked sick. (That is, the *same* man)
　　　（男の人と犬がやってきた．その男の人は気分が悪そうだった．（つまり同じ男の人））
　　b. A man and a dog came up to me. A man ran between us. (That is, a *different* man)
　　　（男の人と犬がやってきた．ある男の人が我々の間を走った．（つまり別の男の人））

(164) a. "I've been to Carnegie Hall only once." "Did you hear the New York Philharmonic?" (That is, on that *same* occasion.)
　　　（「カーネギー・ホールには一度だけ行ったことがあります」「ニューヨーク・フィル・ハーモニーは聞きましたか？」（つまり，その時に））
　　b. "I've been to Carnegie Hall only once." "Have you heard the New York Philharmonic?" (That is, have you ever — but *not necessarily* on that occasion.)　　　　　　　　（以上，Allen (1966: 156-157)）
　　　（「カーネギー・ホールには一度だけ行ったことがあります」「ニューヨーク・フィル・ハーモニーは聞いたことがありますか？」（つまり，その時に限らずいつでもこれまでに））

次は過去完了形を見てみよう．英語の過去完了形には，大別すると二つの用法がある．一つは「現在完了形の過去」，もう一つは「過去時制の過去」である．まず，「現在完了形の過去」の用法を見る．

(165) a. When I reached the town, the sun had already set.　　　　［完了］
　　　（町に着いた時には，もう太陽は沈んでいた）
　　b. I recognized her at once, for I had seen her several times before.
　　　（彼女を見てすぐに分かった．それまでに何回か見かけたことがあったから）
　　　　　　　　　　　　　　　　　　　　　　　　　　　　　　［経験］

  c. We had lived there for twenty years when the earthquake occurred.

                    ［継続］

  （その地震が起こった時，私たちはそれまでそこに5年間住んでいた）

上の各例における下線部を含む節は，それぞれ the sun has already set, I have seen her several times, we have lived there for five years という現在完了形が過去時制になったものである．

 次は「過去時制の過去」の例を見てみよう．

(166) a. John gave Mary the camera he had bought the day before.

   （ジョンは前の日に買ったカメラをメアリーにあげた）

  b. When I reached the station, I found that the train had left a few minutes before.

   （駅に着いた時には，数分前に電車が出た後だと分かった）

(166a) は，John bought a camera and gave it to Mary と言い換えられ，また *John has bought a camera yesterday とは言えないことから，had bought という過去完了形が過去時制の過去であることが分かる．(166b) も同様で，最後に特定の過去を表す a few minutes before があることから had left は，the train left a few minutes ago の left が過去になったものということが分かる．このように，過去完了を用いる場合には，最初の絶対時制の時点を指定する副詞が必要なことが多い．

1.2.6. 進行形

 進行形の形は be + 現在分詞 (-ing) で，基本的な意味は「未完結」というアスペクトである．進行形が表す意味を大別すると，「進行中」「一時性」「推移的」という三つに分けられる．まずは，「進行中」から見ていこう．

(167) a. 'What are you doing?' 'I'm writing a letter.' (Leech (2004: 24))

   （「何してるの？」「手紙書いてるの」）   ［進行中の動作］

  b. The children were jumping up and down in excitement.

   （子どもたちは興奮してピョンピョン跳ねていた） ［進行中の反復動作］

  c. He is constantly finding fault with others.

   （彼はいつも他人の粗探しばかりしている） ［進行中の習慣的動作］

(167c) のように，always, constantly, usually, all the time などの副詞が進行形

と共起すると,「困惑」や「いらだたしさ」を表すことがしばしばある.訳からも分かるように,日本語の場合にも「いつも」と「している」が共起すると同様の現象が起きる.

次に,進行形が「一時性」を表す場合を見てみよう.

(168) a. Surely you're imagining things!
  (きっと考えすぎですよ)
 b. We're supposing the butler did it.
  (我々はそれを執事がやったと考えています)
 c. I'm hoping you'll give us some advice.
  (ちょっとアドバイスをいただきたいと思っているんです)
 d. What were you wanting? (Leech (2004: 29))
  (何をしてほしかったの?)
 e. He's being a fool. ('He's acting foolishly') (Leech (2004: 30))
  (彼は愚かなふりをしている)

これらの例に共通しているのは,通常であれば進行形では用いられない状態動詞[32] が進行形で用いられている点である.特に (168c) と (168d) では,結果的に「今一時的にそう思っているだけですよ」というように丁寧な依頼を表している.1.2.4.2 節 (p. 255) で過去時制が丁寧な意味を表す場合を見たが,それと併せると次のような順で丁寧な意味を表すことができる.

(169) a. I hope you *will* give us some advice.
  (アドバイスをいただきたいと思います)
 b. I'm hoping you *will* give us some advice.
  (アドバイスをいただきたいと思うのですが)
 c. I hoped you *would* give us some advice.
  (アドバイスをいただきたかったのですが)
 d. I was hoping you *would* give us some advice.
  (アドバイスをいただきたいと思っていたのですが)

(Leech (2004: 15, 29, 30))

現在時制が最も直接的な依頼を表すが,これは時として無礼な表現になること

---

[32] 状態動詞については,本章 1.1.3 節 (p. 220) を参照のこと.

を意味している．以下順に，現在進行形，過去時制，過去進行形の順に丁寧になる．(169b)の現在進行形は，「今現在はそう思っているが，必ずしもそれに固執しているわけではない」という含みを持ち，(169c)は，「過去にはそう思っていたけれども，今は必ずしもその限りではない」という含みを持ち，(169d)は(169b)と(169c)を併せた「過去のある一時点でそう思っていただけで今はもうそんなに強くは思っていない」という含みを持つ．

最後に進行形が「徐々に〜になりつつある」という「推移」の意味を表す場合を見てみよう．

(170) a. He is resembling his father *more and more* as the years go by.
(彼は年を経る毎にどんどん父親に似てくる)

b. The income of one's parents is mattering *less* in education these days.（親の収入は最近教育において重要でなくなってきている）

c. Good food is costing *more* since the devaluation. (Leech (2004: 31))
(平価切り下げ以来おいしいものの値段が上がっている)

この「推移」の意味を表す場合も，先に見た「一時性」同様，通常は進行形では用いられない状態動詞が用いられる．

進行形には未来を表す用法もあるが，これについては本章1.2.4.3.3節（p. 262）を参照のこと．

1.2.7. 受動態

能動態から受動態への変換は，定式化すると次のようになる．Auxは助動詞，p.p.は過去分詞を表す．

(171) a. S (+ Aux) + V + O (+ M)　　　　　　　　　　　[能動態]
b. O (+ Aux) + be + p.p. (+ by + S) (+ M)　　　　[受動態]

ここで注意を要するのが，能動態の(助)動詞で表される法・時制・アスペクトは，そのまま受動態の(助)動詞に受け継がれるという点と，受動態のby + Sはないのが普通であるという点である．特に後者の理由については，受動態の本質と密接に関係しているため，下で詳述する．次の(172)は，(171)で見た能動態から受動態への変換の具体例である．

1.2. 助動詞

(172) a. The cheetah was chasing the zebras in the plain.　　　［能動態］
　　　　　　S　　　Aux　　V　　　　O　　　　　M
　　　（その平原ではチータがシマウマを追いかけていた）
　　b. The zebras were being chased by the cheetah in the plain.　［受動態］
　　　　　　O　　　　Aux　　be　　p.p.　　by + S　　　　M
　　　（その平原ではシマウマがチータに追いかけられていた）

　以下では，このように能動態から受動態への変換操作を「受動化（passivization）」と呼ぶ．

　受動化には，統語（文法）レベル・意味レベル・談話（文脈）レベルで様々な制約が存在し，複雑に絡み合っている．受動化にかかる制約については，まだ完全に解明されていない部分もあるが，ここではごく基本的な制約だけを紹介しておく．

　まず，文法レベルでの制約として，他動詞の目的語でなければ，受動態の主部になることはできない．

(173) a. Mervyn gave me this towel.　　　　　　　　　　　　　［第4文型］
　　　　（マービンがタオルをくれた）
　　　→ This towel was given (to) me by Mervyn.　　　　　　　［直接目的語］
　　　　（このタオルはマービンにもらったの）
　　　→ I was given this towel by Mervyn.　　　　　　　　　　［間接目的語］
　　　　（このタオルをマービンにもらったんだ）
　　b. They elected him chairman.　　　　　　　　　　　　　　［第5文型］
　　　→ He was elected chairman.

(174) a. The baker comes every day.　　　　　　　　　　　　　［修飾語句］
　　　　（そのパン屋は毎日来る）
　　　→ *Every day is come by the baker.　　　　　　　　(Palmer (1988: 79))
　　b. She became queen in 1952.　　　　　　　　　　　　　　［補語］
　　　　（彼女は1952年に女王になった）
　　　→ *Queen was become by her in 1952.
　　c. The bullet ricocheted off the pavement.　　　　　　　　［前置詞の目的語］
　　　　（弾丸は車道に当たって跳ね返った）
　　　→ *The pavement was ricocheted off by the bullet.

d. They did the work without John's help.

[動詞＋名詞＋前置詞の目的語]

(彼らはジョンの助けを借りずに仕事をした)

→ *John's help was done the work without.

(以上, Bolinger (1975: 66))

(174) の下線部はいずれも動詞の目的語ではないために受動態の主部になることはできず, 統語レベルでの制約に違反して受動化が不可能になっている.

次に, 意味レベルの制約として, 能動態の目的語は主部から何らかの「動作・影響」を受けていないと受動態の主部になれない. 次に挙げる動詞は, 他動詞でありながらもそのような動作性に乏しく受動化ができないことから, しばしば「中間動詞 (middle verbs)」と呼ばれる.

(175) a. They have a nice house.（彼らは素敵な家を持っている）
    → *A nice house is had by them.
  b. My shoes don't fit me.（靴が合わない）
    → *I'm not fitted by my shoes.　　(以上, Swan (2005: §412.4))
  c. The jar holds oil.（そのビンには油が入っている）
    → *Oil is held by the jar.
  d. The melon weighs a pound.（そのメロンは重さが1ポンドある）
    → *A pound is weighed by the melon.　(以上, Palmer (1988: 81-82))
  e. Each ticket costs ten dollars.（チケットは1枚10ドルです）
    → *Ten dollars were cost by each ticket.

これらの動詞でも, 意味が変わって動作性が出てくると受動化が可能になる.

(176) a. Have *you* ever been had?「～を騙す」　(Quirk et al. (1985: 746))
    (これまでに騙されたことがありますか？)
  b. *My son* is being fitted for a new suit for the first time tomorrow.
    「～を合わせる, 備え付ける」
    (息子は明日初めて新しいスーツを採寸することになっているんです)
  c. *The thief* was held by the police.「～を拘留する」
    (泥棒は警察に拘留された)　　　　　　　　　(Palmer (1988: 81))
  d. *The plums* were weighed by the greengrocer.「～の重さを量る」
    (そのプラムの重さは果物屋さんに計ってもらった)　(Palmer (1988: 82))

e. Has *his project* been properly costed out?「～を見積もる」
　　　（彼の企画は，キチンと見積もりは取ってありますか）

さらに，目的語を取らない自動詞でも，後に前置詞を従えて，動詞＋前置詞で動作性のある一つの他動詞のような意味になる時には受動化が可能になる．

(177) a. The engineers went very carefully into *the problem*.
　　　　（技師たちはこの問題を非常に念入りに調査した）
　　　　→ *The problem* was very carefully gone into by the engineers.
　　b. They eventually arrived at *the expected result*.
　　　　（結果的に予想どおりの結果に行き着いた）
　　　　→ *The expected result* was eventually arrived at.

(Quirk et al. (1985: 163))

最後に談話的制約について説明しよう．受動化の制約の中でも最も捉えにくい制約である．以下の例では，動詞の意味が同じでも，文の中の他の要素や文脈，または人の常識によって受動化が可能になったり不可能になったりする．

(178) a. *I was approached by the train.
　　b. I was approached by the stranger.　　　(Bolinger (1975: 68))
　　　（知らない人に近寄られた）
(179) a. *This temple is rarely visited by me.
　　b. This temple is rarely visited by Americans.
　　　（この寺はめったにアメリカ人は訪れない）
(180) a. *He was crawled on by a bug.
　　b. He was stepped on by an elephant.（彼は象に踏まれた）
(181) a. *The house was alighted on by the bird.
　　b. The twig was alighted on by the bird.（鳥が枝に止まった）

(髙見 (1995: 47))

ここで働いている談話的な制約というのは，分かりやすく言うと「主部について語るだけの情報価値を述部が持っていなければならない」，逆に言うと「主部は述部によって語られるだけの十分な情報価値を持っていなければならない」というものである．(178) では，私が電車に接近されるのは，日常駅にいれば取り立てて言う価値がない．しかし，見知らぬ人に近寄られるというのは，無言の力が働く．(179) では，ある寺が私という個人的なレベルの訪問を受けて

も，それは寺というものの持つ公共性の高さから，それを語るに十分な価値があるとは言えない．しかし，アメリカ人が来るかどうかは，その寺を語る上で十分な情報価値がある．(180) では，人間が虫に這われるというのは，人間にとって物理的にずっと小さなものに被害を与えられるという認識は持ちにくく，それに比べると象の場合であれば人間よりもはるかに大きいために被害を与えられるという認識を持つことができる．最後の (181a) が容認されないのも，動作を受けるのが主部にとって物理的により大きなものでないと情報価値が低くなるという要因によるものである．したがって，その物理的な大きさが入れ替わった (181b) は容認可能になる．このように，受動化には統語レベル・意味レベル・談話レベルで様々な制約が働いているのである．

最後に，受動態という形式がどのような場合に用いられるかについて説明しておく．まず，前提条件として重要な点は，受動態は有標の形で，無標の形は能動態であるという点である．「無標の形」というのは，「普通の形」「本来の形」という意味で，日常生活のレベルで言えば，眼鏡をかけずにいる人は無標の存在で，眼鏡をかけている人というのは有標の存在ということになる．人間は本来眼鏡をかけない状態でこの世に生まれ落ち，眼鏡をかけるには目が悪いとかファッショナブルであるとかいう何らかの理由が必ずある．文法の世界で言うと，単数形は無標で複数形は有標，形容詞の原級は無標で比較級・最上級は有標ということになる．つまり，能動態ではなく受動態を用いるということは，「それなりの事情」が必要で，ここではどのような事情がある場合に受動態が用いられるのかを説明する．

(182) a. 動作主（能動態の主部）が不明な場合
Many lifeboats were launched from the Titanic only partly filled.
（多くの救命ボートがタイタニックから降ろされたが，定員一杯になっている船はほんの一部しかなかった）

b. 動作主（能動態の主部）を敢えて明らかにしたくない場合
My letter has not yet been answered.
（私の手紙にはまだ返事が来ていない）

c. 動作主（能動態の主部）を明らかにする必要性が感じられない場合
Nowadays sleeping sickness can usually be cured *if it is detected early enough.*
（最近では，睡眠病は十分早期に発見されれば，普通は治療が可能である）

d. 科学的な論文などにおいて，I や we の繰り返しを避けて，実験経過や実験方法などに焦点を当て，客観性を高くする場合
The subject <u>was blindfolded</u>, and a pencil <u>was placed</u> in his left hand. (被験者には目隠しをし，左手に鉛筆を持たせた)

(以上, Greenbaum and Quirk (1990: 45-46))

e. 能動態の主部がそれに対応する述部よりも極めて長い場合
I <u>was annoyed</u> *by Mary wanting to tell everybody what to do.*
(メアリーがみんなに何をすべきかを言いたがるので私はいらいらした)

(Swan (2005: §414.4))

f. 旧情報から新情報という情報の流れにするため
The house next door has <u>been bought</u> *by a Mr. Jones.*

(Thomson and Martinet (1986: 266))

(隣のあの家は，ジョーンズさんという人が買ったんだよ)

(182f) は，動作主の a Mr. Jones が新情報，被動作主の the house next door が旧情報であるために，能動態で新情報から旧情報への流れになるよりも，受動態で旧情報から新情報の流れになるほうが好まれる．したがって，動作主が旧情報の場合には，次のように能動態になる．

(183) <u>Your father's friend, Mr. Jones,</u> has bought the house next door.

(Thomson and Martinet (1986: 266))

(君のお父さんの友だちのジョーンズさんがお隣の家を買ったよ)

2. 修飾詞類

前節では，「叙述」の力を持つ語の中でも，述部の中心になる力を持っている「動詞類」として，動詞と助動詞の働きを説明したが，本節では，修飾する力を主な機能とする「修飾詞類（modificationals）」を扱っていく．具体的には，形容詞・副詞・前置詞・副詞的従属接続詞（副詞節を導く従属接続詞）で，これらに共通の働きを図示すると次のようになる．

(1) Mod (X)

(1) が意味するところは，修飾詞類 Mod が時として補部を取り，前後にある要素を修飾することを表している．ただし，後述するように，これは修飾詞の基本的な，すべての修飾詞に共通の機能であって，この修飾機能以外にも，修

飾詞には次のように補部になるという重要な機能がある．

(2) $\boxed{\text{V / Pp / ASC}}$ Mod

(2) では，修飾詞が動詞・前置詞・副詞的従属接続詞の補部になりうることが示されている．全体としての機能は，主要部が何になるかによって変わるために明記されていない．具体例は以下の各セクションで見ていくこととする．

2.1. 形容詞・副詞とは

　この二つの品詞については，その相違はもとより，共通点を理解することが重要であるが，まずはこの二つの品詞の共通点と相違点を感覚的に理解してもらうために，日本語の形容詞と副詞の具体例を挙げる．

(3) a. イ形容詞
　　　　高い，強い，素晴らしい，若い，おもしろい，...
　　b. ナ形容詞[33]
　　　　高価な，危険な，ユニークな，きれいな，いやな，勤勉な，...
(4) 副詞
　　a. 高く，美しく，静かに，きれいに，滅多に，...
　　b. ゆっくり，かなり，とても，そこに，ちょうど，あいにく，少し，...

(3a) はイ形容詞，(3b) はナ形容詞，(4a) は形容詞と語幹を共有する副詞，(4b) は形容詞と語幹を共有しない副詞である．

(5) a. 高い建物，強いチーム，素晴らしい試合，...
　　b. 高価な時計，危険な運転，ユニークなデザイン，...
(6) a. 高く飛ぶ，美しく踊る，静かに話す，...
　　b. ゆっくり歩く，かなり遅い，とても迅速に，...

(5), (6) すべてに共通しているのは，下線の語がその次の語にかかっているという点である．言葉による説明はさておき，まず，この「かかっている」という現象を感覚的に理解してほしい．この「かかっている」現象を，文法的には「修飾」と言う．この「修飾」という働きは，この 2 節で扱っていく形容詞・副

---

　[33]「イ形容詞」は伝統的な日本語文法の「形容詞」，「ナ形容詞」は昔の日本語文法の「形容動詞」に相当する．今でも「形容詞／形容動詞」で区別することもあるが，ここでは「副詞」との違いを説明するため，「イ形容詞」「ナ形容詞」という用語を採用する．

詞・前置詞・副詞的従属接続詞や，第3章で扱う不定詞・分詞・関係詞にとっては非常に重要な役割である．

次は，形容詞と副詞の相違点を見ていく．(7) は形容詞が修飾する語，(8) は副詞が修飾する語が列挙されている．

(7) 建物，チーム，試合，時計，運転，デザイン
(8) 飛ぶ，踊る，話す，歩く，遅い，迅速に

(7) に挙げられている語は，すべて「名詞」という品詞に分類される語，(8) に挙げられている語は，「動詞」「形容詞」「副詞」という品詞に分類される語である．このような事実から，形容詞と副詞の相違点の一つは大まかに次のようにまとめられる．

(9) a. 形容詞は名詞を修飾する．
    b. 副詞は名詞以外のものを修飾する．

これらの働きを図示すると次のようになる．Adj は形容詞を意味する adjective の略，Adv は副詞を意味する adverb の略，N は名詞を意味する noun の略，V は動詞を意味する verb の略である．矢印は修飾を意味する．

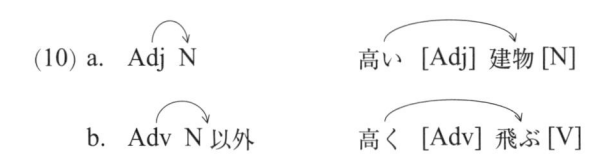

(10) a. Adj N   高い [Adj] 建物 [N]
     b. Adv N 以外   高く [Adv] 飛ぶ [V]

ここで，日本語の形容詞と副詞の共通点と相違点をそのまま英語に当てはめてみることにしよう．(11) は英語の形容詞の例，(12) は英語の副詞の例である．ともに，修飾詞である形容詞・副詞には下線が引いてあって，修飾される要素はイタリックになっている．

(11) a high *building*, a strong *team*, a beautiful *game*
     an expensive *watch*, dangerous *driving*, a bizarre *design*
(12) *fly* high, *dance* beautifully, *talk* quietly
     walk slowly, fairly late, very quickly

(11) のように，形容詞が直接的に後ろの名詞を修飾する用法を，形容詞の「限定用法 (attributive use)」と呼ぶ．一方，(12) の副詞の場合には，形容詞のように前から後ろの要素を修飾するパターンもあるが，後ろから前の要素を修飾

するパターンもある．ここに挙げた例の場合，副詞が動詞を修飾する場合には後ろから前に修飾し，副詞が形容詞・副詞を修飾する場合には前から後ろに修飾していて，これらが修飾詞と被修飾語の前後関係という点ではもっとも典型的なパターンである．この修飾関係を図式化すると次のようになる．

(13) a.　a high [Adj] building [N]

　　 b.　fly [V] high [Adv]

次は，2 節の (2) に示した補部の機能である．

(14) a.　I'*m* glad to meet you.
　　 b.　Bill will *remain* here three more days.

ここで，glad, here は動詞にとって不可欠な要素で，それがないと文が成立しない．先に見た「修飾」の機能を果たす場合には，その要素は原則として任意の要素であるので対照的である．特に形容詞の場合に限り，このように動詞の補部になる用法を「叙述用法 (predicative use)」と言う．[34]

2.1.1.　修飾語としての形容詞・副詞

以下では，形容詞が修飾の機能を果たす場合と，副詞が修飾の機能を果たす場合を別々に見ていくことにする．

2.1.1.1.　修飾語としての形容詞

修飾語としての形容詞は，原則として前から後の名詞を修飾する．

(15) a.　a large *house* （大きな家）
　　 b.　young *ladies* （若い夫人）
　　 c.　a hard *worker* （勉強家）
　　 d.　an easy *chair* （安楽いす）

---

[34] 「限定用法」「叙述用法」という用語は，一般には専ら形容詞に用いられるが，「限定用法」は他の要素を修飾する用法，「叙述用法」は他の要素の補部になる用法と考えれば，副詞にも「限定用法」と「叙述用法」があることになる．この点はあまり指摘されないが，(12) でも指摘したように，これも形容詞と副詞の重大な共通点である．

(15c) は worker という名詞の中の work という動詞の部分を hard が修飾しているので，文法的には hard という形容詞が worker という名詞を修飾していることになるが，意味的には hard という副詞が work という動詞を修飾している．ほかに，a perfect stranger（全く見も知らぬ人）も類例である．最後の (15d) は，形容詞＋名詞で一つの名詞になるような「複合語 (a compound word)」で，ほかにも gentleman などはその類例である．このように，形容詞が名詞を修飾する場合には，前から後ろにかかっているのが普通であるが，次のような場合には，形容詞が後から前の名詞を修飾する．

(16) 2語以上で形容詞句になっている場合
 a. I found a *wallet* full of money on the floor.
 b. We need a *rope* about five meters long.

(17) -thing 形の不定代名詞を修飾する形容詞
 a. We saw *something* white in the dark.
 b. There is *nothing* new in her idea.

(18) 慣用句
 a. *things* Japanese（日本の風物）
 b. the *city* proper（本来の市）
 c. the *sum* total（総額）

(19) に挙げる形容詞は，限定用法のみで用いられ，叙述用法で用いられることはない．

(19) a. She is a mere *child*.（彼女はほんの子どもさ）
 b. I was in total *ignorance* of it.（それは全然知らなかったよ）
 c. He has lost his only *son*.（彼はひとり息子を亡くしてしまった）
 d. That was an utter *failure*.（完全な失敗だった）
 e. That lady is her elder *sister*.（あの女性は彼女のお姉さんだよ）

これらの形容詞は，限定用法に限られるため，*The child is mere. とか *The failure was utter. という使い方はできない．同種の形容詞には以下のようなものがある．

(20) *golden*（金の），*inner*（内の），*inside*（内側の），*latter*（後者の），*main*（主要な），*outer*（外の），*very*（まさにその），*wooden*（木製の），etc.

一方で，叙述用法に限られる形容詞もいくつかあるが，これは形容詞が補部

になる用法になるので，2.1.2.1 節で詳しく述べる．

　修飾語としての形容詞の最後に，叙述用法と限定用法では意味が異なる形容詞を挙げておく．

(21) a.　The mayor *was* present at the party.
　　　　　（市長はそのパーティに出席していた）
　　b.　Our present *mayor* is Mr. Smith.
　　　　　（現在の市長はスミスさんです）
(22) a.　It *is* certain that she will come.（彼女が来るのは確実だ）
　　b.　I met a certain *foreigner*.（ある外国人に会った）
(23) a.　I *was* late for school today.（今日は学校に遅刻した）
　　b.　Beryl gave her late *husband*'s clothes to charity.
　　　　　（ベリルは亡き夫の衣服を慈善団体に寄付した）
(24) a.　The issue needs due consideration.
　　　　　（この問題は十分な考慮が必要だ）
　　b.　The bill is due at the end of next month.
　　　　　（この支払いは来月末が期限です）

2.1.1.2.　修飾語としての副詞

　副詞が具体的にはどのような語を修飾しうるのかを見ていこう．

(25) a.　Roy *looked* at me dubiously.　　　　　　　　　　　［動詞］
　　　　　（ロイは疑わしげに僕を見た）
　　b.　How *many* books do you have?　　　　　　　　　　［形容詞］
　　　　　（何冊本持ってるの？）
　　c.　The professor speaks very *slowly*.　　　　　　　　　［副詞］
　　　　　（あの教授は話し方が遅い）
　　d.　The fish were jumping clean *out of* the water.　　　　［前置詞］
　　　　　（魚たちが水の上にピョンピョン飛び跳ねていた）
　　e.　Darlene sold her car soon *after* her son died.　　［副詞的従属接続詞］
　　　　　（ダーリーンは息子が死んだ直後に車を売った）
　　f.　Happily, *no one was injured*.　　　　　　　　　　　　［文］
　　　　　（幸運にも怪我人はいなかった）
　　g.　Only *someone really ignorant* would say that.　　　　［名詞］
　　　　　（本当に無知なヤツしかそんなことは言わないだろう）

h. Both she *and* her husband play tennis.　　　　　　　［等位接続詞］
　　（彼女もご主人も両方ともテニスはするよ）

　副詞が修飾する品詞として頻度が高いのは，動詞・形容詞・副詞・文全体であるが，それ以外にも前置詞・副詞的従属接続詞を修飾することがある．(25g) に挙げた名詞を修飾するような例は，「例外」として考えたほうがいい．名詞を修飾することができる副詞は特定のものに限られているし，そのような副詞でさえ普通は名詞以外の品詞を修飾し，名詞を修飾するのは例外的だからである．(25h) も一種の例外と考えたほうがいいかもしれないが，副詞が等位接続詞を修飾する例である．both A and B の構文で，both が等位接続詞 and と相関的に用いられて and を修飾する用法である．[35]
　このようなことから，原則として，副詞が修飾できる品詞を列挙すると (26a) のようになり，その裏返しとして副詞が修飾できない品詞を列挙すると (26b) のようになる．

(26) a. 副詞は，本質的には叙述の類を修飾する．具体的には，動詞・形容詞・副詞・前置詞・副詞的従属接続詞・文を修飾し，また例外的に名詞・等位接続詞も修飾する．
　　　b. 副詞は，本質的には主部の類は修飾しない．例外的に（代）名詞を修飾することはあるが，名詞的従属接続詞・間投詞は修飾しない．

2.1.2. 補部になる形容詞・副詞
　本節でも，補部になる機能を形容詞と副詞に分けて見ていくことにする．

2.1.2.1. 補部になる形容詞
　形容詞が補部になる場合，つまり叙述用法で使われる場合は，名詞に従属して修飾するのではなく，原則として動詞に導かれてその補部として主部や目的語になっている名詞の叙述を行う．この叙述用法には，基本的に二つのパターンがある．一つが主格補語としての用法，もう一つが目的格補語の用法である．最初に主格補語の例を挙げる．

(27) a. This dog *is* very cute.（この犬はとても可愛らしい）
　　　b. He *looks* young for his age.（年の割には若く見える）

---

[35] both の品詞としての扱いについては，第 4 章 2.1.4.3 節の注 51 (p. 160) を参照のこと．

　　　　　c. His father *died* young last year.（彼の父親は去年若くして亡くなった）

(27b) のように，be 以外で主格補語を取る動詞は，第 2 章で「コピュラ (copula)」として列挙してあるので，そちらを参照してほしい．(27c) は，(27a, b) とは異なり，主格補語の young が義務的要素になっていないが，動詞をはさんで主部の状態を説明しているという点では補語の一種である．

　次は形容詞が目的格補語になる例である．

(28)　a. I *thought* her wise.（彼女は賢いと思うよ）
　　　b. The queen *set* the slaves free.（女王は奴隷を解放した）
　　　c. He *keeps* his room clean.（彼は部屋をキレイにしている）
　　　d. I told Dick not to talk *with* his mouth full.
　　　　（ディックに食べ物を口一杯に入れたまま話さないように言った）

(28d) の例は，(28a, b, c) とは異なり，動詞の目的格補語でなく，前置詞の目的格補語になっている．

　2.1.1.1 節で，限定用法のみで用いられる形容詞を紹介したが，同じように叙述用法でしか用いられない形容詞もある．以下がその例である．

(29)　a. My son *is* afraid of dogs.（うちの息子は犬を怖がる）
　　　b. Mary *is* well aware of the danger.
　　　　（メアリーは十分に危険には気付いているよ）
　　　c. The child soon *fell* asleep.（その子はしばらくすると眠りについた）
　　　d. They *are* ashamed of their failure.
　　　　（自らの失敗を恥ずかしいと思っている）
　　　e. I'*m* content with the result.（結果には満足しています）

ほかにも，以下の形容詞には叙述用法しかない．

(30)　*alive*（生きて），*alone*（ひとりで），*awake*（目が覚めて），*glad*（喜んで），*liable*（〜しがちな），*sorry*（気の毒な），*subject*（左右されて），etc.

2.1.2.2. 補部になる副詞

　今度は，副詞が補部になる場合を見てみよう．

(31)　a. I'm so glad the final exams *are* over and done with.
　　　　（（いやな）期末試験がすっかり終わって本当に嬉しいよ）

b. Mark *stayed* there. (マークはそこにいた)
c. The child *behaved* badly. (その子はマナーが悪かった)
d. The conference starts on Monday and it *lasts* until Thursday.
(その会議は，月曜日に始まって木曜日まで続く)

イタリックになっている動詞の直後に位置している下線部の副詞が，その動詞にとって不可欠な要素，つまり補部として働いている．つまり，これらの要素が欠けると文が成立しなくなる．

次は，目的語の後に補部としての副詞が来る例を挙げよう．

(32) a. Could you *put* the bag just there please?
(ちょうどそこにバッグを置いてもらっていい？)
b. I was treated like a king.
(王様のように扱われた)
c. Angela was knitting *with* the radio on.
(アンジェラは，ラジオをつけて編み物をしていた)

(32a, b) は動詞の補部，(32c) は前置詞の補部になっている．この場合にでも，there, like a king, on という副詞は動詞や前置詞にとって不可欠な補部であって，ないと文が成立しなくなる．

確かに，形容詞は名詞を修飾し，副詞はそれ以外のものを修飾するという相違点があるが，一般的にはこのような違いの部分だけをことさらに強調する傾向がある．しかし，この二つの品詞には，修飾をする機能と動詞や前置詞の補部になる機能という非常に重要な共通点があることをここで確認しておきたい．

2.1.3. 比較

形容詞と副詞のもう一つの重要な共通点が，共に原級（positive degree）・比較級（comparative degree）・最上級（superlative degree）の変化をするという点である．ここでは，その形容詞・副詞の原級・比較級・最上級についてと，基本的な比較の構文について見ていくことにする．

さて，本題に入る前に，原級・比較級・最上級が表す意味について一つ指摘しておきたい．一般的には，原級よりも比較級が，比較級よりも最上級が，程度が高いことを表すかのように思われている．しかし，これは全くの誤解で，ある意味では原級が最も程度が高いことを表す．old という形容詞を例に説明

しよう．例えば，常識的に考えて，80歳の男性についてであれば，He is old. と言えるのに対して 17 歳の男子に関して He is old. とは言わない．しかし，17 歳の男の子について，He is older than my sister. と言うことはできるし，さらに，5 歳の男の子について，He is the oldest in his class. と言うこともできる．つまり，原級こそが絶対的にその形容詞が表す意味についてのみ用いられ，比較級や最上級というのはあくまでも他との比較において年上だとか年下だとか言っているだけなのである．これが，原級・比較級・最上級が表す基本的意味であるということを覚えておいてもらいたい．

比較級・最上級の形態的変化は，大きく分けて二つある．一つは -er, -est と語尾を変化させる方法．これを「屈折型 (inflection pattern)」と呼ぶことにしよう．もう一つは，単に形容詞・副詞の前に別の語として more, most を置く方法である．こちらを「迂言型 (periphrasis pattern)」と呼ぶことにしよう．大まかに言うと，1 音節語は屈折型で，3 音節以上は迂言型になる．2 音節の語は語によって屈折型か迂言型かに分かれるが，全体としては迂言型が一般的になりつつある．ただ，これはあくまでも大雑把な捉え方で，最終的にそれぞれの語がどのパターンで変化するかはその都度辞書にあたる必要がある．

(33) 屈折型
  a. fast—faster— fastest［1 音節語］
  b. free — freer — freest［1 音節語］
  c. fat — fatter — fattest［1 音節語］
  d. early — earlier — earliest［2 音節語］
  e. narrow — narrower — narrowest［2 音節語］
  f. unhappy — unhappier — unhappiest［3 音節］

(34) 併用型[36]
  a. clever — cleverer/more clever — cleverest/most clever［2 音節語］
  b. polite — politer/more polite — politest/most polite［2 音節語］
  c. pleasant — pleasanter/more pleasant — pleasantest/most pleasant［2 音節語］

(35) 迂言型
  a. practical — more practical — most practical［3 音節語］

---

[36] 併用型の場合，後ろに than が続く時には more がより頻繁に用いられる (Greenbaum and Quirk (1990: 157))．

    b. beautiful — more beautiful — most beautiful ［3 音節語］
    c. quietly — more quietly — most quietly ［3 音節語］
    d. wounded — more wounded — most wounded ［2 音節語］
    e. worn — more worn — most worn ［1 音節語］
             (cf. Greenbaum and Quirk (1990: 155-57), Swan (2005: §137))

(33f) は接頭辞 un- の付いた語であるが，この unhappy とか untidy は 3 音節語であるにもかかわらず屈折型になる．(35c) のように，副詞の場合には，特に形容詞と同形の (33a, d) のような場合を除けば，多くは迂言型になる．(35d, e) のように分詞が形容詞化したものは，interesting, surprised など普通は迂言型になる．

原級・比較級・最上級の変化の最後に，不規則変化をする形容詞・副詞を列挙しておく．

(36) a. good（形容詞）/ well（副詞・「健康で」）— better — best
      b. bad（形容詞）/ badly（副詞）/ ill（副詞・「病気で」）— worse — worst
      c. many（可算）/ much（不可算）— more — most
      d. little（わずかの）— less / lesser（より重要でない）[37] — least
         little（小さな）— smaller — smallest[38]
      e. old — older / elder（年長の《英》）— oldest / eldest
      f. far — farther（場所・時間）/ further（程度）— farthest / furthest
      g. late — later（時間）/ latter（順序）— latest / last

次に，原級・比較級・最上級を用いる基本的な構文をいくつか挙げる．

(37) 原級を用いた比較表現
    a. Tony is <u>as</u> *tall* <u>as</u> his father.   ［形容詞・肯定文］
      （トニーは彼のお父さんと同じくらいの背の高さだよ）
    b. Tony is <u>not so</u> *tall* <u>as</u> his father.   ［形容詞・否定文］
      （トニーは彼のお父さんほど背は高くないなあ）

---

[37] 動物や植物の名前にも用いられることがあり，その場合は普通の種よりも小さな種という物理的な大きさを意味する．よく動物園で見かける a lesser panda（レッサー・パンダ）も a giant panda（ジャイアント・パンダ）に対する名称である．

[38] アメリカ英語では littler — littlest という比較級・最上級も使われることもある．特に 19 世紀の文学作品や，現在でも子ども言葉として，大人が子どもに話しかけるような場合に使われる．

  c. Tony works as *hard* as Roger. ［副詞・肯定文］
   （トニーはロジャーと同じくらい一生懸命勉強するよ）
  d. The sun is 330,000 times *as heavy as* the earth. ［何倍という表現］
   （太陽は地球の 330,000 倍の重さがある）

(38) 比較級を用いた比較表現
  a. It's warmer today *than* yesterday. ［屈折型形容詞］
   （昨日より今日のほうが暖かい）
  b. This reference book is more useful *than* that one. ［迂言型形容詞］
   （この参考図書はあれよりも使える）
  c. John ran faster *than* I. ［副詞］
   （ジョンは僕よりも走るのが速かった）
  d. John is *much / far / a little / a bit / two years* older than my father.
               ［比較の程度を示す語句］
   （ジョンは父よりずっと／はるかに／少し／ちょっと／2 歳年上である）
  e. *The more* she thought about it, *the more depressed* she became.
       ［the 比較級 ～, the 比較級 ...「～すればすればほど ...」］
   （そのことを考えれば考えるほど落ちこんだ）

(39) 最上級を用いた比較表現
  a. Peter is the oldest *in our class*. ［屈折型形容詞・in 単数名詞］
   （ピーターは我々の中で最年長だ）
  b. This is the most impressive novel *of his works*.
              ［迂言型形容詞・of 複数名詞］
   （これは彼の作品の中でも最も印象的な小説だ）
  c. We've all got terrible voices, but I sing worst[39] of all.
          (Swan (2005: §138))　［不規則変化副詞］
   （我々は皆ひどい声だけど，中でも僕がいちばん歌が下手だな）
  d. Los Angeles is the *second* largest *city* in the United States.
   （ロサンジェルスはアメリカで 2 番目に大きな都市だ） ［何番目に～］
  e. Pete is *one of the* best *tennis players* in history.
        ［one of the 最上級＋複数名詞「最も～のひとり」］
   （ピートは史上最高のテニス・プレーヤーの 1 人だ）

---

[39] この場合の worst は ill, bad ではなく badly という副詞の最上級である．

f. Maria is *the* most beautiful *tennis player that I have ever seen.*
　　　　　　　　　　　　　　　[the＋最上級＋名詞＋that 節「今までで最も〜」]
　　　（マリアは私がこれまで見た中で最も美しいテニス・プレーヤーだ）
(40) 最上級の意味を表す原級・比較級の表現
　　a. *No (other)* coral reef in the world is as large as the Great Barrier Reef.　　　　　　　　　[No other 単数名詞 (be) as 原級 as 〜]
　　　（(ほかの) どんな珊瑚礁もグレート・バリア・リーフほど大きくはない）
　　b. *No (other)* coral reef in the world is larger than the Great Barrier Reef.　　　　　　　　　[No other 単数名詞 (be) 比較級 than 〜]
　　　（(ほかの) どんな珊瑚礁もグレート・バリア・リーフより大きいものはない）
　　c. The Great Barrier Reef is larger than any other coral reef in the world.　　　　　　　　　[〜 is 比較級 than any other 単数名詞]
　　　（グレート・バリア・リーフは世界の他のどの珊瑚礁よりも大きい）
　　d. The Great Barrier Reef is the largest coral reef in the world.
　　　（グレート・バリア・リーフは世界でいちばん大きな珊瑚礁だ）

本節の最後に，原級・比較級・最上級に関わる慣用句をいくつか挙げておく．

(41) 原級を含む慣用句
　　a. They seemed as happy as can be when I last saw them.
　　　（彼らに最後に会った時，ものすごく幸せそうだったよ）
　　b. If you're going to look for a new job, you should do it as early as possible.
　　　（新しい職を探すつもりなら，できるだけ早くしたほうがいいよ）
　　c. We may as well begin now.（もう始めてもいいんじゃないか）
　　d. The party was so dull that I might just as well have stayed home.
　　　（パーティはあまりにも退屈で，それなら家にいたほうがよかった）
　　e. The details are not so much wrong as they are incomplete.
　　　（その詳細は，間違っているというよりはむしろ不完全だ）
　　f. She never so much as thanked me for my help.
　　　（助けてあげたのに，彼女は感謝の念すら全く持っていなかった）
(42) 比較級を含む慣用句
　　a. Clayton's achievement is all the more remarkable when you consider his poor performance last season.

(クレイトンの成績は，先シーズンの不調を考えればなおさら素晴らしいものだ)

b. Maurice was more than a little surprised by Hilda's decision.
(モーリスはイルダの決断にとても驚いていたよ)

c. Spencer is no more fit to be a priest than I am!
(スペンサーは，僕と同じくらい聖職者に相応しくないよ)

d. There is room for no more than three cars.
(3台分のスペースしかないよ)

e. It's a beautiful cottage not more than five minutes from the nearest beach.
(最寄りの海岸からせいぜい5分のきれいなコテージよ)

f. The work is getting harder and harder.
(仕事がどんどんきつくなってきてる)

g. The plan was approved by no less an authority than the president himself.
(計画はほかでもない社長本人に認められた)

h. No less than half the students failed the test.
(少なくとも，半分以上もの学生が不合格だったんだ)

i. The cost would be not less than $20,000.
(費用は少なくとも2万ドルはかかるだろう)

j. Victoria is too shy to ask a stranger the time, much less speak to a room full of people.
(ヴィクトリアは恥ずかしがり屋で，知らない人に時間を聞くこともできないんだよ．ましてや，部屋一杯に集まった人たちに話しかけるなんてできるはずないさ)

k. Ellen has been traveling constantly for the past several weeks, but she seems to be none the worse for wear.
(エレンはここ数週間ずっと旅行ばかりしているけど，疲れてはいなさそうだ)

l. It always seems like the more you earn, the more you spend.
(いつも思うことだけど，君っていう人は稼げば稼ぐほどその分だけ使うんだねえ)

m. My daughter loves taking care of children. If she can earn money by doing it, so much the better!
(うちの娘は子どもの面倒を見るのがとても好きなんだ．それでお金が稼げるならそれに越したことはない)

(43) 最上級を含む慣用句

a. The company won't make a profit this year. At best, they'll break even.
(あの会社は，今年は利益が出せないだろう．良くてもせいぜいトントンだな)

b. Juliette only worked here for a month or two at the most.
(ジュリエットはここでせいぜい 1, 2 か月しか働いていなかった)

c. We're trying to make the best of a bad situation.
(我々は難局を切り抜けようとしているところである)

d. Marion was determined to make the most of the opportunity.
(マリオンは，絶対にこの機会を最大限に生かそうと思った)

e. We should arrive by noon at the latest.
(遅くとも 9 時までには着くはず)

f. That is the last place I would have looked for the key.
(あそこにはまず鍵はない)

2.2. 前置詞とは

前置詞の機能は「修飾」で，二次的な機能は補部になることである．形容詞・副詞の時と同じように，前置詞の修飾する機能や補部になる機能を具体的に見る前に，先ずは日本語を例にとって説明しよう．英語の前置詞に相当する日本語の単語は次のようなものである．

(44) 〜で，〜へ，〜に，〜なら，〜の，...

英語では「前置詞 (prepositions)」と言うが，それは文法上補部となる名詞の前に置かれるためにそう呼ばれる．日本語の場合には，英語と語順が逆になるため，日本語の場合には補部である名詞が先行する．日本語文法では「助詞」と呼ばれるが，言語学では前置詞に対応させて「後置詞 (postpositions)」と呼ぶため，ここではこれらの語を「後置詞」と呼んでいく．では，日本語の後置詞の働きを見ていくことにしよう．

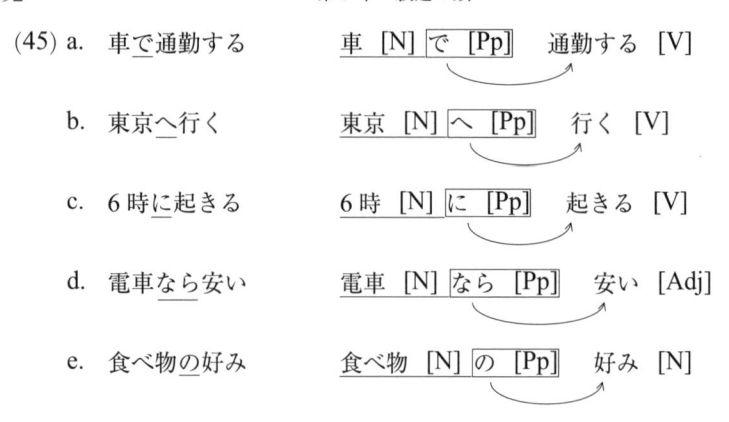

(45) a. 車で通勤する　　　　車 [N] で [Pp]　通勤する [V]

　　 b. 東京へ行く　　　　　東京 [N] へ [Pp]　行く [V]

　　 c. 6時に起きる　　　　 6時 [N] に [Pp]　起きる [V]

　　 d. 電車なら安い　　　　電車 [N] なら [Pp]　安い [Adj]

　　 e. 食べ物の好み　　　　食べ物 [N] の [Pp]　好み [N]

これら後置詞の働きを図式的に表しているのが右側の図である．図の意味を説明すると，例えば (45a) の場合，「～で」は「車」という名詞を補部に取り，「車で」という句を形成する．その「車で」という句が「通勤する」という動詞を修飾する．ここでのポイントは，「車で」という名詞＋後置詞の句に「修飾」という文法的な力を与えているのは後置詞「～で」であるという点である．このことから，「～で」という主要部を四角で囲い，その補部である「車」に下線を引き，その句全体が「通勤する」を修飾するという意味で矢印が用いられている．ここでの Pp は「後置詞」を表すが，後に前置詞も同じ Pp を用いる．以下，(43b-e) も同様で，後置詞 Pp が先行する名詞 N を補部に取り，N＋Pp の句全体が後続する要素 V, Adj, N を修飾している．形容詞・副詞の場合には，形容詞が名詞を修飾，それ以外は副詞が修飾と役割分担がされているが，後置詞の場合にはそのような役割分担はない．これが日本語の後置詞の基本的な機能であるが，話を英語の前置詞に移すことにしよう．

英語の前置詞の代表的なものには次のような語がある．

(46) a. at, by, for, from, in, of, on, to, with
　　 b. about, above, across, after, against, along, among, around, as, bar, before, behind, below, beneath, beside, besides, between, beyond, but, despite, down, except, inside, into, off, outside, over, per, round, since, through, throughout, till, toward(s), under, underneath, until, up, upon, within, without, etc.
　　 c. according to, as for, as to, because of, by means of, due to, except for, in addition to, in case of, in spite of, instead of, in terms of, on account of, owing to, thanks to, etc.

2.2. 前置詞とは

(46a) は，最も頻度が高くまた意味も多様な基本的前置詞である．(46b) はそのほかの 1 語から成る前置詞で，(46c) は 2 語以上からなる前置詞である．(46c) の 2 語以上から成る前置詞は，特に「群前置詞（group prepositions）」と呼ばれることがある．ここでは，(46a) の基本的前置詞の例文を列挙する．

(47) a. eat at a hotel（ホテルで食事をする）
　　 b. travel by train（電車で旅をする）
　　 c. valid for a year（1 年間有効で）
　　 d. speak from the heart（嘘偽りなく話す）
　　 e. read in bed（寝ながら読書する）
　　 f. the sleeve of my coat（コートの袖）
　　 g. a church on the hill（丘の上の教会）
　　 h. rude to the ladies（ご婦人に失礼な）
　　 i. a girl with green eyes（青い目をした女の子）

これらの前置詞の働きを，日本語の例と平行して図示すると次のようになる．

(48) a. eat [V] at [Pp] a hotel [N][40]

　　 b. travel [V] by [Pp] train [N]

　　 c. valid [Adj] for [Pp] a year [N]

　　 d. speak [V] from [Pp] the heart [N]

　　 e. read [V] in [Pp] bed [N]

　　 f. the sleeve [N] of [Pp] my coat [N]

　　 g. a church [N] on [Pp] the hill [N]

---

[40] a hotel は 2 語から成るため，本来であれば名詞ではなく，名詞句になるが，ここでは話を簡潔にするために名詞として扱うことにする．ここの例に出てくる N についてはすべて同様である．

294　　　　　　　　　　第 5 章　叙述の類

  h. rude [Adj] to [Pp] the ladies [N]

  i. a girl [N] with [Pp] green eyes [N]

日本語とは全く語順が逆[41]になるが，基本的構造は同じである．すべての例に共通しているのは，前置詞 P が主要部となって後続する名詞を補部に取り，[42] 何かを修飾するという点で，修飾される要素は，動詞・形容詞・名詞・副詞と多様である．この英語前置詞の働きをまとめて図示すると次の (47) ようになる．修飾される要素の中にある S は文を意味する．[43]

(49) N, V, Adj, Adv, S P N

英語の場合，句による修飾は後ろから前が無標であるためそのように図示したが，前置詞句の場合には，文頭に出て後ろに掛かっていく場合も決して稀ではない．

 形容詞・副詞と比較すると，形容詞・副詞は単独で別の要素を修飾するのに対して，前置詞は名詞を補部に取って前置詞句全体で別の要素を修飾する．ただ，これが唯一の違いであって，別の要素を修飾するという機能は形容詞・副

---

[41] このように，全く左右対象になるように逆になる現象を「鏡像関係（a mirror image）」と言う．
[42] 前置詞の補部は名詞であるのが原則であるが，次のように例外的に他の要素が補部になることもある．
 (i) a. At *first* Vic tried to be patient. ［形容詞］
   （最初はヴィックは我慢しようと努めた）
  b. We haven't seen her since *then*. ［副詞］
   （その時以来彼女を見かけてないなあ）
  c. We didn't meet until *after the concert*. ［前置詞句］
   （コンサートの後まで会うことはなかったよ）
  d. Louise's one of those players who does nothing but *complain*. ［原形不定詞］
   （ルイーズは文句しか言わないプレーヤーのひとりだ）
  e. The government has few options except *to keep interest rates low*. ［to 不定詞］
   （政府には利率を引き上げないこと以外にはほとんど選択肢はなかった）
  f. I'm lucky in *that I've got three brothers*. ［名詞節］
   （3 人男兄弟がいるという点ではラッキーよ）
[43] 前置詞句が文を修飾するのは次のような場合で，文頭に来る場合には文全体にかかることが多い．

詞・前置詞すべてに共通している．次の例を見ても，副詞と前置詞の修飾機能が同じであることが明らかである．

(50) a. A car drove past.　　　　　　　　　　　　　　　　　　　［副詞］
　　　（車がそばを通り過ぎた）
　　b. A car drove past the door.　　　　　　　　　　　　　　　　［前置詞］
　　　（車がドアのそばを通り過ぎた）

ここで，2.3節で解説する「副詞的従属接続詞 (adverbial subordinate conjunctions; ASC)」と，(50)の副詞・前置詞との関係について簡単に触れておく．副詞的従属接続詞には，when, because, if, though などが含まれるが，これらの語も基本的には (50) に挙げた副詞・前置詞と同じである．

(51) a. You can have some ice cream after.　　　　　　　　　　　　［副詞］
　　b. You can have some ice cream after *your dinner*.　　　　　　　［前置詞］
　　c. You can have some ice cream after *you've eaten your dinner*.
　　　　　　　　　　　　　　　　　　　　　　　　　　　　［副詞的従属接続詞］
　　　（あとで／夕食のあとで／夕食を食べ終わったら，アイスクリームを食べていいよ）

このように比べてみると，副詞・前置詞・副詞的従属接続詞の共通点・相違点がはっきりと見えてくる．副詞は後ろに何も補部を取らずに修飾をし，前置詞は名詞を補部に取って修飾をし，副詞的従属接続詞は節を補部に取って修飾をしている．つまり，修飾という機能は共通していて，補部の取り方だけが異なるということがはっきりする．副詞・前置詞・副詞的従属接続詞の機能を図示すると次のようになる．便宜上，修飾の対象となる要素は明示せず，また，修飾する方向も対比を分かりやすくするために，前方向に修飾するということで統一してあるが，実際には副詞も前置詞も副詞的従属接続詞も後ろの要素を修飾することはよくある．副詞の補部については何も取らないというのを，ゼロの補部を取るという意味で「ø」という記号で表してある．

(i) a. From a financial point of view, *buying that car makes sense*.
　　　（経済的な観点から，あの車を買うことは賢明だ）
　　b. During the summer *she worked as a security guard*.
　　　（夏の間は警備員として働いた）

(52) a.　　　　　　Adv ø

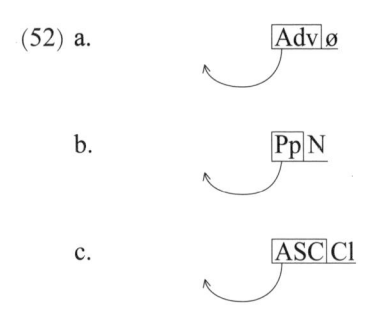

　　b.　　　　　　Pp N

　　c.　　　　　　ASC Cl

前置詞も補部になる機能を持つ.

(53) a.　This pen *is* of no practical use.（このペンは実際には役に立たない）
　　　　cf. This pen is *useless*.　　　　　　　　　　　　　　［形容詞］
　　b.　He *put* the coffee on the table.（コーヒーをテーブルに置いた）
　　　　cf. He put the coffee *there*.　　　　　　　　　　　　［副詞］
　　c.　We were *anxious* for Doris.（ドリスのことを心配していました）
　　d.　Don't walk *with* your hands in your pockets.
　　　　（両手をポケットに入れて歩いちゃダメよ）

2.2.1. 場所を表す前置詞

　場所を表す前置詞として代表的なのが at と in である. at は比較的狭い場所を表し, in は広い場所を表す. ただ, これはあくまでも話し手の主観によるもので, 絶対的にどれが狭い場所でどれが広い場所であるという基準はない. これは前置詞全般についても, また, 言語全般についても言えることで, すべての言語表現は話し手の主観に基づいて決定される.

(54)　My parents are now staying at a hotel in Portland.
　　　（両親は今ポートランドのホテルに泊まっています）

この違いを図示すると, 次のようになる.

(55) a.　at:　　　　　●

　　b.　in:　　　　□●□

したがって, 同じ Tokyo を補部に取る場合でも, in を使うと広い空間として

の「東京都」を指し，at を使うと狭い地点としての「東京駅」を指すことがある．したがって，その時々に応じて，We arrived in Tokyo. と We arrived at Tokyo. を使い分けることになる．[44]

(56) a.　We arrived in Tokyo.（東京（という都市）に着いた）
　　 b.　We arrived at Tokyo.（東京（駅）に着いた）

in と into を比較した場合には，in は静的な位置を表し，into が動的な移動を表す．

(57) a.　The children were swimming in the river.
　　　　（子どもたちが川で泳いでいた）
　　 b.　George dived into the river.（ジョージは川に飛び込んだ）

ただし，in はかつては into の意味を表していたため，現在でも動的な移動を表すことがしばしばある．

(58)　Tim went in the living room.（ティムは居間に入っていった）

静的な in と動的な into の意味を図示すると次のようになる．

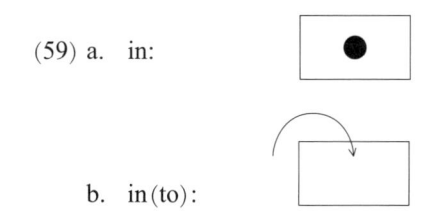

(59) a.　in:

　　 b.　in(to):

次に，on は頻度としては「〜の上に」という意味で用いられることが多いが，原義は「接触」である．

(60) a.　Hurry up — supper's on the table.（急ぎなさい．夕食が出ていますよ）
　　 b.　That picture would look better on the other wall.
　　　　（あの絵はあっちの壁のほうがいいんじゃないかなあ）

---

[44] ただ，London という都市に着く場合でも，the United Kingdom という国，もしくは Great Britain という島から見れば地点と感じられるために，We arrived at London. と言うこともある．

c. There's a big spider on the ceiling.　　　(Swan (2005: §81.2))
       (天井に大きなクモがいるよ)

(60) の各例から，on の原義が相対的な位置関係を表すものではなく，「接触」であることが分かる．on は，「接触」の拡張として「付着」になることもある．

(61) a. Why do you wear that ring on your first finger.　(Swan (2005: §81.2))
       (何でその指輪を人差し指にするわけ？)
   b. I don't have any money on me.
       (手持ちの金がないよ)

また，on もしくは onto の形で，ある表面への移動も表す．

(62) a. Put it on the table. (それをテーブルの上に置いてください)
   b. The computer fell onto the floor.
       (コンピュータが床に落ちた)

静的な on と動的な onto の意味を図示すると次のようになる．

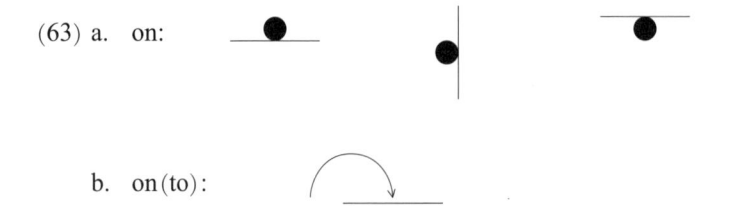

(63) a. on:

   b. on(to):

「～の上に（で）」という意味を表す前置詞に，above と over がある．above は二つの物の位置関係として，一つの物がもう一つの物よりも位置的に上にあることを表すが，over は一つの物がもう一つの物の「真上」もしくは「すぐ上」にあることを表す．この関係は英語で次のように表すことができる．

(64) a. X is above Y = X is higher than Y　(X は Y よりも高いところにある)
   b. X is over B = X is right above Y　(X は Y のすぐ上にある)
                                                          (Leech (1969: 173))

「すぐ上」を意味するところから，over は「接触」を表す場合にも用いることができる．above にもかつてはこの用法があったが，今ではほとんど用いられない．

(65) a. She spread a cloth over the table.
   （テーブルの上にテーブルクロスを掛けた）
   b. He wore galoshes over his shoes.　　　　　(Wood (1967: 67))
   （靴の上にゴム製のオーバーシューズを履いていた）

したがって,

(66) a. Thelma's room is above Ken's room.
   （セルマの部屋はケンの部屋よりも上(の階)にあるよ）
   b. Thelma's room is over the living room.
   （セルマの部屋はケンの部屋の上にあるよ）

の場合, (66a)では単に居間が1階にあってその部屋が2階にあるという意味になるが, (66b)ではその部屋が台所の真上にあって同じ広さであることを含意する. ただ, 理論的にそういう違いはあっても, 実際には厳密に守られないこともあるので, あまり杓子定規に考えすぎないほうがよい. また, overには「～を覆って」という基本的な意味があるため, それと上の関係が相まって, 次のような場合にもaboveとoverの持つニュアンスに違いが出てくる.

(67) a. Maureen held up her trophy above her head.
   （モーリーンはトロフィーを真上に上げた）
   b. Maureen held up her hands over her head.
   （モーリーンは両手を挙げた）

(67a)は単に彼とトロフィーとの上下関係を述べているだけなので, 彼が手を真っ直ぐに上げた状態を含意するが, (67b)は両手が彼を覆っている状態をイメージさせるため, 結果として彼が両手を挙げて組んだ状態を連想させる.

この上下関係が, 比喩的に社会的な上下関係を表すのに使われることがある. この場合もaboveは単に地位として上であることを述べるに過ぎないが, overはその「～を覆って」という原義から, 他方を直接支配・監督する意味を表す.

(68) a. The rank of duke is above that of earl.
   （公爵の位は伯爵の位よりも上です）
   b. The new manager has been appointed over them.
   （新しい支配人が彼らの上司に任命された）

また，動的な意味で用いられた場合に二つにはまた別の違いが出てくる．

(69) a. Our plane flew above Alaska.
(我々の飛行機はアラスカ上空を飛んだ)
　　 b. Our plane flew over Alaska.　　　　　　　　(小西 (1976: 143))
(我々の飛行機はアラスカの上を通っていった)

(69a) は，単に上下の位置関係を表しているに過ぎないことから，単にアラスカの上空を飛んだということしか表してない一方で，(69b) は，over によってアラスカを覆うイメージが表されているため，結果としてずっとアラスカを横断（もしくは縦断）して飛んだというニュアンスが出てくる．

次に，「〜の下に」という意味を表す below と under について見ていこう．below と under の違いは，above と over の違いと平行したもので，below はある物の位置がもう一方の物よりも下に位置することを表し，under はその位置関係が「真下」もしくは「すぐ下」であることを表す．

(70) a. X is below Y = X is lower than Y. (X は Y よりも低いところにある)
　　 b. X is under Y = X is right below Y. (X は Y のすぐ下にある)
(Leech (1969: 173))

over の時もそうであったように，under も「接触」を意味する場合に用いることができる．それに対して below の場合には通常空間が存在する．

(71) a. She put the letter under her pillow. (枕の下に手紙を置いた)
　　 b. The ice crackled under his feet. (足下で氷が割れた)
(72) 　 They live below us.
(あの人たちは私たちの下に住んでいるのよ)
(以上，Thomson and Martinet (1986: 100))

したがって，

(73) a. The kitchen is below the bathroom.
(バスルームが上でキッチンは下になります)
　　 b. The kitchen is under the bathroom.
(キッチンはバスルームの下になります)　　　(Leech (1969: 173))

の場合，(73a) は単に台所がバスルームの下にあるという位置関係を言っているに過ぎないが，(73b) は台所がバスルームのすぐ下にあって同じ面積である

ことを含意する．比喩的な意味で社会的な上下関係を表す場合にも同様で，below は単にある人がもう一方の人よりも地位が低いということを表すにとどまるが，under は直属の部下であることを含意する．

(74) a. He is below me. (彼は私より［地位が］下です)
　　 b. He is under me. (彼は私の［直属の］部下です)

above, over, below, under が表す意味を図示すると，次のようになる．図の中で，白丸もしくは白塗りの部分はそれぞれの前置詞の補部になる対象を表し，黒丸もしくは黒塗りの部分が主部になる対象を表す．[45]

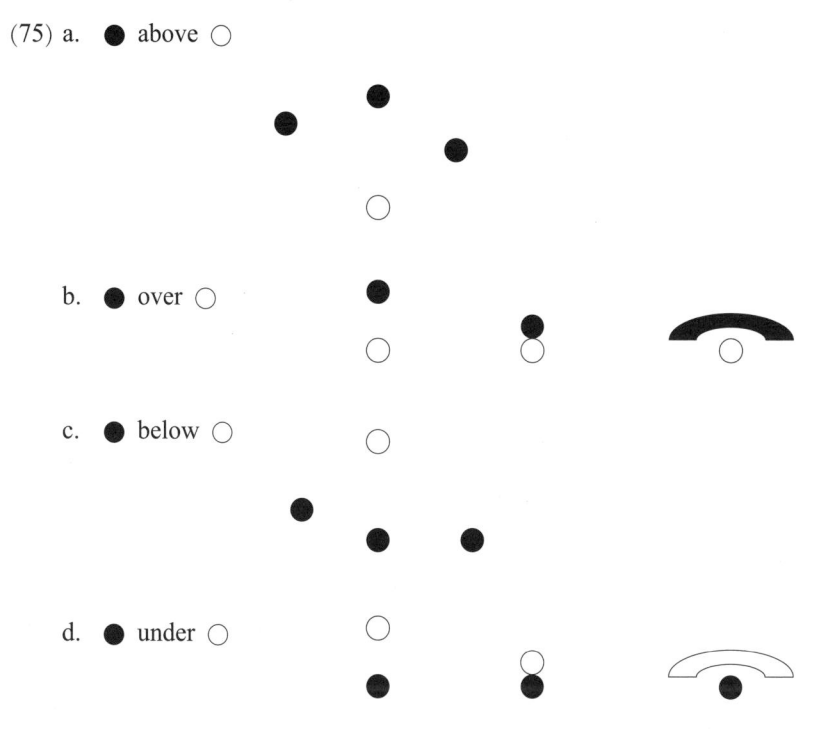

(75) a. ● above ○

　　 b. ● over ○

　　 c. ● below ○

　　 d. ● under ○

「～のそばに」という意味を表す前置詞には，by と beside があるが，by は立体的な「そば」を表すことができる一方で，beside は平面的な「そば」しか表

---

[45] この場合の白丸のように叙述の背景となる部分を「地 (ground)」，黒丸のように叙述の前景となる部分を「図 (figure)」と呼ぶことがある．Talmy (1978: 625) によれば，地の部分は通常従属節中で前提となり，図の部分は主節で主張される．

すことができない．

(76) a. The bomb exploded <u>by</u> the helicopter.
(その爆弾はヘリコプターのそばで爆発した)
b. There are several tall palm trees <u>by</u> the cottage.
(コテージのそばには何本かの背の高いシュロの木がある)
c. My car is parked <u>by</u> your van.
(僕の車は君のバンのそばに停めてあるよ)

(76a) は爆弾がヘリコプターのそばで爆発することから，ヘリコプターとの位置関係は上下左右のいずれとも解釈できる．(76b) は背の高いシュロがコテージのそばに立っていることから，家よりも高い所を指していると考えられる．そして (76c) は2台の車の駐車位置の問題であるから平面上のそばということになる．この中で，beside が表すことができるのは，(76c) の平面上の関係だけになる．

(77) Frank came up and sat <u>beside</u> me.
(フランクがやってきて僕の隣に座ったんだ)

場所を表す前置詞の最後に，「方向」を表す to と for を比較する．for は単に方向だけを表すが，to は目的地への到達を意味する．

(78) a. I saw Budge rush <u>for</u> the gate.
(バッヂが門のほうへものすごい勢いで走っていくのが見えた)
b. I saw Budge rush <u>to</u> the gate.
(バッヂが門のところまでものすごい勢いで走っていくのが見えた)

(78a) は門めがけて突進しただけで，門に辿り着いたかどうかははっきりしないが，(78b) は到着を含意するために，最終的に門のところまで行ったことになる．ただし，leave という動詞と共に用いる場合には，到着を含意するかどうかにかかわらず，連語関係として for のみが用いられる．

(79) a. The Bruins *left* <u>for</u> Montreal on Wednesday.
(ブルーインズは水曜日にモントリオールに向けて出発した)
b. Art's girlfriend *left* him <u>for</u> another man.
(アートのガールフレンドは，彼を捨てて別の男にくらがえした)

よく話題になる問題として，乗り物の行き先を言う場合には，for と to の両

方が用いられる．for は bound との連語関係で，to は go との連語関係で用いられる．したがって，電車の行き先として for が用いられるのは，到着を含意しないわけではなく，省略されている bound という語との連語関係で現れているのである．

(80) a.　Is this the bus for University of Chicago?
　　　　（シカゴ大学行きのバスですか？）
　　b.　When is the next train for Paddington?
　　　　（次のパディントン行きの電車はいつですか？）
(81) a.　There are regular buses to the beach.
　　　　（海岸までは路線バスが走っています）
　　b.　We have to take the train to Manchester.
　　　　（マンチェスター行きの電車に乗らなければいけないんだ）

2.2.2.　時を表す前置詞

　時を表す前置詞の中でも，最も頻繁に用いられ，また区別が分かりにくいのが，at, on, in である．まずはこの三つの前置詞の違いから説明しよう．at は時間上の一点として時刻などを，in は比較的長い時間や期間として月・年・季節などを表し，on は日を表すのに用いられる．

(82) a.　The plane left Heathrow at three.
　　　　（その飛行機はヒースローを 3 時に出発した）
　　b.　Never in my life have I heard such a silly thing!
　　　　（人生でこんなにバカなことは聞いたことがない）
　　c.　Germany declared war on Russia on August 1, 1914.
　　　　（ドイツは 1914 年 8 月 1 日にロシアに宣戦布告した）

時を表す in はこのようなある一定の長さを保つ時間を表す用法以外に，少々厄介な用法がいくつかあるので，ここで補足しておく．

(83) a.　Nelly learned to drive in one week.　　　　　　　　　　［所要時間］
　　　　（ネリーは 1 週間で車の運転を覚えた）
　　b.　The next plane to New York departs in 20 minutes.　　　［経過時間］
　　　　（ニューヨークまで行く次の飛行機は 20 分後に出発します）
　　c.　I hadn't seen Ted in years.　　　　　　　　　　　　　　［期間］
　　　　（その時テッドには何年も会っていなかった）

(83c) の用法は，それほど頻度は高くないが，比較的頻度の高い (83a) と (83b) は似て非なる意味なので注意が必要である．(83c) の用法は，この場合のように否定文で用いられるか，first や last という語と共に用いられる．

「～から」という意味を表す前置詞には，from と since がある．from がある一点のみを指してその時点からという意味で用いられるのに対して，since は起点となる時点に加えて「現在まで」という意味を持つ．したがって，since は現在完了形か現在時制と用いられるのが原則で，特に現在完了形と頻繁に共起する．

(84) a. I *worked* hard from morning till night.（朝から晩までよく勉強したよ）
 b. From now on I *will believe* my wife.
   （これからは妻の言うことを信じるよ）
 c. I *have eaten* nothing since the day before yesterday.
   （一昨日から何も食べていない）

「～の間」という意味を表す前置詞には，for と during がある．during は「発生」を表し，for は「継続」を表す．疑問詞では，during は when に相当し，for は how long に相当する．

(85) a. Nancy *played tennis every day* during the summer.
   （ナンシーは夏の間は毎日テニスをした）
 b. I only *saw her once* during my stay in Sydney.
   （シドニー滞在中に一度しか彼女に会わなかった）
 c. They *are staying* in Los Angeles for the summer.
   （夏の間はロサンゼルスに滞在しています）

最後に，「期限」を表す by と「継続」を表す till, until について説明する．by は「～までに」，till, until は「～まで」という意味を表す．

(86) a. They will be here by four o'clock.（彼らは4時までにはここに来ます）
 b. He waited for you until five.（彼は5時まで君を待っていたよ）

by は期限を表すことから，本来的に時間的幅を持つ動詞とは共起できない．

(87) a. *I'll have to *study* by seven.
 b. I'll have to *study* until seven.
   （7時まで勉強しなければならないんだ）

一方，till は瞬間的な意味を表す動詞と共起できない．

(88) a. *The plane will *arrive* at O'Hare International Airport till seven o'clock.
   b. The plane will *arrive* at O'Hare International Airport by seven o'clock. (7時までにはオヘア国際空港に着くでしょう)

次のような場合には，by と till では決定的な意味の違いが出てくる．

(89) a. The plane will not *arrive* at O'Hare International Airport till seven o'clock. (7時になるまでオヘア国際空港には着かないでしょう)
   b. The plane will not *arrive* at O'Hare International Airport by seven o'clock. (7時までにはオヘア国際空港に着かないでしょう)

(89a) は7時になればオヘア国際空港に着くことを表していて，(89b) は7時になってもオヘア国際空港には着かないことを表していることから，7時にオヘア国際空港にいる (89a) と，7時にオヘア国際空港にいない (89b) とでは，全く意味が異なることになる．この解釈の違いには，二つの重要な点が関わっている．一つは，till の場合，「7時まで [着かない]」と till 句が否定辞までを含めた部分を修飾しているのに対して，by の場合には，「[7時までに着く] ことはない」と by 句が否定辞を含まない部分を修飾している点である．もう一つは，このように否定文で till が用いられた場合には，till の目的語はその事象の継続の中には含まれないという点である．ここで言うと，「飛行機が到着しない」という事象が7時を含まないその前の時点まで継続することが表されていて，結果として「7時になれば到着する」という解釈になる．

2.2.3. その他の前置詞

以下では，場所・時以外の意味を表す前置詞の中で重要と思われるものを取り上げていく．

「原因・理由」を表す前置詞には以下のようなものがある．

(90) a. The bison died from the heat.
      (そのバイソン(たち)は暑さで死んだんだ)
   b. My grandmother died of cancer. (祖母はガンで死にました)
   c. She was shivering with fear. (彼女は恐怖で震えていた)
   d. I'm surprised at you. (君には呆れるよ)

e. The whole nation mourned over the death of President Kennedy.
（全国民がケネディ大統領の死を悲しんだ）
f. It happened through ignorance.（それは無知から起こったことだ）
g. The town is famous for its history.
（その町は歴史ある町として有名です）

(90a) の die from は怪我・事故・過労など間接的な原因で死ぬ，(90b) の die of は病気などの直接的原因で死ぬということが指摘されており，実際そのような傾向があることは確かであるが，これは必ずしも絶対的な区別ではない．

「手段・方法」を表すのには，by と with が用いられるが，by は交通手段や通信手段などを表したり，動名詞が続いたりする場合に用いられる．with は道具を表すのに用いられる．

(91) a. He went to Kyoto by train.（彼は電車で京都に行った）
b. Orders by telephone will receive prompt attention.
（電話でご注文いただければすぐに手配いたします）
c. He cut it with a knife.（彼はそれをナイフで切った）

「原材料」を表す前置詞として from と of が用いられる．from は元の原形をとどめていない原料を表し，of は元の材料が変形したり，目で見て容易に分かったりするような材料を表す場合に用いられる．しかし，die from と die of がそうであったように，この場合も必ずしもその区別が厳格に守られるわけではない．

(92) a. This Japanese spirit is distilled from sweet potatoes.
（この日本のお酒はサツマイモを原料とした蒸留酒です）
b. The cottage was built of wood.（コテージは木でできていた）

最後に，「関連」を表す前置詞を見よう．関連を表す前置詞は，about, after, of, on, over, concerning, regarding, as regards, with regard to, with respect to など様々であるが，ここでは特に，about, of, on, over について説明する．about が最も一般的な「～について」という意味を表す．of は連語関係が決まっていて，主に speak/talk/dream of ~, sure/certain/confident/guilty/ignorant/innocent of ~ といった動詞・形容詞と共に用いられる．on は about に比べると，専門的な内容に言及する場合に用いられ，特に論文や専門書のタイトルなどで用いられる．over は「～をめぐって」という意味を表すために，

口論や議論の意味を表す語としばしば共起する．

(93) a. I asked Shirley about her beliefs.
  （シャーリーに宗教上の信条について聞いた）
 b. Have you ever heard of him?（彼について噂を聞いたことがある？）
 c. He will speak on international affairs.
  （彼は国際情勢について話をします）
 d. He's having problems over his income tax.
  （彼は所得税をめぐって問題を抱えている）

2.3. 副詞的従属接続詞

副詞的従属接続詞 (adverbial subordinate conjunctions: ASC) の機能は副詞や前置詞と同じ修飾である．ここで今一度その確認をしておこう．次の (95) は本節 (51) で挙げた例文である．

(94) ASC Cl [+ tense]
   Adv

(95) a. You can have some ice cream after.   ［副詞］
  （あとでアイスクリームを食べていいよ）
 b. You can have some ice cream after your dinner.   ［前置詞］
  （夕食のあとでアイスクリームを食べていいよ）
 c. You can have some ice cream after you've eaten your dinner.
  （夕食を食べ終わったらアイスクリームを食べていいよ）［副詞的従属接続詞］

これを 2.2 節の (48) と同じような形式で表すと，次のようになる．

(96) a. You can have some ice cream after ø.   [Adv + ø]

 b. You can have some ice cream after your dinner.   [Pp + N]

 c. You can have some ice cream after you've eaten your dinner.
                        [ASC + Cl]

これらの図から分かるように，副詞的従属節は決して接続の機能を果たしているとは言えず，本質的な機能は副詞や前置詞と同じ修飾である．ここに挙げた after 以外の副詞的従属接続詞も，基本的機能は全く同じである．

(97) a. It was raining hard **when** *I left home.*

(家を出たときは雨がすごく降ってたよ)

b. We didn't go out, **because** *it was raining*.

(雨が降っていたので，外出しなかった)

c. **If** *you stay here,* I will go out.

(あなたがここにいるなら，私は出かけるわ)

d. **Though** *I was sick,* I went to school.

(体調が悪かったけど，学校に行った)

副詞的従属接続詞の基本的文法機能は，このように副詞と考えればいいが，意味的には様々な意味を表すので，代表的なものをいくつか列挙しておく．

(98) a. I sometimes fall asleep while *I am studying*. ［時］
(勉強をしている間に寝てしまうことが時々ある)

b. I will be here until *you come back*. ［時］
(君が戻ってくるまでここにいるよ)

c. Every time *he comes*, Roy leaves something behind. ［時］
(ロイは家に来る度に何かを忘れていく)

d. I will never forget your kindness as long as *I live*. ［時］
(君の親切は生きている限り決して忘れないよ)

e. Since *such a scholar says so*, it must be true. ［理由］
(そのような学者が言うのだから真実に違いないよ)

f. As *we were very tired*, we went to bed earlier. ［理由］
(我々は疲れていたのでいつもより早く床に就いた)

g. Jimmy studied seriously so that *he might pass the entrance examination*. (ジミーは入試に合格するように真剣に勉強した) ［目的］

h. Bill was so tired that *he could not speak*. ［結果］
(ビルはあまりにも疲れていて話すことができなかった)

i. Suppose that *you were a bird*, would you fly to him? ［条件］
(もしも鳥だったら，彼の元に飛んでいくかい？)

j. I won't do it unless *you ask me to*. ［条件］
(君が頼まないかぎり僕はやらないよ)

k. As far as *I know*, Pete has no friends. ［制限］
(僕が知る限りピートには友だちはいないよ)

l. Even if *it is true*, it doesn't really matter. ［譲歩］
(たとえそれが真実だとしても大した問題じゃないよ)

m. You have only to do the work as *you are told*. ［様態］
(言われたように仕事をしてればいいんだよ)

3. 連結詞

　本節では，主部にもなれず，述部にもなれず，また修飾する機能もない品詞として「連結詞 (connectors)」の説明をしていく．「連結詞」とは，従来の「等位接続詞」に相当するものであるが，従来の「接続詞」という用語は，ある意味で誤った用いられ方をしており，その接続詞という用語による誤解を解消するために敢えて連結詞という異なった用語を用いる．連結詞の機能は，基本的に複数の要素を結び付けるもので，主部になる名詞類，述部になる動詞類，修飾機能を有する修飾詞に比べるとその機能は単純で分かりやすい．ただ，「連結詞」という用語は一般に馴染みがないため，まずは伝統的に使われている「接続詞」という品詞について，その全体像を説明した上で，接続詞の中で「等位接続詞 (coordinate conjunctions)」に相当する「連結詞」の機能を説明していく．

　本節の最後に，この連結機能に関連させて，パンクチュエーション (punctuation) について説明をする．

3.1. 接続詞とは

　「接続詞 (Conjunctions; 以下，CJ)」は大きく「等位接続詞 (Coordinate Conjunctions; 以下，CC)」と「従属接続詞 (Subordinate Conjunctions; 以下，SC)」に分けられる．そして，従属接続詞は，さらに「名詞節を導く従属接続詞」と，「副詞節を導く従属接続詞」に分けられる．本書では，前者を「名詞的従属接続詞 (Nominal Subordinate Conjunctions; 以下，NSC)」，後者を「副詞的従属接続詞 (Adverbial Subordinate Conjunctions; 以下，ASC)」と呼ぶ．こ

の分類を整理すると次のように示される．それぞれ品詞の後に示されているのは，その品詞に属する具体的な語である．

(1) CJ { CC: *and, or, but, nor*, etc.
       SC { NSC: *that, whether, if*
            ASC: *when, because, (al)though*, etc. }}

以上が，これまで学校文法で扱われてきた接続詞という品詞の概略である．
　この中で，NSCは，本来名詞の機能は一切持たない節に，名詞の機能を持たせる働きをする名詞の一種である．

(2) a. It is surprising that *he can speak English so well*.　　　[主部]
　　　 S V　　 C　　　　 S (=N)
　　　（彼がそんなに上手に英語を話せるなんて驚きだ）
　　b. Do you know if *Mr. Smith is at home*?　　　　　　　　　[目的語]
　　　　 S　 V　　 O(=N)
　　　（スミスさんが家にいるかどうか知っていますか？）
　　c. The problem is whether *he will come in time*.　　　　　　[補語]
　　　　 S　　　 V C (=N)
　　　（問題は彼が間に合うかどうかだ）

ASCは，後続する節に副詞の機能を持たせる働きをする副詞の一種である．

(3) a. It was raining hard **when** *I left home.*

　　　（家を出たときは雨がすごく降ってたよ）

　　b. We didn't go out, **because** *it was raining.*

　　　（雨が降っていたので，外出しなかった）

c. **If** *you stay here,* I will go out.

（あなたがここにいるなら，私は出かけるわ）

c. **Though** *I was sick,* I went to school.

（体調が悪かったけど，学校に行った）

このように，従属接続詞である NSC と ASC は，接続機能は一切持たないことから，本書は，本来的に接続機能を有している等位接続詞に「連結詞」という用語を充てる．

3.2. 連結詞とは

連結詞(connectors)の本質的な働きを理解するために，まずいくつかの具体例を列挙する．下線を引いた連結詞が結び付けている要素がイタリックになっている．

(4) a. Pancho plays *tennis* and *golf*.
   （パンチョはテニスとゴルフをやります）
   b. Bob is *hasty* but *warmhearted*.
   （ボブはせっかちだけど心は温かいよ）
   c. Louise works *tirelessly* and *steadily*.
   （ルイーズは疲れを知らず着実に仕事をする）
   d. The only food she took with her was two *ham* and *egg* sandwiches.
   （彼女が持っていた食べ物はハムと卵のサンドイッチ 2 個だけだった）
   e. Do you go to school *by bus* or *by train*?
   （学校へはバスで行ってるの，電車で行ってるの？）
   f. She *makes the payments* and *keeps the accounts*.
   （彼女が支払いと帳簿の係です）
   g. *Margaret is clever,* but *her husband is lazy*.
   （マーガレットは賢いけど，ダンナはだらしないな）

h. *The battery may be disconnected, the connection may be loose*, or
   the bulb may be faulty. (Quirk et al. (1985: 925))
   (電池がはずれてるかもしれないし，接触が悪いかもしれないし，もしくは電球がダメなのかもしれない)

(4d) は二つの名詞が連結されているが，その構造は次のようなものである．

(5) two (ham + egg) sandwiches

このように，連結詞の基本的な機能は，同じ働きをする複数の要素を結び付けることである．ここで重要なのは「同じ働きをする」というところで，この同じ働きというは原則としては同じ品詞ということになるが，時には品詞が異なっていても，文法的に同じ働きをしていれば連結詞によって結び付けられ，逆に同じ品詞でも文法的な働きが異なると，連結詞で結び付けることができなくなる．

(6) She asked me *politely* and *with care.*
   (彼女は丁寧にそして注意深く尋ねてきた)

politely は副詞で，with care は前置詞句であるので，品詞という意味では相異なる二つの要素であるが，ともに asked me という述部を修飾するという文法的機能は同じであるために，連結詞による接続が可能となっている．一方同じ前置詞句でも，次の (7a) のようにともに補語になっていたり，(7b) のようにともに場所を表して修飾句になっていたりすれば，連結詞で結び付けることが可能であるが，(7c) の場合には，ともに義務的な要素であるにもかかわらず，前者は副詞的な修飾句であり，後者は形容詞的に働く補語なっているために，連結詞による連結が不可能になるのである．

(7) a. Dinny was *in the red* and *in difficulties.* (ディニーは赤字で苦しんでいた)
          C   C
   b. Ted has lived *in Boston* and *in Vancouver.*
                      M   M
      (テッドはボストンとバンクーバーに住んだことがある)
   c. *Adrian is *in Boston* and *in difficulties.*
                  M   C
   cf. Adrian *is in Boston* and *is in difficulties.*
      (エイドリアンはボストンにいて困ってるんだ)

このように，基本的には，同じ品詞であっても，文中における機能が異なると連結詞で結び付けることができなくなる．これは，裏を返すと，(6) のところでも述べたように，たとえ品詞が異なっても，文中における機能が同じであれば，連結詞による連結が可能になる．

(8) a. The enemy attacked *quickly* and *with great force*.
　　　　　　　　　　　　　M　　　　M
　　　（敵は，すぐにそして強大な力を持って攻めてきた）
　b. You can wash them *manually* or *by using a machine*.
　　　　　　　　　　　　M　　　　M
　　　（手で，もしくは機械を使うことによって，洗うことができます）
　c. They can call *this week* or *whenever you wish*.
　　　（今週もしくはあなたの都合がいい時に向こうから電話をかけます）
　d. Dennis was *carefree* and *in good health*.
　　　（デニスは屈託がなく健康だった）　　　(Greenbaum and Quirk (1991: 278))
　e. I prefer the sentences below and on the next page.
　　　（下の文と次のページの文がいいな）　　　(Quirk et al. (1985: 969))

しかしながら，次のような例も存在する．

(9) a. *He is a nice baseball player but always drunken.
　b. *He is small but a fast runner.

(9) は，同じ補語でも，名詞と形容詞で品詞が異なると，連結詞による連結が不可能になる例である．また，次のように等価ではないものが連結詞によって結び付けられているにもかかわらず，意味的には解釈可能であることから，完全に容認可能とは言えないまでも実際には用いられる文もある．このような用法を，一般に「くびき語法（zeugma）」という．

(10) a. She *made up her mind* and then *her face*.
　 b. She *made up her mind* and then she *made up her face*.
　　　（彼女は決意を固めて，それから化粧をした）　　　(Quirk et al. (1985: 971))

「くびき語法」とは一つの形容詞や動詞が，「強引に」二つの名詞を修飾したり目的語にとったりする用法で，この場合には，(10b) からも分かるように，made up her mind の made up と made up her face の made up は意味が異なる．それにもかかわらず，「強引に」made up という一つの形で二つの目的語

を取らせているのが (10a) の用法なのである.
　次は，等位接続詞が他の語と関連し合って相関的に用いられている例である.

(11) a. Both *men* and *women* were drafted into the army.
　　　　（男も女も陸軍に徴収された）
　　 b. He can neither *read* nor *write*. （彼は読むことも書くこともできない）
　　 c. Not only *men* but also *women* were chosen.
　　　　（男だけでなく女も選ばれた）

等位接続詞で結ばれた二つの名詞が一つのまとまったものを表し，単数扱いになることがある.

(12) a. Writing *is* my bread and butter.
　　　　（書くことで生計を立てている）
　　 b. My friend and advisor *is* dead.　　　（Evans and Evans (1957: s.v. *and*)）
　　　　（僕の友でアドバイザーであった人が死んだ）
　　 c. What's 37 and 66? （37 と 66 で何？）

命令文＋and で「～しなさい．そうすれば ...」という意味を表し，命令文＋or で「～しなさい．さもなければ ...」という意味を表す.

(13) a. *Work hard,* and you will succeed.
　　　　（一生懸命働けば出世するよ）
　　 b. *Hurry up,* or you will be late.
　　　　（急がないと遅れるよ）

命令文の代わりに，名詞句が用いられることもある.

(14)　*One more try,* and you will succeed.
　　　　（もうひと頑張りすればうまく行くよ）

(13), (14) のような場合は，連結詞によって結び付けられている要素が等価ではなく，前半部分が意味的には副詞的従属接続詞の役割を果たし，後半部分が主節の役割を果たしている．そのような意味で，本来的に等価の要素を結び付ける連結詞の働きとは異質の働きであると言える.
　次に，and, but, or 以外の連結詞として，so, for, nor, yet の例文を挙げておく.

(15) a. I was really hungry, so I made myself hot dogs.
    (本当にお腹が空いたので，自分でホットドッグを作った)
  b. I don't expect my son to be rude, nor do I expect to be disobeyed.
    (うちの息子には不作法になってほしくないし親の言うことを聞かない子どもにもなってほしくない)
  c. Louise was certainly there, for I saw her.
    (ルイーズは確かにそこにいたよ．なぜなら僕は彼女を見たんだから)
  d. Pauline played well, yet she didn't qualify for the finals.
    (ポーリーンはよくやったが，決勝には残れなかった)

通常は連結詞としては認められず，副詞に分類されるが，その働きが連結詞に似ている語がいくつかある．これらはしばしば「連結的副詞 (connective adverbs)」と呼ばれる．具体的には，以下のような語である．

(16) however (しかしながら), nevertheless (それにもかかわらず), then (それから，それなら), therefore (それゆえに), thus (したがって), yet (それにもかかわらず), etc.[46]

これらの語は意味的には連結詞のような意味を持つが，文法的には連結詞とは異なった働きをするために，品詞的には連結詞には分類されない．まず，連結詞と連結的副詞は，生起できる場所が異なる．

(17) a. He has never had the disease himself but he can nevertheless identify it. (彼はこれまでに自分でその病気にかかったことは一度もないが，それにもかかわらずその病気を見分けることができる)
  b. Jill was the only one without a Ph.D. She did not, moreover, have any teaching experience.　　　(Huddleston and Pullum (2002: 775))
    (ジルは唯一博士号を持っていない．さらには，教歴もなかった)

(17a) のように，but という連結詞は連結する二つの文の間にしか生起することはできないが，連結的副詞の場合，(17a, b) のように後半の文の中で用いることができる．また，連結詞は他の連結詞と共起することはできないが，連結的副詞の場合には連結詞と共起することが可能である．

---

[46] yet には，連結詞としての用法と連結的副詞の用法とがある．ともに用いられる意味は逆説的でほぼ同じである．

(18) a. *He was unhappy about it, and but he did what he was told.
　　 b. He was unhappy about it, and yet he did as he was told.
　　　　(それには不満であったが，言われるようにやった)
　　　　　　　　　　　　　　　((18), (19) は，Quirk et al. (1985: 922-923))

　また，連結的副詞は，上で述べた副詞的従属接続詞とも機能的に異なる．副詞的従属接続詞はそれが導く節と共に文頭に現れることができるが，連結的副詞にはそれができない．

(19) a. Although Mary wanted it, John gave it away.
　　　　(メアリーはそれが欲しかったんだけど，ジョンにあげたんだ)
　　 b. *Nevertheless John gave it away, Mary wanted it.

　このように，連結的副詞は，その文法的性質は連結詞とは異質のものであるため，副詞に分類されている．

3.3. パンクチュエーション

　「パンクチュエーション (punctuation)」は，日本語では「句読法」と一般には訳されるが，必ずしも「句読点」から連想されるピリオドやコンマ，およびそれらに準ずるセミコロンやコロンのみを意味するものではなく，広い意味では括弧や引用符までをも含む．この用語は，文字言語としてこれらの記号をどのように用いるかについて記述したものであるが，正書法 (orthography) に比べるとその規則は曖昧で，特に読点 (,) やコロン (:) の場合には，人によって使い方がかなり異なる．

　Quirk et al. (1985: 1610-1611) によれば，パンクチュエーション・マークの果たす機能は大きく二つに分けられる．一つは「区切り (separation)」である．この「区切り」の機能はさらに二つに分けられ，一つは「連続する要素 (successive units)」を区切る機能，「文の中に含まれる要素 (included units)」を区切る機能である．

(20) a. Would you like beer, red wine, or white wine?　　　［連続する要素］
　　　　(ビールがよろしいですか？ 赤ワインがよろしいですか？ それとも白ワインがよろしいですか？)
　　 b. Linguistics, or the science of language, is an interesting subject.
　　　　(言語学，すなわちことばの科学は，興味深い科目である)
　　　　　　　　　　　　　　　　　　　　　　　　　　　　　　　［文の中に含まれる要素］

(20b) の「文の中に含まれる要素」は，通常「対になって（correlative）」おり，この場合には前後にコンマが置かれる．

もう一つの主要な機能は「明示（specification）」である．

(21) a. The pianist's / pianists' fingers flew over the keyboard.
   （ピアニストの指が鍵盤の上を飛ぶように舞った）
   b. The children are ready. / The children are ready?
   （子どもたちは準備できているよ／子どもたちは準備できている？）
   c. I was wondering if I could borrow your cellphone?
   （あのお，携帯電話借りられるかなあ）

(21a) では，アポストロフィそのものが所有格を明示し，さらにその置かれる場所によって単数か複数かの区別を明示している．つまり，「格（case）」「数（number）」という文法機能を明示している例である．(21b) は，文法的には平叙文の形式であるが，文末の終止符によって文全体の意味が平叙文であることが明示され，文末の疑問符によって疑問文であることが明示されている．つまり，文全体が平叙文か疑問文かという意味的機能を明示している例である．(21c) も (21b) と同じように，文末に疑問符が置かれることによって疑問文であることが明示されているが，この場合にはこの文が全体として疑問の意味であることが確定することによって，語用論的に「依頼」の意味を表していることにつながるため，パンクチュエーション・マークが語用論的機能を明示している例と言える．

また，パンクチュエーション・マークという文字言語は，音声言語の「ポーズ（pause）」に相当すると理解されていることがある．これはコンマや終止符に関して一部正しい理解ではあるが，パンクチュエーション・マークは音声言語ではポーズのみならず，イントネーション・強勢・リズムなど，様々な韻律要素に関係している．例えば，上の (21b) で言えば，終止符が文末の下降調を表したり，疑問符が文末の上昇調を表したりしており，これはすなわちイントネーションに関する明示をしていることになる．

Quirk et al. (1985: 1611ff.) によると，文から語の範囲内で用いられる主なパンクチュエーション・マークの順序づけは以下のようになる．

(22) a. 終止符 (.), 疑問符 (?), 感嘆符 (!)
   b. セミコロン (;)
   c. コロン (:)

　　　　d. ダッシュ (―)
　　　　e. コンマ (,)
　　　　f. 語の間のスペース (　)
　　　　g. ハイフン (-)

　まず，言葉の切れ目を表すもので文を最大の範囲とする場合には，(22a) が最も大きな切れ目を表すパンクチュエーション・マークということになる．(22b, c, d, e) は，文のレベルと語のレベルの間に存在する切れ目を表すものであるが，それぞれの使い方については，個人差が大きい．(22f) は語の切れ目に用いるのが原則であるが，複合語の場合にはハイフンやスペースを入れない場合との区別が流動的になる場合がある．最後の (22g) は，語の中で用いるのが原則で，これらのパンクチュエーションマークの中でも最も小さな切れ目を表すものと言える．実際には，文よりも大きな切れ目として「段落 (paragraphs)」があり，またハイフンの下には「文字の連続 (unseparated letters)」がある．

　一般に，パンクチュエーション・マークの後はスペースが入るが，次の場合にはその限りではない．

(23) a. 開始を表す引用符と開始を表す括弧の場合は，スペースが先に入る．
　　　b. ダッシュは前後にスペースが入る．
　　　c. ハイフンの前後にはスペースは入らない．
　　　d. 終わりを表す引用符と終わりを表す括弧が共に用いられたり，他のパンクチュエーション・マークと共に用いられた場合には，二つの間にスペースは入らない．　　　　　　(Quirk et al. (1985: 1612))

　本節では，パンクチュエーション・マークについて，以下の順序で説明をしていく．

　　　　3.3.1. 終止符・疑問符・感嘆符
　　　　3.3.2. セミコロン
　　　　3.3.3. コロン
　　　　3.3.4. ダッシュ
　　　　3.3.5. コンマ
　　　　3.3.6. ハイフン
　　　　3.3.7. アポストロフィ

3.3.8. 引用符
3.3.9. 括弧
3.3.10. その他のパンクチュエーション・マーク（スラッシュ，アスタリスク，アンパサンド）

3.3.1. 終止符・疑問符・感嘆符

これらのパンクチュエーション・マークは，すべて文の終わりに付与される．第3章1節（p.65）で述べたように，文はそれが表す意味の違いに応じて，平叙文・疑問文・命令文・感嘆文に分けることができる．この分類と，本節で扱うパンクチュエーション・マークの関係は，原則として，平叙文と命令文は終止符（periods [AmE]/ full stops [BrE]）が付され，疑問文には疑問符（question marks）が付され，感嘆文には感嘆符（exclamation points [AmE]/ exclamation marks [BrE]）が付される．

(24) a. The children are playing in the park. ［平叙文］
     （子どもたちが公園で遊んでいる）
   b. Do not lean out of the window. ［命令文］
     （窓から身を乗り出さないでください）
   c. Where are you going? ［疑問文］
     （どこ行くの？）
   d. What nice people they are! ［感嘆文］
     （何といい人たちなんだ）

ただ，これはあくまでも原則論で，平叙文の形式でありながらも疑問符が付されたり，疑問文の形式でありながらも感嘆符が付されたりすることがある．その場合，文全体が表す意味は，文の形式よりも最後の終止符・疑問符・感嘆符によって表される．

(25) a. You are waiting for someone?
     （誰か待ってるの？）
   b. The boys' behavior was hardly likely to make her change her mind!
     （男の子の行動を見て，彼女の気持ちが変わるということはまずなかった）
                                    (Huddleston and Pullum (2002: 1729))
   c. Hasn't she grown!
     （彼女，成長したじゃない！）

    d. Would the gentleman who left a silk scarf on the manager's desk care to retrieve it from the porter's office.
       （支配人の机の上にシルクのスカーフをお忘れになった男性の方は，ポーターの部屋にお預かりしておりますので，そちらでお引き取りください）

通常は一つの文の間にこれらのマークを用いることはないが，次のように句と節を強調するような場合には，文の間に終止符を用いることができる．

(26) People are sleeping out on the streets. In Britain. In the 21st century. Because there are not enough houses. (Swan (2005: §473))
    （人々は道路で寝ている．イギリス．21 世紀．家の数が足りていないのである）

終止符は省略形の後に用いられることがあるが，これはイギリス英語よりもアメリカ英語のほうが一般的である．

(27)   AmE   BrE
    a. Mr. Larsen   Mr Larsen
       （ラーセン氏）
    b. Gen. Smith   Gen Smith
       （スミス将軍）
    c. T. S. Eliot   T. S. Eliot
       （T. S. エリオット）
    d. JFK   JFK
       （ジョン・フィッツジェラルド・ケネディ (John Fitzgerald Kennedy)）
    e. NATO   NATO
       （北大西洋条約機構 (North Atlantic Treaty Organization)）
    f. radar   radar
       （レーダー (radio detecting and ranging)）

(27a) は，頭文字と最後の文字で省略形を形成する場合で，(27b) は最初の 3 文字で省略形を形成する場合である．これらの省略法の場合には，アメリカ英語ではピリオドを用い，イギリス英語ではピリオドを用いない傾向が強い．一方，(27c) のように，人名の頭文字で省略形を形成する場合には，英米ともにピリオドを使う傾向が強い．逆に，単に頭文字だけで省略形を形成する場合，英米ともにピリオドを使わない傾向が強い．さらに，(27e, f) のような頭字語

の場合には，英米ともにまずピリオドを用いることはない．

3.3.2. セミコロン

セミコロン (semicolons) は，以下のような場合に用いられる．

(28) a. 文が文法的には独立していても意味的に密接に関係している時
Some people work best in the mornings; others do better in the evenings.
(中には午前中が最高に仕事が捗る人もいるし，夜のほうがいい人もいる)
It is a fine idea; let us hope that it is going to work.
(それは素敵な考えだ．効果がありそうだ．期待しよう)

b. リストを示す時．特に，リスト表示されるものが文法的に複雑な場合
You may use the sports facilities on condition that your subscription is paid regularly; that you arrange for all necessary cleaning to be carried out; that you undertake to make good any damage; ...
(Swan (2005: §475))
(スポーツ施設をご使用の場合には，以下の条件をお守りください．定期的に会費を支払うこと．必要な清掃は必ず行うこと．設備を損傷した場合には元の状態に戻すこと．...)

3.3.3. コロン

コロン (colons) は，以下のような場合に用いられる．

(29) a. 説明やさらなる詳細を付け加える時
We decided not to go on holiday: we had too little money.
(休暇を取って旅行に行くのはやめることにした．お金もほとんどなかった)
There was a problem with the car: it was losing oil.
(車に問題があったんだ．オイルがどんどんなくなってたんだ)

b. リストを示す時
The main points are as follows: (1) ..., (2) ..., (3) ... .
(主なポイントは次のとおりである．(1) ..., (2) ..., (3) ...)
We need three kinds of supports: economic, moral and political.
(我々には三つの援助が必要だ．経済的，道徳的，そして政治的だ)

c. タイトルや見出しの下位分類を示す時
　　　　 punctuation: colon
　　　　 (パンクチュエーション：コロン)
　　　d. 直接話法で，被伝達部が長い時，伝達部の最後に
　　　　 Introducing his report for the year, the Chairman said: 'A number of factors have contributed to the firm's very gratifying results. First of all, ...'
　　　　 (その年の報告をする時に，議長は言った：「多くの要因が重なって我が社のこの喜ばしい結果を生んでいます．まず最初に，...)
　　　e. 劇などの会話のやりとりで，話者の後で
　　　　 POLONIUS:　What do you read, my lord?
　　　　 HAMLET:　 Words, words, words.　　　　　(Swan (2005: §474))
　　　　 (ポローニアス： 何をお読みになっているのですか，陛下)
　　　　 (ハムレット： ことば，ことば，ことば)
　　　f. 時間，聖書などの章句，対比を表す時
　　　　 the 7:30 plane, Mathew 2:3, 3:4 = 6:8

　原則として，アメリカ英語ではコロンの後を大文字で始めることがあるが，イギリス英語では大文字は用いない．ただし，イギリス英語でも，複数の文がコロンの後に続く場合には，コロンの後でも大文字で始める．

　(30)　He added: 'Some missiles missed their targets, resulting in collateral damage.'　　　　　　　　　　　　　(Huddleston and Pullum (2002: 1743))
　　　　 (彼は付け加えた．ミサイルの中には狙いをはずして，結果として二次的被害をもたらしたものもあった)

3.3.4.　ダッシュ

　ダッシュ (dashes) は特にくだけた書き言葉で用いられるのが一般的である．コロン，セミコロン，括弧と同じように用いられる．文の間で他の語句を挿入する場合などによく用いられ，その意味ではコンマと同じような働きをするが，コンマよりは区切る力が強い．

　(31)　a. There are three things I can never remember — names, faces, and I've forgotten the other. (絶対に覚えられないことが三つある—名前と顔と，あともう一つは忘れてしまった)

b. We had a great time in Greece — the kids really loved it.
      (ギリシアはとても楽しかった——子どもたちが本当に気に入ってたよ)
   c. My mother — who rarely gets angry — really lost her temper.
   　　　　　　　　　　　　　　　　　　　　　　　(Swan (2005: §477))
      (うちの母が——彼女はめったに怒ったりしないんだけど——本当に腹を立てていたよ)

　(31a) は，内容の詳細を列挙している点で (29a, b) のコロンの用法と同じである．(31b) は，ダッシュの左側の文が右側の文の原因になっていることから，意味的に密接な関係にあるといえる．その意味で，このダッシュの用法は (28a) のセミコロンの用法と同じである．(31c) は，関係代名詞の非制限用法であることから，ダッシュがコンマと同じ働きをしているといえる．

　ダッシュはまた，後から思い付いたことや人を驚かせるようなことを表す場合にその前で用いられることがある．同様に用いられる括弧よりもダッシュのほうがより劇的な印象を与え，計画的に挿入したというよりは，「その場で思い付いた余談 (an impromptu aside)」(Quirk et al. (1985: 1629)) のようなものを表す．

(32) a. We'll be arriving on Monday morning — at least, I think so.
        (月曜日の朝に着くことになっているんだ——少なくともそう思う)
     b. And then we met Bob — with Lisa, believe it or not!
   　　　　　　　　　　　　　　　　　　　　　　　(Swan (2005: §477))
        (それからボブに会ったんだ——信じられないかも知れないけど，リサと一緒だったんだよ)
     c. At that time, the students — goodness knows for what reason — reversed their earlier, more moderate decision, and a big demonstration was planned.　　　　(Quirk et al. (1985: 1629))
        (その当時，学生たちは——理由なんかは分からないが——その時よりも前に決めたもっと穏やかな決定を覆して，大きなデモを計画した)

　(32a) は，前半部分で断定をしているが，後で思い直して個人的意見であることをダッシュを使って補足している．(32b) では，ボブが誰と会ったかを敢えて隠すことによって最後に相手を驚かすためにリサと一緒であったことをダッシュによって付け加えている．(32c) では，挿入されているのが goodness knows for what reason というかなりくだけた表現であることから，括弧よりも

ダッシュのほうが適していると言える.
　ダッシュは, 疑問符・感嘆符・閉じる引用符・閉じる括弧の後に用いられることはあるが, それ以外の場合には他のパンクチュエーション・マークと共起はせず, 前後にスペースを入れる.

(33) a. *Some of them — Sue, for example, — wanted to lodge a formal complaint.
　　 b. *Some of them — Sue, for example — , wanted to lodge a formal complaint.
　　 c. 　Some of them — Sue, for example — wanted to lodge a formal complaint.
　　　　（中には — 例えば, スーのように — 正式に告訴したがっている人もいた）
　　　　　　　　　　　　　　　　　　(cf. Huddleston and Pullum (2002: 1751-1752))

3.3.5. コンマ

　原則として, 項目を羅列したり, 文内の音声的空白を示したりするのに用いられる. 以下, Swan (2005: §476) をもとにコンマ (commas) の用法を説明していく. 用例は, (36), (38), (48), (50b), (52), 注48の (i) を除き, Swan (2005: §476) からの引用である.
　まず, 複数の主節が存在する場合に, その節と節を接続する連結詞の前にコンマを用いることがある. しかし, この場合, 節が短いとコンマは用いられない.

(34) a. 　Jane decided to try the home-made steak pie, and Andrew ordered Dover sole with boiled potatoes.
　　　　（ジェーンは自家製のステーキ・パイを試してみることにしたが, アンドリューはゆでたジャガイモの付いたシタビラメを注文した）
　　 b. 　Jane had pie and Andrew had fish.
　　　　（ジェーンはパイを食べ, アンドリューは魚を食べた）

　次に, 複文で従属節が主節に先行する場合に, 従属節と主節の間に, 節の切れ目を明示するためのコンマが置かれる. この順序が逆になって, 主節→従属節の流れになる場合には, 通常コンマは置かれない.

(35) a. 　If you are ever in London, come and see me.

  b. Come and see me if you are ever in London.
   (いつかロンドンに来ることがあったらうちにいらしてね)

ただし，同じ複文であっても，従属節がいわゆる「項 (arguments)」[47] になっている場合や，従属節以外の要素と密接に結び付いている場合には主節と従属節の間にコンマは置かれない．

(36) a. *<u>It</u> is believed, <u>that he died of AIDS</u>.　　　　　　　　　　　　［主部］
  b. *They <u>treat</u> me, <u>as if I were their child</u>.　　　　　　　　　　　［補部］
  c. *It's not <u>as</u> hard, <u>as I thought</u>.　　　　　　　　　　［他の要素との連結］

原則として，独立した文同士を連結詞やセミコロンやコロンなしでコンマだけで結び付けることはできない．

(37) a. The blue dress was warmer; on the other hand, the purple one was prettier.
   (青いドレスのほうが暖かかったが，一方で紫のほうがかわいかった)
  b. *The blue dress was warmer, on the other hand, the purple one was prettier.

しかし，以下のような場合には，連結詞なしでも二つの文がコンマのみで連結される．

(38) a. To keep a child of twelve or thirteen under the impression that nothing nasty ever happens is *not merely* dishonest, it is unwise.
   (12歳や13歳の子どもに，不快なことなど一度も起こったことがないと思わせ続けることは，単に不誠実なだけでなく，分別がないと言える)
  b. Some players make good salaries, others play for the love of the game.
   (選手の中にはいい給料をもらっている選手もいれば，試合が好きでプレーしている選手もいる)　　　　(Huddleston and Pullum (2002: 1742))

(38a) の場合，否定文に続けて肯定文が現れる典型的な流れであるが，前半文の not merely に続けて，本来であれば後半文の文頭に but が現れる．しかし，このような場合には，連結詞なしでコンマのみでも連結が可能である．(38b)

---

[47] 主部・目的語・補語・義務的修飾部といった述語動詞に欠かせない要素の総称．

の場合，前半文と後半文が比較的単純な対比になっている．このような場合にも，連結詞なしでコンマによる連結が可能である．

普通の語順ではない，いわゆる挿入句の前後にはコンマが用いられる．

(39) a. My father, however, did not agree.
（父はでも賛成しなかった）
b. Jane had, surprisingly, paid for everything.
（ジェーンは驚くことに，すべてを支払ってしまっていたのだった）
c. We were, believe it or not, in love with each other.
（僕たちは，驚くなかれ，愛し合っているんだ）
d. Andrew Carpenter, the deputy sales manager, was sick.
（アンドリュー・カーペンターは，副販売部長なのだが，病気なんだ）

be 動詞をはじめとする，第2文型を形成させる「コピュラ（copula）」の後ろで，三つ以上の形容詞が「叙述用法（predicative use）」で連続する時には常にその形容詞の間にコンマが置かれる．

(40) The cowboy was tall, dark and handsome.
（あのカウボーイは，背の高い色黒の美男子だった）

三つ以上の同じような意味を表す形容詞が，限定用法（attributive use）で後ろの名詞を修飾する時にも，その形容詞の間にはコンマが置かれる．

(41) This is an expensive, ill-planned, wasteful project.
（これは，費用のかかる，計画性に欠ける，不経済なプロジェクトだ）

ただし，形容詞が短い場合にはコンマが置かれない場合がある．

(42) a tall(,) dark(,) handsome cowboy
（背が高く，色が黒く，見た目もいいカウボーイ）

一つの物の様々な部分を形容する場合にはコンマは省略できない．

(43) a. a green, red and gold carpet (*a green red and gold carpet)
（緑と赤とゴールドの(入った)カーペット）
b. concrete, glass and plastic buildings
（コンクリートとガラスとプラスティックの建物）

形容詞が異なった種類の意味を表す時には，通常コンマは用いられない．

(44) a. Have you met our handsome new financial director?
    (うちに来たハンサムな新任のフィナンシャル・ディレクターに会った？)
   b. *Have you met our handsome, new, financial director?

名詞の後ろにその名詞を限定する表現（identifying expressions）が続く時には，名詞と限定する表現の間にコンマは入れない．

(45) a. *The driver* in the Ferrari was cornering superbly.
    (フェラーリのドライバーは素晴らしい技術でカーブを曲がっていた)
   b. **The driver*, in the Ferrari, was cornering superbly.
   c. **The driver* in the Ferrari, was cornering superbly.

逆に，修飾される名詞句が固有名詞の場合には，すでにその固有名詞自体が同定されているために，後に続く修飾要素は非限定的になるために，その前後にコンマを入れる．

(46) *Stephens*, in the Ferrari, was cornering superbly.
    (スティーブンズはフェラーリに乗って素晴らしい技術でカーブを曲がっていた)

原則として，主部が長くてもその後にコンマは入れない．

(47) a. *The man from the Japanese Ministry of Education, arrived early.
   b. *What we need most of all, is more time.

ただし，コンマを置かないと形が不格好になったり，誤解の恐れがあったりする場合には，コンマを入れることもある．

(48) a. What he thought it was, was not clear.
    (彼がこうだと思ったことがはっきりしなかった)
   b. Most of those who can, work at home.
                                    (Huddleston and Pullum (2002: 1744))
    (自宅で働くことができる人はほとんどが自宅で働く)

複数の要素を列挙する場合には，間にコンマを入れる．

(49) a. I went to Spain, Italy, Switzerland, Austria and Germany.
    (スペイン，イタリア，スイス，オーストリア，そしてドイツに行ったよ)

b. You had a holiday at Christmas, at New Year and at Easter.
　　　（君はクリスマスと新年とイースターに休みを取った）
　　c. I spent yesterday playing cricket, listening to jazz records and talking about the meaning of life.
　　　（昨日はクリケットをして，ジャズのレコードを聞いて，人生の意味について語り合って過ごした）

　直接話法を導入する時，伝達部の最後にコンマを入れ，被伝達部は引用符で括る．被伝達部が先行する場合には，被伝達部は終止符ではなくコンマで終わる．

(50) a. He said, 'There's no way we can help her'.
　　　　（彼は言った．「彼女を助けられる方法はないよ」）
　　b. 'I don't know all these people', said Julia.
　　　　（「この人たちをみな知っているわけじゃないわ」とジュリアは言った）

　間接話法の場合には，被伝達部に当たる補部の前にはコンマは入れない．

(51) a. *Everybody realized, that I was a foreigner.
　　b. *They quickly explained, what to do.
　　c. *I didn't know, where I should go.

　最後に，4桁以上の数字を提示する際に，3桁毎に区切るのにコンマを用いる．

(52) a. 4,987[48]
　　b. 1,472,583,690

数字の桁を表すコンマの代わりにスペースが用いられることもある．

(53) 　There are 1 000 millimetres in one metre.
　　　（1メーターは1000ミリメーターである）

---

[48] ただし，年号の場合にはコンマは用いない．
　(i) The United States entered the war in 1941.
　　　（合衆国は1941年に参戦した）

3.3.6. ハイフン

本節で扱うハイフン (hyphens) と次節で扱うアポストロフィは，語の中で使われる記号である．最近は，ワード・プロセッサー・ソフトウェアの発達と普及に伴いあまり使われなくなってきたが，一つの語が2行にまたがる時，語を途中で切るのにこのハイフンを用いる．ハイフンは語の切れる最初の行で切れ目の後に用い，語の後半のほうはハイフンを用いずに始める．一般には，語の切れ目は，自然な切れ目に合わせるとされるが，Huddleston and Pullum (2002: 1760) によれば，アメリカ英語では音韻論的な切れ目を重視して音節で区切るのに対して，イギリス英語では形態論的・語源的なポイントを重視して区切る傾向がある．したがって，アメリカ英語では democ-racy となるのに対して，イギリス英語では demo-cracy となる．

ハイフンが最も頻繁に用いられるのが，複合語において語基と語基の間を区切る場合と，派生語において接頭辞と語基を区切る場合である．このハイフンの用い方も，かなり多様で，これといった決まりがあるわけではないが，「アメリカ英語ではイギリス英語よりもハイフンを用いない傾向にあり，別々の語としてスペースで区切って表示するか，スペースもハイフンも用いずに完全に1語として表示するか，どちらかに偏る傾向がある」(Quirk et al. (1985: 1613))．(54) は，2語以上からなる複合語の例である．

(54) a. break-in（不法侵入），sister-in-law（義理の姉妹），U-turn（Uターン） 〔名詞〕
　　 b. cold-blooded（冷酷な），habit-forming（依存症になるような），red-hot（灼熱した） 〔形容詞〕
　　 c. baby-sit（ベビーシッターをする），freeze-dry（～を凍結乾燥させる），house-hunt（住む家を探す） 〔動詞〕

(55) は，普通の句として用いられる場合にはハイフンは用いないが，句全体でまとめて形容詞化して名詞を修飾する場合にハイフンを用いる例である．

(55) a. face-to-face communication（対面コミュニケーション）
　　　　cf. Joseph and Jack were sitting *face to face*.
　　　　（ジョーゼフとジャックが向かいあって座っていた）
　　 b. up-to-date maps（最新の地図）
　　　　cf. It's hard to keep all the maps *up to date*.
　　　　（地図を最新のものにしておくのは難しいよ）

  c. a take-it-or-leave-it attitude（どちらでもいいという態度）
    Karaoke? I can *take it or leave it.*（カラオケ？　どっちでもいいわ）

(56) のように，21 以上の数字や分数の場合にもハイフンを用いる．

 (56) a. twenty-four (24)
   b. five-sixths (5/6)
 (57) a. mid-term（中間の），ex-husband（前の夫），self-study（独学）
   b. re-elect（〜を再選する），counter-revolution（反革命），un-American（米国的でない）
   c. re-form（作り直す）(cf. reform（〜を改革する))，re-cover（〜を再び覆う）(cf. recover（〜を取り戻す))

3.3.7. アポストロフィ

 アポストロフィ (apostrophes) は，主に以下の三つの場合に用いられる．
 文字が欠けている場合に，縮約形の中でどの部分が欠けているかを表すのに用いられる．

 (58) a. I'm (< I am), he'd (< he had / he would), shouldn't (< should not), won't (< will not), let's (< let us), o'clock (< of the clock), fo'c's'le (< forecastle（船首楼))
   b. 'cause (< because), 'em (< them), '62 (< 1962)
   c. Lyin' Eyes (< Lying Eyes),[49] Ol' '55 (< Old 1955)[50]
   d. rock 'n' roll (< rock and roll)

(58a) は語中に欠けている部分が含まれる例で，(58b) は語頭に，(58c) の Lyin', Ol' は語末に現れる例である．最後の (58d) は，欠けている部分が語の両端に現れる例である．このような例から，アポストロフィが用いられるのは圧倒的に語中が多い．
 名詞の所有格を作るのに用いられる．

---

[49] アメリカのロック・グループ「イーグルス (Eagles)」の曲で，日本語のタイトルは「いつわりの瞳」．
[50] 1973 年にアメリカのシンガー・ソング・ライターのトム・ウェイツ (Tom Waits) が発表した曲．後に，イーグルスが 74 年にカバー．その時の日本語タイトル「懐かしき '55 年」．「55 年」は歌詞の中では 55 年型の車を意味している．

(59) a. the boy's, the boys', Wilkins'
　　 b. for convenience' sake（便宜上），for goodness' sake（頼むから），for old times' sake（昔のよしみで）

最後に，アポストロフィは特殊な複数形を作る際に，語幹と複数形語尾 -s の語尾を明確に区切るために用いられる．

(60) a. It is a nice idea, but there are a lot of if's.　　（Swan (2005: §479)）
　　　　（いい考えだけど，「もし」が多いな）
　　 b. There are three i's in that word.（その単語には i が三つある）
　　 c. the late 1990's（1990 年代後半）
　　　　　　　　　　　　　（以上，Huddleston and Pullum (2002: 1636)）

3.3.8. 引用符

引用符（quotation marks）には「シングル・クォーテーション・マーク (single quotation marks)（' '）」と「ダブル・クォーテーション・マーク (double quotation marks)（" "）」があり，イギリス英語ではしばしば「逆コンマ (inverted commas)」と呼ばれることもある．

クォーテーション・マークは，第一に直接話法で用いられる．シングル・クォーテーション・マークとダブル・クォーテーション・マークの使い方はアメリカ英語とイギリス英語で多少異なる．アメリカ英語では，ダブル・クォーテーション・マークを使用する傾向が強く，イギリス英語ではシングル・クォーテーション・マークを用いる傾向が強い．

(61) a. "We really enjoyed the meal," she said.　　［主にアメリカ英語］
　　 b. 'We really enjoyed the meal,' she said.　　［主にイギリス英語］
　　　　（「本当においしゅうございました」と彼女は言った）

被伝達部の中にさらに被伝達部がある場合，アメリカ英語では，外側にダブル・クォーテーション・マークを用い内側にシングル・クォーテーション・マークを用いる．イギリス英語ではその逆になる．

(62) a. "I heard 'Keep out' being shouted," he said.　　［主にアメリカ英語］
　　 b. 'I heard "Keep out" being shouted,' he said.　　［主にイギリス英語］
　　　　　　　　　　　　　　　　　　　　　　　（Quirk et al. (1985: 1630)）
　　　　（「『入るな』と叫んでいるのが聞こえたんだ」と彼は言った）

クォーテーション・マークは，また，特別な意味で用いられる語句を括るのに用いられることがある．

(63) a. People disagree about how to use the word 'disinterested'.
（「私心のない」という語の使い方は人によってまちまちだ）
b. His next book was 'Heart of Darkness'.
（彼の次の本は『闇の心』だった）
c. A textbook can be a 'wall' between the teacher and the class.
(Swan (2005: §478))
（教科書は教師とクラスの生徒たちとの間の「壁」になることがある）

上の直接話法の場合にはそうではなかったが，この特別な意味で用いられる語句を括る場合，クォーテーション・マークと他のパンクチュエーション・マーク（特に，終止符とコンマ）との関係が，アメリカ英語とイギリス英語では異なる．アメリカ英語の場合には，被伝達部の最後の終止符やコンマは引用符の中に置かれるが，イギリス英語の場合には外に置かれることもある．

(64) a. She enjoyed the article "Cities Are for Walking."　　［アメリカ英語］
b. She enjoyed the article 'Cities Are for Walking'.　　［イギリス英語］
（「街は歩くためにある」という記事を楽しんで読んだ）
(65) a. He couldn't spell "mnemonic," and therefore failed to reach the finals.　　［アメリカ英語］
b. He couldn't spell 'mnemonic', and therefore failed to reach the finals.　　［イギリス英語］
(Quirk et al. (1985: 1630))
（「mnemonic（記憶を助けるもの）」のスペルを書けなかったために決勝に進めなかった）

3.3.9. 括弧[51]

括弧 (parentheses [AmE] / brackets [BrE]) は，コンマ・ダッシュ・引用符などと同じように，原則として対で使われる．使い方は，コンマやダッシュと似ていて，文の間や最後で他の語句を挿入する場合になどによく用いられる．

---

[51] 日本語で「括弧」と言えば，( )「 」『 』［ ］〔 〕〈 〉{ } など，様々な形を意味するが，ここでは最初のいわゆる丸括弧のみを指す．

(66) a. The other man (David Johnson) refused to make a statement.
　　　　　　　　　　　　　　　　　　　　　　　　　　　　　　　　　　　　［文中］
　　　　（もうひとりの男（デービッド・ジョンソン）は声明を出すのを断った）

　　b. I have not yet obtained a statement from the other woman (Ann Taylor).　　　　　　　　　　　　　　　　　　　　　　　　　　［文末］
　　　　（もうひとりの女性（アン・テーラー）からはまだ声明を入手していません）
　　　　　　　　　　　　　　　　　　　　　　　　　　　(Quirk et al. (1985: 1629))

括弧の中に含まれる要素は、段落・文・句・複合語の一部・接辞など様々である。

(67) a. Amazingly, only about 500,000 legal immigrants entered the US in the whole of the 1930s. (In those days there was little illegal immigration.)　　　　　　　　　　　　　　　　　　　　　［文］
　　　　（驚くことに、1930年代全部合わせても合法的な移民はたった50万人ほどしか合衆国に入ってこなかった．（当時、違法移民はほとんどなかった））

　　b. Southern liberals (there are a good many) often exhibit blithe insouciance.　　　　　　　　　　　　　　　　　　　　　　　　［主節］
　　　　（南部のリベラル派の（相当数の）人たちが、よく不注意な無関心さを示す）

　　c. But listening to his early recordings (which have just been re-issued by Angel), one has the impression of an artist who has not yet found his voice.　　　　　　　　　　　　　　　　　　　　　［従属節］
　　　　（しかし、彼の初期のレコーディングを聞くと（「エンジェル」によって再発行されたばかりだが）、彼がまだ独自の表現スタイルを見いだしていないような印象を持つ）

　　d. If your doctor bulks bills (that is, sends the bill directly to the Government) you will not have to pay anything.　　　　　　　［動詞句］
　　　　（お医者さんが料金計器別納郵便で直接政府に請求書を送ったとしたら、あなたは何も払わなくていいでしょう）

　　e. It seems that (not surprisingly) she rejected his offer.　［副詞句］
　　　　（彼女（驚くなかれ）彼の申し出を拒絶したようだよ）

　　f. The discussion is lost in a tangle of digressions and (pseudo-)philosophical pronunciamentos.　　　　　　　　　　［複合語前部要素］
　　　　（議論は、脱線と（擬似）哲学的宣言の混乱の中で迷走している）

g. Any file(s) checked out must be approved by the librarian.

［接尾辞］

(確認のすんだファイルはどんなファイルでも司書が承認しなければなりません)

h. One answer might be that only different (sequences of) pitch directions count as different tones with respect to the inventory.

［句として区切れない要素］

(一つの答えとしては，異なった(一連の)ピッチの方向性しか，目録という点で異なったトーンとしては役に立たないということかもしれない)

(Huddleston and Pullum (2002: 1748))

3.3.10. その他のパンクチュエーション・マーク
3.3.10.1. スラッシュ

スラッシュ (slashes) は，"oblique stroke", "slant", "solidus", "virgule" などとも呼ばれることがある．その用法としてまず挙げられるのが，「または (or)」を意味する場合である．

(68) a. director/secretary
　　 b. flat/apartment
　　 c. he/she　　　　　　　　　　(Huddleston and Pullum (2002: 1764))
　　 d. students and/or staff　　　　　(Quirk et al. (1985: 1639))

ハイフンの代わりに用いられることもある．

(69) a. the June/July period
　　　　(6月から7月の期間)
　　 b. staff/student relations
　　　　(スタッフと学生との関係)

(Huddleston and Pullum (2002: 1764))

次のような場合には，「短縮 (abbreviations)」を表す．

(70)　c/o (< care of), a/c (< account), w/ (< with), w/o (< without)

次のように，下位分類を表すこともある．

(71)　Rule A/32 (規則Aの32条)　　　　　(Quirk et al. (1985: 1639))

3.3.10.2. アステリスク

アステリスク (asterisks) は，補足などが必要な語に，特に注釈などを付す場合に用いられる．ただ，注釈が多い場合には通常は番号が用いられ，アステリスクが用いられるのは原則として注釈の数が少ない時である．論文などでよく見られる例が，論文のタイトルの最後にアステリスクを付し，注釈の最初をこのアステリスクで始めて，論文執筆に協力してくれた人への謝辞を述べる場合である．次の (72a) は論文のタイトル，(72b) が謝辞である．

(72) a. Quantifier Scope and Island Constraint Violations*
(数量詞作用域と島の制約違反)

b. *I am very grateful to John Smith, Mary Jones and David Wilson for helpful criticisms and suggestions on earlier drafts of this paper.
(ジョン・スミス，メアリー・ジョーンズ，そしてデイビッド・ウィルソンに，この論文の原稿に関する貴重な批判と提案をくださったことを感謝したい)

次に，アステリスクは倫理上表しにくい語の一部の文字を隠すのにも用いられる．

(73) "F*** you!"

また，言語学の世界では，文法的に不可能である文の最初にアステリスクを付ける習慣がある．

(74) *The sky is putting philosophy.

3.3.10.3. アンパサンド

アンパサンド (ampersands) は，and という語を表すのに用いられる記号である．その記号は & という形で表される．

(75) a. 社団法人: P & O, 出版社: Harper & Row
b. 成文法，国会法: Acts of Settlement 12 & 13 (王位継承法 12 と 13)
c. 一つの作品の共著者: Gilbert & Sullivan

(Peters (2004: s.v. *ampersand*))

ただ，最近は，この記号の使用は避けられる傾向にある (Peters (2004: s.v. *ampersand*))．

第6章

準品詞 (Semi-Word-Classes)

1. 準品詞とは

「準品詞 (semi-word-classes)」とは,本来の品詞の働きに加えて,さらにもう一つの品詞の働きをする語のグループで,具体的には「準動詞 (verbals)」と「関係詞 (relatives)」を指す.

(1) 準品詞┬──準動詞
　　　　　└──関係詞

準品詞の一つの共通点は,複文を形成することである.複文が形成されるということは,そこに主節の世界と従属節の世界という二つの異なった世界が創造されることを意味するが,この準品詞に共通する最大の特徴は,それぞれの語が,この主節の世界と従属節の世界で異なった働きをすることである.

図1. 準品詞の構造

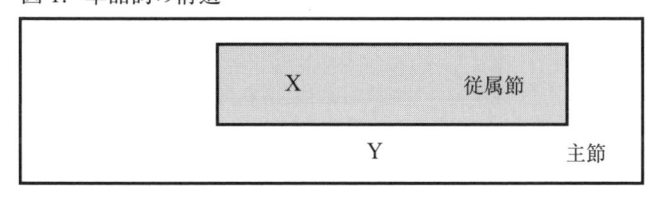

```
┌─────────────────────────────────┐
│    ┌─────────────────────┐      │
│    │  X        従属節     │      │
│    └─────────────────────┘      │
│         Y              主節      │
└─────────────────────────────────┘
```

この図が表しているのは,ある要素が従属節内ではXという機能を果たし,主節内ではYという機能を果たすということである.その際,Yの機能はXを含む従属節全体が果たすことになる.具体的な例に当てはめると,次のようになる.まずは,準動詞の一種である動名詞の例である.

(2) *Getting up very early in the morning* makes you feel really superior.[1]
　　（すごく早起きするとかなり優越感に浸れるよ）　　　(Swan (2005: §515.7))

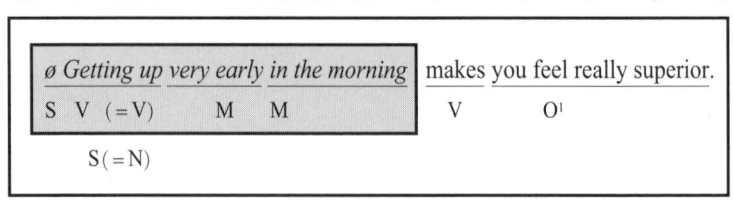

```
┌─────────────────────────────────────────────┬──────────────────────────┐
│ ø Getting up very early in the morning      │ makes you feel really superior. │
│ S   V  (=V)         M        M              │   V      O¹              │
│                                             │                          │
│      S(=N)                                  │                          │
└─────────────────────────────────────────────┴──────────────────────────┘
```

　この文の場合，イタリックになっている getting up very early in the morning が主部になっているが，その主部の中に主節とは別の従属節の世界ができている．その中で，形式上は現れてはいないが，getting の前にある ø が主部として機能し，getting という動名詞は動詞として機能し，up と一緒になって述部になっている．つまり，図1における X はこの場合には V（動詞）ということになる．一方で，getting up very early in the morning 全体では主部として機能しているということは，すなわち品詞としては名詞として機能しているということになるため，図1における Y は，この場合 N ということになる．
　次は，関係詞の一種である関係副詞の例である．

(3) He brought the village *where he had grown up* unexpected fame and prosperity.　　　　　　　　　　　　　　　　　　　(Swan (2005: §515.8))
　　（彼は故郷の村に予想外の名声と繁栄をもたらした）

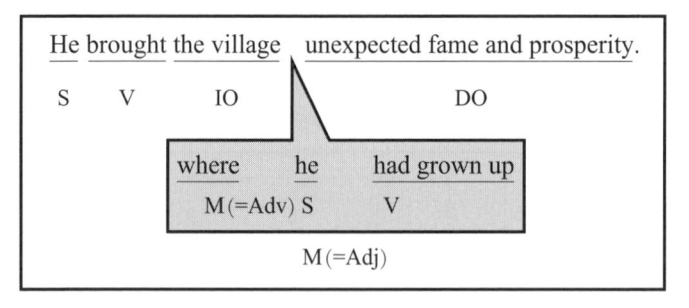

```
He brought the village             unexpected fame and prosperity.
S    V       IO                         DO
              ┌─────────────────────────┐
              │ where      he    had grown up │
              │ M(=Adv)    S      V           │
              │         M(=Adj)               │
              └─────────────────────────┘
```

　イタリックになっている where he had grown up は修飾部になっているが，今度もその中は主節とは別の従属節の世界ができている．その従属節の中では

---

[1] 5文型の枠組みでは，you を目的語，feel really superior を補語と分析するが，第1章2.3節 (p. 36) でも説明したように，このような構文は SVO と分析したほうが妥当であるので，ここではそのように分析した．

whereという語は動詞を修飾する修飾語として機能しているから，品詞としては副詞として機能していることになる．一方で，where he had grown upという関係詞節全体は，the villageにかかる役割を果たしていることから，文の働きとしては修飾部ということになるが，品詞としては名詞を修飾する形容詞の働きをしていることになる．whereという語の働きとしては，従属節内では副詞として機能し，主節の中では形容詞として機能しているわけであるから，図1におけるXはAdvで，YはAdjということになる．[2]

ここで，同じように複文を形成する準品詞の準動詞と関係詞の重要な違いを説明しておこう．準動詞は，従属接続内では動詞の役目を果たすという点で共通しており，従属節全体が主節内で果たす役割は名詞・形容詞・副詞と様々である．

図2. 準動詞の構造

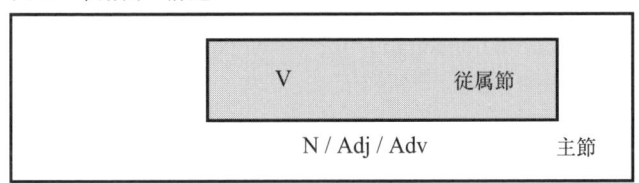

	V	従属節
	N / Adj / Adv	主節

一方，関係詞は，従属節内での働きは代名詞・形容詞・副詞と様々であるが，原則として先行詞である名詞を修飾するため，従属節全体の主節内での働きは形容詞ということで共通している．[3]

---

[2] 関係詞には，「制限用法（restrictive use）」と「非制限用法（non-restrictive use）」という二つの用法がある．ここで関係詞節全体の働きをAdjとしているのは，制限用法の機能に限定しての説明である．非制限用法についての詳細は，本章3.1節（p. 384）を参照されたい．

[3] 先行詞が常に名詞であるのは制限用法の話で，非制限用法の場合には文全体が先行詞になることがある．
  (i) *Some of them kept laughing*, which seriously annoyed Sarah.
     （何人かは笑うのをやめなくて，サラは真剣に困った）
また，関係詞 what, when, where, how, why などが先行詞を含む場合，節全体は名詞的な働きをしていることになる．
  (ii) a. I believed *what* she had told me.（彼女が言ったことを信じていた）
      b. Tomorrow is *when* you must decide.（明日が決めなきゃいけない時だよ）
      c. *Where* the two candidates differ most is in how to reform health care.
         （2人の候補者の最大の違いは，公共医療制度をいかに変えるかだ）

図 3. 関係詞の構造

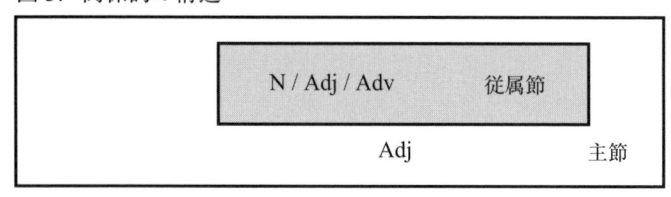

```
┌─────────────────────────────────────────┐
│    ┌─────────────────────────────────┐  │
│    │  N / Adj / Adv       従属節     │  │
│    └─────────────────────────────────┘  │
│                    Adj            主節  │
└─────────────────────────────────────────┘
```

具体例で見てみよう.

(4) a. $\boxed{\text{To watch}_\text{V} \text{ him eating}}_\text{N}$ really gets on my nerves.
　　　　　　　　　　　　　　　　　　　　　［不定詞の名詞的用法］
　　　(彼が食べるのを見ていると,本当にかんに障る)

　b. You have the right $\boxed{\text{to remain}_\text{V} \text{ silent}}_\text{Adj}$. ［不定詞の形容詞的用法］
　　　([法廷で被疑者に対して]あなたには黙秘権があります)

　c. He came to London $\boxed{\text{to look}_\text{V} \text{ for work}}_\text{Adv}$. ［不定詞の副詞的用法］
　　　(彼は仕事を探しにロンドンに来たんだ)

　　　　　　　　　　　　　　　　　　　　(以上,Swan (2005: §279.2))

(5) a. Do you know the people $\boxed{\text{who}_\text{N} \text{ live next door}}_\text{Adj}$?
　　　　　　　　　　　(Swan (2005: §494.1))　［関係代名詞主格］
　　　(隣に住んでる人たちを知ってる?)

　b. I was a girl $\boxed{\text{whose}_\text{Adj} \text{ hair came down to her waist}}_\text{Adj}$.
　　　　　　　　　　　(Swan (2005: §494.8))　［関係代名詞所有格］
　　　(私,子どもの頃は髪がウエストのあたりまでのびていたのよ)

　c. He lives in a village $\boxed{\text{where}_\text{Adv} \text{ there are no shops}}_\text{Adj}$. ［関係副詞］
　　　(彼が住んでいる村にはお店がないんだよ)　　(Swan (2005: §494.1))

(4) と (5) から分かることは,不定詞は共通して従属節内では動詞の働きをする一方で,主節内での働きは様々であるのに対し,関係詞は共通して主節内では形容詞としての働きをする一方で,従属節内での働きは様々である.このように,同じ準品詞でも,準動詞と関係詞は対照的な働きをする.

準品詞について,その種類と働きを一覧にして整理すると,次のようになる.

---

　d. They both used to work at the airport — that's *how* they met.
　　　(2 人とも空港で働いていたんだ.それが彼らの出会いさ)

　e. That's *why* he left so early. (だから彼はあんなに早く出たんだ)

1. 準品詞とは

(6)

		形式【名称】	意味	節内の機能	節全体の機能
準品詞	準動詞	不定詞 (7), (8)	to V【to 不定詞】	想定	動詞	主部 修飾 補部
			V【原形不定詞】	完結		補部
		分詞 (9), (10)	V-ing【現在分詞】	能動 進行		修飾 補部
			V-en【過去分詞】	受動 完了		
		動名詞 (11)	V-ing	事実		主部 補部
	関係詞	関係代名詞 (12)	which, that, etc.		代名詞	修飾
		関係副詞 (13)	where, when, etc.		副詞	

to 不定詞は，意味的には「想定」を表すが，文法機能としては，名詞として機能したり，修飾部として機能したり，補部として機能したりする．ただ，補部としての機能は，動詞の補部にしかならず，原則として to 不定詞が前置詞の補部になることはない．[4] 原形不定詞は，形式上は to 不定詞に比べると単に to がないだけであるが，節全体の機能としては，名詞・修飾の機能は失い，(助)動詞の補部として機能することしかできない．(7) は to 不定詞の例文，(8) は原形不定詞の例文である．

(7) a.　*It*'s tough to answer the question.　　　　　　　　　　［主部］
　　　（その質問に答えるのは難しい）

---

[4] 不定詞が例外的に前置詞の補部になるのは，but が「〜を除いて」という意味で用いられる場合である．

　　(i) a.　I had no choice *but* to leave my job.　　　　　　　　［to 不定詞］
　　　　　（仕事を辞めるしか選択肢はなかった）
　　　b.　We have done nothing *but* discuss the problem all day.　　［原形不定詞］
　　　　　（その問題について一日中話し合うことしかしてきてないんです）

  b. I have an appointment to keep. ［修飾（形容詞）］
   （やむを得ない用事があるんだ）
  c. They left home early to catch the 6:05 train. ［修飾（副詞）］
   （6 時 5 分の電車に乗るために早くに家を出た）
  d. You *have* to correct these problems as soon as possible, or the plan will fail. ［補部（助動詞）］
   （できるだけ早く問題を修正しておかないと計画が失敗に終わるよ）
  e. He tried to explain. （説明しようとした） ［補部（動詞）］
  f. Do you want me to help? （助けてほしい？） ［補部（動詞）］
 (8) a. We *will* leave in a week. ［補部（助動詞）］
   （1 週間後に出ます）
  b. We *helped* organize the campaign. ［補部（動詞）］
   （キャンペーンの準備をするのを手伝った）
  c. They *observed* a tall man enter the bank. ［補部（動詞）］
   （彼らは背の高い男が銀行に入っていくのに気づいた）

(9) は現在分詞，(10) は過去分詞の例文である．

 (9) a. A surprising number of workers were laid off at the company.
   （驚くべき数の従業員を会社は解雇した） ［能動・修飾（形容詞）］
  b. Putting down his newspaper, Yannick walked over to the door.
   （新聞を置いて，ヤニックはドアのところまで歩いていった）
             ［能動・修飾（副詞）］
  c. "I won't stop until you find a job," Emily recalls Johan saying.
   （「君が仕事を見つけるまで僕はやめないよ」エミリーはヨハンがそう言ったのを覚えている） ［能動・補部（動詞）］
  d. The dog was waiting in the garden with his tongue hanging out.
   （犬は，舌をだらりと出して庭で待っていた） ［能動・補部（前置詞）］
  e. Who's that girl talking to the teacher? ［進行・修飾（形容詞）］
   （先生と話しているあの子は誰？）
  f. Simone ran screaming out of the office. ［進行・修飾（副詞）］
   （シモーンは泣きながらオフィスから走って出てきた）
  g. I saw a tall girl standing in the park. ［進行・補部（動詞）］
   （背の高い女の子が公園で立っているのを見かけたよ）

1. 準品詞とは

  h. The squad car turned off the main road into a side street with its head lights <u>flashing</u>. ［進行・補部（前置詞）］
   （パトカーがヘッドライトを点滅させながら幹線道路からそれて脇道に入った）
(10) a. Maurice showed me a <u>hurriedly written</u> first draft.
    ［受動・修飾（形容詞）］
   （モーリスは急いで書いた最初の草案を見せてくれた）
  b. <u>Persuaded by our optimism</u>, she gladly contributed time and money to our project. ［受動・修飾（副詞）］
   （我々の楽観主義に説得され，彼女は喜んで我々のプロジェクトに時間と金をつぎ込んでくれた）
  c. The watch didn't look <u>broken</u> to me. ［受動・補部（動詞）］
   （僕にはその時計は壊れているようには見えなかった）
  d. The coach called time out with 5 seconds <u>left on the clock</u>.
    ［受動・補部（前置詞）］
   （時計の残りが5秒になったところでコーチはタイムアウトを要求した）
  e. The road was blocked by a <u>fallen</u> tree. ［完了・修飾（形容詞）］
   （道路は倒木にふさがれていた）
  f. <u>Left to herself</u>, Kathleen soon fell asleep. ［完了・修飾（副詞）］
   （ひとりにされると，キャスリーンはすぐに眠ってしまった）
  g. The job is finally <u>finished</u>. ［完了・補部（動詞）］
   （その仕事はようやく終わったよ）
  h. With his job <u>done</u>, he began to pack for his trip.
   （仕事を終えたので，彼は旅行の荷造りを始めた） ［完了・補部（前置詞）］

(11)は動名詞の例文である．

 (11) a. <u>Watching television</u> keeps the children out of mischief. ［主部］
   （テレビを見ていればあの子たちはいたずらしないのよ）
  b. The children love <u>sleeping in bunk beds</u>. ［動詞補部］
   （あの子たちは二段ベッドで寝るのが好きなのよ）
  c. Cathy objects to <u>being told what to do</u>. ［前置詞補部］
   （キャシーは何かを命令されるのはとても嫌がるよ）

(12)は関係代名詞，(13)は関係副詞の例文である．

(12) a. The player *who* won the tournament also won last year. ［主部］
(このトーナメントで優勝した選手は去年も優勝したんだよ)

b. The student *whose* cell phone was stolen was really discouraged.
(携帯電話を盗まれたあの学生は本当に落ち込んでいたよ) ［所有格］

c. I am no longer the woman *that* I used to be. ［動詞補部］
(私はもうかつてのような女ではないわ)

d. I only want to be treated with the same respect *that* others are treated with. ［前置詞補部］
(人並みの敬意をもって扱ってほしいだけなんです)

(13) a. The reason *why* they succeeded is obvious; they worked really hard. ［修飾］
(彼らが成功した理由は明らかだよ．本当に一生懸命頑張ったんだから)

b. The town *where* we live is having an arts and crafts fair. ［動詞補部］
(私たちが住んでいる町は美術工芸フェアを行います)

2. 準動詞

準動詞（verbals）とは，不定詞・分詞・動名詞の総称である．準動詞の機能は，その名のとおり動詞に準ずるものとして，助動詞の補部として動詞句の一部になることと，もう一つ，さらに重要な機能として，動詞の働きに加えて他の品詞の力を持つようになることである．助動詞の補部として動詞句の一部になるのは次のような場合である．

(1) a. It's raining again.（また雨が降ってる）

b. Someone *has* broken the vase.（誰かが花瓶を割ってしまった）

c. President Kennedy *was* killed in 1963.
(ケネディ大統領は 1963 年に殺された)

d. *Do*n't touch the squirrels.（リスに触っちゃダメだよ）

e. We'*ll* have a break at four o'clock.（では，4 時に休憩を入れます）

f. All you *need* bring is money.（お金以外は持ってこなくていいよ）

g. He also *used* to attend the university.
(彼もかつてはこの大学に通ってたんだよ)

h. We don't *have* to rush — there's lots of time.
(急ぐ必要はない．時間はたくさんある)

準動詞のこの働きを公式化すると次のようになる．これは，準動詞が助動詞の補部となって，全体で述部を形成することを表している．

(2) $\boxed{\text{Aux}\,|\,\text{Verbal}}$
    P

一方，動詞の働きに加えて他の品詞の力を持つようになる機能を公式化すると次のようになる．

(3) Verbals = V + α [N, Adj, Adv]

準動詞は，動詞の働きに別の品詞 α の働きを加えたもので，具体的にその α は名詞・形容詞・副詞のいずれかである．

もう一つ，準動詞について重要な点を指摘しておきたい．それは，助動詞を含めて動詞類すべてに共通する性質として，「主部」を取るという性質で，準動詞の場合には，その主部が形式上現れない場合がほとんどであるという点である．形式上現れないことがある主部を括弧に入れて，前節の図2をもとに表すと次のようになる．

図4．準動詞の構造

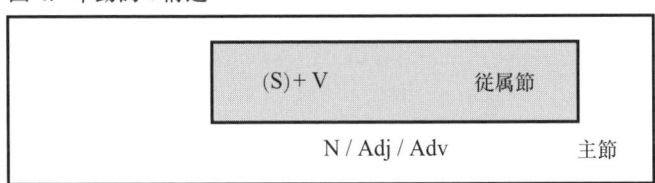

```
┌─────────────────────────────────────┐
│    ┌──────────────────────────┐     │
│    │   (S)+V         従属節   │     │
│    └──────────────────────────┘     │
│        N / Adj / Adv        主節    │
└─────────────────────────────────────┘
```

α の内容は不定詞・動名詞・分詞によって異なり，不定詞の場合には α は名詞・形容詞・副詞のいずれか，動名詞の場合には α は名詞のみ，分詞の場合には α は形容詞・副詞のいずれかになる．

図5．不定詞の構造

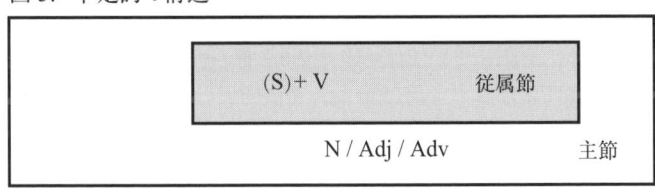

```
┌─────────────────────────────────────┐
│    ┌──────────────────────────┐     │
│    │   (S)+V         従属節   │     │
│    └──────────────────────────┘     │
│        N / Adj / Adv        主節    │
└─────────────────────────────────────┘
```

図 6. 動名詞の構造

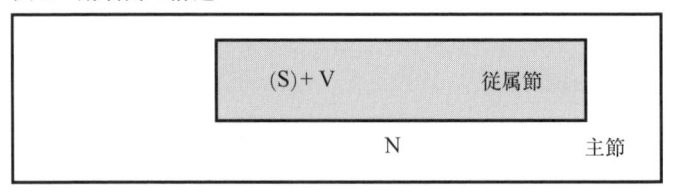

```
┌─────────────────────────────────────────┐
│        ┌──────────────────────┐         │
│        │  (S)+V      従属節    │         │
│        └──────────────────────┘         │
│                  N            主節       │
└─────────────────────────────────────────┘
```

図 7. 分詞の構造

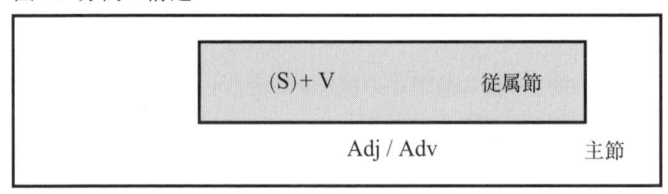

```
┌─────────────────────────────────────────┐
│        ┌──────────────────────┐         │
│        │  (S)+V      従属節    │         │
│        └──────────────────────┘         │
│             Adj / Adv         主節       │
└─────────────────────────────────────────┘
```

2.1. 不定詞とは（名詞的用法・形容詞的用法・副詞的用法）

「不定詞 (infinitive)」という用語は，本来動詞の形の名称である．したがって，may be, could have, can't do, might see, don't regret などといった場合の，be, have, do, see, regret の部分を不定詞という．しかし，一般には to も含めて不定詞と呼ぶことも少なくない．本書では，to の付いている不定詞を「to 不定詞 (*to*-infinitive)」，to の付いていない不定詞を「原形不定詞 (bare infinitive)」と呼んで区別する．単に不定詞という場合には，to を含めた動詞の形を指すものとする．

そこで，この不定詞の to は何かという問題が出てくる．18 世紀の文法家の間では，これについて様々な議論があった．副詞であるとか，助動詞であるとか，果ては冠詞であるということまで議論された．歴史的には，この to はもともと古英語の時代には，「〜の方向へ ('in the direction of 〜')」という意味を表し，名詞のように機能する動詞を補部に取る前置詞であった (Evans and Evans (1957: s.v. *infinitive*))．この to が本来持っていた 'in the direction of 〜' という意味は，動名詞と比較して不定詞の本質的な意味を考える場合に，非常に重要な意味を帯びてくる．詳細については，本章 2.4.2 節 (p. 373) を参照してほしい．

では，現代英語における不定詞の to は，文法的にはどのように捉えればいいのか．可能性としては二つある．一つは，常に補部として原形不定詞を取るという点で，助動詞の一種と見なす方法．もう一つは，分詞や動名詞と同じように，動詞に別の品詞の機能を付け加えるという点で，語形変化の一種と見る方

2.1. 不定詞とは（名詞的用法・形容詞的用法・副詞的用法）

法である．前者については，補部が動詞であるという以外に他の助動詞と共通する機能がない．一方，後者については，語形変化であるにもかかわらず動詞よりも前に起こるという点を除けば，分詞・動名詞と機能を同じくする．したがって，本書では，不定詞の to は現在分詞・動名詞の -ing，過去分詞の -en と同じように語形変化の一種として扱うこととする．

不定詞の to が付加する機能は，具体的には名詞・形容詞・副詞であるため，前節の (3) の公式に準じて不定詞の働きを表すと次のようになる．

(4) Infinitive (to V) = V + α [N, Adj, Adv]

2.1.1. 不定詞の名詞的用法

名詞的用法は，不定詞全体が名詞として働く用法である．ただ，2 節の図 5 でも見たとおり，従属節全体で名詞として働くだけで，不定詞従属節の中では動詞として機能する．

(5) I want to drink cold water. (冷たい水が飲みたい)

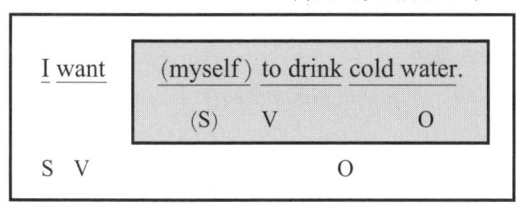

I want	(myself)	to drink	cold water.
	(S)	V	O
S V		O	

主節としては，I が主部になり，want が述語動詞になり，to によって導かれた to drink cold water という不定詞従属節が全体で目的語になっている．「to によって導かれた」というのは，この節全体に名詞になる力を与えているのが to という語形変化だからである．一方，網掛けの四角で囲われた従属節内では，drink は述語動詞の働きをしており，その証拠として，cold water を目的語に取り，省略されている myself という主部を取っている．

不定詞の名詞的用法は，主部・目的語・補語になることができる．[5]

(6) a. To know oneself is very difficult.
      S

---

[5] 目的語といっても，不定詞は間接目的語や前置詞の目的語になることはできない．不定詞が例外的に前置詞 but の補部になる例については，本章の注 4 (p. 341) を参照のこと．

  b. *It* is very difficult to know oneself.（己を知ることはとても難しい）
           S

(7) a. Helen likes to play the guitar.（ヘレンはギターを弾くのが好きだ）
        O

  b. We found *it* impossible to climb the mountain.
            O
   （その山を登るのは無理だと分かった）

(8) a. The only way *is* to do it by myself.（僕ひとりでやるしかない）
         C

  b. The thing you should do *is* (to) show them your diploma.
             C   （Quirk et al. (1985: 1067)）
   （君がやるべきことは，彼らに卒業証書を見せることだよ）

  c. Jack *considers* himself to be a star athlete.
            C
   （ジャックは自分は花形選手だと思っている）

2.1.2. 不定詞の形容詞的用法

 形容詞的用法の場合には，不定詞従属節が先行する名詞を修飾する．

(9) I have a key to open this door.

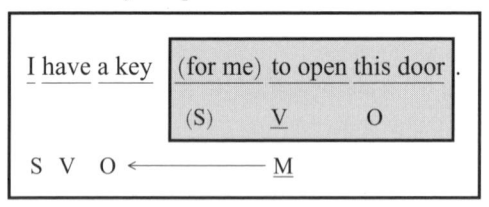

```
I have a key | (for me) to open this door |.
             |  (S)     V      O          |
S  V  O  ←―――――――― M
```

 主節は，I が主部，have が述語動詞，a key が目的語，to open this door が修飾部になっており，不定詞を含む修飾部全体が目的語である a key を修飾していることから形容詞的に働いていることになる．一方，不定詞従属節の中では，省略されている for me が主部，to open が述語動詞，this door が目的語になっている．

 不定詞の形容詞用法で注意すべき点は，修飾される名詞と修飾する不定詞との意味的な関係が様々であるという点である．次に挙げる例では，修飾される名詞が修飾する不定詞の補部（目的語）になっている．

2.1. 不定詞とは（名詞的用法・形容詞的用法・副詞的用法）

(10) a. I want *something* to drink. (何か飲み物がほしいなあ)
   b. I have a lot of *things* to do. (やるべきことがたくさんある)
   c. Give me *a chair* to sit on. (座る椅子をください)

(10b) では，修飾される things が修飾する do の目的語になっているが，ここで注目すべきは，to の意味が日本語の「〜べき」になっていて，一種の法助動詞的な意味で用いられている点である．詳しくは後で述べるが，不定詞の to が，法助動詞と共通して「想定的」な意味を表すことは，品詞を横断した共通点を理解するという点で重要である．(10c) では，修飾される chair が sit on の目的語になっており，この場合には動詞ではなく前置詞の目的語になっている．

以下は，修飾される語が修飾する語の目的語にならない例である．

(11) a. Fred is not *a man* to tell a lie. (= ... a man who will tell a lie.)
     (フレッドは嘘をつくような男ではない) ［名詞が不定詞の意味上の主部］
   b. He broke his *promise* to tell the truth. (= He promised to tell the truth.) (彼は真実を話すという約束を破った)
     ［不定詞が動詞から派生した名詞の補部］
   c. His *ability* to get on with people is his chief asset.
     (cf. He is able to get on with people.)
                                    (Thomson and Martinet (1986: 223))
     (人と仲良くやっていけるのが彼のいちばんいいところだ)
                            ［不定詞が形容詞から派生した名詞の補部］
   d. You were *a fool* to agree. (= It was foolish of you to agree.)
                                            (Swan (2005: §285.2))
     (賛成するなんて君はなんてバカだったんだ)
                                ［不定詞が名詞の意味上の主部］
   e. What do you think is *the best way* to cure the common cold? (cf. How did you cure your cold?) ［名詞が不定詞節内の実質上の修飾句］
     (風邪を治すには何がいちばんいい方法だと思う？)

2.1.3. 不定詞の副詞的用法

形容詞的用法が常に名詞を修飾するのに対して，副詞的用法は名詞以外の様々な要素を修飾する．

(12) a. He *worked* hard to pass the test.　　　　　　　　［動詞を修飾］
　　　（試験に合格するために一生懸命勉強した）
　　b. The water is *good* to drink.　　　　　　　　　　［形容詞を修飾］
　　　（その水は飲めるよ）
　　c. You are old *enough* to understand it.　　　　　　［副詞を修飾］
　　　（それくらいは分かる年齢でしょう）
　　d. To be frank with you, *I don't like him*.　　　　　［文全体を修飾］
　　　（正直に言って，彼のことは好きじゃない）

このように，副詞的用法は修飾する対象も多様である一方，表す意味も様々である．

(13) a. Derek worked energetically to support his family.　　　　［目的］
　　　（デレクは家族を養うために精力的に働いた）
　　b. Alan lived to be ninety-nine.　　　　　　　　　　　　　［結果］
　　　（アランは99歳まで生きた［生きたその結果として99歳になった］）
　　c. I'm glad to see you.　　　　　　　　　　　　　　　［感情の原因］
　　　（お会いできて嬉しいです）
　　d. He was a wise man to solve the problem.　　　　　［判断の根拠］
　　　（この問題を解くとはできる男だな）
　　e. I would be glad to see you again.　　　　　　　　　　　［仮定］
　　　（もしまたお会いできれば嬉しいのですが）
　　f. To hear him speak English, you would take him for an American.
　　　（彼が英語を話すのを聞けば，多分アメリカ人だと思うよ）　　［条件］

「目的」と「結果」は，時として区別が難しい場合があるが，明らかな違いは，不定詞で表されている部分が事実として前提となっていれば「結果」となり，その実現が不明である場合には「目的」である．(13e) に使われている would は仮定法過去に使われる would で，ここでは反事実的な表現を使いながら，自分がそのことに対するこだわりがないことを暗に示し，結果的に丁寧な表現として使われている．一方，(13f) に使われている would は仮定法ではなく，推量の法助動詞が過去時制の形で現れて，確信度がやや低いことを表している．

　なお，be + infinitive の構文も，本来は不定詞に関わる重要な構文であるが，詳細はすでに第5章1.2.4.3.5節 (p. 265) の「未来表現」のところで説明しているので，ここでは例文のみを挙げておく．

2.1. 不定詞とは（名詞的用法・形容詞的用法・副詞的用法）　　351

(14) a. We *are* to meet Ken at the gate today.　　　　　［予定］
　　　　（今日は門のところでケンに会うことになっている）
　　b. Traffic rules *are* to be observed by all drivers.　　［義務］
　　　　（交通規則はすべてのドライバーが守ることになっている）
　　c. You *are* to brush your teeth every day.　　　　　［命令］
　　　　（毎日歯を磨くことになってるでしょ）
　　d. The plane for Los Angeles *was* never to come back again.　［運命］
　　　　（ロサンゼルス行きの飛行機は二度と戻ってくることはなかった）
　　e. Not a man *is* to be seen.　　　　　　　　　　　　［可能］
　　　　（人っ子ひとりいない）

2.1.4. 補部になる不定詞

不定詞が助動詞・動詞の補部になる例を，それぞれ to 不定詞・原形不定詞の順で挙げていく．

(15) a. I *have* to remember to stop at the bookstore.　［助動詞＋to 不定詞］
　　　　（本屋さんに寄るのを忘れないようにしなきゃ）
　　b. When *does* the bus leave?　　　　　　　　　［助動詞＋原形不定詞］
　　　　（このバスはいつ出ますか？）
　　c. People aren't always what they *seem* to be.　　［動詞＋to 不定詞］
　　　　（人っていうのは見かけとは違うことがよくある）
　　d. Dorothy *began* to feel dizzy soon after the party.　［動詞＋to 不定詞］
　　　　（ドロシーはパーティのすぐ後にめまいがし始めた）
　　e. I helped clear the table.　　　　　　　　　　　［動詞＋原形不定詞］
　　　　（食事の後片付けを手伝った）

2.1.5. 不定詞の意味上の主部

本章の冒頭にも述べたが，準動詞全般を通じて最も重要な事項の一つが，準動詞の主部である．準動詞の場合には，主部が形式上現れないことと現れることがあり，現れない時には，どのような主部に解釈できる可能性があるかが，不定詞・分詞・動名詞によって異なり，また現れる時にもどのような形で現れるかが，不定詞・分詞・動名詞によって異なる．ここでも，不定詞の意味上の主部が現れない時にはどのような解釈が可能なのか，現れる時にはどのような形で現れるのかを分けて見ていく．

2.1.5.1. 不定詞の意味上の主部が形式上現れない場合

(16) は，不定詞従属節の意味上の主部が指す名詞句が，文中には形式上存在しない．

(16) a. To see is to believe. ［一般の人］
(百聞は一見にしかず［見ることは信じることだ］)
b. It is possible to block the road. ［その場面の人々］
(その道路を閉鎖する可能性がある) (Leech (2004: 82))

(16a) は諺で，不定詞従属節の主部は広く一般の人である．それに対して，(16b) は，一般の人というよりは，道路を閉鎖することができる人たちを指していて，ここでいえば，地方公共団体や警察がそれにあたる．このように，不定詞従属節の主部が，その場面で該当する適切な人々を指すこともある．いずれの場合にも，不定詞の意味上の主部が指す名詞句は，文中には存在しない．

次に，不定詞の意味上の主部が文中に存在する場合である．不定詞の意味上の主部はイタリックで示す．

(17) a. *I* would like to see you again. (またお目にかかりたいと思います)
　　　　　　　　　　　　　　　　　　　［名詞的用法・動詞の目的語・文の主部と同じ］
b. *Maggie* went to Moscow to study music.
(マギーは音楽の勉強をしにモスクワに行った)
　　　　　　　　　　　　　　　　　　　［副詞的用法・目的・文の主部と同じ］
c. The doctor told *Doris* to come every week.
cf. The doctor told *Doris* that she was to come every week.
(医者はドリスに毎週来るように言った)
　　　　　　　　　　　　　　　［名詞的用法・動詞＋目的語＋不定詞・文の目的語と同じ］
d. I expect *you* to attend the meeting on Friday.
cf. I expect *you* will attend the meeting on Friday.
(金曜日の会議に出席してもらいたいと思います)
　　　　　　　　　　　　　　　［名詞的用法・動詞＋目的語＋不定詞・文の目的語と同じ］
e. *Nancy* promised me to return in half an hour.
cf. *Nancy* promised me that she would return in half an hour.
(ナンシーは30分で戻ると約束した)
　　　　　　　　　　　　　　　［名詞的用法・動詞＋目的語＋不定詞・文の主部と同じ］

(17a, b) は，ともに不定詞従属節の主部が主節の主部と一致している．(17a)

の場合，会うのは私であるし，(17b) では，音楽の勉強をするのはマギーである．(17c-e) は，動詞＋目的語＋不定詞の構文である．この構文は，原則的には (17c, d) のように，不定詞従属節の主部は主節の目的語と一致する．(17c) では，来るのはドリスであり，(17d) では会議に出席するのはあなたである．ただ，ここで (17c) と (17d) の違いに注目してもらいたい．(17c) は，不定詞の部分を that 節にした場合，間接目的語であるドリスはそのまま残り，that 節内には新たに代名詞 she を用いた主部を使わなければならない．これは，主節動詞の補部に関する特性によるもので，tell 以外では，advise, persuade, teach などがその仲間に入る．それに対して，(17d) では，間接目的語が that 節の主部として現れる．これも主節動詞の特性によるもので，expect 以外には ask, order, request などがこの仲間に入る．動詞＋目的語＋不定詞の構文で不定詞従属節の主部が主節の目的語に一致しないのが promise で，promise の場合には不定詞従属節の主部は，主節の主部と一致する．(17e) の場合，戻るのは私ではなくナンシーである．

2.1.5.2. 不定詞の意味上の主部が形式上現れる場合

不定詞の意味上の主部が形式上現れるパターンには三とおりある．一つは，動詞＋目的語＋不定詞の形で目的語が不定詞の主部である場合．もう一つは，不定詞の意味上の主部が for の補部として現れる場合．最後が，of の補部として現れる場合である．

最初に，動詞＋目的語＋不定詞の形で目的語が不定詞の主部になるケースである．

(18) a. I hear Adrian's husband likes *her* to be home no later than six o'clock. (聞くところによると，エイドリアンのご主人は，奥さんに6時までには家にいてほしいと思ってるようだねえ)
b. I'd hate *you* to think I don't appreciate what you've done.
(僕が君のしたことに感謝してなかったなんて思ってほしくないんだ)

ここで重要な点は，主節動詞の文法上の目的語が，意味上不定詞の主部の役割のみを果たしており，主節動詞の意味的な目的語にはなっていないという点である．(18a) は，エイドリアンの夫が彼女のことを好きか嫌いかについては全く述べておらず，単に「彼女が6時までに家にいること」を望んでいるに過ぎない．同様に，(18b) も，話し手が嫌だと思っているのは，聞き手に誤解されることだけで，逆にこの場合には，文脈から話し手は聞き手に対して好意を

持っているとすら解釈できる．このように考えると，このパターンの文は次のように解釈されるべきである．

(19)　動詞＋（目的語［主部］＋不定詞［述部］）

次に，不定詞の主部が for に導かれて現れるパターンである．

(20) a.　*For him* to have survived such an ordeal is remarkable.　　　［名詞的用法・主部］
　　　　（彼がそんな苦境を生き抜いてきたのは注目に値するよ）
　　 b.　It's surprising *for Bob* to be so bad-tempered.　　［名詞的用法・主部］
　　　　（ボブがそんなに機嫌が悪いなんて驚きだね）
　　 c.　That's a matter *for Jim* to consider.　　　　　　　［形容詞的用法］
　　　　（それはジムが考えるべき問題だよ）
　　 d.　The river was deep enough *for the children* to swim in.
　　　　（その川は子どもたちが泳ぐには深いよ）　　　　　［副詞的用法］

これらの例では，for 句が不定詞の意味上の主部になっていることはほぼ明らかであるが，上の (20d) や次の (21) のように，for 句が「〜にとって」と解釈できる場合もある．

(21)　It'll be pretty difficult *for the children* to read the magazine.
　　　（その雑誌を読むのは子どもにはかなり難しいだろう／子どもがその雑誌を読むのはかなり難しいだろう）

ここでは，for 句が不定詞の主部になっているのか，「〜にとって」という意味になっているのかはっきりしないが，次の例では，for 句は明らかに不定詞の主部ではなく「〜にとって」の意味になる．

(22)　It isn't so good *for students* to blame them for their poor performance at school.
　　　（学校の成績が悪いことを責めるのは生徒たちにとってあまり良くない）

この場合，不定詞節の内容が「彼らを責める」であるから，その主部が「生徒」になるはずはなく，必然的に for students は「生徒たちにとって」という解釈しかできない．次の例では，「〜にとって」という意味の for 句と，不定詞の主部の for 句が同時に現れる．

2.1. 不定詞とは（名詞的用法・形容詞的用法・副詞的用法） 355

(23) It would be good *for the girls' education for them* to have the chance to solve this problem by themselves. （女の子たちの教育にとっては，彼女たちがこの問題を自分たちで解決するのがいいだろう）

不定詞の主部は，of 句で現れる場合もある．この場合，to 不定詞によって表される行為だけではなく，of 句によって表される主部についても形容詞によって評価される．

(24) a. It was very kind *of you* to lend me your cell phone.
 （携帯電話を貸してくれて有り難う）
 b. It was wrong *of me* to send you such an angry email.
 （君にあんな腹立たしいメールを送るなんて，僕が間違っていたよ）

(24a) では，携帯電話を貸してくれた行為が親切であるのと同時に，主部である「あなた」も親切であるということになる．(24b) では，email を送る行為が間違っていたのと同時に，主部である「私」も間違っていたことになる．このようなことから，for 句を用いることによって，行為のみを述べることも可能である．

(25) It is wrong *for a child* to tell a lie. （子どもが嘘をつくのは良くないぞ）

(24) と (25) を比較して分かるように，原則として，of 句は個別的な事柄を表すのに対し，for 句は一般的な事柄を表す．

2.1.6. 不定詞を含む表現

以下では，不定詞を含むいくつかの重要表現・構文を挙げる．まずは，不定詞の部分そのものを慣用的に用いる表現である．

(26) a. I went to Boston in order to study linguistics.
 （言語学の勉強にボストンに行った）
 b. Martina listened carefully so as to hear every word.
 （マルティナは一言漏らさず聞くように耳を傾けた）
 c. Jennifer was too tired to play any more.
 （ジェニファーは疲れ果ててもう試合を続けることができなかった）
 d. Mr. Lacoste is tall enough to touch the ceiling.
 （ラコステさんは天井に付くほど背が高いんだよ）

e. Jack got up <u>so</u> early <u>as</u> to catch the first plane.
（ジャックは早起きをして始発の飛行機に乗った）

以下は動詞＋目的語＋不定詞の構文である．

(27) a. I *asked* Hana <u>to stay a little longer</u>. ［依頼］
（ハナにもう少しいるように頼んだ）
b. Katie doesn't *allow* us <u>to smoke in her room</u>. ［許可］
（ケイティは自分の部屋でたばこを吸うことを許してくれない）
c. Paul *advised* me <u>to accept the offer</u>. ［助言］
（ポールは申し出を受け入れるようにアドバイスしてくれた）
d. What do you *want* me <u>to do</u>? ［期待］
（どうしてほしいの？）
e. Liz *promised* (me) <u>to return in a week</u>. ［約束］
（リズは1週間で戻ると約束した）
f. We *thought* Bob <u>(to be)</u> <u>a good lawyer</u>. ［思考］
（ボブはいい弁護士だと思った）

以下は，形容詞＋不定詞の構文である．

(28) a. I'm *pleased* <u>to see you</u>.（お会いできて嬉しいです）
b. She's *anxious* <u>to go</u>.（彼女は行きたくて仕方がない）
c. It's very *likely* <u>to rain</u>.（雨が降りそうだ）
d. He's *easy* <u>to please</u>. (= It is easy to please him.)
（彼を喜ばせるのは簡単だ）
e. It's not a *bad* <u>place to live in</u>. (Swan (2005: §284))
（住むには悪くない場所だ）

(28d, e) は，主節の主部が不定詞節内の動詞の目的語になっている点に注意してほしい．

最後は，知覚動詞と使役動詞の構文である．原則として不定詞部分は原形不定詞になる．

(29) a. I *felt* the ground <u>shake</u>.（地面が揺れるのを感じた） ［知覚動詞］
b. I *noticed* them <u>leave the classroom</u>. ［知覚動詞］
（彼らが教室を出ていくのに気付いた）

c. I tried to *make* them laugh.　　　　　　　　　［使役動詞］
　　（彼らを笑わせようとしたんだ）
d. Please *let* me know your cell phone number.　　［使役動詞］
　　（携帯電話の番号を教えてください）
e. I'll *have* someone carry your suitcase.　　　　［使役動詞］
　　（誰かに君のスーツケースを運んでもらおう）

2.2. 分詞とは（現在分詞と過去分詞）

分詞の基本的な働きは，現在分詞であれ，過去分詞であれ，共通して次のように表される．

(30) Participles (V-ing/V-en)
　　a. [Aux] V-ing/V-en
　　　　VP
　　b. V + α [Modifier (Adj, Adv)]

(30a) が表しているのは，分詞が助動詞（be と have）の補部となって動詞句を形成するというもので，具体的には，完了形，進行形，受動態を形成することである．一方で，(30b) が表すものは，分詞が動詞の働きを保ちながら修飾語の働きをするというものである（本章2節 (1) (p. 344) を参照）．さらに，修飾語も具体的に言えば形容詞と副詞で，形容詞のほうは，名詞の直前・直後からその名詞を修飾する用法で，基本的に普通の形容詞と同じように機能する．一方，副詞の場合には，ひと言で言うと分詞構文で，分詞従属節が全体で主節全体を修飾する用法である．

分詞には，現在分詞（present participles）と過去分詞（past participles）がある．前者は原則として動詞の語尾に -ing という接尾辞を付加したもので，形は動名詞と完全に一致する．一方，過去分詞は動詞の語尾に -ed という接尾辞を付加したものであるが，過去分詞は不規則に変化することがしばしばあり，また接尾辞が過去時制と同じであることから，過去時制の接尾辞と区別するために，過去分詞の接尾辞は -en で代表させる．

(31) 原形—現在分詞
　　a. sleep — sleeping
　　b. study — studying
　　c. hide — hiding

    d. infer — inferring
    e. die — dying
(32) 原形—過去分詞
    a. walk—walked
    b. worry — worried
    c. stand — stood
    d. come — come
    e. give — given

現在分詞・過去分詞が表す意味は，基本的に次のようになる．

(33) 現在分詞の表す意味・訳語
    a. 能動 ('having this effect')
    b. 進行している，働きかける，そのような効果を持っている
    c. 「～している，～させる」
(34) 過去分詞の表す意味・訳語
    a. 受動 ('affected in this way')
    b. 動作・影響を受ける，完了した
    c. 「～される，～させられる，～した」

このことから，これら2種類の分詞に付けられている名前がいかに不適切なものであるかが分かるであろう．「現在分詞」は，「現在」の意味を表すことはなく，「過去分詞」も「過去」の意味を表すことはない．（ただし，「完了」は「過去」の一種であるとも言える．）したがって，現在分詞は，本来は「能動分詞」もしくは「進行分詞」と名付けられるべきもので，過去分詞は，「受動分詞」もしくは「完了分詞」と名付けられるべきものである．本書では，以下，その使用頻度の高さから，従来の現在分詞を「進行分詞」，従来の過去分詞を「受動分詞」と呼んでいくことにする．

以下，進行分詞と受動分詞が(33), (34)の意味を表している具体例である．

(35) 進行分詞
    a. a sleeping baby（寝ている赤ちゃん），growing boys（成長しつつある少年）
        ［進行分詞（進行）］
    b. interesting books（面白い本），an amusing man（面白い男）
        ［進行分詞（能動）］

(36) 受動分詞
　　a.　spoken *English*（口語体の英語），written *Japanese*（文語体の日本語）
　　　　　　　　　　　　　　　　　　　　　　　　　　〔受動分詞（受動）〕
　　b.　a bored *audience*（退屈した聴衆），tired *men*（疲れた男たち）
　　　　　　　　　　　　　　　　　　　　　　　　　　〔受動分詞（受動）〕
　　c.　fallen *leaves*（落ち葉），retired *professors*（退職した教授）
　　　　　　　　　　　　　　　　　　　　　　　　　　〔受動分詞（完了）〕

(35b) は，interest, amuse という動詞が「〜に興味を持たせる」「〜を面白いと思わせる」という意味で，「〜させる」という使役的な意味をもともと動詞が持っているので注意しなければならない．具体的には，interesting books は，「(人を) 面白がらせる本」，an amusing man は「(人を) 楽しませる男」というのが本来的な意味である．それに関連して，(36b) は日本語にする場合には，「〜れる」を付加するよりは自動詞化したほうが解釈しやすい．a bored audience は「退屈させられた聴衆」が本来的な意味であるが，日常的な日本語としては「退屈した聴衆」と表されるもので，tired men は「疲れさせられた男たち」が直訳になるが，日常的な日本語としては「疲れた男たち」と表される．(36c) はもともとが自動詞であるために，受け身の意味で用いられることはありえず，自動詞が受動分詞になる時には必ずこの「完了」の意味になる．

　使役的な意味を含む動詞の例として，surprise の進行分詞と受動分詞の例をいくつか挙げておこう．

(37)　a.　a surprising *play*（驚くべきプレー）
　　　b.　The *play* was surprising.（あのプレーには驚いた）
　　　c.　a surprised *look*（驚いた顔）
　　　d.　*I* was surprised at his sudden resignation.
　　　　　（彼の突然の辞任には驚いた）

(37a, b) の進行分詞 surprising は，「(人を) 驚かせるような」というのがもともとの意味で，それを訳すと「驚くべき」とか「驚いた」という日本語になる．(37c, d) の受動分詞 surprised は，「驚かされた」というのがもともとの意味で，日本語に訳されると，この場合にも「驚いた」になる．

　進行分詞と受動分詞の違いにかかわらず，分詞がどのような場合に用いられるかを，ここでまとめておく．まず，動詞句においては以下のような場合に用いられる．

(38) a. The boy *was* walking along the street. ［進行形］
(その男の子なら通りを歩いてたよ)
b. I *have* seen the dog once. ［完了形］
(その犬は一度見たことがあるなあ)
c. Nancy *was* injured in the traffic accident. ［受動態］
(ナンシーはその交通事故で怪我をしたのです)

分詞が動詞句の中に現れるのは，この3パターンである．

(39) 動詞句における分詞の出現パターン

助動詞	分詞	動詞句名
be	進行分詞	進行形
have	受動分詞	完了形
be	受動分詞	受動態

これらの3パターンはすべてを組み合わせることによって，次のような複雑な動詞句を形成することも可能である．

(40) John *had been being* scolded by Mary for a long time when the neighbours came in. (Hill (1958: 220))
(ご近所の人が入ってきた時，ジョンはメアリーに長時間怒られ続けていたところだった)

動詞句において助動詞の補部として用いられる以外に分詞が果たす機能は，「修飾」と「動詞・前置詞の補部」である．前者は，形容詞的に名詞を修飾することと副詞的に主節全体を修飾することがある．副詞的に主節全体を修飾する場合を，一般には「分詞構文 (participial constructions)」と呼ぶ．補部としては，三つのパターンがあり，動詞の最初の補部として用いられるパターン，動詞の二つ目の補部として用いられるパターン，前置詞 with の二つ目の補部として用いられるパターンである．以下では，名詞修飾・動詞や前置詞の補部・分詞構文の順で分詞の用法を詳しく見ていく．

2.2.1. 名詞修飾の分詞

分詞が形容詞的に名詞を修飾する時，形容詞と同様に，前から名詞を修飾する場合と後ろから名詞を修飾する場合がある．原則として，分詞が形容詞的性質を多く持つと前から名詞を修飾し，動詞的性質を多く持つと後ろから名詞を

2.2. 分詞とは（現在分詞と過去分詞）

修飾する．

(41) a. Barking *dogs* seldom bite. ［前から修飾する進行分詞］
 (ほえる犬はめったに噛みつかない)
 b. A burnt *child* dreads the fire. ［前から修飾する受動分詞］
 (やけどした子どもは火を恐れる；「羹(あつもの)にこりて膾(なます)を吹く」)
(42) a. That *girl* playing the piano is my sister. ［後ろから修飾する進行分詞］
 (ピアノを弾いている子は僕の妹だよ)
 b. Bob is a famous *pianist* known all over the world.
　　　　　　　　　　　　　　　　　　　　　　　［後ろから修飾する受動分詞］
 (ボブは世界中に知られている有名なピアニストだ)

(41)，(42) の下線部から分かるように，原則として分詞節が1語から成る場合には前から名詞を修飾し，2語以上から成る場合には後ろから名詞を修飾する．

　しかし，2語から成る場合でも，前から名詞を修飾することがある．その場合，2語の意味的な相互関係は様々である．まずは，「被動作主」と「動作」の組み合わせになる場合，(43) のように能動態における目的語＋現在分詞の組み合わせになることと，(44) のように受動態における主部＋過去分詞の組み合わせになることがある．

(43) a. English-speaking people（英語を話す人たち）
 b. a heart-breaking story（胸が張り裂けるような話）
(44) a. the Star-Spangled Banner（星条旗）
 b. Heartbroken Memories（やるせない思い出）

最も生産性が高いのが，「修飾要素」と「動作」の組み合わせである．「修飾要素」が表す「動作」に対する意味関係は，「様態」「時」「場所」など様々であるが，(45) のような通常の副詞＋分詞の組み合わせ[6] に加えて，(46) のような

---

[6] この組み合わせの場合，副詞なしで分詞1語だと前置修飾が容認不可能になる場合がある．
　(i) a. a well-read person（博識な人）— *a read person　　(Swan (2005: §409.4))
　　 b. a newly arrived visitor（最近来られたお客様）— *an arrived visitor
　　　　　　　　　　　　　　　　　　　　　　　　　　　　(Declerck (1991: 453))
　　 c. a well-built house（しっかりした造りの家）— *a built house
　　　　　　　　　　　　　　　　　　　　　　　　　　　(Quirk et al. (1985: 1328))

名詞＋分詞の組み合わせで名詞が前置詞なしで修飾要素の役割を果たす場合がある．

(45) a. quick-growing trees（成長の早い木）(Swan (2005: §410.1)) ［時］
    b. a well-timed intervention（時宜を得た介入） ［様態］
    c. a hard-boiled detective（情に流されない探偵） ［様態］
    d. frequently-asked questions (FAQ)（よくある質問とその回答集） ［時］
    e. above-mentioned article（上で述べた記事） ［場所］
       (Quirk et al. (1985: 1328))
    f. a much-travelled man（旅行経験が豊富な人） ［様態］
       (Swan (2005: §409.4))

(46) a. a night-blooming plant（夜咲く花） ［時］
    b. an ocean-going steamer（外洋航行の汽船） ［場所］
    c. government-controlled companies（政府によって管理された会社）
       ［動作主］
    d. leather-bound books（革製の本） ［素材］
    e. handmade carpets（手製のカーペット） ［手段］
       (以上，Declerck (1991: 453))

同じように，1語から成る場合でも後ろから名詞を修飾することがある．（形容詞が後ろから前の名詞を修飾する例については，第5章2.1節 (p. 278) を参照のこと．）

(47) -thing, -body, -one で終わる不定代名詞を修飾する場合
     Something unexpected forced us to change our plans.
     （予期しなかったことが起きて計画を変更せざるを得なかった）
     (Declerck (1991: 454))

(48) 「人々」を意味する those を修飾する場合
    a. Most of those questioned refused to answer.
       （質問をされた人はほとんど質問に答えなかった）
    b. Those selected will begin training on Monday.
       （選ばれた人は月曜日からトレーニングを開始します）
       (以上，Swan (2005: §410.2))

(49) 前置修飾ができない場合
    a. We couldn't agree on any of the problems discussed.
       （議論した問題のどれについても意見がまとまらなかった）
       cf. *the discussed problems

b. The people questioned gave very different opinions.
（質問をされた人たちは全く異なった意見を述べていた）
cf. *the questioned people

c. I watched the match because I knew some of the people playing.
（あの試合を見たのはプレーしている人たちを何人か知っていたからなんだ）
cf. *the playing people

d. I got the only ticket left.
（残っていた唯一のチケットを手に入れた）
cf. *the only left ticket　　　　　　　　（以上，Swan (2005: §410.2)）

特に受動分詞が前置修飾を許されるか許されないかの問題は，次に見るように一筋縄ではいかない問題を含んでいる．安井 (1996: 231) では，前置修飾が可能なのは，受動分詞が「なんらかの分類的機能をもっている場合に限られる」と説明されている．[7]

(50) a. the murdered man（殺害された男）
*the killed man

b. the polished instrument（みがかれた道具）
*the cleaned instrument

c. an admired person（賛美されている人）
*a praised person

さらに，前置修飾と後置修飾では，意味が変わるような場合もある．

(51) a. a concerned expression (= a worried expression)
（心配そうな表情）
the people concerned (= the people who are/were affected)
（関係している人たち）

---

[7] Declerck (1991: 454) では，*a heard remark, *the asked sum, *a ridden horse という例を挙げて，「修飾される名詞句の指示対象が，動詞が表す動作を受けた結果の状態を表す場合のみ過去分詞の前置修飾が許される」と説明しているが，この説明では，(50) に挙げた各例の容認度の違いを説明できない．

b. an involved explanation (= a complicated explanation)
（複雑な説明）
the people involved (= the same as *the people concerned*)
（関係している人たち）
c. an adopted child (= a child who is brought up by people who are not his/her biological parents)（養子）
the solution adopted (= the solution that is/was chosen)
（採用された解決策）　　　　　　　　（以上，Swan (2005: §410.3)）
d. wanted persons（[警察に]指名手配されている人たち）
jobs wanted（求められている職）　　　　(Quirk et al. (1985: 1330))

2.2.2. 補部になる分詞（S+V+分詞・S+V+O+分詞）

　動詞の最初の補部になる場合，動詞の二つ目の補部になる場合と，前置詞 with の二つ目の補部になる場合とがある．まずは，動詞の最初の補部になる場合である．

(52) 進行分詞
a. I *remained* standing in the rain.（雨の中を立ったままだった）
b. They *went* fishing at the nearby river.
（彼らは例の近くの川に釣りに行ったよ）

(53) 受動分詞
a. She *looked* exhausted.（彼女は疲れ切っているようだった）
b. They *got* excited about the prospect.（彼らはその見通しに興奮した）

分詞節が動詞に後続するが，分詞節が先行する動詞にとって義務的要素になっていないのが次の (54) である．

(54) a. He *stood* facing me.（彼は私と向き合って立っていた）
　　　cf. It looks like we'll have to *stand* — there are no seats left.
　　　　　（立ってなきゃダメみたいだな．席が空いてない）
b. Dinny *died* surrounded by his grandchildren.
（ディニーは孫たちに囲まれて死んだ）
cf. This plant's *died*.（この植物は死んじゃったな）

これらも，形式的には主部＋述語動詞に分詞節が後続するパターンであるが，述語動詞と分詞節の結合度の強さという点では，分詞節が義務的要素ではないという点で，次節で説明をする分詞構文の一種と言える．

2.2. 分詞とは（現在分詞と過去分詞）

次は動詞の二つ目の補部になる場合である．

(55) 進行分詞
    a. He *witnessed* the thief <u>running away</u>.
       （彼は泥棒が逃げているのを目撃した）
    b. I *heard* him <u>playing the piano</u>.（彼がピアノを弾いているのが聞こえた）

(56) 受動分詞
    a. He *witnessed* the thief <u>run over by a big truck</u>.
       （彼は泥棒が大型トラックに轢かれるのを目撃した）
    b. I *found* my wallet <u>stolen</u>.（財布が盗まれたのに気付いた）

(55), (56) で用いられている witness, hear, find は広い意味での知覚動詞と言える．すべてに共通しているのは，知覚の対象となっているものが一つ目の補部なのではなく，一つ目の補部と二つ目の補部によって主述関係で表されている出来事である点である．知覚動詞以外の動詞で，二つ目の補部が分詞になる例を以下に挙げておく．

(57) 進行分詞
    a. The smoke *started* him <u>coughing</u>.（煙のせいで彼は咳き込み始めた）
    b. I have *kept* them <u>waiting</u> pretty long.
       （彼らをかなり長い間待たせてしまった）

(58) 受動分詞
    a. I *like* my eggs <u>half-boiled</u>.（卵は半熟が好きだな）
    b. Dick *left* his homework <u>half-finished</u>.
       （ディックは宿題を途中までやったままだ）

(59) は，前置詞 with の二つ目の補部になる例である．

(59) a. Ben sat reading, *with* his cat <u>sleeping beside him</u>.
       （ベンは座って本を読んでいて，猫は彼のそばで眠っていた）
    b. Cathy lay down on the grass *with* her sweater <u>thrown off</u>.
       （キャシィはセーターを脱いで芝の上に横になっていた）

2.2.3. 分詞構文

以下では，説明の便宜上「時」「理由」「付帯状況」「条件」に分けて例文を挙げていくが，重要な点は，必ずしもどの意味になるかはっきりしないような場

合も少なくないことである．（下の (60b) などは，理由の解釈も可能である．）また，副詞的従属接続詞を含まない分詞構文は，もともと意味が不明確であるため，特に話し言葉で誤解を与える可能性がある時には避けられる傾向にある．

(60)　「時」
　　a.　Seeing a police officer, the thief ran away immediately.
　　　　(= *When he saw a police officer*, the thief ran away immediately.)
　　　　（警官を見ると，泥棒はすぐに逃げ出した）
　　b.　Left to himself, the little boy began to cry.
　　　　(= *When the little boy was left to himself*, he began to cry.)
　　　　（その幼い男の子は，ひとりで取り残されると泣き始めた）

(61)　「理由」
　　a.　I could never enjoy myself, knowing she was in her room alone.
　　　　(= I could never enjoy myself, *because I knew she was in her room alone*.)
　　　　（全然楽しめなかったよ．だって彼女がひとりで部屋にいるって分かってたから）
　　b.　Deceived so often, I am now extremely careful with money.
　　　　(= *Since I have been deceived so often*, I am now extremely careful with money.)
　　　　（何度も騙されて，今では極めてお金には用心深くなっている）

(62)　「付帯状況」
　　a.　The train left Oxford at around ten, arriving at Paddington just at eleven.
　　　　(= The train left Oxford at around ten, *and it arrived at Paddington just at eleven*.)
　　　　（列車はオックスフォードを 10 時頃に出発し，パディントンにちょうど 11 時に着いた）
　　b.　Then Tracy came into the office, accompanied by her mother.
　　　　(= Then Tracy came into the office, *and she was accompanied by her mother*.)
　　　　（トレイシィは事務所に入ってきたが，母親に付き添われていた（＝トレイシィは，母親に付き添われて事務所に入ってきた））

(63) 「条件」
- a. <u>Turning to the left</u>, you will see the library.
  (= *If you turn to the left*, you will see the library.)
  (左に曲がれば図書館が見えます)
- b. These computers, <u>offered a little cheaper</u>, would sell well.
  (= These computers would sell well, *if they were offered a little cheaper*.)
  (もう少し安い値段で売れば，このコンピュータは売れるだろうに)

(60) から (63) の例文のように，分詞構文の主部は主節の主部と一致するのが原則で，以下に挙げるように，分詞構文の主部が主節の主部と異なる場合には，分詞構文でその主部を明示しなければならない．これを，一般に「独立分詞構文 (absolute participial constructions)」と呼ぶ．

(64) a. *A little girl* walked past, *her doll* dragging behind her on the pavement. (Swan (2005: §411.5))
  (小さな女の子が，歩道に人形をひきずりながら歩いていった)
- b. *The weather* being nice, *we* played tennis.
  (天気がいいので，テニスをした)

しかし，慣用的に用いられる分詞構文の場合には，分詞構文の主部と主節主部が一致しなくとも，分詞構文の主部を明示しない．

(65) a. <u>Generally speaking</u>, men are stronger than women.
  (一般論として言えば，女性よりも男性のほうが体つきがたくましい)
- b. <u>Speaking of Kathleen</u>, have you seen her on campus recently?
  (キャスリーンといえば，最近彼女を大学で見た？)
- c. <u>Judging from his letters home</u>, Alex was in his usual good spirits.
  (家に来た手紙からすると，アレックスはいつもどおり元気だったよ)

2.3. 動名詞とは

これまで見てきた準動詞 (verbals)・不定詞 (infinitives)・分詞 (participles) の働きをまとめて提示すると次のようになる．

(66) a.　Verbals = V + α [N, Adj, Adv]
- b.　Infinitive (to V) = V + α [N, Adj, Adv]

c. Participles (V-ing/V-en) = V + α [Modifier (Adj, Adv)]

これらに対して，動名詞の働きを定式化すると，次のようになる．

(67)　Gerund (V-ing) = V + α [N]

動名詞は，分詞のように 2 種類あるわけでもなく，動詞に付け加えられる機能も名詞だけである．

2.3.1. 動名詞の働き

動名詞の名詞としての機能は，本来の名詞の働きに準じて，主部・動詞の補部・前置詞の補部になる．

(68) a.　Keeping regular hours is good for the health.　　　　　［主部］
　　　　（早寝早起きは健康によい）
　　 b.　I like playing with children.[8]　　　　　　　　　　［動詞の補部（目的語）］
　　　　（子どもと遊ぶのが好きなんだ）
　　 c.　That's throwing money away.　　　　　　　　　　　［動詞の補部（補語）］
　　　　（そりゃあ金を捨ててるね）
　　 d.　Roy went out without saying a word.　　　　　　　　［前置詞の補部］
　　　　（ロイはひと言も言わずに出ていった）

(68a) を例に，動名詞の動詞的働きと名詞的働きを説明すると，keeping regular hours という従属節内で，動詞 keep が regular hours という目的語を取るという働きをしている一方で，その従属節全体が主節の主部になっているという点で，名詞の働きをしている．これを図式化すると次のようになる．

(69)　　　　V　　　　O
　　　　Keeping regular hours　is good for the health.
　　　　　　　S　　　　　　　　P　　　M

次のように仮主部・仮目的語によって置き換えられることもある．

---

[8] ここでの with children は play にとって不可欠な，義務的要素である．

2.3. 動名詞とは　　　　　　　　　　　　369

(70) a. *It*'s nice being with you.（会えてよかったです）　　　　［仮主部］
　　 b. I thought *it* pointless starting before eight o'clock.　　　［仮目的語］
　　　（8 時前に始めても意味ないと思うよ）　　　　　　(Swan (2005: §295.5))

　同じ動名詞でも，動詞的な性質が前面に出る場合と，名詞的な性質が前面に出る場合がある．

(71) a. The shooting of birds is forbidden.
　　 b. Shooting birds is forbidden.　　　　　　　　　　　　（江川 (1991: 356)）
　　　（鳥を撃つことは禁じられています）

　(71a, b) ともに is forbidden という述部の主部になっていることから動名詞節全体として名詞の働きをしていることは明らかである．ただ，(71a) では，動名詞 shooting に定冠詞 the が付き，目的語 birds に of が付いていることから，shooting は名詞的であると言える．一方，(71b) の場合には動名詞 shooting に冠詞は付いておらず，目的語である birds に前置詞も付いていないため，動詞的であると言える．この名詞的性質と動詞的性質の違いは動名詞を修飾する語にも影響を与え，名詞的な性質の強い前者を修飾する場合には形容詞が用いられ，動詞的な性質の強い後者を修飾する場合には副詞が用いられる．

(72) a. The *indiscriminate* shooting of birds is forbidden.
　　 b. Shooting birds *indiscriminately* is forbidden.
　　　（無差別に鳥を撃つことは禁じられています）

2.3.2. 動名詞の意味上の主部

　不定詞や分詞と同じように，動名詞も主部が形式上現れることと現れないことがある．主部が形式上現れないのは，文脈等からその主部が容易に理解できる場合である．

(73) a. Seeing is believing.
　　　（百聞は一見にしかず［見ることは信じることである］）
　　 b. Too much smoking is not good for the health.
　　　（たばこの吸いすぎは健康に良くない）

　(73a, b) ともに，述べられている内容は一般論で，したがって，それぞれの動名詞の意味上の主部は「我々」「誰でも」など「一般の人々」であると解釈される．このような場合，形式上現れない動名詞の意味上の主部は，同じ文中には

存在せず，推測するしかない．言い換えると，文中に存在しなくても容易に推測できるものである．一方で，次のように，動名詞の形式上現れない主部が，同じ文中に存在するような場合もある．

(74) a. *He* has given up drinking and smoking.
(あの人は酒とたばこはやめてるよ)
b. His back injury may prevent *him* from playing in tomorrow's game.
(彼は背中の怪我で明日の試合は出られないかもしれない［彼の背中の怪我が彼を妨げて明日の試合でプレーさせないかもしれない］)

次のように，動名詞の省略された主部が，同じ文の後から出てくる場合もある．

(75) a. In spite of being a grandmother, *she* looks remarkably young.
(あの人は，孫がいるにもかかわらず，非常に若く見えるねえ)
b. Having my big brother with me gave *me* a sense of security.
(兄が一緒にいてくれたので安心感があった) (江川 (1991: 357))

動名詞の意味上の主部が形式上現れる場合，(代)名詞の所有格で現れる場合と目的格で現れる場合がある．動名詞節が文の主部位置に現れる場合には，動名詞の意味上の主部は自動的に所有格の形で現れる．

(76) a. Does *my* smoking annoy you?
(私がたばこを吸っていてご迷惑ですか？)
b. *John's* going to sleep during the wedding was rather embarrassing.
(ジョンが結婚式の間に寝そうになったのにはかなり参ったよ)
(Swan (2005: §295.3))

ただし，主部であっても，本来の主部位置には仮主部の it が現れ，実質的な主部である動名詞節が後置される場合には，意味上の主部が所有格だけではなく目的格で現れることもある．

(77) It's no use *his/him* apologising — I shall never forgive him.
(彼が謝ったって無駄さ．僕は絶対に許さない) (Swan (2005: §295.5))

動名詞節が，動詞や前置詞の補部として現れる場合には，所有格で現れることと目的格で現れることの両方の可能性があるが，話し言葉ではほとんどの場合が目的格で現れる．

(78) 目的格
  a. I cannot bear *my daughter* going to such a disreputable place.
    （自分の娘がそんないかがわしい所に行くなんて耐えられないよ）
  b. In spite of *the sun* shining, we didn't feel warm.
    （太陽が照っていたのに，暖かく感じなかった）
  c. I cannot excuse *him* having done such an incredible thing!
    （彼がそんな信じられないことをするなんて許せない！）

(79) 所有格
  a. Mats is proud of *his son's* being honest.
    （マッツは自分の息子が正直なのを誇りに思っている）
  b. Andre insisted on *my* staying.
    （アンドレは私にここにいろと言って聞かなかった）
  c. There was no chance of *Ivan's* dropping in.
    （イヴァンが立ち寄る見込みは全くなかった）

以下は，動名詞を含む慣用句である．

(80) a. I *couldn't help* thinking about the past.
    （過去のことを考えざるを得なかった）
  b. I *feel like* celebrating. （お祝いがしたいなあ）
  c. *It's no good* talking to him — he never listens. (Swan (2005: §295.5))
    （彼と話したって無駄さ．ヤツは人の言うことなんて聞きゃあしないよ）
  d. *There is no* denying the suffering of these families.
    （これらの家族が苦しんでいるのは否定できない）
  e. *Is it any use* expecting them to be on time?　　(Swan (2005: §295.5))
    （彼らが時間どおり来ることを期待して何か意味があるの？）
  f. I didn't think it *worth* complaining about the meal.
    （食事のことをとやかく言う価値はないと思った）　(Swan (2005: §295.5))

2.4. 動名詞と分詞・不定詞
2.4.1. 動名詞と分詞

動名詞が後ろの名詞を修飾する構造は，名詞が名詞を修飾して一つの「複合語 (a compound noun)」を形成するのと同じである．[9] したがって，名詞と名

---

[9] 複合語は，sheepdog（牧羊犬），bathroom（浴室，トイレ），seaside（海岸）などのように，

詞が結び付いて複合語になる場合も，動名詞と名詞が結び付いて複合語になる場合も，ともに前部要素に強勢が置かれる傾向が強い．

(81) a. a bóok case（書棚）
　　 b. a fíre fighter（消防士）
　　 c. an óil well（油井）
　　 d. a ráce horse（競走馬）
　　 e. a tícket office（切符売り場）　　　　　　　　　(Swan (2005: §285.1))
(82) a. a séwing machine（ミシン）
　　 b. a smóking room（喫煙室）
　　 c. a swímming pool（プール）
　　 d. a vénding machine（自動販売機）

一方，分詞の場合には，基本的に形容詞が名詞を修飾する構造になるため，強勢は後部要素に置かれる．ただし，複合語の場合には後部要素には強勢が置かれないのに対して，分詞が前から後ろの名詞を修飾する場合には，分詞にも名詞より弱い強勢が置かれる．

(83) a. a crỳing báby（泣いている赤ちゃん）
　　 b. a fàlling léaf（落下しつつある葉っぱ）
　　 c. scrèaming chíldren（泣き叫んでいる子どもたち）
(84) a. a night of bròken sléep（断続的にしか眠れない夜）
　　 b. a fàllen trée（倒木）
　　 c. a delàyed stéal（〔野球〕ディレイド・スティール）[10]

「動名詞＋名詞」と「分詞＋名詞」の組み合わせの違いは，音韻的な違いのみならず，意味的にも根本的な違いがある．「動名詞＋名詞」の場合には，動名詞の部分は通常「用途・目的」を表すのに対し，「進行分詞＋名詞」の場合には，進行分詞は「未完結・継続」を表す．

綴り字上も1語として表記されることもあれば，letter-box（郵便箱）のようにハイフンでつながれることもある．また，bookshop, book-shop, book shop のように，三とおりの表記の仕方が可能なものもある（Swan (2005: §285.7))．

[10] 普通の盗塁とは異なり，投手が捕手に投げたボールを捕手が投手に返球する瞬間にスタートを切るなど，守備側の間隙を突いてスタートを切る盗塁．

(85) a. a sléeping bag（寝袋） ［動名詞＋名詞］
　　 b. a slèeping báby（寝ている赤ちゃん） ［進行分詞＋名詞］

典型的には，動名詞の場合には修飾される名詞が物を表し，現在分詞の場合には修飾される名詞が人を表すが，次のような場合には，動名詞にも現在分詞にも解釈可能になる．

(86) dancing girls
　　 a. dáncing girls（踊り子たち） ［動名詞＋名詞］
　　 b. dàncing gírls（踊っている女の子たち） ［進行分詞＋名詞］

2.4.2. 動名詞と不定詞

本質的な意味として，動名詞は「事実的（realis）」な意味を表し，不定詞は「想定的（irrealis）」な意味を表す．

(87) a. Learning to sing properly is an excellent thing.
　　 b. It's an excellent thing to learn to sing properly.
(Leech (2004: 116-117))
（本格的に歌が歌えるようになるのは素晴らしいことだ）

(87a) が用いられるのは，実際に誰かが本格的に歌えるようになった事実が存在すると話し手が認識している場合で，一方 (87b) は，誰かが（もしくは誰でも）本格的に歌が歌えるようになったとしたら，それは素晴らしいことだという意味を表す表現である．このような違いが出るのは，動名詞が「事実的」な意味を表し，不定詞が「想定的」な意味を表すからで，この「事実的」と「想定的」という概念の対立は，第 5 章 1.2.1 節 (p. 228)「法」でみた事実的な意味を表す「直説法」と想定的な意味を表す「仮定法・命令法」の区別に通じるものである．

(88) a. It's an excellent thing that she *learns* to sing properly.
　　　（彼女が本格的に歌を歌えるようになるなんて素晴らしいことだ）
　　 b. It's an excellent thing that she *learn* to sing properly.
　　　（彼女が本格的に歌を歌えるとしたら，それは素晴らしいことだ）
(Leech (2004: 116-117))

(88a) は，従属節中に直説法現在が用いられており，「彼女が本格的に歌えるよ

うになること」を事実と認識した上での発話である．一方，(88b) の that 節中には仮定法現在が用いられていて，(88b) の不定詞と平行して，「彼女が本格的に歌えるようになること」を想定して述べている発話である．

　不定詞は，仮定法のみならず，命令法とも「想定的」という意味を共有している．

(89) a. "Take a look at yourself in the mirror," I said to her.
　　　 → I *told* her to take a look at herself in the mirror. （江川 (1991: 476)）
　　b. He says, "Meet me at the station."
　　　 → He says that we *are* to meet him at the station. （江川 (1991: 477)）

(89a, b) ともに，最初の文は命令文の直接話法を含む文である．(89a) では，その直接話法を間接話法に変換するのに不定詞がそのまま用いられており，(89b) では，be + to 不定詞という表現が用いられ，意味上の主部も we という形で明示されている．ここで重要な点は，直接話法における命令法という形が，間接話法において不定詞という形によって表されている点で，これは命令法と不定詞が共通して「想定的」という意味を表している一つの証である．この「事実的」「想定的」の対立は，第 5 章 1.2.2.1 節 (p. 237ff) で述べたように，法助動詞 can と may の本質的な違いにも当てはまる．

(90) a. This illness can be fatal.
　　　（この病気は［一般論として］命に関わることがある）
　　b. This illness may be fatal.　　　　　　　　（=第 5 章 1.2.2.1 節 (85)）
　　　（この病気は［この場合］命に関わるかもしれない）

この may と can の違いは，次のようなパラフレーズの違いにも現れる．

(91) a. The road may be blocked.（道路が閉鎖されているかもしれない）
　　　 = 'It is possible that the road is blocked.'
　　b. The road can be blocked.（道路が閉鎖されている可能性がある）
　　　 = 'It is possible for the road to be blocked.'　　　（Leech (2004: 82)）

(91a) は，何かの事実に基づいて道路の閉鎖を推測しており，それが that 節中の直説法 is blocked によって言い換えられている．それに対して，(91b) では，理論的に道路の閉鎖を想定しており，それが to 不定詞によって言い換えられている．ここで重要なのは，may が直説法によって言い換えられ，can が不定詞によって言い換えられている点で，このことによって，may が直説法と

同じく事実的意味を表し，can が不定詞と同じく想定的な意味を表していることが示されている．

次の場合にも，動名詞が事実的意味を表し，不定詞が想定的意味を表している．

(92) *I am a girl.* I like being a girl. But I don't like to be treated as a girl. I like to be treated as a person.　　　　　　　　　　　(江川 (1991: 369))
（私は女の子．女の子であることは気に入ってる．でも女の子として扱われるのは好きじゃないわ．人間として扱ってほしいの）

まず，第1文において，直説法を用いて話し手が少女であることが事実として示されている．そして，第2文においては，その事実を述べるのに動名詞が用いられている．第3文と第4文の to 不定詞は，想定上のものとして「少女として扱われるとしたら，それは好ましいことではない」「ひとりの人間として扱われるとしたら，それは好ましいことである」という意味を表している．

ところが，この違いが必ずしもいつも現れるとは限らない．次のような場合には，動名詞が想定的な意味を表すのに用いられ，不定詞が事実的な意味を表すのに用いられている．

(93) a. Alice suggested meeting for a drink after work.
（アリスは，仕事が終わったら待ち合わせて一杯やらないかと誘ってきた）
b. I was really sad to know that she had died.
（彼女が死んだのを知って本当に悲しかった）

(93a) では，待ち合わせることはまだこれからのことで事実としては認識されていない．一方，(93b) では，彼女の死を知っていることはすでに事実として認定されていることである．

以下では，動名詞のみを補部に取る動詞，不定詞のみを補部に取る動詞，動名詞も不定詞も補部に取る動詞を列挙する．まず，動名詞のみを補部に取る動詞は，以下のようなものが挙げられる．[11]

(94) *admit, avoid, consider, deny, enjoy, escape, finish, give up, imagine, mind, put off, stop*, etc.

---

[11] 受験英語などで，動名詞のみを補部に取る動詞を覚える方法の一つとして，MEGAFEPS というのがしばしば用いられる．mind (miss), enjoy, give up, avoid (admit), finish, escape, postpone (put off, practice), stop の頭文字をとった造語である．

a. The robber *admitted* stealing the money.
   （強盗はその金を盗んだのを認めた）
b. Let's *avoid* wasting time. （時間の無駄遣いは止めよう）
c. I seriously *considered* resigning. （辞任することを真剣に考えたよ）
d. Frank *enjoys* reading science fiction novels.
   （フランクは SF 小説を楽しんで読んでいます）
e. Bill narrowly *escaped* being killed.
   （ビルは危うく殺されるところだった）
f. I *finished* reading the book last week. （その本は先週読み終わった）
g. Why did he *give up* studying Russian?
   （あの人なんでロシア語を勉強するのやめたの？）
h. I *look forward to* seeing you again.
   （また会えるのを楽しみにしてるよ）
i. I don't *mind* playing in the rain. （雨の中で遊ぶのはいやじゃないよ）
j. Richard always *puts off* going to the dentist.
   （リチャードはいつも歯医者に行くのを先延ばしにする）
k. Stefan has *stopped* smoking. （ステファンはたばこはやめてるよ）

不定詞のみを補部に取る動詞は，以下のとおりである．

(95) *ask, decide, expect, hope, promise, refuse, want, wish*, etc.
   a. Did you *ask* to use the computer?
      （このコンピュータを使いたいと仰いましたか？）
   b. We *decided* to appoint someone else.
      （誰か別の人を指名することにしたんだ）
   c. I *expected* to have finished the job by six months ago.
      （半年前にはこの仕事は終わってたはずなんだ）
   d. We *hope* to see you again. （またお会いしたいです）
   e. Don *promised* to be here at five. （ドンは 5 時にここに戻ると約束した）
   f. Ted *refused* to answer. （テッドは答えるのを拒否した）
   g. I don't *want* to see her again.
      （彼女にはもう会いたくない）
   h. I *wish* to speak to your boss.
      （よろしければあなたの上司の方とお話がしたいのですが）

2.4. 動名詞と分詞・不定詞

動名詞も不定詞も補部に取る動詞は，動詞の表す意味によって分けて提示する．(96)-(100) に挙げる動詞は，基本的にはどちらを補部に取っても意味の違いはわずかである．まず，「意図・計画」を表す動詞である．動詞の表す意味から考えると，補部には不定詞が予想されるが，実際には動名詞も用いられる．

(96) *attempt, intend, plan, propose*, etc.
    a. You should not *attempt* {photographing / to photograph} the rare bird. (あの珍しい鳥を写真に収めようなどとは思わないほうがいい)
    b. What do you *intend* {doing / to do} in the future?
       (将来はどうするつもりですか？)
    c. I *propose* {revising / to revise} our plan.
       (計画を変更することを提案します)

次は「好悪」を表す動詞である．実際に起きていることや平生の好みを言う場合には，動名詞が用いられ，まだ生じていない未来の事柄や想定された事柄を述べる場合には不定詞が用いられる．

(97) *hate, like, love, prefer*, etc.
    a. They *hate* {to work / working} overtime.
       (彼らは残業を嫌がります)
    b. I *like* {getting up / to get up} early.
       (早く起きるのが好きです)
    c. Little children *love* {listening / to listen} to fairy tales.
       (小さい子どもはおとぎ話を聞くのが好きだよね)
    d. She *prefers* {traveling / to travel} alone.
       (ひとり旅のほうが好きです)　　　　　　　　　(江川 (1991: 368))

次は，「起動・継続・終結」を表す動詞である．これらの動詞が表す意味は，アスペクトの範疇に属するので，しばしば「アスペクト動詞 (もしくは相動詞) (aspectual verbs)」と呼ばれる．

(98) *begin, start, cease, continue*, etc.
    a. They began {talking / to talk} about something else.
       (彼らは (話題をそらして) 何かほかのことを話し始めた)
    b. The baby started {crying / to cry}.
       (赤ちゃんが泣き出したよ)

c. The girls ceased {chattering / to chatter}.[12]　　（江川 (1991: 369)）
   （女の子たちはおしゃべりをやめた）
d. She continued {running / to run}. （彼女は走り続けた）
   　　　　　　　　　　　　　　　　（江川 (1991: 368)）

動名詞と不定詞の両方を補部に取るアスペクト動詞の場合，不定詞が補部になると，その出来事の「開始」に焦点が当てられる一方で，動名詞が補部になった場合には「開始＋継続」を意味する．このことから，(99a) の場合には，不定詞が適切であり，(99b) の場合には，動名詞が適切になる．

(99) a. He *started* to speak, but was soon interrupted.
　　　　（彼は話し始めたが，すぐに遮られた）
　　 b. He *started* speaking, and kept on for hours.　　（Palmer (1988: 176)）
　　　　（彼は話を始めて，何時間も話し続けた）

次に挙げる動詞は，動名詞と不定詞の両方を補部に取るが，動名詞の場合には能動態の形であるのに対して，不定詞の場合には受動態の形になる．

(100)　*deserve, need, require, want*, etc.
　　 a. The baby's diaper *needs* changing / to be changed.
　　　　（赤ちゃんのおむつを替える必要がある）
　　 b. This theory *deserves* considering / to be considered.
　　　　（この理論は一考に値する）　　　　　　（江川 (1991: 371-372)）

この場合，動名詞が能動態の形で受け身の意味を表すことになるが，注意すべき点は，動名詞の場合の意味上の主部と不定詞の場合の意味上の主部が，全く異なる点である．(100a) を例にとると，動名詞の意味上の主部は，例えば親などおむつを替える人で，文中には現れていない．一方，不定詞の意味上の主部は，主節の主部である the baby's diaper である．このように，この種の構文では，不定詞の意味上の主部は主節の主部と一致するが，動名詞の意味上の主部は必ずしも主節の主部とは一致しない．

---

[12] 状態動詞が目的語になる場合には不定詞のみが可能になる．
　(i) Love ceases to be a pleasure when it ceases to be secret.
　　　（恋心は秘密にしているうちがいいのであって，そうでなくなると楽しくもなくなってしまう）　　　　　　　　　　　　　　　　　　　　（江川 (1991: 369)）

以下で挙げる動詞は，動名詞が補部になるか不定詞が補部になるかで根本的に意味が変わるものである．

(101) forget, regret, remember, try, etc.
    a. I'll never *forget* meeting her here.
       （ここで彼女に会ったことは決して忘れない）
       I *forgot* to close the windows of my car.（車の窓を閉めるのを忘れた）
    b. I now *regret* leaving school so young.
       （若くして学校をやめたことを今では後悔しています）
       We *regret* to inform you that your application has not been successful.（残念ながら，あなたの出願は合格の水準に達しなかったことをお知らせします）
    c. I *remember* seeing her before.（彼女には会った覚えがある）
       Remember to mail the letter.（その手紙を送るのを覚えててね）
    d. Woody *tried* leaping over the wall and hurt his leg.
       （ウッディは壁を飛び越えてみたら足を怪我した）
       Woody *tried* to leap over the wall, but he couldn't.[13]
       （ウッディは壁を飛び越えようと思ったができなかった）

3. 関係詞

関係詞とは，名詞（つまり先行詞）に文の形をした説明を加えるための接着剤である．語順としては説明を加える名詞句に後続し，次のようになる．「先行

---

[13] try to do と try doing の違いについて，*LDOCE*[5] (s.v. *try*) は，前者が「上手くいくようにやってみる（you attempt to succeed in doing it）」ことを意味するのに対して，後者は，それが面白いかどうかもしくは好ましい結果になるものかどうかを調べるためにする（you do it in order to find out if it is enjoyable or produces the result you want）」ことを意味すると説明している．つまり，不定詞のほうは，ためになることが前提となっていて，それを行動に移そうとすることを意味し，動名詞のほうは，その効果を試すことを意味する．

  (i) a. You should try to eat more fruit.
       （もっとフルーツを食べるようにしたほうがいいよ（'You should make an effort to eat more fruit.'））
    b. You should try eating more fruit.   (*OALD*[8]: s.v. *try*)
       （もっとフルーツを食べれば，効き目があるかも知れないから試してみるといいよ（'You should see if eating more fruit will help you.' (to feel better, for example)））

詞 (an antecedent)」とは，説明を受ける名詞のことである（←は修飾することを意味する）．

(1) 先行詞 ← ［関係詞節＝関係詞＋関係詞を欠いた文］

日本語には，英語の関係詞に相当するような語は存在しないが，英語の関係詞を感覚的に理解してもらうために，まずは英語の関係詞節に相当する日本語の例を挙げておく．(2a) が主節，(2b) が「その女の子」という名詞句を説明する関係詞節である．

(2) a. その女の子はここの学校の生徒だよ．
　　　　　　＋
　　b. ［その女の子は君の隣に座っていたよ．］

日本語では，英語と語順が逆で，関係詞節は先行詞に先行するため，(2a) と (2b) を連結すると次の (3) のようになる．上述したように，日本語には英語の関係詞に相当する語は存在しないため，(3) では，その省略された語を ø で示す．

(3) ［ø 君の隣に座っていた］女の子はここの学校の生徒だよ．

英語の場合には (4a) が主節，(4b) が the girl という名詞句を説明する関係詞節となる．

(4) a. The girl is a student at this school.
　　　　　　＋
　　b. [The girl was sitting next to you.]

(3) と異なり，英語の場合には関係詞節が先行詞に後続し，関係詞は省略されず形態上現れることが多い．(5) の場合には who が関係詞として現れている．

(5) The girl [*who* was sitting next to you] is a student at this school.
　　　（君の隣に座っていた女の子は，ここの学校の生徒だよ）

以下が，具体的な関係詞の例文である．

(6) a. I have a friend [*who* plays the guitar very well].
　　　　（ギターをとてもうまく弾ける友達がいるよ）

b. This grammar book is specially intended for people [*whose* native tongue is not English].
   （この文法書は特に英語を母語としない人たち向けに書かれたものです）
c. I met the girl [of *whom* you had spoken].
   （君が噂をしていた女の子に会ったよ）
d. The man [ø I was talking to] is my father.
   （私が話していた男の人は私の父です）［ø: 語が省略されていることを表す］
e. Do [*what* you want to do].
   （やりたいことをやりなさい）
f. It's one of the few countries [*where* people drive on the left].
   （それは左側通行の国の一つです）
g. The reason [*why* the injection needs repeating every year] is that the virus changes.
   （注射を毎年繰り返し打つ必要があるのは，ウィルスが変わるからなんだよ）

本章の冒頭でも述べたとおり，関係詞について最も重要な点は，これが純粋な品詞とは違い，二つの品詞の働きを兼ねていて，従属節の中と外とでは働きが異なるという点である．例えば，次の (7) の場合，who という関係代名詞は，従属節である四角の中では代名詞として機能し，従属節全体としては先行詞である the girl を修飾している．

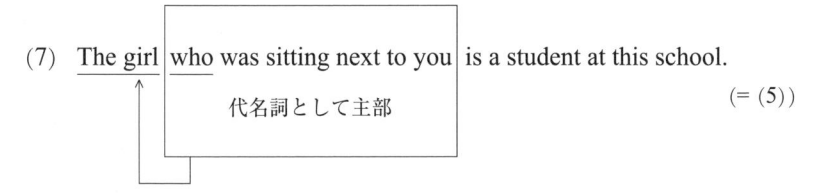

(7) The girl | who was sitting next to you | is a student at this school.
　　　　　　　　　代名詞として主部　　　　　　　　　　　　　　　　　　(= (5))
　　　　　　　　関係詞として修飾

関係詞の働きを整理すると次のようになる．

(8) a. 先行詞（名詞）を取る．
    b. 先行詞が「人」か「物」かによって用いる関係詞が異なる．
    c. 関係詞の人称（一人称・二人称・三人称）・数（単数・複数）は先行詞のそれと一致する．

d. 関係詞は先行詞を修飾するために節を導く．
　　e. 関係詞は導く節の中で何らかの文法的役割を果たす．
　　f. 関係代名詞（主部・目的語・補語）か関係形容詞（名詞修飾）か関係副詞（名詞以外修飾）かは，関係詞節内で果たす役割によって決まる．
　　g. 関係代名詞の格（主格・所有格・目的格）は，関係詞節内で果たす役割によって決まる．
　　h. 関係詞は，必ずもとにあった位置から，関係詞節内先頭にある関係詞の指定位置に移動をする．（以下では，このもとの位置を trace（痕跡）の頭文字をとって t で表す．）

(8a-c) は，従属節の外に関わる問題，(8d-g) は従属節内での問題ということになる．(7) の例で，(8a-h) を説明すると，次のようになる．

(9) a. 先行詞は the girl である． ［節外との関係］
　　b. 先行詞が「人」であるために who が用いられている．
　　　　　　　　　　　　　　　　　　　　　　　　　　　　　［節外との関係］
　　c. 先行詞が三人称・単数であるため，動詞は was が用いられている．
　　　　　　　　　　　　　　　　　　　　　　　　　　　　　［節外との関係］
　　d. 関係詞節 who was sitting next to you は先行詞 the girl を修飾している． ［節外との関係］
　　e. 関係詞 who は節内で主部の働きをしている． ［節内での関係］
　　f. 関係詞は主部の働きをしているため，関係代名詞が用いられている． ［節内での関係］
　　g. 関係詞は主部の働きをしているため，主格が用いられている．
　　　　　　　　　　　　　　　　　　　　　　　　　　　　　［節内での関係］
　　h. 関係詞は was の前の主部の位置から，節の先頭の関係詞の指定位置に移動している． ［節内での関係］

このように，関係詞は様々な働きを兼ねていて，様々な要因によりその形を変えるために，十分に理解することが難しくなっているが，関係詞の理解を容易にするために，重要な留意点のみを簡潔にまとめると，次の4点になる．

(10) a. 先行詞は何であるか： 人か物か／何人称か・単数か複数か
　　　b. 関係詞節（従属節）はどこからどこまでか： 二重構造の明確化，仕事仲間と部外者の区別

3. 関係詞

c. 関係詞の節内でのもとの位置： 関係詞はどこから節の先頭の関係詞の指定位置に移動しているか
d. 関係詞の節内での働き： 主部・修飾語などの働き／品詞／格

以上のポイントを，以下の例文で確認してみる．

(11) a. A man sang and a woman danced who were from different countries.
（違う国から来た男の人が歌って女の人が踊った）
b. Drugs that are used in chemotherapy damage a patient's healthy cells as well.
（化学療法に用いられる薬は，患者の健康な細胞をも傷つける）
c. He is the man whose opinion I respect.
（ヤツは意見が尊重できる男だよ）
d. We mended the chairs the legs of which were broken.
（足が壊れている椅子を修理した）
e. He came with a girl who he said was his cousin.
（彼は，彼が自分の従姉妹だといっていた女の子と一緒に来た）
f. There are times when I wonder why I do this job.
（時として，なぜこの仕事をしているのかと疑問に思うことがある）

(12) a. A man sang and a woman danced who t were from different countries.

先行詞： a man and a woman ［人］［三人称複数］
関係詞節： who were from different countries
節内での働き： 主部，代名詞，主格

b. Drugs that t are used in chemotherapy damage a patient's healthy cells as well.

先行詞： drugs ［物］［三人称複数］
関係詞節： that are used in chemotherapy
節内での働き： 主部，代名詞，主格

c. He is the man |whose opinion I respect *t*|.

先行詞： the man ［人］［三人称単数］
関係詞節： whose opinion I respect
節内での働き： opinion を修飾，代名詞，所有格

d. We mended the chairs |the legs of *which t* were broken|.

先行詞： the chairs ［物］［三人称複数］
関係詞節： the legs of which were broken
節内での働き： 前置詞の目的語，代名詞，目的格

e. He came with a girl |*who* he said *t* was his cousin|.

先行詞： a girl ［人］［三人称単数］
関係詞節： who he said was his cousin
［点線矢印は移動の軌跡を表す］
節内での働き： 主部，代名詞，主格

f. There are times |*when* I *t* wonder why I do this job|.

先行詞： times ［物］［三人称複数］
関係詞節： when I wonder why I do this job
節内での働き： wonder を修飾，副詞

3.1. 制限用法と非制限用法

　ここまで，関係詞の基本的な「制限用法 (restrictive use)」を説明してきたが，関係詞には別のもう一つ「非制限用法 (non-restrictive use)」と呼ばれる用法がある．ここではその2用法の違いを説明する．
　制限用法とは，文字どおり，関係詞節が先行詞を限定する用法で，「先行詞＋関係詞節限定用法」の意味するところは，「複数存在するものの中で関係詞節によって限定されるような先行詞」というものである．これに対して，非制限用法とは，話し手の意識の中でその存在が前提となっている先行詞に関する補足

3.1. 制限用法と非制限用法

的な説明を聞き手に伝えるもので，必ずしも先行詞が複数存在することを念頭に置いているわけではない．書き言葉の場合，制限用法では先行詞と関係詞節の間にコンマを置かないが，非制限用法の場合には先行詞と関係詞節の間にコンマを置く．書き言葉のコンマは，話し言葉ではポーズになるため，制限用法では先行詞と関係詞節の間にはポーズを置かないが，非制限用法の場合には先行詞と関係詞節の間にはポーズを置くことになる．

(13) a. I will not employ a person who t cannot use a computer.
（コンピュータが使えない人は雇わないよ）
b. I will not employ the person, who t cannot use a computer.
（あの人は雇わないよ，コンピュータが使えないんだから）

日本語に訳す場合，制限用法の場合には通常関係詞節を先に日本語にしてから先行詞を日本語にする順になる．一方で，非制限用法のほうは，先行詞を先に日本語にしてから，関係詞節を日本語にする．また，(13b) の和訳を見ても分かるように，非制限用法の場合には，and, but, because などの意味が補われることがある．

この違いは，次の例のような場合には，さらにはっきりとした違いとして現れる．

(14) a. She loved to talk about her sister who t lived in Paris.
（彼女はパリに住んでいる妹の話をするのが大好きだったんだ）
b. She loved to talk about her sister, who t lived in Paris.
（彼女は妹の話をするのが大好きだったが，その妹はパリに住んでいた）
(Leech and Svartvic (2002: 65))

(14a) では，彼女には複数の姉妹がいることになり，(14b) では，彼女の姉妹はひとりで，関係詞節は先行詞に関する補足説明をする役割を果たしている．[14]

---

[14] Leech and Svartvic (2002: 65) によれば，このような「制限用法」「非制限用法」の区別は，関係詞に限らず，形容詞の場合にも見られる．
(i) a. The *patriotic* Americans have great respect for their country's constitution.
（愛国心の強いアメリカ人は自国の憲法に対して深い尊敬の念を抱いている）
b. The *hungry* workers attacked the houses of their *rich* employers.
（激しい労働を強いられ飢えた労働者たちは，裕福な雇い主の家を襲った）
(ia) では，the patriotic Americans という主部が問題となる．制限用法の解釈は「それ以外のアメリカ人もいる」というものになることから，最終的には「すべてのアメリカ人が愛国心が

このように，制限用法は先行詞が複数存在することが前提となるため，本来的に唯一の存在を表す固有名詞が先行詞になる場合には，原則として非制限用法が用いられる．

(15) I happened to meet Stan, who t invited me to his party.
（スタンに偶然会ったんだけど，そしたら彼がパーティに招待してくれたんだ）

ここでは，先行詞 Stan の存在は唯一のものとして想定されているが，コンマがないと，自動的に Stan という人間が複数存在することになる．

以上が関係詞の制限用法と非制限用法の音声的・意味的違いであるが，両者の文法的違いとして，制限用法では先行詞は必ず名詞句[15]であるが，非制限用法の場合には，先行詞は必ずしも名詞句だけではなく，形容詞句・動詞句・節・文になることがある点が挙げられる．

(16) a. He made her believe he was wealthy, which he was not t.
(Declerck (1991: 532)) ［形容詞句］
（彼は彼女に自分が裕福であると思わせたが，実際はそうではなかった）
b. Wilfred tried to solve the problem, which he found t really troublesome.　(Swan (2005: §494.9))　［目的語不定詞句］
（ウィルフレッドはその問題を解決しようとしたが，それが本当に厄介であることに気づいた）

あるというわけではないが，中でも愛国心のあるアメリカ人は」という意味になる．一方，非制限用法としての解釈は，当該の名詞句の存在が唯一のものであるという前提になるため，「それに該当しないアメリカ人はいない」というものになるから，最終的には「すべてのアメリカ人は愛国心があり，そのアメリカ人という国民は」という意味になる．(ib) の場合には，the hungry workers という主部と their rich employer という補部の両方が問題となる．前者の場合には，制限用法の解釈は「(飢えていない労働者はそうではなかったが) 飢えている労働者たち (だけ) が」となり，非制限用法の解釈は「労働者たちは皆飢えていて，その労働者たちが」となる．後者の場合には，非制限用法の解釈は「(裕福でない雇い主ではなく) 裕福な雇い主」となり，制限用法の解釈は「(例外なく) 裕福な雇い主」となる．ただ，このような曖昧性はあるものの，(ia, b) ともに優先的解釈としては非制限用法の解釈である．

[15] ただし，Huddleston and Pullum (2002: 1034) によれば，例外的に名詞句以外が先行詞になることがある．
(i) a. He's now the fattest he's ever been.　　　　　［形容詞の最上級］
（あいつは今これまででいちばん太ってるよ）
b. Where can we eat that isn't too expensive?　　　　［疑問副詞］
（あまり高すぎないお店がいいけど，どこで食べられるかなあ）

  c. He walks for an hour each morning, which t would bore me.
             (Quirk et al. (1985: 1118))　［述部全体］
   （彼は毎朝 1 時間ウォーキングしてるけど，僕だったら退屈しちゃうな）
  d. James said he missed the bus, which t was a lie.　　　［目的語節］
                 (Swan (2005: §494.9))
   （ジェームスはバスに乗り遅れたと言ったが，それは嘘だった）
  e. He got married again a year later, which t surprised everybody.
           (Swan (2005: §494.9))　［文全体］
   （彼は 1 年後に再婚したのだが，それは皆を驚かせた）
  f. Colin married my sister and I married his brother, which t makes Colin and me double in-laws.　　(Quirk et al. (1985: 1118))　［複数の文］
   （コリンが私の妹と結婚して，私が彼のお兄さんと結婚したの，だからコリンと私は二重に姻戚関係になったの）

 (16c) では，「彼がウォーキングすること」が退屈なのではなく，「ウォーキングすること」が退屈なのであるから，文全体が先行詞ではなく，述部のみが先行詞であることは明らかである．(16d) の場合，嘘であるのは「ジェームズがバスに乗り遅れたこと」なのであるから，先行詞は目的語節である．最後に，(16f) の場合には，二重の姻戚関係になるためには，ともに兄弟と結婚する必要があるため，先行詞は二つの文であるということになる．
 非制限用法では，関係代名詞 which の主格・所有格・目的格と関係形容詞と関係副詞が用いられる．これまで，関係代名詞の主格の例を挙げてきたので，以下では関係代名詞の所有格・目的格，関係形容詞，そして関係副詞の例を挙げる．

 (17) a. Michel Croz, with whose help Whymper climbed the Matterhorn t, was one of the first professional guides.　　［所有格］
   （ミッシェル・クロは，彼の助けでウィンパーはマッターホルンを登頂したのだが，最初のプロのガイドの一人だった）　　(Swan (2005: §496.1))
  b. They say he plays truant, which he doesn't t.　　　　［目的格］
              (Quirk et al. (1985: 1118))
   （ヤツは学校をサボると言われているけど，そんなことはしないよ）

c. Her brother snatched the letter away, at *which* she was furious *t*.
(Quirk et al. (1985: 1119))　［目的格］
(弟が手紙をひったくっていったから，彼女はそれにひどく腹を立てていた)

d. Mortimer exploded a firecracker during a lesson, as a result of *which* he was suspended from school for a week *t*.　［目的格］
(モーティマーは授業中に爆竹を爆発させたために，結果として1週間停学になった)　(Quirk et al. (1985: 1119))

e. The plane may be several hours late, in *which* case there's no point in our waiting *t*.　(Quirk et al. (1985: 1118))　［関係形容詞］
(飛行機は数時間遅れるかもしれないんだよ，そうしたら待ってても無駄だよ)

f. We then moved to Oakland, *where* we lived *t* for five years.
［関係副詞］
(そこで我々はオークランドに引っ越したのだが，それからそこに6年間住んでいた)

g. She joined the editorial staff of a local newspaper, since *when* she has contributed to various monthlies *t*.　［関係副詞］
(彼女は，地元の新聞社の編集部に勤めたが，その時以来様々な月刊誌に寄稿している)　(Quirk et al. (1985: 1120))

　ここで，関係詞の「省略 (ellipsis)」に触れておく．一般には，「関係代名詞の目的格は省略できる」と言われるが，厳密にはこれは正しい言い方ではない．ここでは，この関係詞の省略について詳しく説明する．
　本来は関係代名詞の目的格に関する項目である「関係詞の省略」をなぜここで扱うかというと，この関係詞の省略は，制限用法の時にしか起こらず，非制限用法の時には決して起こらない．これは，省略が起こり得るのは，主節と関係詞節が音声的に密着している場合に限られ，非制限用法では主節と関係詞節の間にポーズ (書き言葉の場合にはコンマ) があるために関係詞の省略が起こらないのである．

(18) a. Did you like the wine *that* we drank *t* last night?
　　 b. Did you like the wine ø we drank *t* last night?
(昨日の夜に飲んだワイン，気に入った？)

(19) a. I poured him a glass of wine, |which he drank *t* at once|.
      （私は彼にワインを一杯注いだが，彼はそれをすぐに飲んだ）
   b. *I poured him a glass of wine, |ø he drank *t* at once|.
                                              (Swan (2005: §495.4))

　それでは，制限用法で省略が起こるのはどのような場合なのであろうか．それは，先行詞に続いて，関係詞節が「間を置かず」(江川 (1991: 84)) 主部・述部と続く場合で，この時，関係詞節の主部は関係詞そのものであってはならない．図示すると次のようになる．

(20) 先行詞　|(関係詞)＋主部＋述部＋*t*|

(20) が示しているのは，先行詞に続いて間（コンマ）を置かず関係詞→主部→述部が続く場合，括弧に入っている関係詞は省略することが可能であることを示している．イタリック体の痕跡の記号は，省略されている関係詞が元々あった場所を表している．これは，関係詞そのものが関係詞節の主部になっていないことも同時に示している．したがって，次のように関係詞節の主部が関係詞であったり，先行詞と関係詞節の主部の間に他の要素が介在したりするような場合には，関係詞の省略は起こらない．

(21) a. Any book |that *t* gets children reading| is worth having.
       （子どもに読む力をつけさせるような本であれば，どんな本でも持っている価値はあります）
   b. We admired the skill |with *which* she handled the situation *t*|.
       （彼女がその状況を処理した能力に，我々は感心した）
   c. The chance |*that*, unfortunately, he missed *t* last time| would never come again.
       （惜しくもこの前に逃したチャンスは再び来ることはあるまい）
   d. This is one of the regulations |*which*, in my opinion, we should do away with *t*|. （私の考えでは，これは廃止すべき規制の一つである）
                                     (以上，(c, d) は訳とも江川 (1991: 85))

　以下には，関係代名詞の目的格をはじめ，関係詞が省略される様々なパターンを挙げておく．

(22) a. I feel sorry for the man |ø she married t|.　　(Swan (2005: §495.4))
　　　（彼女と結婚したあいつをかわいそうに思うよ）
　　　　　　　　　　　　　　　　　　　［関係代名詞目的格，他動詞の目的語］
　　b. The painting |ø you are looking at t| is worth a small fortune.
　　　（君が見ている絵は一財産の価値があるんだよ）　　(Declerck (1991: 542))
　　　　　　　　　　　　　　　　　　　［関係代名詞目的格，前置詞の目的語］
　　c. When I first met him, I got a totally false impression of the sort of man |ø he is t|.（初対面のとき，私は彼の人柄について全く見当違いの印象を持ってしまった）　　　　　　　　　　　(江川 (1991: 83))
　　　　　　　　　　　　　　　　　　　［関係代名詞主格，関係節内の補語］
　　d. She is just the type |ø I always knew t would attract him|.
　　　　　　　　　　　　　　　　　　　　　　　　　(江川 (1991: 84))
　　　（初めからわかっていたが，彼女はまさに彼をひきつけそうなタイプの女性だ）　　　　　　　　　　［関係代名詞主格，関係節内従属節の主部］
　　e. This is not the only book |ø there is t on the subject of the earthquake|.
　　　（その地震に関する本は，これ以外にもあるよ）　(cf. Declerck (1991: 548))
　　　　　　　　　　　　　　　　　［関係代名詞主格，関係節内存在文の意味上の主部］
　　f. We moved here the year |ø my father died t|.
　　　（父が死んだ年にここに越してきたんだ）　　　　　　　　　［関係副詞］

(20) に挙げたパターン以外で，関係詞が省略される慣用句的なパターンが，先行詞の後に関係詞の主格が後続する (23) のようなパターンで，このパターンで関係詞の省略が可能なのが，(24) に挙げる there [here] is/are 構文と (25) に挙げる強調構文である．

(23)　先行詞　|(関係詞)＋述部|
(24)　there is/are, here is/are 構文の後で
　　a. There's somebody |ø t wants you on the phone|.　　(江川 (1991: 84))
　　　（誰かから電話ですよ）
　　b. Where can I buy these things? — There's a supermarket down the road |ø t sells them|.　　　　　　　　　(Declerck (1991: 548))
　　　（こういうのはどこで買えるの？ — この通りをまっすぐ行ったところにスーパーがあるからそこなら売ってるよ）

c. The next day there was a police officer |ø *t* came to ask questions about the woman who had disappeared|.　　(cf. Declerck (1991: 548))
　　　（翌日，警官が来て失踪した女の人についていくつか聞いていったよ）
　　d. By the way, here's one little fact |ø *t* might interest the police|. The girl was not at home at the time of the murder. (Declerck (1991: 548))
　　　（ところで，ここに警察が興味を持ちそうなちょっとした事実があるんだ．あの女の子，殺人が起きた時には家にいなかったんだ）

(25) it is 〜 that ... の強調構文で
　　a. It was only their persistent efforts |ø *t* made success possible|.
　　　（成功を可能にしたのは彼らの絶え間ない努力しかなかった）
　　b. It was Pete Sampras |ø *t* won the finals in 1990|.
　　　　　　　　　　　　　　　　　　　　　　　　　　(cf. Declerck (1991: 548))
　　　（1990 年の決勝で勝ったのはピート・サンプラスだよ）

3.2. 関係代名詞

関係代名詞は先行詞の種類によってその形が変わったり，節内での働きに応じて形が変わったりする．その一覧表は次のとおりである．

(26) 表 1

	主格	所有格	目的格
人	who	whose	whom / who
物	which	whose / (of which)	which
人・物	that	—	that

この表で重要な点は，縦の「人」か「物」かは，節外にある先行詞との関係で決まるもので，横の「格」は，節内の働きに応じて決まるものであることである．以下，表 1 の関係代名詞の例文をそれぞれ挙げる．

(27) a. Do you know anybody |who *t* lives in that country|?　　[人・主格]
　　　（その国に住んでいる人を誰か知ってる？）
　　b. That's the woman |whose house *t* has burned down|.　　[人・所有格]
　　　（あれが家が全焼してしまった女性だよ）
　　c. The author |whom I criticized *t* in my review| has written a reply.
　　　　　　　　　　　　　　　　　　　　　　　　　　　　　　　　　[人・目的格]
　　　（私が書評で批判をした本の著者が返事を書いてきている）

d. The police officer |to whom I talked *t*| was really helpful.
（私が話をした警察官は本当に親切だった）　　　　　［人・目的格］
e. Rooms |which *t* overlook the harbor| cost more.　　［物・主格］
（港を見下ろせる部屋はもっと高いよ）
f. Solar energy is an idea |whose time *t* has come|.　［物・所有格］
（太陽エネルギーは今の時代に合った考え方だ）
g. Now they were driving by the houses |which Dick had described *t*|.
　　　　　　　　　　　　　　　　　　　　　　　　　　［物・目的格］
（それから彼らはディックが説明していた家並みを車で通っていた）
h. He's written a book |of *which* I've forgotten the title *t*|.
（私がタイトルを忘れてしまった本を彼は書いています）　［物・目的格］
i. The person |that *t* won the prize| also won last year.　［人・主格］
（その賞を取った人は去年もその賞を取ったんだよ）
j. The clock |that Louise gave me *t*| keeps perfect time.　［物・目的格］
（ルイーズがくれた時計は少しも狂わないよ）
k. It was a crisis |that Nancy was totally unprepared for *t*|.
（それは，ナンシーが全く予期せぬピンチだった）　　　　［物・目的格］

　これまで説明してきた関係代名詞とはやや種類が異なる関係代名詞に what がある．関係代名詞の what は，それ自体に先行詞を含むものであり，something that [which] ... もしくは the things that [which] ... で言い換えが可能なものである．

(28) a. |*What* Jack said| was not true.
（ジャックが言ったことは本当じゃないよ）
= Something |which Jack said *t*| was not true.
b. Do |*what* you want to do *t*|．（自分がやりたいことをやりなさい）
= Do anything |*that* you want to do *t*|.
c. Your safety is |*what t* matters most|．（君の安全が第一だ）
d. We thanked Max heartily for |*what* he had done *t* for us|.
（マックスがしてくれたことに心から感謝した）
e. I gave Suzanne |*what* little money I had *t*|.
（スーザンになけなしの金を与えた）

(28a) では，what 節全体が文の主部になっているが，関係詞としての what は

関係詞節内で said の目的語になっている．(28b) では，what 節全体が主節動詞 do の目的語になっているが，関係詞としての what は関係詞節内では do の目的語になっている．(28c) では，what 節全体が主節動詞 is の補語になっているが，関係詞節内では matters の主部になっている．(28d) は，what 節が前置詞 for の目的語になっている例で，関係詞 what は節内では had done の目的語になっている．最後の (28e) では，what 節は gave という動詞の直接目的語になっているが，関係詞節内では what は形容詞的に money という名詞を修飾している．このように，関係代名詞の what は先行詞と関係詞の両方の働きを兼ねるものである．

ところで，(28e) のように関係詞が明確に所有格という形に変化することなく関係詞節内の名詞を修飾する時，このような関係詞を「関係形容詞 (a relative adjective)」と呼ぶことがある．関係形容詞については，次の 2 文の違いがしばしば問題となる．

(29) a. Their ship was driven away to an island, whose name *t* was unknown to them.
(彼らの船はある島に流されたが，その名前を彼らは知らなかった)

b. Their ship was driven away to one of the Shetland Islands, which name *t* was unknown to them. (彼らの船はシェットランド諸島の一つに流されたが，この名前を彼らは知らなかった)

(29a) の ..., whose name は ..., but its name と考えられるのに対して，(29b) ..., which name は ..., but this name と考えられる (綿貫ほか (2000: §314))．言い換えると，関係詞所有格の (29a) では，関係詞句 whose name の whose の部分のみが先行詞を指しているが，関係形容詞の (29b) では，関係詞句 which name 全体が先行詞を指している．

3.3. 関係副詞

関係副詞で重要な点は，関係詞節内で副詞の働きをしていることである．原則として，「場所」を表す場合には where，「時」を表す場合には when，「理由」を表す場合には why，「方法」を表す場合には how が用いられる．[16] それぞれ

---

[16] Huddleston and Pullum (2002: 1051) によれば，while も関係副詞として用いられる．ただし，制限用法は，容認不可能と判断する母語話者もいる．

(i) a. From 1981 to 1987, *while* his uncle lived with them *t*, she had a full-time job.

の関係副詞は，前置詞＋関係代名詞での言い換えが可能である．

(30) a. This is the house $\boxed{\text{where}}$ he was born $\boxed{t}$.
    = This is the house $\boxed{\text{in which}}$ he was born $\boxed{t}$.
    （これは彼が産まれた家です）
  b. Let me know the time $\boxed{\text{when}}$ you will leave $\boxed{t}$.
    = Let me know the time $\boxed{\text{at which}}$ you will leave $\boxed{t}$.
    （出掛ける時間を教えてください）
  c. Do you know the reason $\boxed{\text{why}}$ they are late $\boxed{t}$?
    = Do you know the reason $\boxed{\text{for which}}$ they are late $\boxed{t}$? [17]
    （彼らが遅れている理由を知ってる？）
  d. That is $\boxed{\text{how}}$ we solved the problem $\boxed{t}$.　　　［関係詞が先行詞を含む］
    = That is the way $\boxed{\text{in which}}$ we solved the problem $\boxed{t}$.
    （そうやって問題を解決したんだ）

以下は，that の関係副詞としての用法である．that の場合には前置詞＋関係代名詞の置き換えはできない．口語では，この用法の that は省略されるのが普通である．

(31) a. We moved here the year $\boxed{(that)\text{ my father died }t}$.　　　(= (22f))
    （父が死んだ年にここに越してきたんだ）
  b. Do you know anywhere $\boxed{(that)\text{ I can buy second-hand furniture }t}$? [18]
    （中古の家具が手に入る所をどこか知りませんか）
  c. That's the way $\boxed{(that)\text{ she spoke }t}$.　　　(Quirk et al. (1985: 1254))
    （それが彼女の話し方だよ）
  d. Is this the reason $\boxed{(that)\text{ they came }t}$?　　　(Quirk et al. (1985: 1256))
    （これが彼らが来た理由なの？）

　　　（1981 年から 1987 まで，その間彼の叔父は彼らと住んでいたが，彼女は正規採用の仕事に就いていた）
　b. %He wrote most of his poetry during the years $\boxed{\text{while}}$ he was in Paris $\boxed{t}$.
　　　（彼は，パリに住んでいる間に彼の詩のほとんどを書いた）

[17] ただし，(30c) における for which による言い換えは，Quirk et al. (1985: 1254) によれば，やや不自然である．
[18] 先行詞が anywhere である点に注意．通常，anywhere, somewhere, nowhere は副詞として用いられるが，稀にこの例のように名詞として用いられることがある．

参考文献

著書・論文

Aitchison, Jean (1994) *Linguistics*, 4th ed., Hituzi's Linguistics Textbook Series 2, Hituzi Syobo, Tokyo.
Aitchison, Jean (2003) *Linguistics*, 6th ed., Teach Yourself, McGraw-Hill, Blacklick, OH.
Alexander, L. G. (1988) *Longman English Grammar*, Longman, London.
安藤貞雄 (2005)『現代英文法講義』開拓社,東京.
安藤貞雄 (2008)『英語の文型——文型がわかれば,英語がわかる——』開拓社言語・文化選書5,開拓社,東京.
Bolinger, Dwight (1975) "On the Passive in English," *The First LACUS Forum 1974*, ed. by Adam Makkai and Valerie Becker Makkai, 57-80, Hornbeam Press, Columbia.
Carter, Ronald and Michael McCarthy (2006) *Cambridge Grammar of English: A Comprehensive Guide Spoken and Written English Grammar and Usage*, Cambridge University Press, Cambridge.
Chomsky, Noam (1986) *Knowledge of Language: Its Nature, Origin, and Use*, Praeger, New York.
Comrie, Bernard (1976) *Aspect*, Cambridge University Press, Cambridge.
Comrie, Bernard (1985) *Tense*, Cambridge University Press, Cambridge.
Comrie, Bernard, Stephen Matthews and Maria Polinsky, eds. (1996) *The Atlas of Languages: The Origin and Development of Languages Throughout the World*, Facts On File, New York.
Declerck, Renaat (1991) *A Comprehensive Descriptive Grammar of English*, Kaitakusha, Tokyo.
Dixon, R. M. W. (1991) *A New Approach to English Grammar: On Semantic Principles*, Oxford University Press, Oxford.
Dixon, R. M. W. (2005) *A Semantic Approach to English Grammar*, Oxford University Press, Oxford.
江川泰一郎 (1991)『英文法解説』(改訂三版),金子書房,東京.
Evans, Bergen and Cornelia Evans (1957) *A Dictionary of Contemporary American Usage*, Galahad Books, New York.
Green, Georgia M. (1976) "Main Clause Phenomena in Subordinate Clauses," *Language* 52 (2), 382-397.
Greenbaum, Sidney (1996) *The Oxford English Grammar*, Oxford University Press,

Oxford.
Greenbaum, Sidney and Gerald Nelson (2002) *An Introduction to English Grammar*, 2nd ed., Longman, London.
Greenbaum, Sidney and Gerald Nelson (2009) *An Introduction to English Grammar*, 3rd ed., Longman, London.
Greenbaum, Sidney and Randolph Quirk (1990) *A Student's Grammar of the English Language*, Longman, London.
グリーンバウム,シドニー & ランドルフ・クワーク(著), 池上嘉彦・米山三明・西村義樹・松本曜・友澤宏隆(訳) (1995)『現代英語文法〈大学編〉新版』紀伊國屋書店, 東京.
Griffiths, Patrick (2006) *An Introduction to English Semantics and Pragmatics*, Edinburgh Textbooks on the English Language, Edinburgh University Press, Edinburgh.
Haegeman, Liliane and Jacqueline Guéron (1999) *English Grammar: A Generative Perspective*, Blackwell, Oxford.
橋本功 (2005)『英語史入門』慶応大学出版会, 東京.
原口庄輔・中村捷(編) (1992)『チョムスキー理論辞典』研究社, 東京.
林巨樹・池上秋彦・安藤千鶴子(編) (2004)『日本語文法がわかる事典』東京堂, 東京.
Hill, Archibald A. (1958) *Introduction to Linguistic Structure: From Sound to Sentence in English*, Harcourt, Brace and Company, New York.
Hornby, A. S. (1975) *Guide to Patterns and Usage in English*, 2nd ed., Oxford University Press, Oxford.
保阪泰人 (1994)「〈言語類型論〉再考」『言語』23 (3), 52-58.
Huddleston, Rodney and Geoffrey K. Pullum (2002) *The Cambridge Grammar of the English Language*, Cambridge University Press, Cambridge.
Huddleston, Rodney and Geoffrey K. Pullum (2005) *A Student's Introduction to English Grammar*, Cambridge University Press, Cambridge.
Jackendoff, Ray (1972) *Semantic Interpretation in Generative Grammar*, Studies in Linguistics Series 2, MIT Press, Cambridge, MA.
Jespersen, Otto (1924) *The Philosophy of Grammar*, George Allen & Unwin, London.
Jespersen, Otto (1933) *Essentials of English Grammar*, George Allen & Unwin, London.
Jespersen, Otto (1949; 1983a) *Modern English Grammar on Historical Principles II*, George Allen & Unwin, London; Meicho-Fukyu-Kai, Tokyo.
Jespersen, Otto (1949; 1983b) *Modern English Grammar on Historical Principles IV*, George Allen & Unwin, London; Meicho-Fukyu-Kai, Tokyo.
Jespersen, Otto (1949; 1983c) *Modern English Grammar on Historical Principles VII*, George Allen & Unwin, London; Meicho-Fukyu-Kai, Tokyo.
イェスペルセン, オットー(著), 宮畑一郎(訳) (1971)『文法の組織』文建書房, 東京.
柏野健次 (1999)『テンスとアスペクトの語法』開拓社叢書 9, 開拓社, 東京.

参考文献

風間喜代三・上野善道・松村一登・町田健 (1993)『言語学』東京大学出版会, 東京.
金水敏・工藤真由美・沼田善子 (2000)『時・否定と取り立て』岩波書店, 東京.
小西友七 (1976)『英語の前置詞』大修館書店, 東京.
窪薗晴夫 (1998)『音声学・音韻論』日英語対照による英語学演習シリーズ 1, くろしお出版, 東京.
久野暲・高見健一 (2004)『謎解きの英文法　冠詞と名詞』くろしお出版, 東京.
Leech, Geoffrey (1969) *Towards a Semantic Description of English*, Longman Linguistics Library, Longmans, London.
Leech, Geoffrey (2004) *Meaning and the English Verb*, 3rd ed., Longman, London.
Leech, Geoffrey and Jan Svartvik (2002) *A Communicative Grammar of English*, 3rd ed., Longman, London.
益岡隆志・田窪行則 (1992)『基礎日本語文法』改訂版, くろしお出版, 東京.
McCawley, James D. (1988) *The Syntactic Phenomena of English*, 2 vols, University of Chicago Press, Chicago.
村田勇三郎 (1983)『文 (II)』講座・学校英文法の基礎 8, 研究社, 東京.
中村捷・金子義明・菊地朗 (2001)『生成文法の新展開：ミニマリスト・プログラム』研究社, 東京.
Nunberg, Geoffrey and Chiahua Pan (1975) "Inferring Quantification in Generic Sentences," *CLS* 11, 412-422.
大江三郎 (1975)『日英語の比較研究：主観性をめぐって』不死鳥英語学叢書, 南雲堂, 東京.
小野経男 (1987)『意外性の英文法—学生の質問の意外性に備える—』大修館書店, 東京.
Palmer, F. R. (1988) *The English Verb*, 2nd ed., Longman, London.
Palmer, F. R. (1990) *Modality and the English Modals*, 2nd ed., Longman, London.
Palmer, F. R. (2001) *Mood and Modality*, 2nd ed., Cambridge Textbooks in Linguistics, Cambridge University Press, Cambridge.
Palmer, Harold E. (1939) *A Grammar of Spoken English*, 2nd ed., revised by the author with the assistance of F. G. Blandford, W. Heffer & Sons, Cambridge; Maruzen, Tokyo.
Peters, Pam (2004) *The Cambridge Guide to English Usage*, Cambridge University Press, Cambridge.
Quirk, Randolph, Sidney Greenbaum, Geoffrey Leech and Jan Svartvik (1985) *A Comprehensive Grammar of the English Language*, Longman, London.
Radford, Andrew (1988) *Transformational Grammar: A First Course*, Cambridge University Press, Cambridge.
Radford, Andrew (2009) *An Introduction to English Sentence Structure*, Cambridge University Press, Cambridge.
澤田治美 (1993)『視点と主観性—日英語助動詞の分析—』日本語研究叢書 1-5, ひつじ

書房,東京.
Sinclair, John, ed. (2005) *Collins COBUILD English Grammar*, 2nd ed., HarperCollins, Glasgow.
須賀川誠三 (2002)「accusative with infinitive (不定詞付き対格)」『英語学用語辞典』,寺澤芳雄(編),研究社,東京.
Swan, Michael (2005) *Practical English Usage*, 3rd ed., Oxford University Press, Oxford.
高見健一 (1995)『機能的構文論による日英語比較——受身文,後置文の分析——』(日英語対照研究シリーズ4),くろしお出版,東京.
Talmy, Leonard (1978) "Figure and Ground in Complex Sentences,"*Universals of Human Language Volume 4: Syntax*, ed. by Joseph H. Greenberg, 625-649, Stanford University Press, Stanford.
田中一彦 (1991)「英語における時制の照応について」『英文學研究』67 (2), 159-172.
立石浩一・小泉政利 (2001)『文の構造』英語学モノグラフシリーズ3, 研究社,東京.
Thomson, A. J. and A. V. Martinet (1986) *A Practical English Grammar*, 4th ed., Oxford University Press, Oxford.
トムソン, A. J. & A. V. マーティネット (著), 江川泰一郎 (訳注) (1988)『実例英文法』オックスフォード大学出版局,東京.
八木克正 (2007)『世界に通用しない英語——あなたの教室英語,大丈夫?——』, 開拓社 言語・文化選書3, 開拓社, 東京.
山岡洋 (1997)「動詞補文における時制解釈とその基準時選択」*JELS* 14, 251-260.
山岡洋 (1999)「日英語の動詞補文における時制」『英文学論叢』47, 235-256, 日本大学英文学会.
Yamaoka, Hiroshi (1999) "A Comparative Study of Tense in Complement Clauses in English and Japanese," *JELS* 16, 249-258.
山岡洋 (2001)「線的相対時制 [完了]」『英文学論叢』49, 221-255, 日本大学英文学会.
Yamaoka, Hiroshi (2001) "'*HAVE*+V-en' in English and '-*TA*' in Japanese," *Transactions of English Studies and English Teaching* 6 (20), 41-67, Japan Association of English Teaching and English Studies.
山岡洋 (2003)「受動態と主語」『英語学・英語教育研究』8 (22), 19-35, 日本英語教育英学会.
山岡洋 (2003)「「総称文」に関する一考察」*LEORNIAN* 8, 117-130, 日本英語教育英学会研究部会.
Yamaoka, Hiroshi (2003) "Passivization and the Subject," *Journal of English Language and Literature* 51, 209-237, Nihon University.
山岡洋 (2004)「品詞分類再考」『英語学・英語教育研究』9 (23), 17-39, 日本英語教育英学会.
Yamaoka, Hiroshi (2004) "A Word Classification in English on the Basis of Syntactic Function," *Journal of English Language and Literature* 52, 201-226, Nihon

University.

山岡洋 (2005)「日英語おける時間表現の比較」『英語学・英語教育研究』10 (24), 1-30, 日本英語教育英学会.

山岡洋 (2006)「「総称性/特定性」に関する一考察」『英文学論叢』54, 205-236, 日本大学英文学会.

山岡洋 (2006)「英語補文における仮定法現在と直説法現在─2種類の「時制の一致の例外」─」*LEORNIAN* 10, 31-49, 日本英語教育英学会研究部会.

Yamaoka, Hiroshi (2006) "The Gradability of the Distinction Between 'Genericity' and 'Specificity'," *Transactions of English Studies and English Teaching* 15 (29), 1-24, Japan Association of English Teaching and English Studies.

山岡洋 (2007)「日本語と英語の品詞比較」『英語学・英語教育研究』12 (26), 47-83, 日本英語教育英学会.

山岡洋 (2007)「現代英語の「法」が表す世界」*LEORNIAN* 11, 39-58, 日本英語教育英学会研究部会.

山岡洋 (2008)「受動化と総称性の相関関係」『英語学・英語教育研究』13 (27), 67-98, 日本英語教育英学会.

山岡洋 (2009)「現代英語におけるムード二分法と「モダリティ領域」内の文体的制約」『文体論研究』55, 41-52, 日本文体論学会.

山岡洋 (2010)「英語の文型に関する一考察」『英語学・英語教育研究』15 (29), 43-73, 日本英語教育英学会.

山岡洋 (2013)「範疇横断的研究─固体的範疇と液体的範疇─」『言語教育研究』(桜美林大学大学院言語教育研究科紀要) 3, 79-90.

安井稔 (1996)『英文法総覧』改訂版, 開拓社, 東京.

安井稔・秋山怜・中村捷 (1984)『形容詞』現代の英文法第7巻, 研究社, 東京.

綿貫陽・宮川幸久・須貝猛敏・高松尚弘・マークピーターセン (2000)『ロイヤル英文法』改訂新版, 旺文社, 東京.

Wood, Frederick T. (1964) *English Verbal Idioms*, Macmillan, London.

Wood, Frederick T. (1967) *English Prepositional Idioms*, Macmillan, London.

辞書

The BBI Dictionary of English Word Combinations (1997) Revised ed., John Benjamins, Amsterdam. [*BBI²*]

Cambridge Advanced Learner's Dictionary (2003) Cambridge University Press, Cambridge. [*CALD*]

Collins COBUILD Advanced Learner's English Dictionary (2003) 4th ed., Harper-Collins, Glasgow. [*COBUILD⁴*]

Collins COBUILD Advanced Learner's English Dictionary (2006) 5th ed., Harper-Collins, Glasgow. [*COBUILD⁵*]

Longman Dictionary of Contemporary English (1987) 2nd ed., Longman, London.

[*LDOCE²*]
Longman Dictionary of Contemporary English (2003) 4th ed., Longman, London. [*LDOCE⁴*]
Longman Dictionary of Contemporary English (2009) 5th ed., Longman, London. [*LDOCE⁵*]
Merriam Webster's Advanced Learner's Dictionary, (2008) Merriam Webster, New York. [*Webster*]
New Oxford American Dictionary (2005) 2nd ed., Mac OS X Version 10.5.2, Oxford, Oxford University Press. [*NOAD²*]
Oxford Advanced Learner's Dictionary (2010) 8th ed., Oxford University Press, Oxford. [*OALD⁸*]
Oxford Dictionary of Current Idiomatic English Volume 1: Verbs with Prepositions & Particles (1975) ed., Oxford University Press, Oxford. [*ODCIE vol. 1*]
Oxford English Dictionary (1933) Oxford University Press, Oxford. [*OED*]

索 引

1. 事項索引

1. 日本語は五十音順に並べ，英語で始まるものはアルファベット順に最後に一括してある．
2. *付きの文法項目については，それが扱われている節番号のみを提示してある．
3. §付きの数字はセクション番号を，単独の数字はページ数を示す．
4. n は脚注を表す．

[あ行]

アクセント（accent） 7, 8, 122n
アステリスク（asterisks） 319, 第5章 §3.3.10.2
アスペクト（aspect） 228, 第5章 §1.2.3, 270, 272, 377, 378
アスペクト動詞（aspectual verbs） 377, 378
アプリナ語（Apurina） 19
アフロ・アジア語族（the Afro-Asiatic languages） 103
アポストロフィ（apostrophes） 109, 317, 318, 329, 第5章 §3.3.7
アメリカ英語（American English） 116, 117, 158n, 287n, 320, 322, 329, 331, 332
アラビア語（Arabic） 19
アンパサンド（ampersands） 319, 第5章 §3.3.10.3
イギリス英語（British English） 66n, 117n, 257, 320, 322, 329, 331, 332
イ形容詞（i adjectives） 278
イコール（の関係）（equal relationships） 15n, 19, 20, 22, 29, 37, 38
意志未来（volitional future） 258, 259
一次的修飾（primary modification） 第2章§1
一時性（temporality） 270-272
一時的（temporary） 271

一致（主部と動詞の）（(subject-verb) agreement） 17, 33, 66, 117, 132, 226n, 227, 229, 236
意図（intention） 258-265, 377
意味上の主部（logical subjects） 60, 第3章 §2.2, 266, 349, 第6章 §2.1.5, §2.3.2, 374, 378, 390
意味的特性（semantic properties） 17
意味レベル（the semantic level） 150, 273, 274, 276
依頼（request） 68, 69, 72, 230, 231, 236, 241, 256, 259, 271, 317, 356
イントネーション（intonation） 68, 70, 159, 317
インド・ヨーロッパ語族（the Indo-European languages） 103, 107
引用符（quotation marks） 316, 318, 319, 324, 328, 第5章 §3.3.8
迂言型（the periphrasis pattern） 286-288
迂言的（periphrastic） 253
運命（destiny） 104, 265, 351
影響（affectedness） 47, 274, 358
液体的（liquid） 88, Part II §0.2, 222
エジプト語（Egyptian） 103n
オモト諸語（Omotic） 103n

[か行]

外項（external arguments） 48, 49, 51

402

1. 事項索引

格（case）第4章§1.3
学問（a science）121-123
下降上昇調（falling-rising intonation）160
下降調（のイントネーション）（falling intonation）68, 70, 160, 317
過去時制（the past tense）76, 77, 96, 117n, 151, 153, 154, 211, 213, 235, 236, 238, 240, 242, 243n, 244, 246, 248, 249, 250, 252, 253, 第5章§1.2.4.2, 259n, 267-272, 350, 357
過去時制の過去（the past of the simple past tense）269, 270
過去の習慣（habits in the past）241, 251, 259
過去分詞（past participles）22n, 第3章§2.2, 117n, 211-213, 215, 219n, 224, 226, 267, 272, 第6章§1, §2, 347, 第6章§2.2, §2.4
可算性（countability）第4章§1.1, 167, 178
可算名詞（countable nouns）Part II §0.2, 第4章§1.1, 112, 113, 118, 120, 123, 124, 133, 158, 159, 164, 167, 172, 173, 175, 177-179, 181, 185, 186, 190, 194-196, 198, 222, 253
括弧（parentheses/brackets (BrE)）316, 318, 319, 322-324, 第5章§3.3.9
学校文法（school grammar）3, 5, 9, 12, 13, 15n, 19, 55n, 61, 88, 113n, 132n, 177, 204, 310
仮定法現在（the subjunctive present）117n, 214, 231, 232, 374
可能（practicable）236, 第5章§1.2.2.1, 265, 351
可能性（possibility）236, 第5章§1.2.2.1, §1.2.2.2, 246, 247, 261
カバルダ語（Kabardian）19
仮主語（formal subject）33, 34, 50
関係（relation）121, 220
関係形容詞（relative adjectives）382,
387, 388, 393
関係詞（relatives）Part I §0.2, 33, 77, 79-81, 90, 91, 116, 216, 279, 第6章§1, §3
関係代名詞（relative pronouns）Part I §0.2, 60, 79, 128, 130, 131, 175, 323, 第6章§1, §3, §3.1, §3.2, 394
関係副詞（relative adverbs）Part I §0.2, 第6章§1, §3, §3.1, §3.3
冠詞句（Determiner Phrase (DP)）6, 177
冠詞付きの名詞（nouns with articles）10
冠詞の省略（the omission of articles）185, 187
間接疑問（文）（indirect questions）71, 152n, 153, 154, 206n, 255
間接修飾（indirect modification）第2章§3
間接目的語（indirect objects）11, 25-28, 41-43, 51, 98n, 99, 109, 132, 141, 216n, 273, 347, 353
完全自動詞（complete intransitive verbs）138n
感嘆疑問文（exclamatory questions）70
感嘆符（exclamation marks）74, 317, 318, 第5章§3.3.1, 324
感嘆文（exclamatory sentences）第3章§1, §1.4, 173n, 174, 198, 第4章§2.2.2.4 (200), 319
間投詞（interjections）Part I §0.2, 90, 283
勧誘（invitation）68, 69, 72, 259
慣用用法（idiomatic use）144, 146
完了（completion）267-269, 341, 343, 358, 359
完了形（the perfect form）117n, 215, 226, 228, 252, 253, 255, 第5章§1.2.5, 270, 304, 357, 360
期間（period）54, 95, 303, 334
祈願（optative）236, 第5章§1.2.2.2
起源（origin）111, 196, 197
期限（deadline）304
疑似分裂文（pseudo-cleft sentences）

404　　　　　　　　　　索　　引

139n, 221
記述（description）　107n, 111, 112, 174, 196, 197
擬人化（personification）　110, 216n
基数（cardinal numbers）　175, 201
機能語（function words）　7-9
義務（obligation）　40, 226n, 235-237, 第5章§1.2.2.3, 248, 250, 265, 266, 351
義務的な M（obligatory Ms）　14
義務的修飾語／修飾部（obligatory modifiers）　第1章§2.1, 325n
疑問詞（interrogatives）　第4章§2.1.3, §2.2, §2.2.1, §2.2.1.2, §3.1, 第5章§1.1.2
疑問代名詞（interrogative pronouns）　128, 130, 131, 147, 148, 第4章§2.1.3, 155, 第4章§2.2, §2.2.1, §2.2.1.2
疑問符（question marks）　317, 318, 第5章§3.3.1, 324
疑問副詞（interrogative adverbs）　386n
疑問文（interrogative sentences）　第3章§1, §1.2, 72, 73, 75, 152-155, 168, 194, 195, 206n, 222-224, 236, 239, 242, 243, 246, 247, 250, 255, 258, 259, 264, 317, 319
逆コンマ（inverted commas）　331
キャップ（cap）　93, 171
旧情報（old information）　15n, 184, 277
強意用法（the emphatic use）　144, 146
共起可能性（coocurrence possibility）　101, 125, 175
鏡像（a mirror image）　294
強調構文（cleft sentences）　132, 137, 139, 390, 391
許可（permission）　37, 40, 235, 236, 第5章§1.2.2.1, §1.2.2.2, 245, 356
虚辞の it（expletive *it*）　33, 34, 50
拒絶（refusal）　261
ギリシャ語（Greek）　108, 126n
具格（the instrument case）　108
クシ諸語（Cushitic）　103n
屈折型（the inflection pattern）　286-288
くびき語法（zeugma）　313

君主の we（Royal *we*）　134n, 143
群前置詞（group prepositions）　293
経過時間（the time elapsed）　303
経験（experience）　108, 267-269
継続（continuation）　252, 267, 268, 270, 304, 305, 372, 377, 378
形態素（morphemes）　53n
形容詞*（adjectives）　Part I §0.2, 第5章§2, §2.1
形容詞の目的語（the objects of adjectives）　第1章§2.6
計量（measurement）　111, 196, 197
結果（result）　140n, 267, 268, 308, 350, 363n
結果構文（resultative constructions）　16n
決定詞（determiners）　Part I §0.2, 55n, 111, 112, 128, 130, 132, 149n, 第4章§2.2, 202, 204
ゲルマン系（Germanic）　121, 122n
原因（cause）　21, 108, 153, 305, 306, 323, 350
現在完了形の過去（the past of the present perfect form）　269
原級（the positive degree）　276, 285-287, 289
原形不定詞（bare infinitives）　36, 38, 172, 214, 215, 218, 223, 225, 226, 228, 294n, 341, 346, 351, 356
言語の経済性（economy of speech）　129n
現在完了形／現在完了時制（the present perfect form）　96, 117, 255, 第5章§1.2.5, 304
現在時制（the present tense）　66n, 76, 151, 211, 220, 235, 236, 253, 第5章§1.2.4.1, 256, 257, 第5章§1.2.4.3.3, 267, 271, 304
現在進行形（the present progressive form）　257, 第5章§1.2.4.3.3, §1.2.6
現在分詞（present participles）　第3章§2.2, 212-215, 224, 226, 270, 第6章§1, §2,

347, 第 6 章 §2.2, §2.4
現代英語（Modern English） 24, 48, 103, 104, 107, 108, 211, 212, 228, 229, 231, 236, 346
限定用法（the attributive use） 2, 第 5 章 §2.1, 326, 384
項（arguments） 41, 第 1 章 §3, 325
行為（action） 95, 121, 220, 355
後置決定詞（post-determiners） 130, 174, 175, 197, 第 4 章 §2.2.3
後置詞（postpositions） 291, 292
後置修飾（postmodification） 55, 363
肯定文（affirmative sentences） 第 3 章 §1, §1.1, §1.2, §1.3, §1.4, 168, 194, 241, 242, 247, 258, 287, 288, 325
肯定命令文（affirmative imperative sentences） 72n
後方照応（cataphoric reference） 第 4 章 §2.1.1.2, 151
呼応（agreement） 31, 116, 162, 163n, 199n
呼格（the vocative case） 108
古英語（Old English） 213, 346
語源（derivation） 105, 106, 121, 329
語順（word order） 18, 19, 60, 63, 68, 159, 199, 200, 201n, 229n, 291, 294, 326, 379, 380
固体的（solid） Part II §0.2, 222
語の文法的機能（grammatical functions of words） 7, Part II §0.1
コピュラ（copulas） 17, 18, 38, 39, 284, 326
5 文型（five sentence patterns） 第 1 章 §1, §2, 49-51, 273, 338n
固有名詞（proper nouns） 8, 第 4 章 §1.4, 113n, 115, 117, 第 4 章 §1.4.5, 182, 184, 186, 327, 386
コロン（colons） 316-318, 第 5 章 §3.3.3, 323, 325
コンマ（commas） 316-318, 322, 323, 第 5 章 §3.3.5, 332, 385, 386, 388, 389

[さ行]

再帰代名詞（reflexive pronouns） 130, 131, 134, 135, 143, 第 4 章 §2.1.1.6, 168, 169
再帰用法（the reflexive use） 144, 146
最上級（the superlative degree） 56, 183, 276, 285-289, 291, 386n
サンスクリット語（Sanskrit） 108
三人称単数の we（we in reference to a third person singular） 143
3 文型（three sentence patterns） 第 1 章 §3
地（ground） 301n
子音（consonants） 180, 181, 237n
使役動詞（causative verbs） 35-39, 42, 50, 51, 57, 356, 357
指示代名詞（demonstrative pronouns） 55n, 128, 130, 131, 第 4 章 §2.1.2, 155, 171, 173, 175, 第 4 章 §2.2.1.2, 204
事実的（realis） 373-375
時制（tense） 35, 47, 66, 76-78, 81, 96, 117n, 151, 153, 154, 203, 210, 211, 213, 215, 220, 227-229, 231n, 235, 236, 238, 240, 242, 243n, 244, 246, 248-250, 252, 第 5 章 §1.2.4, §1.2.4.1, §1.2.4.2, §1.2.4.3, §1.2.5, 271, 272, 304, 350, 357
時制の一致（sequence of tenses） 154, 231n, 246
自然性（sex） 104
自動詞（intransitive verbs） 15, 20, 21, 26, 第 1 章 §2.7, 57n, 138n, 第 5 章 §1.1.1, 243n, 275, 359
自動詞＋前置詞の目的語（the object of intransitive verbs + prepositions） 第 1 章 §2.7
指標（indices） 128, 136n
社会（society） 121
集合名詞（collective nouns） 79, 113, 第 4 章 §1.4, 113n, 第 4 章 §1.4.2, 186
修辞疑問文（rhetorical questions） 70, 71

終止符（periods [AmE] / full stops [BrE]））　317, 318, 第5章§3.3.1, 328, 332
修飾*（modification）　Part I §0.2, 第2章, 第5章§2, 第6章§2.2.1
修飾語句（modifiers）　Part I §0.3, 第1章§2.1, 183, 273
修飾語としての形容詞（adjectives as modifiers）　第5章§2.1.1, §2.1.1.1
修飾語としての副詞（adverbs as modifiers）　第5章§2.1.1, §2.1.1.2
修飾詞類（modificationals）　Part II §0.1, 209, 第5章§2
修飾部（modifiers）　48, 54, 55, 58, 59, 76, 85, 197, 325n, 338, 339, 341, 348
習性（habits）　231, 259
従属節（subordinate clauses）　2, 10n, 33, 71, 第3章§2.1, 81-85, 136, 153, 168, 242, 246, 248, 295, 301n, 307, 324, 325, 333, 337-340, 345-348, 352, 353, 357, 368, 373, 381, 382, 390
従属接続詞（subordinate conjunctions）　Part I §0.2, 57, 77, 81, 第4章§2.3, 第5章§2.3, §3.1
重文（compound sentences）　54n, 第3章§2.1
十分条件（sufficient condition）　24, 211
受益者（benefactive）　26, 27
主格（subjective case）　24, 38, 86, 89, 103n, 104n, 第4章§1.3, §1.3.1, 111, 128, 132-134, 147, 196, 197, 340, 382-384, 387, 390-392
主格補語（subjective complements）　2, 11, 15, 17, 18, 第1章§2.4, 51, 99, 109, 141, 219n, 283, 284
縮約（contraction）　66-68, 225, 250, 330
主語（subjects）　2, Part I §0.1, §0.2, §0.3, 第1章§1, §2.2, §2.3, §2.4, §2.7, §2.8, §3
主語繰り上げ（subject raising）　33
主節（main clauses）　2, 10n, 26n, 33, 35, 42, 62, 71, 73, 第3章§2.1, 82, 84, 85, 136, 153-155, 230, 233, 234, 246, 248, 301n, 314, 324, 325, 333, 337-340, 345-348, 352, 353, 356, 357, 360, 367, 368, 378-380, 388, 393
主題（theme）　10, 48, 157
手段（means）　108, 153, 186, 306, 362
述語動詞（predicate verbs）　Part I §0.3, 第1章§1, §2.2, §3, 54, 67, 74, 210, 325n, 347, 348, 364
述部*（predicate）　第2章
受動化（passivization）　21, 26-28, 47, 48, 第5章§1.2.7
受動態（passive voice）　11, 21-23, 25, 27, 47, 215, 226, 228, 237n, 252, 253, 266, 第5章§1.2.7, 357, 360, 361, 378
主部*（subjects）　第2章, 第4章, 第6章§2.1.5, §2.3.2
主部の類（subjective categories）　Part II §0.1, §0.2, 第4章, 209, 216, 283
主要部（heads）　4, 13, 第2章§2, 62, 184, 202, 203, 210, 211, 215, 222, 223, 229, 278, 292, 294
準動詞（verbals）　Part I §0.2, 60, 76, 77, 第3章§2.2, 90, 91, 216, 第6章§1, §2
準品詞（verbals）　91, 131, 第6章§1
準補語（semi-complements）　16
状況を表す it（situational *it*）　34n
条件（condition）　229, 230, 254, 255, 258, 309, 350, 365, 367
上昇調のイントネーション（rising intonation）　68, 70, 160, 317
状態（state）　16n, 17, 18, 23, 24, 29, 43, 46, 51, 52, 53n, 121, 213, 220, 221, 239, 241, 252, 253, 256, 259n, 276, 284, 299, 363n
状態動詞（state verbs）　23, 66n, 92, 94, 95, 151, 214, 第5章§1.1.3, 247, 251, 第5章§1.2.3, 256, 268, 271, 272, 378n
譲歩（concession）　236, 第5章§1.2.2.2, 309
情報価値（information value）　275, 276
所格（the locative case）　108

1. 事項索引

助詞（particles）291
叙述の類（predicative categories）88-92, 95, 第5章
叙述用法（the predicative use）2, 56, 第5章§2.1, 326
序数（ordinal numbers）175, 183, 201
女性（feminine）103, 104, 106n, 131, 133
助動詞（auxiliary verbs）Part I §0.2, 12, 35, 36, 51, 57, 66, 68, 69, 71, 86, 88, 89, 91, 152, 153, 172, 209, 210, 214-216, 第5章§1.2, 342, 344-347, 349-351, 357, 360, 374
所有（possession）111, 112, 184, 185, 196, 197
所有格（possessive case）6n, 23, 84, 85, 89, 第4章§1.3, §1.3.2, 128, 131, 第4章§2.1.1, 137n, 147, 149, 152, 155, 158n, 159, 160, 162, 168, 170, 第4章§2.2, §2.2.1.2, §2.2.1.3.1, 195 第4章§2.2.1.3.6, 198, 199, 317, 330, 340, 344, 370, 371, 382, 384, 387, 391-393
所有代名詞（possessive pronouns）110, 130, 131, 134, 135, 第4章§2.1.1.7
所要時間（the required time）303
進行形（the progressive form）86, 94, 95, 215, 第5章§1.1.3, 226, 228, 252, 253, 第5章§1.2.4.3, §1.2.4.3.3, §1.2.4.3.4, §1.2.6, 357, 360
進行中（in progress）150, 220, 264, 270
進行中の未来（a progressive future）264
新情報（new information）15n, 184, 277
親身の we（paternal *we*）143
図（figure）301n
推移的（transitional）270
随意的補語（optional complements）第1章§2.5
推量（speculation）235, 237, 第5章§1.2.2.3, 250, 259, 350
数（number）第4章§1.1
数量詞（quantifiers）3, 175, 201, 202
ストレス（stress）7

スペイン語（Spanish）103n, 108n
スラッシュ（slashes）319, 第5章§3.3.10.1
性（gender）第4章§1.2, 131-135, 147
姓（family names）184
制限（restriction）309
制限用法（the restrictive use）339n, 第6章§3.1, 393n
生成文法（generative grammar）5, 6n, 9n, 177
接辞（affix）105n, 107, 129n, 333
接続詞*（conjunctions）Part I §0.2, 第4章§2.3, 第5章§2.3, §3.1, §3.2
絶対時制（absolute tense）266, 267, 270
接中辞（infix）105n, 129n
接頭辞（prefix）105n, 128, 129n, 287, 329
接尾辞（suffix）105, 109, 121, 122, 129n, 135, 213n, 253, 334, 357
節を伴う代名詞類（pronominals accompanying clauses）130, 第4章§2.3
セム系諸語（Semitic）103n
セミコロン（semicolons）316-318, 第5章§3.3.2, 322, 323, 325
ゼロ冠詞（a zero article）8n, Part II §0.2, 101n, 118, 172, 175, 176, 178, 第4章§2.2.1.1.3, 193
先行詞（antecedents）33, 79, 80, 168, 339, 第6章§3
選択疑問文（selection questions）68, 69, 152
前置決定詞（pre-determiners）130, 174, 175, 第4章§2.2.2
前置詞*（prepositions）Part I §0.2, 第5章§2.2
前置詞付き動詞（prepositional verbs）第1章§2.7
全否定（total negation）159-161
前方照応（anaphoric reference）136
相互代名詞（reciprocal pronouns）130, 131, 156, 第4章§2.1.4.7

総称的（generic） 114, 156, 157, 187, 188, 191, 192
総称文（generic sentences） 114, 157, 176, 182, 185, 第4章§2.2.1.1.4
相対時制（relative tense） 266, 267
想定的（irrealis） 349, 373-375
属格（the genitive case） 108
属性（attribute） 11, 15, 17, 20, 28, 43, 111, 114, 187, 197
測定（measurement） 23n
その他の前置詞（other prepositions） 第5章§2.2.3
その場で思い付いた余談（an impromptu aside） 323
存在文（existential sentences） 第1章§2.2, 49, 50, 188, 390

[た行]

態（voice） 11, 21-23, 25, 27, 47, 215, 226, 228, 237n, 252, 253, 266, 第5章§1.2.7, 第6章§2.2, §2.2.1, §2.2.2, §2.2.3, 378
第1文型（sentence pattern 1） 第1章§1
第2文型（sentence pattern 2） 第1章§1, 47, 326
第3文型（sentence pattern 3） 第1章§1
第4文型（sentence pattern 4） 第1章§1, 273
第5文型（sentence pattern 5） 第1章§1, 43, 273
対格（the accusative case） 36, 39-43, 50, 51, 108
代名詞*（pronouns） Part I §0.2, 第4章§2
代名詞類（pronominals） Part II §0.1, 第4章§2
奪格（the ablative case） 108
ダッシュ（dashes） 318, 第5章§3.3.4, 332
他動詞（transitive verbs） 20-22, 23n, 25, 26, 47, 57n, 85, 109, 144, 145, 第5章§1.1.1, 243n, 273-275, 390
単位（unit） 113, 119, 182

段階的（gradable） 25, 95, 102, 191, 263
単純過去形／単純過去時制（the simple past form/tense） 96, 117n, 第5章§1.2.4.2
単純未来（simple future） 258, 259, 264
単数（singular） 31, 第4章§1.1, 112-118, 120, 122, 123, 131-135, 143, 147, 154n, 158, 159, 164, 167, 168, 175, 177-179, 181, 183, 185-188, 190, 191, 193-196, 199n, 211, 212, 226, 228, 234, 276, 288, 289, 314, 317, 381, 382, 384
男性（masculine） 103, 104, 131, 133, 135
単独で用いられる代名詞類（'stand-alone' pronouns） 130, 第4章§2.1
単独で用いられる代名詞（'stand-alone' pronouns） 130, 第4章§2.1, 164, 202
単文（simple sentences） 54n, 第3章§2.1
談話（discourse） 184, 273, 275, 276
談話レベル（the discourse level） 276
知覚動詞（verbs of perception） 35-39, 42, 50, 51, 57, 221, 239, 356, 365
着点（goal） 26, 27
チャド諸語（Chadic） 103n
中英語（Middle English） 213
中間動詞（middle verbs） 23n, 274
中国語（Chinese） 19
抽象名詞（abstract nouns） 第4章§1.4, 第4章§1.4.4, 186
中心的決定詞（central determiners） 130, 173, 174, 第4章§2.2.1, 198-201
中性（neuter） 103, 104, 131, 133-135, 147
兆候（symptoms） 260, 262
直接疑問（文）（direct questions） 71, 152-154, 206n
直接修飾（direct modification） 第2章§1, 58-62
直接目的語（direct objects） 11, 25-28, 40, 43, 51, 59, 60, 98n, 99, 132, 273, 393
著者の we（inclusive authorial we） 143
通格（the common case） 108n
通性（common） 103, 133

1. 事項索引

提案（suggestion） 69, 72, 100, 231, 335, 377
定冠詞（the definite article） Part II §0.2, 103n, 104n, 111, 113-115, 117, 125-127, 156, 164, 第4章§2.2, §2.2.1, §2.2.1.1, §2.2.1.1.2, 188, 193, 195, 199, 269, 369
定形動詞（finite verbs） 38, 211, 212
程度（degree） 23n, 219n, 287, 288
問い返し疑問文（echo questions） 70, 71
ドイツ語（German） 103, 107
等位接続詞（coordinate conjunctions） Part I §0.2, 76-79, 88, 89, 160, 176, 209, 283, 309, 第5章§3.2
同格（apposition） 111, 146, 163n, 205
統語的機能（syntactic functions） 17, 155
統語レベル（the syntactic level） 150, 274, 276
動作（action） 11, 16n, 22, 23, 26, 47, 108, 220, 221, 239n, 253, 259n, 270, 274-276, 358, 361, 363n
動作主（agent） 276, 277, 362
動作動詞（action verbs） 22, 92, 94, 95, 151, 214, 第5章§1.1.3, 247, 第5章§1.2.3, 256, 268
動詞*（verbs） Part I §0.2, 第5章§1, §1.1
動詞の文法的種類（grammatical types of verbs） 第5章§1.1.1
動詞の補部（complements of verbs） 25, 26, 45, 214, 215, 第5章§1.1.2, 222n, 225, 280, 285, 341, 344, 345, 351, 353, 360, 368
動詞類（verbal categories） Part II §0.1, 209, 第5章§1, 211, 215, 277, 309, 345
動名詞（gerunds） Part I §0.2, 10, 76, 第3章§2.2, 96, 98n, 138, 140, 141n, 206, 第4章§3.3, 212, 213, 215, 218, 246, 306, 第6章§1, §2, 347, 351, 357, 第6章§2.3, §2.4
動名詞と不定詞（gerunds and infinitives） 第6章§2.4, §2.4.2
動名詞と分詞（gerunds and participles） 第6章§2.4, §2.4.1
動名詞の意味上の主部（the subjects of gerunds） 94, 150, 185, 232, 241, 253-255, 260, 266-268, 270, 272, 322, 第6章§2.3.2, 378
時（time） 55, 110, 125, 137-139, 151, 155, 229, 254, 255, 257, 第5章§2.2.2, 308, 361, 362, 365, 366, 393
時を表す前置詞（prepositions expressing time） 第5章§2.2.2
特定的（specific） 115, 156, 157, 183
独立分詞構文（absolute participial construction） 33, 367
独立用法（名詞の所有格）（the absolute use） 110
閉じられた類（closed class） 8, 9
とりたて詞（particularizers） 63, 64
トルコ語（Turkish） 19, 107, 108
トンガ語（Tongan） 19

［な行］

内項（internal arguments） 13, 第1章§3
内項の数に基づく文型（sentence patterns on the basis of the number of internal arguments） 13, 第1章§3
内容語（content words） 7-9
ナ形容詞（*na* adjectives） 278
7文型（seven sentence patterns） 30, 31, 49-51
二次的修飾（secondary modification） 第2章§3
二重目的語（double objects） 57, 109, 141
任意のM（optional Ms） 14
人称（the person） 79, 80, 131-133, 135, 141, 170, 211, 226-229, 236, 381, 382
人称代名詞（personal pronoun） 6n, 23, 24, 59, 107, 108, 128, 130, 第4章§2.1.1, 148, 151, 152, 154, 155, 158, 171, 173, 175, 第4章§2.2.1.2, 190, 195, 199
ネクサス目的語（nexus objects） 第1章§2.3

[は行]

倍数 (multiplicative) 174, 198, 第 4 章 §2.2.2.2
ハイフン (hyphens) 318, 第 5 章 §3.3.6, 334, 372
場所を表す前置詞 (prepositions expressing places) 第 5 章 §2.2.1
バスク語 (Basque) 108
8 品詞 (8 parts-of-speech) 3, 40, 88
ハンガリー語 (Hungarian) 108
パンクチュエーション (punctuation) 309, 第 5 章 §3.3
反事実的 (unreal) 214, 350
反復 (repetition) 94, 252, 270
比較 (comparison) 第 5 章 §2.1.3
比較級 (the comparative degree) 276, 285-289
ヒシュカリヤナ語 (Hixkaryana) 19
非制限用法 (the non-restrictive use) 323, 339n, 第 6 章 §3.1
必然的な未来 (a necessary future) 264
必要条件 (necessary condition) 24, 211
否定疑問文 (negative interrogative sentences) 68, 69, 243n, 250
非定形動詞 (non-finite verbs) 212
否定文 (negative sentences) 第 3 章 §1, §1.1, §1.2, §1.3, §1.4, 162, 163, 168, 194, 222, 223, 239-243, 245, 247, 250, 266, 287, 304, 305, 325
否定命令文 (negative imperative sentences) 72
被動作主 (patient) 26, 51, 277, 361
非難 (criticism) 70, 142
皮肉 (irony) 70
非人称 (impersonals) 170
開かれた類 (open classes) 8, 9
品詞* (parts-of-speech / word classes) Part I §0.1, §0.2
品詞のゴミ箱 (trash box of word classes) 63n

ヒンディー語 (Hindi) 103n
フィンランド語 (Finnish) 108
付加疑問文 (tag questions) 32, 第 3 章 §1.2, 73
不可算名詞 (uncountable/noncount nouns) Part II §0.2, 第 4 章 §1.1, 113, 118, 120, 121, 123-125, 133, 158, 159, 167, 172, 173, 175, 177-179, 185, 186, 194, 196, 198, 199, 222, 253
不格好な (clumsy) 161, 327
付加部 (adjuncts) 9n
不完全自動詞 (incomplete intransitive verbs) 15, 18, 38
複合語 (compound words) 201n, 281, 318, 329, 333, 371, 372
複合人称代名詞 (compound personal pronouns) 134
副詞* (adverbs) Part I §0.2, 第 5 章 §2, §2.1
副詞節を導く／副詞的従属接続詞 (adverbial subordinate conjunctions) Part I §0.2, 12, 24, 55, 58, 61, 62, 78, 88-90, 128, 205, 209, 214-216, 219, 277-279, 282, 283, 295, 第 5 章 §2.3, §3.1, 314, 316, 366
複数 (plural) 92, 第 4 章 §1.1, 113-118, 120, 122, 123, 125, 127, 131, 133-135, 141, 143, 147, 154n, 157-159, 163n, 165-168, 175, 177-179, 184-187, 190, 193, 194, 196, 199n, 201n, 212, 213n, 227, 228, 234, 276, 288, 317, 331, 381-384
複文 (complex sentences) 54n, 第 3 章 §2.1, §2.2, 324, 325, 337, 339
不信 (distrust) 70
付帯状況 (attendant circumstances) 58, 365, 366
普通名詞 (common nouns) 第 4 章 §1.4, §1.4.1, 120-124, 127
物質名詞 (material nouns) 第 4 章 §1.4, 113n, 第 4 章 §1.4.3, 121, 123, 125, 186
不定冠詞 (indefinite articles) 74, Part II

1. 事項索引

§0.2, 101, 111-114, 118, 125, 156, 157, 164, 第4章 §2.2, §2.2.1, §2.2.1.1, §2.2.1.1.1, §2.2.2.4, 184, 185, 187, 188, 194, 199, 201, 269

不定詞（infinitives） Part I §0.2, 10, 21, 26n, 27n, 35, 36, 第1章 §2.3, 47, 49-51, 57, 59, 60, 76, 77, 第3章 §2.2, 96, 98n, 136n, 137, 138, 140, 172, 176, 205, 206, 第4章 §3.2, 212, 214, 215, 218, 221, 222n, 223-226, 228, 248-250, 266, 279, 294n, 第6章 §1, §2, §2.1, 367, 369, 第6章 §2.4.2, 386

不定詞付き対格構文（accusative with infinitive constructions） 第1章 §2.3, 50, 51

不定詞の意味上の主部（the subjects of infinitives） 349, 第6章 §2.1.5, 378

不定詞の形容詞的用法（the adjectival use of the infinitive） 4, 340, 第6章 §2.1.2

不定詞の副詞的用法（the adverbial use of the infinitive） 340, 第6章 §2.1.3

不定詞の名詞的用法（the nominal use of the infinitive） 4, 340, 第6章 §2.1.1

不定代名詞（indefinite pronouns） 128, 130, 131, 142, 第4章 §2.1.4, 171, 174, 175, 182, 第4章 §2.2.1.3, §2.2.2.1, 281, 362

不定用法（the indefinite use） 第4章 §2.1.1.4, 158, 190

不特定的（non-specific） 156, 183

不定の過去（the indefinite past） 255, 268, 269

部分（part） 111, 196, 197

部分否定（partial negation） 159-161, 192

不変化詞（particles） 3, 16n

フランス語（French） 19n, 103, 104, 108n, 121

文型（sentence patterns） 第1章, 273, 326, 338

分詞（participles） Part I §0.2, 22n, 76, 第3章 §2.2, 117n, 211-215, 218, 219n, 224, 226, 267, 270, 272, 279, 287, 第6章 §1, §2, 347, 351, 第6章 §2.2, 368, 369, 第6章 §2.4.1

分詞構文（participial constructions） 33, 86, 357, 360, 364, 第6章 §2.2.3

分数（fraction） 174, 198, 200, 330

文の働き（sentence functions） Part I §0.1, §0.3, 13, 141, 339

文法性（grammatical gender） 104

分裂文（cleft sentences） 139, 141, 221

平叙疑問文（declarative questions） 70

平叙肯定文（declarative affirmative sentences） 168, 194

平叙否定文（declarative negative sentences） 194

平叙文（declarative/assertive sentences） 第3章 §1, §1.1, 69-71, 73, 75, 152-154, 227, 239, 248, 249, 317, 319

ベルベル諸語（Berber） 103n

ベンガル語（Bengali） 103n

編集者の we（editorial *we*） 134n, 143

母音（vowels） 13, 180, 181, 213n, 237n

法（法助動詞の法を含む）（mood） 35, 72, 78n, 96, 117n, 151, 211-214, 第5章 §1.2.1, §1.2.2, 255, 272, 349, 350, 第6章 §2.4.2

方法（ways） 306, 393

ポーズ（pause） 76, 317, 385, 388

補語（complements） Part I §0.1, §0.3, 第1章 §1, §2.2, §2.3, §2.4, §2.5, §2.6, §3, 54, 57, 58, 73, 84, 85, 92, 98, 99, 109, 129, 132, 134, 138n, 140n, 141, 146, 153, 181, 187, 204-208, 219n, 273, 283, 284, 310, 312, 313, 325n, 338n, 347, 368, 382, 390, 393

補部（complements） 4, 9n, 18, 23n, 25, 26, 33, 36, 39, 41-43, 45, 48, 50, 55n, 第2章 §2, 62, 97, 150, 202-208, 210, 214, 215, 第5章 §1.1.2, 221-223, 225-228, 229n, 248, 250, 277, 278, 280, 281, 第5章 §2.1.2, §2.1.2.1, §2.1.2.2, 291, 292, 294-296, 301, 325, 328, 341-349, 第6章 §2.1.4, 353, 357, 360, 第6章 §2.2.2, 368, 370, 375, 376-379,

386n
補部になる形容詞（adjectives as complements）　第5章§2.1.2, §2.1.2.1
補部になる副詞（adverbs as complements）　第5章§2.1.2, §2.1.2.2
補部になる不定詞（infinitives as complements）　第6章§2.1.4
補部になる分詞（participles as complements）　第6章§2.2.2
ポルトガル語（Portuguese）　103n
本動詞（main verbs）　35, 36, 51, 66, 68, 214, 222, 223, 225, 227, 248-250

[ま行]

マラガシ語（Malagasy）　19
未完結（imperfective）　252, 264, 270, 372
未来表現（future expressions）　第5章§1.2.4.3, 350
無標（unmarked）　66, 83n, 276, 294
名詞*（nouns）　Part I §0.2, 第4章§1
名詞以外の主部（subjects that are not nouns）　第1章§2.8, 第4章§3
名詞修飾の分詞（participles modifying nouns）　第6章§2.2.1
名詞節を導く／名詞的従属接続詞（nominal subordinate conjunctions）　Part I §0.2, 10, 12, 58, 88, 89, 97, 98n, 128, 130, 176, 214-217, 第4章§2.3, 283, 第5章§3.1
名詞を伴う代名詞類（pronominals accompanying nouns）　130, 132, 150, 152, 第4章§2.2
命題内容（proposition）　34, 65
命令（command, order）　71, 72, 231, 235, 260, 261, 265, 266, 351
命令文（imperative sentences）　第3章§1, §1.3, 75, 78, 221, 234, 266, 314, 319, 374
命令文＋and（an imperative sentence + and）　314

命令法（imperative mood）　72, 78n, 96, 151, 211, 212, 229, 第5章§1.2.1.3, 373, 374
目的（purpose）　140n, 186, 236, 第5章§1.2.2.2, 255, 308, 350, 352, 372
目的格（objective case）　11, 22-27, 38, 60, 84, 85, 89, 第4章§1.3, §1.3.1, 111, 128, 132-135, 147, 152n, 196, 197, 370, 371, 382, 387-392
目的格補部（objective complements）　11, 15, 17, 28, 43, 44, 52, 99, 109, 140, 283, 284
目的語（objects）　Part I §0.1, §0.3, 第1章§1, §2, §3, 第2章§2, 73, 82-85, 92, 98, 99, 109, 129, 132, 134, 137, 138, 141, 144-147, 153-155, 204-208, 215, 216n, 255, 273-275, 283, 285, 305, 310, 313, 325n, 338, 347-349, 352-354, 356, 361, 368, 369, 378n, 382, 384, 386, 387, 390, 393

[や行，ら行]

有標（marked）　276
様態（manner）　57n, 140n, 221, 309, 361, 362
与格（the dative case）　108
予測（prediction）　260, 261
予定（plans）　220, 226n, 262-265, 351
ラテン語（Latin）　108, 121
リズム（rhythm）　8, 317
理由（reason）　21, 305, 308, 365, 366, 393
歴史的現在（historic present）　254, 257
連結詞（connectors）　32, 89, 91, 216, 第5章§3, §3.1, §3.2, 324-326
連語関係（collocation）　124, 160, 302, 303, 306
ロシア語（Russian）　103n, 108
ロマンス系（Latin, Romanic）　122
ロマンス語派（the Romance languages）　108n
定の過去（the definite past）　255, 268,

269

[英語]

ASC　278, 295, 296, 第5章 §2.3, 第5章 §3.1

CC　第5章 §3.1

do の支え／do による支え（*do*-support）　66, 67, 72, 222-225, 227, 250

get の過去分詞（the past participle of *get*）　117n

it の特殊用法（the special uses of *it*）　第4章 §2.1.1.3

NSC　97, 第4章 §2.3, 第5章 §3.1

S+V+O+SC（S+V+O+SC）　第1章 §2.4, 50

to 不定詞（*to*-infinitives）　26n, 27n, 35-37, 47, 49, 51, 57, 59, 137, 138, 214, 215, 221, 222n, 224, 226, 250, 266, 294n, 341, 346, 351, 355, 374, 375

we の特殊用法（the special uses of *we*）　134n, 第4章 §2.1.1.5

wh 疑問文（wh-questions）　68, 69, 152, 153, 206n

will+進行形（*will*+the progressive）　第5章 §1.2.4.3.3

yes-no 疑問文（yes-no questions）　68, 69, 71, 206n

2. 語句索引

1. アルファベット順に並べている.
2. ＊を付した語は文法的・意味的に重要な箇所もしくは範囲のみを記載している.
3. §付きの数字はセクション番号を表し，関連項目を文法的に説明している箇所である．その後の（ ）内の数字は該当のページ数を表す．
4. 単独の数字はその語句が例文に含まれているページ数を示し，nは脚注を表す．

[A]

a(n)＊　6n, Part II §0.1 (89), §0.2, 第4章 §2 (128), §2.2 (173), §2.2.1 (180)
a bit　第5章 §2.1.3 (288)
a different man　16, 269
a few　62, 63, 70n, 第4章 §1.1 (102), 129, 第4章 §2.2 (175, 195, 201), 230, 270
a large number　102, 第4章 §2.2.1 (195)
a little　63, 第4章 §1.1 (102), 152, 第4章 §2.2 (175), §2.2.3 (201), 215, 243, 288, 290, 356, 367
a lot of　第4章 §1.1 (102), §2.2.1 (181, 197), 208, 218, 247, 331, 349
a number of　第4章 §2.2.1 (195), 322
a women's college　第4章 §1.3.2 (111), §2.2.1 (196)
able　第5章 §1.2 (226, 228, 230, 238), 349
about　5, 12, 39, 50, 93, 123, 144, 145, 156, 165, 166, 192, 197, 199, 200, 204, 208, 214, 218-220, 223, 第5章 §1.2 (226), 281, 288, 第5章 §2.2 (292, 306, 307), 328, 332, 333, 364, 371, 377, 385, 391
above　215, 230, 265, 第5章 §2.2 (292, 298-301), 362

absent　第4章 §2.1.1 (144), 268
according to　第5章 §2.2 (292)
achievement　7, 8, 第4章 §1.4.4 (121, 122), 289
acoustics　第4章 §1.4.4 (121)
across　147, 264, 第5章 §2.2 (292)
adjust　第4章 §2.1.1 (144)
admire　第1章 §1 (20, 22, 23n), 192, 第6章 §2.2.1 (363), 389
admit　第1章 §2.3 (37), 223, 228, 第6章 §2.4.2 (375n, 376)
Adriatic　第4章 §1.4.5 (126)
advice　第4章 §1.1 (100), 271
advisable　第5章 §1.2.1 (232)
advise　第6章 §2.1.5 (353), §2.1.6 (356)
afraid　第1章 §1 (21, 26), §2.6 (47), 237, 284
after　20, 21, 25, 47, 135, 140, 145n, 161, 201, 204, 219, 238, 243, 249, 251, 282, 第5章 §2.2 (292, 294n, 295, 306), §2.3 (307), 351, 375
against　37, 38, 125, 第5章 §2.2 (292)
air　第4章 §1.1 (101), §1.4.3 (118-120), §2.2.1 (178, 179)
-al　第4章 §1.4.4 (122)

2. 語句索引

alcohol　第4章 §1.4.3 (118), 124
alight　第5章 §1.2.7 (275)
alive　第5章 §2.1.2 (284)
all　5, 10, 30, 31, 49, 第2章 §1 (56), 62, 79, 98, 105, 第4章 §2 (129, 130, 155, 156, 159-163, 167, 172, 174, 180, 181, 186, 190, 191, 194, 198), 205, 214, 227, 238, 243, 248, 249, 260, 270, 288, 289, 321, 322, 327-329, 341, 344, 351, 361
all the more　第5章 §2.1.3 (289)
all the time　第4章 §2.2.1 (180), 第5章 §2.7.0 (270)
allow　第1章 §2.3 (37, 40), 第5章 §1.2.2, (240, 241), 第6章 §2.1.6 (356)
alone　201, 214, 241, 第5章 §2.1.2 (284), 366, 377
along(st)　第5章 §2.2 (292), 360
Alps　第4章 §1.4.5 (126, 127), §2.2.1 (184)
also　第2章 §3 (63), 314, 344, 392
always　14, 16, 144, 152, 208, 244, 245, 第5章 §2.7.0 (270), 290, 313, 351, 376, 390
among　116, 第5章 §2.2 (292)
anatomy　第4章 §1.4.4 (121)
and*　第5章 §3.1 (311), §3.2 (311-314, 316)
Andes　第4章 §1.4.5 (126)
angry　16, 19, 140n, 142, 323, 355
animal　100, 第4章 §1.4.1 (113), 188, 192
another　69, 73, 103n, 120, 第4章 §2.1.4 (155, 156, 164-166, 168), §2.2 (174, 175, 193), 205, 260, 302
answer　10, 21, 31, 46, 62, 67, 138, 161, 195, 204, 205, 221, 222, 276, 334, 341, 362, 376
ant　第4章 §1.4.1 (113)
anthropology　第4章 §1.4.4 (121)
anxious　58n, 118, 296, 356
any　45n, 62, 66n, 第4章 §2 (155, 157, 167, 169, 174, 175, 193-196), 215, 217, 256, 261, 289, 298, 321, 334, 355, 362, 371, 389
anybody　第2章 §1 (56), 第4章 §2.1.4 (167, 169-171), 391
anyone　第2章 §1 (56), Part II §0.1 (89), 第4章 §2 (128), §2.1.4 (167, 169, 170), 171, 172
anything　27n, 第2章 §1 (56), 第4章 §2.1.4 (167, 169, 170), 225, 248-250, 333, 392
apparatus　第4章 §1.4.2 (118)
appear　第1章 §1 (18), §2.2 (33, 35, 36), 169, 第5章 §1.1.3 (221)
approach　第5章 §1.2.7 (275)
appropriate　第5章 §1.2.1 (232)
aptitude　第4章 §1.4.4 (121, 122)
archive　第4章 §1.4.2 (115)
Arctic　第4章 §1.4.5 (126)
Argentine　第4章 §1.4.5 (126)
aristocracy　第4章 §1.4.2 (115)
army　第4章 §1.4.2 (115), 314
around　75, 94, 99, 127, 141, 152, 186, 200, 第5章 §2.2 (292), 366
arrival　第4章 §1.4.4 (121, 122), 136
arrive at　第1章 §1 (20, 21, 26), 第1章 §2.7 (47, 48), 第5章 §1.2.7 (275), §2.2.1 (297), §2.2.2 (305), 366
art　第4章 §1.1 (100)
artillery　第4章 §1.4.2 (118)
as　14, 24, 第1章 §2.4 (43-45, 50), 55, 92, 116n, 127, 132, 135n, 138, 143, 180, 188, 196, 197, 202, 第5章 §1.1.2 (216, 219), 223, 229, 230, 231n, 265, 272, 第5章 §2.1.3 (287-289), §2.2 (292, 295n, 308), §2.3 (309), 316, 321, 325, 334, 364, 375, 388
as ~ as can be　第5章 §2.1.3 (289)
as ~ as possible　第5章 §2.1.3 (289), 342
as far as　第5章 §2.3 (309)
as for　第5章 §2.2 (292)
as if　第5章 §1.1 (215, 219, 220), §1.2.1 (233), 325
as long as　第5章 §2.3 (308)
as regards　第5章 §2.2.3 (306)
as soon as　24, 342
as soon as possible　342

as to 第 5 章 §2.2 (292)
as well 383
as well as 第 4 章 §2.1.1 (132), 229
ask 12, 第 1 章 §1 (27n), §2.3 (37), 67, 第 3 章 §1.2 (71), 99, 129, 第 4 章 §2.1.3 (153, 154), 192, 205, 第 4 章 §3.1 (207), §3.2 (207), 第 5 章 §1.1.2 (217), 219, 225, 230, 248, 250, 290, 第 5 章 §2.2.3 (307), 309, 312, 第 6 章 §2.1.5 (353), 356, 362, 363, 第 6 章 §2.4.2 (376), 391
assert 第 1 章 §2.3 (37)
assignment 第 4 章 §1.1 (100-102), 198
association 第 4 章 §1.4.2 (115)
assume 第 1 章 §2.3 (41)
astronomy 第 4 章 §1.4.4 (121)
at* 第 5 章 §2.2 (292-294, 296, 297, 303, 305, 310)
at best 第 5 章 §2.1.3 (291)
at liberty 第 4 章 §1.4.4 (124)
at one's wits' end 第 4 章 §1.3.2 (110)
at the latest 第 5 章 §2.1.3 (291)
at the most 第 5 章 §2.1.3 (291)
athletics 第 4 章 §1.4.4 (121)
Atlantic 124, 第 4 章 §1.4.5 (126), §2.2.1 (184), 320
attempt 第 6 章 §2.4.2 (377, 379n)
audience 第 4 章 §1.4.2 (115), 359
aunt 第 4 章 §1.2 (105), 224
avail 第 4 章 §2.1.1 (144)
avoid 第 6 章 §2.4.2 (375, 376)
awake 第 5 章 §2.1.2 (284)
awareness 58n

[B]

baby 79n, 第 4 章 §1.2 (103n), 111, 135, 186, 194, 197, 260, 329, 358, 372, 373, 377, 378
baby boy 第 4 章 §1.2 (103n, 106)
baby girl 第 4 章 §1.2 (103n, 106)
bachelor 第 4 章 §1.2 (104, 106)

bag 第 4 章 §1.1 (100, 101), 107, 200, 236, 241, 285, 373
baggage 第 4 章 §1.1 (100), §1.4.3 (118), 259
ball 94, 第 4 章 §1.4.1 (113)
band 第 4 章 §1.4.2 (115), 180
bank 第 4 章 §1.4.2 (115), 249, 342
bar 第 4 章 §1.4.3 (119)
BBC 第 4 章 §1.4.2 (115)
be* 第 1 章 §1 (17, 18, 24n), §2.1 (30), §2.2 (31, 32), 第 3 章 §1.1 (66, 67), §1.2 (68-70), §1.3 (72), §1.4 (74), 第 5 章 §1.1 (211-213, 215, 218), §1.2 (222-226, 253, 270, 272, 273)
be (*to*-infinitive) 105, 116, 132, 160, 第 5 章 §1.2 (222n, 226), 229, 第 5 章 §1.2.4 (257, 265, 266), 第 6 章 §2.1.3 (351), 352, 第 6 章 §2.4.2 (374)
be going (*to*-infinitive) 11, 71, 142, 149, 199, 第 5 章 §1.2 (226, 228, 247, 249, 257, 260, 261, 263, 266), 289, 321
beautiful 第 3 章 §1.4 (74), 161, 179, 180, 第 5 章 §2.1 (279, 287, 289, 290)
beauty 15n, 第 4 章 §1.4.4 (121), 171, 255
beaver 第 4 章 §1.4.1 (114, 115)
because 6, 124, 205, 239, 241, 295, 第 5 章 §2.3 (308), §3.1 (310), 320, 330, 363, 366, 385
because of 第 5 章 §2.2 (292)
become 3, 10, 第 1 章 §1 (14, 18, 19), §2.1 (30), §2.3 (38), §2.4 (45), §3 (49, 50), 57, 77, 92, 99, 114-116, 123, 140, 183, 207, 229, 273, 288
bee 第 4 章 §1.2 (106)
beer 69, 第 4 章 §1.4.3 (118, 120), 170, 193, 316
before 10n, 136, 161, 200, 204, 233, 243, 259, 265, 269, 270, 第 5 章 §2.2 (292, 304), 369, 379
beg 第 1 章 §2.3 (42), Part II §0.2 (95)
beggar Part II §0.2 (95)

begin 140, 186, 第5章 §1.2.3 (252), 289, 343, 第6章 §2.1.4 (351), 362, 366, 第6章 §2.4.2 (377)
behave 第1章 §1 (14), 第2章 §2 (57), 第3章 §1.3 (72), 第4章 §2.1.1 (144), 第5章 §1.1 (215, 217, 219), §1.2.1 (234), §2.1.2 (285)
behavio(u)r 75, 第4章 §1.4 (112), 123, 152, 319
behind 第4章 §2.1.1 (145), 194, 第5章 §2.2 (292), 308, 367
believe 6, 第1章 §2.3 (40-43), 123, 143, 第4章 §2.1.3 (154), 196, 197, 200, 218, 第5章 §1.1.3 (221), §1.2.2 (239, 243), 304, 323, 325, 326, 339, 352, 369, 386
belong Part II §0.2 (94, 95), 第5章 §1.1.3 (220), §1.2.3 (253)
below 16n, 第5章 §2.2 (292, 300, 301), 313
beneath 第5章 §2.2 (292)
beside 16n, 146, 第5章 §2.2 (292, 301, 302), 365
beside oneself 第4章 §2.1.1 (146)
beside the mark 16n
besides 第5章 §2.2 (292)
best 6, 10n, 56, 115, 158, 163, 第4章 §2.2.1 (183, 190), 234, 244, 第5章 §2.1.3 (287, 288, 291), 321, 349
better 10n, 116n, 138, 148, 158, 225, 261, 第5章 §2.1.3 (287, 291), 297, 321, 379n
between 132n, 269, 第5章 §2.2 (292), 332
between you and I 132n
beyond 第5章 §2.2 (292)
Bible 第4章 §1.4.5 (126)
bid 第1章 §2.3 (37)
biography 第4章 §1.4.2 (118)
biology 第4章 §1.4.4 (121, 122)
bird 76, 第4章 §1.4.1 (113), 160, 163, 265, 275, 309, 369, 377
bitch 第4章 §1.2 (106)
blame 132, 144, 229, 354

blood 第4章 §1.4.3 (120)
bloom 第4章 §1.4.3 (119)
board 第4章 §1.4.2 (115, 116n), 257
Bodleian 第4章 §1.4.5 (126)
boil 第1章 §1 (16), 324, 365
book 4-6, 31, 50, 80, 81, 108, 110, 第4章 §1.4.1 (113), 141, 154, 164, 165, 177-179, 193, 199, 213n, 282, 288, 332, 358, 359, 362, 372, 376, 381, 389, 390, 392
Bosporus 第4章 §1.4.5 (126)
Boston 25, 99, 第4章 §1.4 (112,125), §2.2 (177), 219n, 251, 312, 355
both 77, 第4章 §2 (130, 151, 155, 156, 159n, 160-162, 167, 174, 180, 198), 第5章 §2.1.1 (283), §3.2 (314), 339n
both ~ and ... 第4章 §2.1.4 (160-162), 第5章 §2.1.1 (283), §3.2 (314)
bother 72, 84
bound 第5章 §1.2 (226), §2.2.1 (303), 362
bourgeoisie 第4章 §1.4.2 (115)
boy 3, 79, 80, 第4章 §1.2 (103n, 105), §1.3 (109, 111), 113, 181, 189, 196, 319, 331, 358, 360, 366
boyfriend 第4章 §1.2 (103n, 106)
bravery 第4章 §1.4.4 (121)
bread 第4章 §1.1 (102), §1.4.3 (118)
bread and butter 314
breakfast 5, 10n, 85, 189, 221
breath 第4章 §1.4.3 (119), 171
bride 第4章 §1.2 (104, 107)
bridegroom 第4章 §1.2 (107)
British Museum 第4章 §1.4.5 (126)
brother 14, 38, 第4章 §1.2 (105), 110, 135, 153, 184, 186, 202, 294n, 370, 387, 388
bull 第4章 §1.2 (106)
bullterrier 第4章 §1.4.1 (114), §2.2.1 (187, 188)
Burg 第4章 §1.2 (104n)
but* 第5章 §2.2 (292, 294n), §3.1 (310), §3.2 (311, 313-316)

butter 第 4 章 §1.4.3 (119), 314
buy 4, 48, 110, 135, 177, 232, 234, 270, 277, 295n, 390, 394
by* 第 5 章 §1.2.7 (272-275, 277), §2.2 (292, 293), §2.2.1 (301, 302), §2.2.2 (304, 305), §2.2.3 (306)
by a hair's breadth 第 4 章 §1.3.2 (110)
by means of 第 5 章 §2.2 (292)
by oneself 第 4 章 §2.1.1 (146), 258, 348, 355

[C]

cake 第 4 章 §1.4.3 (119)
can (*aux.*)* 第 5 章 §1.2 (222n, 225-227, 229, 231n, 232, 233, 235-247, 260, 261)
can (*n.*) 第 4 章 §1.4.3 (119)
cannot help -ing 第 6 章 §2.3.2 (371)
capital 123, 136
car 14, 22, 51, 68n, 第 4 章 §1.1 (101), 107, 127, 129, 181, 183, 185, 189, 192, 211n, 214, 216, 232, 234, 239n, 242, 243, 245, 282, 290, 295, 302, 321, 343, 379
care 117, 第 4 章 §1.4.4 (124), 145n, 第 5 章 §1.1.3 (221), 291, 312, 320, 334, 339n
cast 第 4 章 §1.4.2 (115)
cat 第 4 章 §1.4.1 (113), 187, 188, 365
catch sight of 第 4 章 §1.4.4 (125)
catch up with 第 4 章 §2.1.1 (145n)
cattle 第 4 章 §1.4.2 (117), 171, 172, 186
Caucasus 第 4 章 §1.4.5 (126)
cause 第 1 章 §2.3 (37), 58n, 61, 152, 207
cease 第 6 章 §2.4.2 (377, 378)
celery 第 4 章 §1.4.3 (118)
chair 20, 21, 第 1 章 §2.7 (47, 48), Part II §0.2 (93), 第 4 章 §1.1 (100), §1.2 (103n), §1.3 (106n), 187, 219, 261, 280, 349, 383, 384
chalk 第 4 章 §1.4.3 (118, 119)
challenge 第 1 章 §2.3 (40)
chance 32, 116n, 261, 355, 371, 389

change 第 4 章 §1.4.4 (121), 141, 245, 319, 362, 378, 381
chase 第 5 章 §1.2.7 (273)
child 10, 11, 14, 27n, 38, 46, 61, 79n, 第 4 章 §1.2 (103n), §1.3 (107, 109, 112), 124, 159-161, 184, 192, 194, 195, 198, 231, 241, 259n, 270, 281, 284, 285, 291, 297, 317, 319, 325, 343, 354, 355, 361, 364, 368, 372, 377, 389
chocolate 第 4 章 §1.4.3 (118)
choir 第 4 章 §1.4.2 (115)
choose 第 1 章 §2.3 (37), 134, 192
civilization 第 4 章 §1.4.4 (121, 122)
class 58, 59, 109, 第 4 章 §1.4 (112, 115), 194, 249, 286, 288, 332
classics 第 4 章 §1.4.4 (121)
clergy 第 4 章 §1.4.2 (117)
clot 第 4 章 §1.4.3 (120)
cloth 第 4 章 §1.4.3 (120), 299
clothes 112, 282
club 第 4 章 §1.4.2 (115), 235
coal 第 4 章 §1.4.3 (118)
cock 第 4 章 §1.2 (106)
coffee 第 4 章 §1.4.3 (119n), 296
coin 第 4 章 §1.1 (102)
cold-blooded 329
Coliseum 第 4 章 §1.4.5 (126)
college 111, 112, 第 4 章 §1.4.2 (115), 123, 190, 196
come 第 1 章 §1 (18), 40, 41, 第 1 章 §2.5 (46), 58, 69, 70n, 72, 73, 80, 92, 127, 163, 186, 191, 199, 202-204, 214, 217, 219n, 222, 225, 226, 231n, 247, 249, 254, 256, 258n, 268, 269, 273, 282, 302, 308, 310, 324, 325, 340, 351, 352, 第 6 章 §2.2 (358), 360, 366, 383, 384, 389, 391, 392, 394
comfort 第 4 章 §1.4.4 (121)
command 第 1 章 §2.3 (42)
commission 第 4 章 §1.4.2 (115), 197
Commons 第 4 章 §1.4.2 (117)

communication 35, 36, 第4章 §1.4.4 (121, 122), 329
community 第4章 §1.4.2 (115), 125
company 61, 第4章 §1.4.2 (115), 152, 163, 197, 291, 342, 362
compel 第1章 §2.3 (37, 40)
completion 第5章 §1.2.3 (252)
computer 6n, 70, 第4章 §1.1 (100, 101), §1.4.1 (113), 125, 156, 157, 170, 207, 237, 259, 298, 367, 376, 385
concerning 第5章 §2.2.3 (306)
concert 18, 294n
confess 第1章 §2.3 (37, 40, 41)
confident 第5章 §2.2.3 (306)
Congress 第4章 §1.4.2 (115)
consider 第1章 §1 (17), §2.1 (31), §2.3 (41), §3 (50), 第2章 §2 (59, 60), 第4章 §2.1.3 (154), 第5章 §1.1.2 (218), §1.1.3 (221), 289, 第6章 §2.1.1 (348), 354, 第6章 §2.4.2 (375, 376, 378)
consist 第5章 §1.1.3 (220)
constantly 第5章 §2.7.0 (270), 290
constrain 第1章 §2.3 (37)
contain 第5章 §1.1.3 (220)
continue 61, 72, 125, 第6章 §2.4.2 (377, 378)
convince 第1章 §2.3 (42)
corn 第4章 §1.1 (101n), §1.4.3 (118)
corporation 第4章 §1.4.2 (115)
cost 第5章 §1.2.4 (253n), §1.2.6 (272), §1.2.7 (274, 275), 290, 392
could* 第5章 §1.2 (225, 232, 233, 235-241, 243n)
council 第4章 §1.4.2 (115)
couple 第4章 §1.4.2 (115), 258
cow 第4章 §1.2 (106), 151
-cracy 第4章 §1.4.4 (122), 329
crawl 第5章 §1.2.7 (275)
creature 第4章 §1.4.1 (113)
crew 105, 第4章 §1.4.2 (115, 116)
Crimea 第4章 §1.4.5 (126)

crowd 第4章 §1.4.2 (115, 116n), 125, 200
cube 第4章 §1.4.3 (119)
culture 第4章 §1.4.4 (121)
curtain 17n, 95
cut 46, 第4章 §1.4.3 (119), 247, 第5章 §1.2.4 (253n), 268, 306

[D]

dab 第4章 §1.4.3 (119)
dancing girl 第6章 §2.4.1 (373)
dare 第1章 §2.3 (40), 第5章 §1.2 (225, 227, 235, 237, 247, 249, 250)
dark 3, 122, 140, 281, 326
darkness 第4章 §1.4.4 (121, 122), 332
das (German) 第4章 §1.2 (103n, 104n)
data 第4章 §1.4.2 (115)
daughter 70, 94, 第4章 §1.2 (103n, 105), 186, 201, 214, 268, 291, 371
day 67, 第4章 §1.1 (100, 101), §1.3 (111), §1.4.1 (113), 116, 127, 135, 144, 172, 179-181, 183, 196, 第4章 §2.2.1 (196), 202, 210, 240, 245, 258, 270, 272, 273, 280, 304, 333, 341n, 351, 391
decide 105, 140, 197, 214, 215, 第5章 §1.2.1 (232), 264, 321, 324, 339n, 第6章 §2.4.2 (376)
decision 196, 197, 第5章 §1.2.1 (232), 265, 290, 323
decree 第5章 §1.2.1 (232)
defy 第1章 §2.3 (40)
demand 186, 第5章 §1.2.1 (232)
demean 第4章 §2.1.1 (144)
democracy 第4章 §1.4.4 (121-123), 231n
deny 第1章 §2.3 (37, 41), 371, 第6章 §2.4.2 (375)
department 第4章 §1.4.2 (115)
depend 61, 205
dependence 61
dependent 第2章 §2 (58)
der (German) 第4章 §1.2 (103n)

deserve　136, 第 5 章 §1.1.3 (220), 第 6 章 §2.4.2 (378)
desirable　第 5 章 §1.2.1 (232)
desire　第 1 章 §2.3 (37)
desk　93, 第 4 章 §1.4.1 (113), 320
despite　第 5 章 §2.2 (292)
destruction　58n, 61n
Dhaulagiri　第 4 章 §1.4.5 (126)
die　92, 138, 149, 152, 153, 158, 187, 282, 284, 第 5 章 §2.2.3 (305, 306), 325, 第 6 章 §2.2 (358), 364, 375, 390, 394
die (German)　第 4 章 §1.2 (103n, 104n)
differ　122, 第 5 章 §1.1.3 (220), 339n
difference　第 4 章 §1.4.4 (121, 122)
difficulty　2, 第 4 章 §1.4.4 (121), 312
diligence　第 4 章 §1.4.4 (121)
dinner　69, 207, 233, 251, 295, 307
dirt　第 4 章 §1.4.3 (118)
do*　第 3 章 §1 (66-69, 71, 72, 75), 第 4 章 §2.1.3 (152-155), 第 5 章 §1.1 (211-213, 215, 216, 218, 219, 221), §1.2 (222-228, 230, 232, 233, 235, 238, 243, 245, 246, 248-256, 258, 260, 265, 268-271, 274, 277), 第 6 章 §2.1.4 (351)
do away with　第 4 章 §2.1.1 (145n), 389
doctor　57, 85, 86, 第 4 章 §1.2 (103n), 109, 127, 182, 198, 206, 221, 333, 352
dog　20, 25, 79, 98, 第 4 章 §1.2 (106), 145, 147, 187, 189, 216, 240, 261n, 269, 283, 284, 315, 342, 360, 361
dollar　第 4 章 §1.4.1 (113), 192, 274
-dom　第 4 章 §1.4.4 (122)
doubt　第 5 章 §1.1.3 (221)
down　27n, 28, 29, 145, 186, 190, 200, 204, 230, 239, 249, 261, 270, 第 5 章 §2.2 (292), 340, 342, 365, 390, 391
drake　第 4 章 §1.2 (106)
dream　207, 第 5 章 §2.2.3 (306)
dress　19, 第 4 章 §2.1.1 (144), 247, 262, 325
drive　第 1 章 §2.3 (37), 129, 264, 265, 279, 295, 303, 381, 392, 393
drone　第 4 章 §1.2 (106)
drop　第 4 章 §1.4.3 (119, 120), 189, 204, 371
drown　第 5 章 §1.2.3 (252)
duchess　第 4 章 §1.2 (107)
duck　第 4 章 §1.2 (106)
due to　第 5 章 §2.2 (292)
duke　45n, 第 4 章 §1.2 (107), 299
dust　第 4 章 §1.4.3 (118, 119)
dynamite　第 4 章 §1.4.3 (118)

[E]

each　第 4 章 §2 (130, 155, 156, 163, 167, 168, 174, 175, 190-193, 195, 201, 274, 326, 387
each other　第 4 章 §2 (130), §2.1.4 (168), 195, 326
ear　第 4 章 §2.2.1 (181)
ease　第 4 章 §1.4.4 (124)
East China Sea　第 4 章 §1.4.5 (126)
eat　第 1 章 §1 (16), §2.5 (46), 74, 138, 157, 182, 240, 251, 295, 304, 307, 340, 379, 386n
economics　第 4 章 §1.4.4 (121)
Economist　第 4 章 §1.4.5 (126)
economy　第 4 章 §1.4.4 (121)
effort　第 4 章 §1.4.4 (121), 379n, 391
Eiger　第 4 章 §1.4.5 (126)
either　第 4 章 §2 (132, 155, 156, 159n, 160n, 161-163, 167, 174, 175, 190), 229
either ~ or ...　第 4 章 §2.1 (132, 160n, 162, 163), 229
elect　Part I §0.3 (12), 第 1 章 §1 (28), §2.3 (39), 第 4 章 §1 (99), §1.3.1 (109), 187, 第 5 章 §1.1.2 (216), 231, 第 5 章 §1.2.7 (273)
elite　第 4 章 §1.4.2 (115)
-ence　第 4 章 §1.4.4 (122)
end　21, 36, 47, 49, 110, 135, 190, 199, 247, 282

2. 語句索引

enemy 第4章 §1.4.2 (115), 313
England 3, 110, 第4章 §1.4.2 (115)
England's rose 第4章 §1.3.2 (110)
enjoy 30, 第1章 §3 (49, 50), 76, 192, 202, 331, 332, 366, 第6章 §2.4.2 (375, 376)
enough 48, 133, 138, 146, 163, 第4章 §2.2 (174), §2.2.1 (175), 276, 320, 350, 354, 第6章 §2.1.6 (355)
enough (*to*-infinitive) 138, 163, 350, 354, 第6章 §2.1.6 (355)
enter 第1章 §1 (16), 328n, 333, 342
escape 第6章 §2.4.2 (375, 376)
estimate 第4章 §2.2.3 (201)
ethics 第4章 §1.4.4 (121, 123)
even 第2章 §3 (63), 127, 162, 199, 237, 241, 291
even if 第5章 §1.2.1 (231n), §2.3 (309)
Everest 第4章 §1.4.5 (126)
every 第2章 §1 (56), 第4章 §1.3.2 (111), §2.1.4 (156, 163, 167, 169), §2.2 (174, 175, 190-194, 196, 202), 210, 226, 245, 251, 254, 255, 259n, 273, 308, 351, 352, 355, 381
every time 226, 第5章 §2.3 (308)
everybody 第2章 §1 (56), 78, 129, 第4章 §2.1.4 (167, 169, 170), 第5章 §1.2.1 (234), 277, 328, 387
everyone 28, 32, 第2章 §1 (56), 59, 60, 103n, 125, 138, 第4章 §2.1.4 (158, 163, 167, 169, 170)
everything 10, 21, 32, 47, 第2章 §1 (56), 第4章 §2.1.4 (167, 169, 170), §2.2.1 (192), 220, 223, 228, 239, 244, 326
examination 第4章 §1.4.4 (121, 122), 233, 244, 308
except 208, 第5章 §2.2 (292, 294n)
except for 第5章 §2.2 (292)
exist 第5章 §1.1.3 (220)
expect 24, 27n, 第1章 §2.2 (32, 33), 103n, 275, 315, 第6章 §2.1.5 (352, 353), 371, 第6章 §2.4.2 (376)
experience 第4章 §1.1 (99, 100), 195, 315
extinct 10, 114, 115, 183

[F]

fall 第1章 §1 (18), 140, 171, 189, 227, 260, 284, 298, 308, 343, 第6章 §2.2 (359, 372)
family 74, 82, 83, 第4章 §1.1 (100, 101), §1.4.2 (115, 116), 136, 215, 293, 294, 350, 371
far 55, 151, 194, 第5章 §2.1.3 (287, 288)
father 19, 41, 79, 第4章 §1.2 (103n, 105), §1.3 (107, 111), 第4章 §1.4 (112), §2.2 (174), 194, 第4章 §2.2.1, 272, 277, 284, 287, 288, 326, 381, 390, 394
FBI 第4章 §1.4.5 (126)
fear 第1章 §1 (21), 第5章 §1.1.3 (221), 305
federation 第4章 §1.4.2 (115)
feel 第1章 §1 (15, 18), §2.3 (36-38), 58n, 78, 140, 143, 161, 208, 第5章 §1.1.3 (221), 第5章 §1.2.2 (240), 338, 351, 356, 371, 379n, 390
feel like -ing 161, 第6章 §2.3.2 (371)
female 第4章 §1.2 (103, 107)
few 62, 63, 70n, 第4章 §1.1 (102), 123, 129, 第4章 §2.1.4 (155), §2.2 (175, 195, 201, 202), 230, 235, 270, 294n, 381
fiction 第4章 §1.4.2 (118), 376
find 第1章 §1 (28), §2.3 (41), 85, 112, 120, 124, 140n, 147, 169, 208, 217, 218, 第5章 §1.1.3 (221), 233, 238, 248, 第5章 §1.2.4 (253), §1.2.6 (270), 281, 333, 342, 348, 第6章 §2.2.2 (365), 379n, 386
finish 62, 117n, 189, 215, 230, 242, 343, 365, 第6章 §2.4.2 (375, 376)
fire 116n, 第4章 §1.4.3 (118), 187, 259, 361
firm 第4章 §1.4.2 (115), 322
first 80, 135n, 138, 144, 151, 第4章 §2.2

(171, 172, 175, 180, 183, 188, 190, 201), 274, 294, 298, 304, 322, 343, 356, 387, 390
fit 第5章 §1.2.7 (274), 290
fitting 第5章 §1.2.1 (232)
Flanders 第4章 §1.4.2 (117, 118)
flock 第4章 §1.4.2 (115)
fly 280
fo'c's'le 第5章 §3.3.7 (330)
fog 第4章 §1.4.3 (118)
folk 104, 第4章 §1.4.2 (117), 133
fool 6, 17, 216, 246, 271, 349
foolishly 6, 62, 271
for* Part II §0.1 (89), 第4章 §2 (128), 第5章 §2.2 (292, 293, 296), §2.2.1 (302, 303), §2.2.2 (304), §2.2.3 (306), §3.2 (314, 315), 第6章 §2.1.5.2 (353-355)
for Heaven's sake 第4章 §1.3.2 (110)
for oneself 第4章 §2.1.1 (146)
for you and I 132n
forbid 第1章 §2.3 (40), 369
force 第1章 §2.3 (37, 40-43), 313, 362
forget 33, 49, 104, 133, 第5章 §1.1.3 (221), 308, 322, 第6章 §2.4.2 (379), 392
fountain 第4章 §1.4.3 (120)
fox 第4章 §1.2 (106)
freedom 67, 第4章 §1.4.4 (121, 122), 159
friend 40-42, 56, 76, 80, 第4章 §1.2 (103n), 122, 124, 158, 169, 217, 252, 277, 309, 314, 380
friendship 第4章 §1.4.4 (121, 122)
from* 第5章 §2.2 (292, 293, 295n), §2.2.2 (304), §2.2.3 (305, 306)
from here to London 第1章 §2.8 (48)
furniture Part II §0.2 (93, 95), 第4章 §1.1 (100), §1.4.2 (118), 186, 256, 394

[G]

gander 第4章 §1.2 (106)
gang 第4章 §1.4.2 (115)
gas 第4章 §1.1 (100), §1.4.3 (118)

generation 第4章 §1.4.2 (115)
gentleman 14, 第4章 §1.2 (105), 第5章 §2.1.1 (281), 320
gentry 第4章 §1.4.2 (115, 117)
geography 11, 74
get 14, 第1章 §1 (18), 22, 第1章 §2.3 (37), 70, 75, 85, 99, 第4章 §1.4.2 (117n), §1.4.4 (124), 138, 159, 189, 193, 194, 207, 208, 第5章 §1.1 (211, 217, 219), §1.2 (222), 223-225, 227, 230, 233, 237-239, 243, 245, 247, 255, 258, 261, 262, 288, 290, 294n, 323, 338, 340, 349, 356, 363, 第6章 §2.2.2 (364), 377, 387, 389, 390
get hold of 第4章 §1.4.4 (124)
girl 80, 第4章 §1.2 (105), 第4章 §1.3 (107, 109), 174, 179, 183, 204, 215, 226, 340, 342, 355, 361, 367, 373, 375, 378, 380-384, 391
girlfriend 第4章 §1.2 (103n, 106), 302
give 10, 第1章 §1 (20, 25, 31, 49), 108, 124, 125, 137, 141, 151, 163, 200, 第5章 §1.1.2 (218), 230, 234, 255, 256, 258n, 262, 270, 271, 第5章 §1.2.7 (273), 282, 316, 349, 第6章 §2.2 (358), 363, 370, 375, 376, 393
give oneself a treat 20
give permission 第4章 §1.4.4 (125)
give up 124, 137, 第6章 §2.4.2 (370, 375, 376)
glad 258, 280, 第5章 §2.1.2 (284), 350
glass 31, 49, 第4章 §1.4.3 (118, 120), 135, 326, 389
go 6, 第1章 §1 (18), 20-22, 26, 34n, 37, 38, 40-42, 47, 48, 62, 68n, 69, 72, 73, 76-78, 109, 129, 139-141, 146, 147, 151, 161, 170n, 186, 189, 190, 193, 195, 214, 217, 218, 219n, 第5章 §1.2 (222), 224, 225, 231n, 233, 235, 238, 241, 243, 246, 249, 251, 第5章 §1.2.3 (252), §1.2.4 (253), 254, 259, 262, 268, 272, 275, 293, 294, 297, 303, 306, 308, 310, 311, 319, 321,

327, 328, 352, 355, 356, 第6章 §2.2.2 (364), 368, 371, 376
go Dutch 73
go into 第1章 §1 (20, 21), 第1章 §2.7 (47, 48), 第5章 §1.2.7 (275)
Gobi 第4章 §1.4.5 (126)
god 第4章 §1.2 (107), 231n
goddess 23, 第4章 §1.2 (107)
gold 98, 第4章 §1.4.3 (118-120), 159, 186, 326
good 5, 6, 10, 17, 18, 29, 43-45, 66, 83, 93, 103n, 138, 139n, 180, 189, 218, 226, 261, 272, 第5章 §2.1.3 (287), 313, 321, 325, 333, 350, 354-356, 367-369, 371
goose 第4章 §1.2 (106)
government 2, 第4章 §1.4 (112, 115, 117, 120), 136, 143, 294n, 333, 362
grain 第4章 §1.4.3 (119)
grass 第4章 §1.4.3 (118), 365
group 59, 第4章 §1.4 (112, 115, 123), 293
grow 3, 第1章 §1 (18), 70, 319, 338, 339, 第6章 §2.2 (358), 362
Guardian 第4章 §1.4.5 (126), 147
guess 第1章 §2.3 (41), 第4章 §2.1.3 (154)
Guggenheim 第4章 §1.4.5 (126)
guilty 34, 第5章 §2.2.3 (306)
guitar 80, 第4章 §1.4.1 (113), 348, 380
Gulf of Mexico 第4章 §1.4.5 (127)
gymnastics 第4章 §1.4.4 (121)

[H]

had better 第5章 §1.2 (225, 227, 235, 237, 247, 250)
Hague 2, 第4章 §1.4.5 (126)
happiness 59, 60, 第4章 §1.4.4 (121, 122)
happy 第1章 §1 (21, 28, 29), 39, 第1章 §2.6 (47), 第2章 §3 (63), 第4章 §1.4.4 (122), 152, 217, 230, 289
hard 16, 207, 224, 233, 244, 第5章 §2.1 (280, 281, 288, 290), 304, 308, 310, 314, 325, 329, 344, 350, 362
hard-boiled 362
Harvard (University) 第4章 §1.1 (100), §1.4 (112, 125), 182, 224
haste 第4章 §1.4.4 (124)
hate 第1章 §2.3 (40), 74, 第3章 §2.2 (84, 85), 第5章 §1.1.2 (218), 1.1.3 (221), 245, 第6章 §2.1.5 (353), §2.4.2 (377)
Haus 第4章 §1.2 (103n, 104n)
have* 第5章 §1.1 (211, 214-216, 221), §1.2 (222-226, 229, 232-237, 242-249, 253, 256, 258n, 260, 261), §1.2.5 (267-270), §1.2.7 (274), 第6章 §2.1.4 (351), §2.2 (360)
have respect 第4章 §1.4.4 (125), 385n
he* 第4章 §1.2 (103n, 104), §1.3 (107, 109), §2.1.1 (131-136, 137n)
hear 24, 第1章 §2.3 (36), 39, 50, 127, 208, 215, 第5章 §1.1.3 (221), §1.2.2 (240), §1.2.3 (253), 265, 269, 303, 307, 331, 350, 353, 355, 第6章 §2.2.1 (363n), §2.2.2 (365)
he'd 第5章 §3.3.7 (330)
help 第1章 §2.3 (37), 124, 135, 186, 第5章 §1.1.1 (214), §1.1.2 (218), 第5章 §1.2 (222), 230, 236, 241, 250, 274, 289, 328, 342, 第6章 §2.1.4 (351), §2.3.2 (371), 379n, 387
hen 第4章 §1.2 (106)
her* 第4章 §1.2 (103n, 104), §1.3 (109, 110), §2.1.1 (133, 134), §2.2 (173, 174n, 175, 189, 194, 200, 202)
herd 第4章 §1.4.2 (115)
hero 第4章 §1.2 (107), 158
heroin 第4章 §1.2 (107)
hers 第4章 §2 (130), §2.1.1 (134, 146)
herself 第4章 §2.1.1 (134, 144, 146), 215, 343, 374
hide 第4章 §2.1.1 (144), 213, 第6章 §2.2 (357)
him 24, 第4章 §1.2 (104), §1.3 (107-109),

§2（129, 130, 133, 134, 138n, 145）
himself 第 4 章 §2.1.1（134, 144, 146），247, 290, 315, 348, 366
his* 6n, 第 4 章 §1.3（104, 107, 109, 111），§2.1（132-134, 136, 137n, 138, 146, 152, 158n, 162, 169），§2.2（173-175, 183, 189, 199, 200）
history 第 4 章 §1.4.4（121），288, 306
hit 第 1 章 §1（20, 22, 25），第 5 章 §1.2.4（253n）
hold 第 4 章 §1.4.4（124），199, 231n, 第 5 章 §1.2.7（274）
homework 第 4 章 §1.1（100），117n, 265, 365
honest 6, 181, 371
-hood 第 4 章 §1.4.4（122）
hope 103n, 第 5 章 §1.1.3（221），230, 第 5 章 §1.2.4（256），§1.2.6（271），321, 第 6 章 §2.4.2（376）
horse 第 4 章 §1.2（106），363, 372
hour 83, 84, 第 4 章 §1.4.1（113），180, 第 4 章 §2.2.1（181），200, 219, 238, 241, 259, 352, 368, 378, 387, 388
house 23, 48, 58n, 61n, 99, 第 4 章 §1.2（103, 104），§1.3.2（110），§1.4.1（113），146, 180, 197, 261, 264, 274, 275, 277, 280, 320, 329, 361n, 385, 391, 392, 394
how 21, 37, 46, 50, 55, 第 3 章 §1（66），第 4 章 §1.2（71），§1.4（73-75），102, 138, 139, 140n, 141, 143, 150, 第 4 章 §2.1.3（152, 153），177n, 第 4 章 §2.2.1（180），186, 200, 第 4 章 §3.1（206n, 207），第 5 章 §1.1.2（217），248, 第 5 章 §2.2.1（282），§2.2.2（304），332, 第 6 章 §1（340n），349, 第 6 章 §3.3（393, 394）
however 第 4 章 §2.1.3（152n），197, 第 5 章 §1.2.2（244），§3.2（315），§3.3.5（326）
husband 29, 43, 第 4 章 §1.2（103n, 105），282, 283, 311, 330, 353
hydrogen 第 4 章 §1.4.3（118）

[I]

I* Part II §0.1（89），第 4 章 §2（128, 130），§2.1.1（131-134）
ice 第 4 章 §1.4（112, 118），300
ice cream 295, 307
-ics 第 4 章 §1.4.4（122）
identify 第 4 章 §2.1.1（144），315
if 12, 第 3 章 §1.2（71），§2.1（78），Part II §0.1（89），103n, 124, 第 4 章 §2（128），142, 第 4 章 §2.1.3（152n），159, 169, 第 4 章 §2.2.1（176），194, 第 4 章 §2.3（203-206），§3.1（207n），第 5 章 §1.1.1（215, 217, 219, 220），§1.2.1（229-234），237, 242, 243, 246-249, 254-256, 258, 276, 289, 291, 第 5 章 §2.2（295），§2.3（308, 309），§3.1（310, 311），317, 324, 325, 333, 第 6 章 §2.2.3（367），379n
ignorant 282, 第 5 章 §2.2.3（306）
imagination 131
imagine 第 1 章 §2.3（37），69, 第 4 章 §2.1.3（154），第 5 章 §1.1.3（221），§1.2.6（271），第 6 章 §2.4.2（375）
impel 第 1 章 §2.3（37）
imperative 第 5 章 §1.2.1（232）
Imperial Palace 第 4 章 §1.4.5（126）
importance 第 4 章 §1.4.4（124）
in* 第 5 章 §2.2（292, 293, 294n, 296, 297, 303）
in addition to 第 5 章 §2.2（292）
in case of 第 5 章 §2.2（292）
in haste 第 4 章 §1.4.4（124）
in need 第 4 章 §1.4.4（124）
in oneself 156
in order (to-infinitive) 第 6 章 §2.1.6（355）
in spite of 第 5 章 §2.2（292），370, 371
in tears 16
in terms of 第 5 章 §2.2（292）
inch 第 4 章 §1.4（112）
independently 第 2 章 §2（58）

2. 語句索引　　　425

induce　第1章 §2.3 (37)
infer　第6章 §2.2 (358)
innocent　204, 第5章 §2.2.3 (306)
inside　281, 第5章 §2.2 (292)
insist　第4章 §1.4.2 (117n), 第5章 §1.1 (214), §1.2.1 (232), 371
inspire　第1章 §2.3 (37)
instead of　222, 第5章 §2.2 (292)
institute　第4章 §1.4.2 (115)
intelligence　第4章 §1.4.4 (121)
intelligentsia　第4章 §1.4.2 (115)
intend　80, 81, 第6章 §2.4.2 (377), 381
into　20, 21, 47, 48, 61, 94, 99, 152, 171, 197, 198, 201, 217, 264, 265, 275, 第5章 §2.2 (292, 297), 314, 343, 366
invention　第4章 §1.4.4 (121, 122)
-ion　53n, 第4章 §1.4.4 (122)
iron　第4章 §1.4.3 (118, 120)
is it any use -ing　第6章 §2.3.2 (371)
it*　第1章 §2.2 (32-35), Part II §0.1 (89), 第4章 §1.2 (103n, 104, 105), §2 (128, 130), §2.1.1 (131-134, 136-141, 147, 148), 157, 167, 182, 203, 205-208
it is no good -ing　第6章 §2.3.2 (371)
it is no use -ing　370
its*　Part II §0.1 (89), 第4章 §1.4.2 (118), §2 (128), §2.1.1 (134, 147), §2.2 (173, 175, 189, 201), 393
its own　第4章 §2.1.1 (147)
itself　第4章 §2.1.1 (134, 146), 156
-ity　第4章 §1.4.4 (122)

[J]

job　56, 62, 第4章 §1.1 (100-102), 137n, 169, 226, 238, 289, 341n, 342, 343, 364, 376, 383, 384, 393n
juice　第4章 §1.4.3 (118)
Jungfrau　第4章 §1.4.5 (126)
jury　第4章 §1.4 (112, 115)
just now　第5章 §1.2.5 (268, 269)

[K]

K2　第4章 §1.4.5 (126)
KCIA　第4章 §1.4.5 (126)
keep　第1章 §1 (18, 28), 39, 83, 84, 188, 214, 218, 219, 240, 249, 284, 294n, 311, 325, 329, 331, 339, 342, 343, 365, 368, 378, 392
keep regular hours　83, 84, 368
Kennedy　67, 第4章 §1.4 (112, 127, 147), §2.2.1 (197), 224, 306, 320, 344
kick　Part II §0.2 (94), 213n
Kilimanjaro　第4章 §1.4.5 (126), 139
kindness　第4章 §1.4.4 (123, 124), 308
king　3, 第4章 §1.3 (106), 122, 249, 285
kingdom　第4章 §1.4.4 (121, 122), 297
Knesset　第4章 §1.4.5 (126)
knob　第4章 §1.4.3 (119)
knock　196, 245, 第5章 §1.2.3 (252)
know　6, 12, 24, 36, 第1章 §2.3 (41), 71, 78, 85, 86, 99, 127, 129, 142, 153, 155, 189, 190, 192, 199, 203, 204, 206, 207, 210, 217, 第5章 §1.1.3 (220-222), 233, 第5章 §1.2.3 (253), 254, 255, 309, 310, 323, 328, 340, 347, 348, 357, 361, 363, 366, 375, 390, 391, 394
Koran　第4章 §1.4.5 (126)
Kremlin　第4章 §1.4.2 (115), §1.4.5 (126)

[L]

Labrador retriever　98
lack　26, 35, 36
lad　第4章 §1.2 (106)
lady　第4章 §1.2 (105, 106), 160, 180, 280, 281
lager　第4章 §1.4.3 (120)
laity　第4章 §1.4.2 (115)
lamb　第4章 §1.4.3 (118, 119)
lass　第4章 §1.2 (106)
last　第1章 §1 (14), 78, 100, 111, 149, 第4

章 §2.2 (175, 179, 196, 201), 238, 239, 244, 284, 285, 第 5 章 §2.1.3 (287, 289, 291), 304, 344, 376, 388, 389, 392
latitude 第 4 章 §1.4.4 (121)
laugh 21, 26, 30, 47, 第 1 章 §3 (49), 339n, 357
lead 第 4 章 §1.4.3 (118)
leader 12, 75, 216
leave 58, 71, 78, 79, 155, 158, 160, 189, 196, 201, 207, 226, 227, 238, 242, 250, 261, 262, 268-270, 277, 第 5 章 §2.2.1 (302), 303, 308, 310, 320, 330, 340, 341n, 342, 343, 351, 356, 363-366, 379, 394
left 219, 367, 381
let 第 1 章 §2.3 (36), 218, 第 5 章 §1.2.1 (234), §1.2.4 (253n), 258n, 321, 330, 357, 394
let's 68n, 第 3 章 §1.3 (72, 73), 第 5 章 §1.2.1 (234), §1.2.4 (259), §3.3.7 (330), 376
liable 第 5 章 §2.1.2 (284)
liberty 第 4 章 §1.4.4 (121, 124)
lie 第 1 章 §1 (18), 28, 29, 82, 83, 137, 第 5 章 §1.1 (211, 213), 214, 230, 231n, 330, 349, 355, 365, 387
light 第 4 章 §1.4.3 (118)
like 14, 第 1 章 §2.3 (37, 40), 68, 69, 104, 119n, 120, 125n, 133, 135, 147, 150, 152, 158, 159, 161, 163, 164, 169, 194, 205, 第 5 章 §1.1.2 (218), §1.1.3 (221), 226, 249, 251, 第 5 章 §1.2.3 (253), 256, 261, 285, 290, 316, 348, 350, 352, 353, 364, 365, 368, 371, 第 6 章 §2.4.2 (375, 377), 388
likely 33-35, 49, 55, 第 5 章 §1.2 (226, 228, 243), 319, 356
Linguistic Inquiry 第 4 章 §1.4.5 (126)
linguistics 9n, 第 4 章 §1.4.4 (121), 224, 316, 355
lion 第 4 章 §1.2 (107)
lioness 第 4 章 §1.2 (107)
liter 第 4 章 §1.4.1 (113)
little 55, 63, 第 4 章 §1.1 (102), 152, 第 4 章 §2.1.4 (155), §2.2 (175, 201, 202), 215, 239, 243, 256, 272, 第 5 章 §2.1.3 (287, 288, 290), 321, 323, 333, 356, 366, 367, 377, 391, 392
live 14, 80, 99, 123, 129, 141, 146, 154, 180, 189, 207, 215, 219, 231, 251, 268, 270, 284, 293, 297, 299, 300, 308, 312, 340, 344, 350, 356, 385, 388, 391, 393
loaf 第 4 章 §1.1 (102)
-logy 第 4 章 §1.4.4 (122)
look 2, 第 1 章 §1 (18, 20, 21, 25), 47, 56, 74, 135, 144, 145, 169, 180, 189, 216, 第 5 章 §1.1.3 (221, 222), 227, 233, 269, 282, 283, 289, 291, 297, 340, 343, 359, 364, 370, 374, 376, 390
look after 第 1 章 §1 (20, 21, 25), §2.7 (47), 135
look at 第 4 章 §2.1.1 (144, 145), 180, 227, 282, 374, 390
look for 56, 第 4 章 §2.1.1 (145n), 169, 222, 289, 291, 340
look forward to 第 6 章 §2.4.2 (376)
look up 第 4 章 §2.1.1 (145n)
lord 第 4 章 §1.2 (106), 322
Louvre 第 4 章 §1.4.5 (126)
love 32, 第 1 章 §2.3 (37, 40), 50, 140, 186, 198, 207, 214, 第 5 章 §1.1.3 (221), 227, 291, 323, 325, 326, 343, 第 6 章 §2.4.2 (377), 378n, 385
luggage 第 4 章 §1.4.2 (118)
lump 第 4 章 §1.4.3 (119)
lunch 110, 150, 169, 223

[M]

Macy's 第 4 章 §1.3.2 (110)
madam 第 4 章 §1.2 (105)
magnitude 第 4 章 §1.4.4 (121, 122)
maidservant 第 4 章 §1.2 (106)
maison 第 4 章 §1.2 (104)
majority 第 4 章 §1.4.2 (115)

2. 語句索引

427

make 6, 第1章 §1 (17, 18, 28, 29), §2.3 (36, 37, 39), §2.4 (43-45), §3 (50), 第2章 §2 (57), 69, 73, 85, 93, 98, 104, 第4章 §1. 4.1 (114), §1.4.4 (125), 133, 136, 140n, 141n, 142, 143, 第4章 §2.2.1 (187, 188), 196, 207, 215-219, 第5章 §1.2 (222), 230, 234, 241, 248, 250, 第5章 §1.2.3 (252), 254, 257, 258n, 264, 291, 295n, 311, 313, 315, 319, 321, 324, 325, 333, 338, 357, 379n, 386, 387, 391
make progress 第4章 §1.4.4 (125)
make the most of 第5章 §2.1.3 (291)
male 第4章 §1.2 (103, 107)
mammal 第4章 §1.4.1 (113)
man 16, 20, 21, 47, 67, 79, 82, 103n, 第4章 §1.2 (107), 123, 125, 152, 179, 180, 183, 191, 197, 234, 244, 250, 269, 302, 314, 327, 333, 342, 349-351, 358, 359, 362, 363, 367, 381, 383, 384, 390
Mann 第4章 §1.2 (103n)
manservant 第4章 §1.2 (106)
many 58n, 61n, 63, 75, 第4章 §1.1 (102), 104, 129, 第4章 §2.1.4 (155), §2.2 (175, 180, 197, 201, 202), 207, 208, 245, 254, 276, 282, 第5章 §2.1.3 (287), 333
mare 6, 第4章 §1.2 (106)
marriage 第4章 §1.4.4 (121), 199, 201n
marry 第1章 §2.5 (46), 182, 200, 262, 265, 387, 390
mathematics 第4章 §1.4.4 (121-123)
matter 5, 32, 129, 138, 140n, 202, 206, 第5章 §1.1.3 (220), 265, 第5章 §1.2.6 (272), 309, 354
Matterhorn 第4章 §1.4.5 (126), 387
mature 17
may* 第5章 §1.2 (222, 224-226, 229, 231n, 235, 236, 240-246, 261)
may as well 第5章 §2.1.3 (289)
McDonald's 第4章 §1.3.2 (110)
McKinley 第4章 §1.4.5 (126), 243
me* 第1章 §1 (24), 第4章 §2.1.1 (132n,

133, 134, 136, 137, 140n, 141, 145n)
mean 第1章 §2.3 (40), 67
meat 16, 第4章 §1.4.3 (118)
Mediterranean 第4章 §1.4.5 (126)
-ment 第4章 §1.4.4 (122)
metal 94, 第4章 §1.4.3 (120)
meter 第4章 §1.4.1 (113), 281
Middle East 第4章 §1.4.5 (127)
might* 第5章 §1.2. (225, 232-236, 242-244, 256)
might just as well 第5章 §2.1.3 (289)
milk 31, 49, 55, 85, 86, 第4章 §1.1 (100n), §1.4.3 (118), 151, 216
mind 第3章 §1.2 (69), §1.3 (72), §2.2 (84, 85), 第4章 §3.3 (208), 第5章 §1.2.1 (234), 264, 313, 319, 第6章 §2.4.2 (375, 376)
mine 第4章 §1.3.2 (110), §2.1.1 (134, 146, 147), 252
minority 第4章 §1.4.2 (115)
minute 110, 第4章 §1.4.1 (113), 163, 192, 193, 197, 199, 235, 270, 290, 303
miss 322, 第6章 §2.4.2 (375n), 387, 389
mistake 32, 33, 35, 36, 46, 72, 143, 202, 241
money 6, 20, 66n, 98, 第4章 §1.1 (102), §1.4.3 (118), 139, 171, 172, 180, 247, 249, 281, 291, 298, 321, 343, 344, 366, 368, 376, 392, 393
month 62, 66, 67, 第4章 §1.4.1 (113), 149, 193, 244, 254, 265, 282, 291, 376
more 15, 24, 69, 116, 123, 147, 150, 159, 171, 186, 234, 243, 272, 280, 第5章 §2.1.3 (286-290), 314, 323, 327, 355, 379n, 392
more and more 116, 272, 第5章 §2.1.3 (290)
more than a little 第5章 §2.1.3 (290)
most 31, 50, 123, 136, 235, 第5章 §2.1.3 (286-289, 291), 327, 339n, 362, 394n
mother 6n, 30, 49, 79n, 第4章 §1.2 (103n, 105), 110, 127, 138, 175, 250, 323, 366

mountain　74, 第 4 章 §1.1 (100, 101), 238, 348
mouse　第 4 章 §1.4 (112)
move　218, 219, 225, 第 5 章 §1.2.1 (232), 264, 388, 390, 394
much　2, 20, 22, 23n, 40, 第 2 章 §1 (55), 第 4 章 §1.1 (102), 135, 151, 第 4 章 §2.1.4 (155, 158), §2.2 (175, 201, 202), 218, 第 5 章 §2.1.3 (287-291), 362, 369
much less　第 5 章 §2.1.3 (290)
music　99, 第 4 章 §1.4 (112), 150, 352
must*　第 5 章 §1.2 (224, 225, 227, 229, 230, 235-237, 243-248, 253n
my*　6n, Part II §0.1 (89), 第 4 章 §1.3 (111), §2 (128), §2.1.1 (133-135), §2.2 (173, 175, 189, 200, 202)
myself　20, 第 4 章 §2.1.1 (134, 145n, 146), 315, 348, 366

[N]

Nature　第 4 章 §1.4.5 (126)
Nature's law　第 4 章 §1.3.2 (110)
need　17n, 61, 79, 93, 第 4 章 §1.4.4 (124), 170, 181, 186, 194, 198, 第 5 章 §1.2 (222, 225, 227, 235, 237, 238, 245-249), 281, 282, 321, 327, 344, 第 6 章 §2.4.2 (378), 381
Negev　第 4 章 §1.4.5 (126)
neighborhood　第 4 章 §1.4.4 (121, 122)
neither　第 4 章 §2 (130, 155, 156, 160n, 161-163, 167, 174, 175, 190), 第 5 章 §3.2 (314)
neither ~ nor ...　第 4 章 §2.1.4 (160, 162, 163), 第 5 章 §3.2 (314)
nephew　第 4 章 §1.2 (105)
-ness　第 4 章 §1.4.4 (122)
Netherlands　2, 第 4 章 §1.4.2 (117), §1.4.5 (126)
never　第 1 章 §1 (26), §1.1 (67), 第 3 章 §1.3 (72), 127, 137, 141, 179, 180, 194, 199,
200, 234, 248, 268, 289, 303, 308, 315, 322, 第 6 章 §2.1.3 (351), 366, 370, 371, 379, 389
nevertheless　第 5 章 §3.2 (315, 316)
New Scientist　第 4 章 §1.4.5 (126)
New York Times　第 4 章 §1.4.5 (126)
newspaper　110, 131, 189, 342, 388
niece　第 4 章 §1.2 (105)
night-blooming　362
no less ~ than　第 5 章 §2.1.3 (290)
no less than　第 5 章 §2.1.3 (290)
no more ~ than　第 5 章 §2.1.3 (290)
no more than　第 5 章 §2.1.3 (290)
no one　34n, 第 2 章 §1 (56), 141, 第 4 章 §2.1.4 (158, 167, 169, 170), 226, 228, 249, 282)
no*　第 3 章 §1.1 (67), §1.2 (68), §1.4 (75), 第 4 章 §1.3 (111), §2.1.4 (160, 161, 167, 169), §2.2 (174, 175, 194, 196, 202), 第 5 章 §2.1.3 (289), 第 6 章 §2.3.2 (370, 371)
nobody　37, 50, 第 2 章 §1 (56, 67), 第 4 章 §2.1.4 (167, 169, 170)
none　Part II §0.1 (89), 第 4 章 §2 (128), §2.1.4 (158, 160, 163, 167, 169, 170), 290
none the worse　第 5 章 §2.1.3 (290)
nor　160n, 第 4 章 §2.1.4 (162, 163), 第 5 章 §3.1 (310, 314, 315)
not*　第 2 章 §3 (63), 第 3 章 §1 (66-69, 72, 73, 75), 85, 86, 第 4 章 §2.1.4 (159-163), §2.2 (192), §2.3 (206), 第 5 章 §1.2 (224, 225, 227, 235, 242-246, 248-250, 259, 261), §2.2 (305), 第 6 章 §2.1 (349, 351)
not more than　第 5 章 §2.1.3 (290)
not only ~ but also ...　314
not so much ~ as　第 5 章 §2.1.3 (289)
not so much as　第 5 章 §2.1.3 (289)
nothing　32, 第 2 章 §1 (56), 138, 第 4 章 §2.1.4 (167, 169, 170), 194, 281, 294, 304, 325, 341n
notice　第 1 章 §2.3 (36), 第 6 章 §2.1.6 (356)

notify 第1章 §2.3 (42)
now 17n, 34n, 第1章 §2.8 (48), 70, 137, 141, 146, 165, 185, 202, 205, 226, 227, 235, 237, 246, 250, 251, 255, 259, 267-269, 289, 296, 304, 366, 379, 386, 392
nuisance 17n
nurse 第4章 §1.2 (103n), 127, 130

[O]

oat 第4章 §1.1 (100, 101n)
oblige 第1章 §2.3 (37, 40), 137n, 第5章 §1.2 (226, 228, 246)
observe 第1章 §2.3 (36), 197, 342, 351
obvious 32, 33, 344
of* 第4章 §2.2.2.3 (200), 第5章 §2.2 (292, 293, 296), §2.2.3 (305-307), 第6章 §2.1.5.2 (353, 355)
of ~ importance 第4章 §1.4.4 (124)
of oneself 第4章 §2.1.1 (145n)
off 120, 145n, 193, 273, 第5章 §2.2 (292), 342, 343, 365, 375, 376
O'Hare International Airport 305
oil 6, 第4章 §1.4.3 (118, 119), 274, 321, 372
old 11, 20, 21, 24, 47, 103n, 125, 138, 180, 184, 199n, 258, 第5章 §2.1.3 (285-288), 330, 331, 350
on* 16n, 218n, 219n, 第5章 §2.1.2.2 (285), §2.2 (292, 296), §2.2.1 (297, 298), §2.2.2 (303), §2.2.3 (306, 307)
on account of 137n, 第5章 §2.2 (292)
on purpose 第4章 §1.4.4 (124)
once 第1章 §2.8 (48), 129, 219n, 250, 255, 258, 261n, 269, 304, 360, 389
one* 第4章 §1.1 (102), §2.1.4 (155-158, 163-170), §2.2 (174, 175, 181, 182, 186, 188, 190, 193, 195, 198, 201, 202)
one another 第4章 §2.1.4 (168)
only 6, 17, 第2章 §3 (62, 63), 第3章 §1.4 (75), 129, 第4章 §2.2.1 (180, 183, 195), 217, 第5章 §1.2 (227, 239, 242, 248, 265, 266), 269, 276, 第5章 §2.1.1 (281, 282), 291, 304, 309, 311, 315, 333, 334, 344, 348, 363, 390, 391
onto 第5章 §2.2 (298)
oolong 第4章 §2.2.1 (181)
open 13, 32, 58, 73, 139n, 171, 187, 第5章 §1.2.3 (252), 258, 348
option 32, 294n
or* 第5章 §3.1 (310), §3.2 (311-314)
orchestra 第4章 §1.4.2 (115)
order 第1章 §2.3 (42), 119n, 186, 第5章 §1.2.1 (232), 306, 324, 第6章 §2.1.5 (353), §2.1.6 (355)
other 21, 26, 47, 78, 第4章 §2 (130, 155, 156, 164-166, 168n, 193, 194), 270, 第5章 §2.1.3 (289), 297, 321, 322, 325, 333, 344
ouch 6
ought (to-infinitive) 158n, 第5章 §1.1 (215, 217), §1.2 (222, 225, 227, 235, 237, 247, 250, 251)
our* 第4章 §2 (130), §2.1.1 (133, 134), §2.2 (173), §2.2.1 (189)
ours 第4章 §2.1.1 (134, 146), 197
ourself 第4章 §2.1.1 (134n, 143)
ourselves 第4章 §2.1.1 (134, 146)
outside 70, 219, 第5章 §2.2 (292)
over 7, 8, 16n, 25, 32, 第1章 §2.8 (48), 66, 67, 69, 85, 123, 199, 217, 219, 244, 第5章 §2.1.2 (284), §2.2 (292, 298-301, 306, 307), 317, 342, 361, 365, 379
over the fence 第1章 §2.8 (48)
owing to 第5章 §2.2 (292)
own 第4章 §2.1.1.7 (147), 219, 第5章 §1.1.3 (220), 221
oxygen 第4章 §1.4 (112, 118)

[P]

Pantheon 第4章 §1.4.5 (126)
paper 第4章 §1.1 (100), §1.4 (112, 118),

169, 335
parent 58, 第 4 章 §1.2 (103n), 109, 116, 132, 198, 202, 229, 272, 296, 364
Parliament 第 4 章 §1.4.2 (115)
Parthenon 第 4 章 §1.4.5 (126)
party 30, 49, 71, 74, 78, 第 4 章 §1.4.2 (115), 138n, 216, 262, 264, 282, 289, 351, 386
pat 第 4 章 §1.4.3 (119)
peacock 第 4 章 §1.2 (106)
peahen 第 4 章 §1.2 (106)
Pentagon 第 4 章 §1.4.5 (126)
people 12, 15, 20, 24, 31, 32, 50, 56, 63, 80, 81, 84, 92, 第 4 章 §1.1 (100), §1.4.2 (117), 123, 142, 163, 184, 197, 207, 208, 218, 257, 262, 290, 319-321, 328, 332, 340, 349, 351, 361, 363, 364, 381
perceive 第 1 章 §2.3 (41)
permission 第 4 章 §1.1 (100), §1.4.4 (125), 226
permit 第 1 章 §2.3 (37, 40)
persuade 第 1 章 §2.3 (37, 40-43), 第 5 章 §1.1.3 (221), 343, 第 6 章 §2.1.5 (353)
ø (phi / empty set)* Part II §0.1 (89-91), §0.2 (93), 第 4 章 §1.4 (112, 113), §2 (128), §2.1.2 (149, 150), §2.2 (172, 173, 176, 178, 179, 185-187), §2.3 (204), §2.2.1.1.3
Philippines 第 4 章 §1.4.2 (117), §1.4.5 (126)
philosophy 110, 123, 131, 335
phonetics 第 4 章 §1.4.4 (121)
phonology 第 4 章 §1.4.4 (121)
photograph 104, 133, 第 4 章 §2.1.1 (145), 377
phrenology 第 4 章 §1.4.4 (121)
physics 第 4 章 §1.4.4 (121, 122)
physiology 第 4 章 §1.4.4 (121)
picture 第 4 章 §2.1.1 (145), 297
pinch 第 4 章 §1.4.3 (119)
plan 231n, 290, 323, 326, 342, 362, 第 6 章 §2.4.2 (377)
plant 第 4 章 §1.4.1 (113), 181, 362, 364
plastic 第 4 章 §1.4.3 (120), 326
play 66, 74, 78, 80, 124, 139, 140, 160, 161, 210, 217, 226, 251, 第 5 章 §1.2.3 (252), 261, 283, 304, 311, 315, 319, 325, 328, 348, 355, 359, 361, 363, 365, 367, 368, 370, 376, 380, 387
please 19, 69, 72, 163, 183, 226, 234, 259, 285, 356, 357
pleasure 第 4 章 §1.4.4 (121, 124), 378n
plume 第 4 章 §1.4.3 (119)
plutonomy 第 4 章 §1.4.4 (121)
pneumonia 152, 153
poetry 第 4 章 §1.4.2 (118), 394n
police 2, 40, 41, 98, 第 4 章 §1.4.2 (117), 226, 238, 274, 390
police officer 第 4 章 §1.2 (103n, 106n), 366, 391, 392
politics 11, 第 4 章 §1.4.4 (122, 123)
pool 56, 62, 第 4 章 §1.4.3 (120), 372
population 第 4 章 §1.4.2 (115)
portrait 第 4 章 §2.1.1 (145)
possess 第 5 章 §1.1.3 (220)
possible 10, 第 2 章 §1 (56), 207, 244, 289, 342, 352, 374, 391
postpone 215, 第 6 章 §2.4.2 (375n)
Potomac 第 4 章 §1.4.5 (126)
practice 第 6 章 §2.4.2 (375n)
prefer 第 5 章 §1.1.3 (221), §1.2.1 (232), 313, 第 6 章 §2.4.2 (377)
prepare 137, 第 4 章 §2.1.1 (144), 200
present 12, 56, 158, 205, 214, 第 5 章 §2.1.1 (282)
press 第 1 章 §2.3 (37), 第 4 章 §1.4.2 (115)
pride 第 4 章 §2.1.1 (144)
prince 45n, 第 4 章 §1.2 (107)
princess 第 4 章 §1.2 (107)
professor 11, 12, 68, 163, 186, 198, 207, 234, 238, 282, 359
progress 第 4 章 §1.4.4 (125), 171, 172,

2. 語句索引

260
promise 第1章 §1 (26), §2.3 (40-43), §3 (50, 51), 180, 第5章 §1.2.4 (254), 261, 349, 第6章 §2.1.5 (352, 353), 356, 第6章 §2.4.2 (376)
proper 第2章 §2 (56), 第5章 §2.1.1 (281)
propose 197, 第5章 §1.2.1 (231, 232), 第6章 §2.4.2 (377)
prove 第1章 §1 (18), 第4章 §2.1.1.5 (144)
provoke 第1章 §2.3 (37)
psychology 第4章 §1.4.4 (121, 122)
public 第4章 §1.4.2 (115)
purpose 第4章 §1.4.4 (124), 230
push 第1章 §2.3 (37)
put 第1章 §2.1 (30, 31), §3 (49), 110, 152, 177n, 197, 198, 204, 第5章 §1.1 (211), 242, 第5章 §1.2.4 (253), §2.1.2 (285), §2.2 (296), 298, 300, 335, 342
put off 第4章 §2.1.1 (145n), 第6章 §2.4.2 (375, 376)

[Q]

queen 第4章 §1.2 (106), 231n, 273, 284
Queen Mary 第4章 §1.4.5 (126)
quite 17, 第3章 §1.4 (74), 149, 164, 第4章 §2.2.1 (179), 195, 228, 241, 251
quite a few 第4章 §2.2.1 (195)

[R]

rain 第4章 §1.4.3 (118), 245, 第5章 §1.2.5 (268), 308, 310, 344, 356, 364, 376
rank and file 第4章 §1.4.2 (115)
rarely 第3章 §1 (66, 75), 136, 275, 323
raw 16, 第1章 §2.5 (46)
Reader's Digest 第4章 §1.4.5 (126)
realization 第4章 §1.4.4 (121, 122)
recognize 第5章 §1.1.3 (221), 228, 269
recommend 第5章 §1.2.1 (232)

Red Sea 第4章 §1.4.5 (127)
refuse 第1章 §1 (28), 333, 362, 第6章 §2.4.2 (376)
regarding 第5章 §2.2.3 (306)
regret 第5章 §1.1.3 (221), 265, 346, 第6章 §2.4.2 (379)
relation 第4章 §1.4.4 (121, 122), 334
remain 14, 第1章 §1 (18), §2.2 (31), §2.3 (38), 61, 207, 218, 第5章 §1.1.3 (220), 280, 340, 364
remember 第1章 §2.3 (37), 155, 200, 第5章 §1.1.3 (221), 230, 第5章 §1.2.2 (239n), 322, 351, 第6章 §2.4.2 (379)
remind 第1章 §2.3 (42), 216
repeatedly 第5章 §1.2.3 (252)
request 第1章 §2.3 (42), 第4章 §1.1 (100, 101), 第5章 §1.2.1 (232), 第6章 §2.1.5 (353)
require 第1章 §2.3 (42), 第6章 §2.4.2 (378)
requirement 第5章 §1.2.1 (232)
research 61
resemble 第1章 §1 (20, 23), 第5章 §1.1.3 (220), §1.2.3 (253), §1.2.6 (272)
resolution 第5章 §1.2.1 (232)
respect 第4章 §1.4.4 (125), 147, 189, 215, 306, 334, 344, 383, 384, 385n
return 第1章 §1 (16), 265, 352, 356
rice 第4章 §1.4.3 (118)
right 27n, 55, 70, 123, 196, 197, 205, 298, 300, 340
rock 'n' roll 第5章 §3.3.7 (330)
Rockies 第4章 §1.4.5 (126)
round 第5章 §2.2 (292)
Ruhr 第4章 §1.4.5 (126)
run 14, 66, 67, 109, 170, 235, 238, 239, 第5章 §1.2.4 (253), 269, 288, 342, 365, 366, 378

[S]

Sahara 第4章 §1.4.5 (126), §2.2.1 (184)
salt 69, 第4章 §1.1 (100), §1.4.3 (118, 119)
same 58, 59, 第4章 §2.1.2 (148n), 196, 197, 第5章 §1.2.5 (269), 344, 364
sand 第4章 §1.4.3 (118)
say 16n, 71, 80, 124, 129, 138, 140, 142, 第4章 §2.1.3 (154, 155), 162, 168n, 180, 199, 204, 206-208, 224, 225, 231n, 234, 239n, 242, 244, 248, 250, 251, 258, 260, 282, 308, 322, 328, 331, 342, 368, 374, 383, 384, 387, 392, 393
Scandinavia 第4章 §1.4.5 (126)
school 11, 58, 59, 61, 107, 第4章 §1.4.2 (115), 186, 189, 224, 238, 251, 268, 282, 308, 311, 354, 379-381, 388
science 2, 123, 141, 186, 316, 376
Scotland 第4章 §1.2 (104), §1.4.5 (125), §2.2.3 (201)
second 49, 50, 第4章 §1.4.1 (113), 127, 151, 第4章 §2.2 (175, 193, 201), 241, 288, 343, 394
see 6, 34n, 第1章 §2.3 (36, 37), §3 (50), 57, 66, 75, 76, 80, 127, 138, 142, 143, 151, 157, 179, 180, 182, 183, 206, 210, 217, 218, 220, 第5章 §1.1.3 (221), 226, 230, 233, 第5章 §1.2.2 (237, 240), §1.2.3 (253), 254, 256, 258, 260, 268-270, 281, 289, 294n, 302-304, 315, 324, 325, 342, 346, 350-352, 356, 360, 366, 367, 第6章 §2.3.2 (369), 376, 379
seem 第1章 §1 (17, 18), §2.2 (32-36), §3 (49-51), 58n, 136-138, 147, 201, 219, 289, 290, 333, 第6章 §2.1.4 (351)
sell 51, 52, 186, 192, 256, 282, 367, 390
serve 5, 85, 86, 230, 248
set 5, 218, 235, 第5章 §1.2.4 (253n), 269, 270, 284
several 31, 32, 第4章 §2.1.4 (169), §2.2 (174, 175, 194, 195), 262, 269, 270, 290, 302, 388
severally 196
shall 68n, 72, 第3章 §1.3 (73), 第5章 §1.2 (225, 235, 236, 257-259, 261n, 270)
shandy 第4章 §1.4.3 (119n)
shave 第4章 §2.1.1 (144)
sheet 第4章 §1.1 (100, 101)
ship 第4章 §1.2 (104, 105), §2.1.1 (133), 393
-ship 第4章 §1.4.4 (122)
shirt 107, 第4章 §1.4.1 (113), 189
should* 第1章 §2.3 (42), 第4章 §1.4.2 (117n), 第5章 §1.2 (225, 232, 233, 235, 236, 250)
Siberia 第4章 §1.4.5 (126)
sight 第4章 §1.4.4 (125)
silence 第4章 §1.4.4 (121), 197
similarity 第4章 §1.4.4 (121, 122)
since 32, 138, 223, 268, 272, 第5章 §2.2 (292, 294n, 304), §2.3 (308), 366, 388
sincerity 第4章 §1.4 (112, 121, 122)
sing 第1章 §1 (26, 27), 第2章 §2 (57), 79, 109, 161, 163, 第5章 §1.1 (211), 288, 373, 383
sir 第4章 §1.2 (105), §2.2.1 (186)
sister 第4章 §1.2 (105), 189, 281, 286, 361, 385, 387
sister-in-law 第5章 §3.3.6 (329)
sit in 第1章 §1 (20, 21), §2.7 (47), 239n
sit on 162, 349
skill 56, 389
sleep 139n, 159, 160, 169, 194, 第5章 §1.2.3 (252), §1.2.4 (253), 276, 320, 343, 第6章 §2.2 (357, 358, 365), 370, 372, 373
sleeping bag 第6章 §2.4.1 (373)
slow 9n, 226
slowly 9n, 13, 279, 282
smell 150, 215, 第5章 §1.1.3 (221), §1.2.2 (240)
smile 13, 268

smoke 第4章 §1.4.3 (118-120), 162, 225, 230, 235, 248, 254, 256, 265, 第6章 §2.3.2 (269, 270), §2.4.1 (372), 376
snow 71, 第4章 §1.4.3 (118), 142
so 22, 26, 27, 67, 70n, 72, 116n, 135, 139, 140n, 第4章 §2.1.2 (148n), §2.2.1 (176, 180), 203, 207, 208, 217, 221, 第5章 §1.2.1.2 (231n), §1.2.2 (243, 244), 249, 第5章 §1.2.4 (255), 284, 第5章 §2.1.3 (287, 289, 291), 308, 310, 第5章 §3.2 (314, 315), 323, 340n, 354-356, 366, 379
so ~ as (*to*-infinitive) 116n, 第6章 §2.1.6 (356)
so ~ that 206, 249, 第5章 §2.1.3 (289), §2.3 (308)
so as (*to*-infinitive) 第6章 §2.1.6 (355)
so much the better 第5章 §2.1.3 (291)
so that 第5章 §1.2.2 (244), §1.2.4 (255), §2.3 (308)
soap 第4章 §1.4.3 (118, 119)
society 第4章 §1.4.4 (121)
solid 第4章 §1.1 (100, 101), 230
some 17n, 20, 32, 69, 85, 100, 第4章 §1.1 (102), 124, 126n, 127, 第4章 §2 (130, 150, 155-157, 163-167, 169, 174, 175, 193, 194, 196), 247, 261, 271, 295, 307, 321, 322, 324, 325, 339n, 363
somebody 第2章 §1 (56), 129, 第4章 §2.1.4 (167, 169, 170), 390
someone 30, 33, 49, 第2章 §1 (56), 135, 第4章 §2.1.4 (167, 169, 170), 282, 319, 344, 357, 376
something 第2章 §1 (56), 58, 第4章 §2.1.4 (167, 169, 170), 172, 189, 215, 217, 第5章 §2.1.1 (281), 308, 349, 第6章 §2.2.1 (362), 377, 第6章 §3.2 (392)
son 16n, 76, 77, 92, 94, 第4章 §1.2 (103n, 105), 146, 189, 274, 281, 282, 284, 315, 第6章 §2.3.2 (371)
sorry 58n, 251, 第5章 §1.2 (284), 390
SOS 第4章 §2.2.1 (181)

Sotheby's 第4章 §1.3.2 (110)
sound 第1章 §1 (18), 46, 第5章 §1.1.3 (221), 265, 266
speak 12, 63, 80, 138, 140, 142, 162, 163, 190, 192, 203, 232, 237, 238, 250, 282, 290, 第5章 §2.2.3 (306), 307, 308, 310, 350, 第6章 §2.2.1 (359, 361), §2.2.3 (367), 376, 378, 381, 394
speck 第4章 §1.4.3 (119)
spinster 第4章 §1.2 (106)
spot 第4章 §1.4.3 (120), 255
spouse 第4章 §1.2 (103n)
spurt 第4章 §1.4.3 (120)
square 第4章 §1.4.3 (119)
staff 93, 第4章 §1.4.2 (115), 242, 243, 248, 260, 334, 388
stand 144, 第6章 §1 (342), §2.2 (358), §2.2.2 (364)
star 第4章 §1.4.1 (113), 348
start 26, 32, 123, 第5章 §1.2.3 (252), §1.2.4 (259, 262, 263, 269), 285, 第6章 §2.2.2 (365), §2.3.1 (369), §2.4.2 (377, 378)
state 第1章 §2.3 (37), 61, 195
statistics 60, 第4章 §1.4.4 (121-123)
stay 第1章 §1 (18, 25, 27n), 34, 第2章 §2 (57n, 58), 129, 206, 215, 230, 249, 254, 260, 265, 266, 285, 289, 293, 296, 304, 308, 311, 356, 371
steady 9n
step 135n, 145, 234, 第5章 §1.2.7 (275)
stick 第4章 §1.4.3 (119), 193
stone 第4章 §1.4 (112, 118)
stop 218, 227, 230, 342, 351, 第6章 §2.4.2 (375, 376)
story 130, 141n, 第4章 §2.1.1 (144, 145), 151, 179, 180, 243, 361
strike 第1章 §2.4 (43, 45), §3 (50), 104, 133, 183
student Part I §0.3 (9n), 13, 21, 26, 47, 第2章 §2 (60), 68, 69, 79, 160, 163, 174n, 179, 186, 190, 194, 207, 218, 242, 243, 251,

290, 323, 334, 344, 354, 380, 381
study 第 2 章 §3 (60), 122, 123, 161, 197, 202, 217, 224, 244, 第 5 章 §1.2.5 (268), 304, 308, 330, 352, 355, 第 6 章 §2.2 (357), 376
stupid 第 3 章 §1.4 (75), 219
subject 277, 第 5 章 §2.1.2 (284), 316, 390
success 第 4 章 §1.1 (100), 391
such 73, 第 3 章 §1.4 (74, 75), 138, 第 4 章 §2.1.2 (148n), §2.1.4 (155), 158n, 第 4 章 §2.2 (174, 179, 198, 200), 259, 303, 308, 354, 355, 371
Sudan 第 4 章 §1.4.5 (126)
suffer 136, 371
suggestion 第 4 章 §1.1 (100, 101), 335
sun 2, 第 4 章 §1.2 (104), §2.2.1 (133, 141, 183), 240, 263, 269, 270, 288, 371
Sun 147
suppose 第 1 章 §2.3 (41), 61, 第 4 章 §2.1.3 (154), 第 5 章 §1.1.3 (221), §1.2 (226, 228, 248, 271), §2.3 (309)
sure 第 1 章 §1 (21), §2.6 (46), 第 4 章 §3.1 (207), 240, 第 5 章 §2.2.3 (306)

[T]

table 32, 第 4 章 §1.1 (100, 101), 199n, 218, 296-299, 351
table spoonful 第 4 章 §1.4.3 (119)
tablet 第 4 章 §1.4.3 (119)
take 68n, 117n, 120, 124, 127, 138, 139, 145n, 163, 164, 169, 171, 192, 200, 第 5 章 §1.1 (211), 218, 234, 248, 第 5 章 §1.2.4 (253), 261, 291, 311, 303, 330, 350, 374
take advantage of 第 4 章 §2.1.1 (145n), 218
take after 第 4 章 §2.1.1 (145n)
take care 第 4 章 §1.4.4 (124)
take care of 第 4 章 §2.1.1 (145n), 291
talent 第 4 章 §1.4.4 (121), 180, 188
tall 2, 179, 287, 302, 326, 342, 355

Talmud 第 4 章 §1.4.5 (126)
taste 第 1 章 §1 (18), 第 5 章 §1.1.3 (221), §1.2.2 (240)
Tate 第 4 章 §1.4.5 (126)
taxonomy 第 4 章 §1.4.4 (121)
tea 第 4 章 §1.4.3 (119n)
teach Part I §0.3 (11), 第 1 章 §1 (26, 27), 189, 237n, 315, 第 6 章 §2.1.5 (353)
teacher 27n, 92, 第 4 章 §1.2 (103n), 207, 229, 332, 342
team 56, 第 3 章 §2.1 (79n), 第 4 章 §1.4.2 (115, 116), 187, 217, 279
tear 16, 第 4 章 §1.4.1 (113)
teaspoonful 第 4 章 §1.4.3 (119)
tell 5, 12, 第 1 章 §1 (27), §2.3 (37, 42), 55, 82, 83, 93, 141, 142, 第 4 章 §2.1.3 (154), 156, 204, 第 4 章 §3.1 (207), 第 5 章 §1.1.2 (218), 228, 230, 246, 248, 249, 254, 277, 284, 309, 316, 339n, 343, 349, 第 6 章 §2.1.5 (352, 353), 355, 374
Thames 第 4 章 §1.4.5 (126), §2.2.1 (184)
thanks to 第 5 章 §2.2 (292)
that* 6n, Part I §0.3 (10), 第 1 章 §1 (21, 23, 26, 27), §2.2 (32-35), §2.3 (37, 41, 42), §2.6 (47), §3 (49-51), 54, 58n, 第 3 章 §2 (78), Part II §0.1 (89), 第 4 章 §1.3 (111), §2 (128, 130), §2.1.1 (137-141), §2.1.2 (148-152), §2.2 (173), §2.2.1 (175, 176, 189), §2.3 (202-204), 217, 231, 232, 第 5 章 §3.1 (310), 第 6 章 §1 (341, 344), §3 (383, 386n, 388, 389, 391, 392, 394)
the* 6n, Part II §0.1 (89), Part II §0.2, 第 4 章 §2 (128), §2.2 (173), §2.2.1.1.2 (183-185)
the last 第 5 章 §2.1.3 (291)
the more, the more 第 5 章 §2.1.3 (288, 290)
the sum total 56, 第 5 章 §2.1.1 (281)
their* 第 4 章 §2.1.1 (134), §2.1.4 (158n, 159, 163), §2.2 (173), §2.2.1 (175, 189, 195), §2.2.3 (201), 234

2. 語句索引

theirs 第 4 章 §1.3.2 (110), §2.1.1 (134, 146)
them* 第 4 章 §2 (129), §2.1.1 (134, 135), §2.1.4 (163), 第 5 章 §3.3.7 (330)
themself 134n, 135n
themselves 116, 第 4 章 §2 (130), §2.1.1 (134), §2.1.4 (168), 218, 355
there is no -ing 第 6 章 §2.3.2 (371)
there is/are 第 1 章 §2.2 (31, 32)
there seem/appear ... 第 1 章 §2.2 (31, 32, 35, 36)
these* 6n, 112, 第 4 章 §2 (130), §2.2 (173, 175)
these children's clothes/T-shirts 第 4 章 §1.3 (107, 112)
they* 第 4 章 §2 (129), §2.1.1 (131, 134, 135n, 141, 142), §2.1.4 (158, 163n, 167, 168)
thing 6, 17, 56, 第 4 章 §1.4.1 (113), 164, 169, 200, 271, 281, 303, 322, 348, 349, 371, 373, 390, 392
things Japanese 第 2 章 §2 (56), 第 5 章 §2.1.1 (281)
think 第 1 章 §2.3 (41), 45n, 71, 117, 136, 141, 第 4 章 §2.1.3 (154, 155), 214, 219, 第 5 章 §1.1.3 (220, 221), §1.2 (243, 246, 248, 251, 253, 256), 284, 288, 323, 325, 327, 349, 353, 356, 369, 371
this* 6n, 55, Part II §0.1 (89), 第 4 章 §1.3 (111), §2 (128, 130), §2.1.2 (148-151), §2.2 (173), §2.2.1 (175, 180, 189), 393
those* 6n, 第 4 章 §2 (130), 136, 第 4 章 §2.1.2 (152), §2.2 (173, 175), 327, 第 6 章 §2.2.1 (362)
though 第 3 章 §2.1 (78), 第 5 章 §2.2 (295), §2.3 (308), §3.1 (310, 311)
thoughtfulness 第 4 章 §1.4.4 (121)
through 2, 72, 110, 第 5 章 §2.2 (292, 306)
throughout 194, 第 5 章 §2.2 (292)
tiger 第 4 章 §1.2 (107), 114, 115
tigress 第 4 章 §1.2 (107)

till 219n, 265, 第 5 章 §2.2 (292, 304, 305)
Times 第 4 章 §1.4.5 (126)
tin Part II §0.2 (94)
Titanic 第 4 章 §1.4.5 (126), 276
to* 第 5 章 §1.2 (265, 266), §2.2 (292-294, 302, 303), 第 6 章 §2.1 (346-357)
to oneself 第 4 章 §2.1.1 (146), 343, 366
tobacco 第 4 章 §1.4.3 (118), 124
today 第 1 章 §1 (22, 26), 第 4 章 §1.3.2 (110), 115, 139, 140, 142, 143, 第 4 章 §2.2 (174, 175), 206, 230, 260, 261, 282, 288, 351
too ~ (to-infinitive) 290, 第 6 章 §2.1.6 (355)
Topkapi Palace Museum 第 4 章 §1.4.5 (126)
toward(s) 第 5 章 §2.2 (292)
trafficking 第 5 章 §1.1 (213)
trail 第 4 章 §1.4.3 (119)
train 6, 68n, 第 4 章 §1.4 (112, 113), §2.2.1 (131), 186, 217, 233, 238, 239, 244, 247, 262, 270, 275, 293, 303, 306, 311, 342, 362, 366
Transylvania 第 4 章 §1.4.5 (126)
treat 20, 32, 第 2 章 §2 (58), 135, 216, 242, 285, 325, 344, 375
trickle 第 4 章 §1.4.3 (120)
trust 第 5 章 §1.1.3 (221)
truth 第 4 章 §1.4 (112), 142, 220, 349
try 138, 158n, 162, 170, 187, 233, 291, 294n, 314, 324, 342, 357, 第 6 章 §2.4.2 (379), 386
-tude 第 4 章 §1.4.4 (122)
turn 第 1 章 §1 (14, 18), §2.3 (38), 216, 219n, 243, 249, 343, 367
two 24, 77, 第 4 章 §1.1 (102), 103n, 104, 119n, 161, 164, 165, §2.2 (175, 192, 193, 196, 201), 219, 241, 248, 288, 291, 311, 312, 339n

[U]

Ukraine 60, 第 4 章 §1.4.5 (126)
uncle 第 4 章 §1.2 (105), 129, 249, 255, 393
under 75, 238, 第 5 章 §2.2 (292, 300, 301), 325
under no circumstances 75
undergrown 152
underneath 第 5 章 §2.2 (292)
understand 10, 37, 第 1 章 §2.3 (41), 50, 136, 140, 217, 219, 第 5 章 §1.1.3 (221), 227, 第 5 章 §1.2.2 (239n), 350
unexpectedly 12
unhappy 第 5 章 §2.1.3 (286, 287), 316
union 第 4 章 §1.4.2 (115), 195
United Nations 第 4 章 §1.4.2 (118)
United States (of America) 第 4 章 §1.4.2 (118), §1.4.5 (126), 288, 328n
university 第 4 章 §1.4.2 (115), 207, 249, 344
University of Chicago 303
unless 第 2 章 §2 (58), §3 (62), 189, 第 5 章 §1.2.1 (230), §2.3 (309)
until 14, 223, 226, 230, 254, 285, 329, 第 5 章 §2.2 (292, 294n, 304, 305), §2.3 (308), 342
up 16n, 26, 72, 124, 137, 145n, 199, 208, 223, 231n, 245, 258, 264, 269, 270, 第 5 章 §2.2 (292, 297, 299, 302), 313, 314, 338, 339, 356, 364, 370, 375-377
upon 第 5 章 §2.2 (292)
urge 第 1 章 §2.3 (42)
us* 第 4 章 §2.1.1 (133, 134, 141)
use 85, 86, 93, 125, 142, 240, 242, 243, 第 5 章 §1.2.3 (252), 296, 313, 321, 332, 370, 371, 376, 383-385
used (*to* preposition) 151
used (*to*-infinitive) 74, 215, 第 5 章 §1.2 (222n, 224, 225, 227, 235, 237, 251, 253n, 259n), 340n, 344

usually 123, 第 5 章 §1.2.6 (270), 276

[V]

Vatican 第 4 章 §1.4.2 (115)
vigorously 12
visit 109, 202, 208, 255, 第 5 章 §1.2.7 (275)
vixen 第 4 章 §1.2 (106)

[W]

walk 110, 129, 145, 161, 192, 245, 第 5 章 §1.2.4 (253), 259, 第 5 章 §1.2.5 (268), 279, 296, 332, 342, 第 6 章 §2.2 (358), 360, 367, 387
want 10, 12, 32, 第 1 章 §2.3 (37, 39-43), §3 (50), 71, 79n, 82, 85, 109, 130, 139n, 140, 142, 147, 154, 158, 159, 171, 172, 182, 189, 190, 207, 217, 第 5 章 §1.1.3 (221), 225, 227, 237, 238, 241, 248, 249, 第 5 章 §1.2.4 (254, 256), §1.2.6 (271), 277, 316, 324, 342, 344, 347, 349, 356, 第 6 章 §2.2.1 (364), §2.4.2 (376, 378, 379n), 381, 390, 392
wash 第 4 章 §2.1.1 (144), 第 5 章 §1.1.1 (214), §1.2.3 (252), 313
Wasn't ...! 第 3 章 §1.4 (75)
watch 第 1 章 §2.3 (36), 174n, 241, 260, 264, 265, 279, 340, 343, 363
water 6, 82, 第 4 章 §1.1 (100n), §1.4 (112, 118, 119), §2.2 (171-173), 282, 347, 350
we* 第 4 章 §2.1.1 (131, 133, 134, 141-143)
wealth 第 4 章 §1.1 (100)
week 78, 105, 第 4 章 §1.4.1 (113), 129, 168, 183, 193, 226, 231n, 264, 265, 290, 303, 313, 342, 352, 356, 376, 387, 388
weigh 23n, 第 5 章 §1.2.7 (274)
well 19, 21, 47, 66, 80, 93, 127, 132, 186, 203, 229, 258, 284, 第 5 章 §2.1.3 (287,

289), 310, 315, 361n, 362, 367, 372, 380, 383
were (*to*-infinitives) 第 5 章 §1.2.1 (233)
West Indies 第 4 章 §1.4.5 (127)
whale 10, 183
what 2, 16, 25, 32, 36, 第 3 章 §1 (66, 67), 69, 第 3 章 §1.2 (71), §1.4 (73-75), 85, 86, 第 4 章 §1 (99), 104, 117, 123, 第 4 章 §2 (130), 133, 第 4 章 §2.1.1 (138, 139n, 140-142), 150, 151, 第 4 章 §2.1.3 (152-155), 168n, 第 4 章 §2.2 (173-175, 180), 190, 第 4 章 §2.2.2 (198, 199, 200), §3.1 (206n), §3.2 (207), 第 5 章 §1.1.2 (217, 219), 221, 228, 230, 231n, 233, 235, 238, 246, 248, 260, 264, 270, 271, 277, 314, 316, 319, 322, 323, 327, 328, 339n, 343, 349, 351, 353, 356, 377, 381, 第 6 章 §3.2 (392, 393)
whatever 142, 第 4 章 §2.1.3 (152n), §2.2 (173, 175)
wheat 第 4 章 §1.1 (100, 101n), §1.4.3 (118)
when 12, 第 3 章 §1.2 (71), 104, 105, 116n, 133, 第 4 章 §2.1.3 (152), 158n, 163, 186, 190, 第 4 章 §2.3 (202, 203, 205), §3.1 (206n, 207), 第 5 章 §1.1 (217, 218), §1.2.1 (230), 238, 241, 242, 245, 248, 249, 251, 第 5 章 §1.2.4 (255, 259n, 261n, 262, 264), §1.2.5 (268-270), 289, 第 5 章 §2.2 (295, 303, 304), §2.3 (308), §3.1 (310), 第 6 章 §1 (339n, 341), 351, 360, 第 6 章 §2.2.3 (366), 378n, 第 6 章 §3 (383, 384, 388, 390, 393, 394)
whenever 129, 第 4 章 §2.1.3 (152n), 238, 241
where 第 3 章 §1.2 (71), §2.1 (80), 112, 118, 120, 124, 129, 第 4 章 §2.1.3 (152, 153), §2.1.4 (170n), §2.2.1 (183), §3.1 (206n, 207), 319, 328, 第 6 章 §1 (338-341, 344), §3 (381, 386, 388, 390, 393, 394)
wherever 第 4 章 §2.1.3 (152n)
whether 5, 6, 58, 第 3 章 §1.2 (71), Part II §0.1 (89), 98n, 105, 125n, 第 4 章 §2 (128), §2.1.1 (138, 140n), §2.1.3 (152n), §2.2.1 (176), §2.3 (203-206), §3.1 (207n), 第 5 章 §1.1.1 (215), §1.2.1 (231n), 261, 第 5 章 §3.1 (310)
which 第 3 章 §2.1 (79, 80), 104, 第 4 章 §1.4.2 (116), 122, 第 4 章 §2 (130), 133, 134n, 第 4 章 §2.1.1.3 (139), §2.1.2 (148), §2.1.3 (152), §2.2 (173), §2.2.1 (175), §2.2.1.2 (189), 199, 200, 第 4 章 §3.1 (206n, 207), 227, 235, 333, 第 6 章 §1 (339n, 341), §3 (383, 384, 386-389, 391-394)
whichever 第 4 章 §2.1.3 (152n), §2.2 (173, 175)
while 25, 48, 135, 215, 第 5 章 §2.3 (308), 第 6 章 §3.3 (393n, 394n)
whisky 第 4 章 §1.4.3 (118)
White House 第 4 章 §1.4.5 (126)
who 第 1 章 §1 (28, 29), 第 2 章 §2 (59, 60), 第 3 章 §1.2 (68), §2.1 (78-80), §2.2 (85), Part II §0.1 (89), 第 4 章 §1.4.2 (116), §2 (128, 130, 132, 136, 139, 147, 152-154, 195, 200, 204), §3.1 (206), 第 5 章 §1.2.1 (229), 294n, 320, 323, 327, 333, 第 6 章 §1 (340, 342, 344), §2.1.2 (349), §2.2.1 (363, 364), §3 (380-386, 391)
whoever 第 4 章 §2.1.3 (152n)
whom 第 3 章 §2.1 (80), 第 4 章 §2 (130), §2.1.3 (152n), 第 6 章 §3 (381, 391, 392)
whomever 第 4 章 §2.1.3 (152n)
whose 第 3 章 §2.1 (80, 81), Part II §0.1 (89), 第 4 章 §2 (128, 130, 147, 148, 152n, 154, 173, 175, 189), 第 6 章 §1 (340, 344), §3 (381, 383, 384, 387, 391-393)
whosever 第 4 章 §2.1.3 (152n), §2.2 (173, 175)
why 第 3 章 §1.2 (69, 73), 第 4 章 §2.1.1.3 (141), §2.1.3 (152), 180, 第 4 章 §3.1 (206n, 207), 第 5 章 §1.1.2 (217), 227, 240, 245, 250, 298, 第 6 章 §1 (339n, 340n, 344), 376, 第 6 章 §3 (381, 383, 384, 393,

394)
whyever 第4章 §2.1.3 (152n)
Widener Memorial Library 第4章 §1.4.5 (126)
widow 第4章 §1.2 (107)
widower 第4章 §1.2 (107)
wife 17, 43-45, 第4章 §1.2 (103n, 105), §1.3 (111), §1.4.1 (113), §2.2.1.3.6 (196), 304
will* 第5章 §1.2 (222, 225, 228-231, 235, 236, 248, 253, 255-261, 264-266, 271)
willing 第5章 §1.2 (226, 228)
window 2, 57, 78, 99, 258, 319, 379
wish 第1章 §2.3 (37), §3, 第5章 §1.1.3 (221), §1.2.1.2 (233), 313, 第6章 §2.4.2 (376)
witch 第4章 §1.2 (106)
with* 第5章 §2.2 (292-294, 296, 305, 306)
with ease 第4章 §1.4.4 (124)
with regard to 第5章 §2.2.3 (306)
with respect to 第5章 §2.2.3 (306), 334
within 第5章 §2.2 (292)
without 226, 274, 第5章 §2.2 (292), 315, 334, 368
witness 17, 第6章 §2.2.2 (365)
wizard 第4章 §1.2 (106)
wolf 第4章 §2.2.1 (181)
woman 20, 79, 85, 第4章 §1.2 (107), 111, 112, 123, 161, 179, 180, 196, 200, 314, 333, 344, 367, 383, 391
wonder 第3章 §1.2 (71), 141, 第4章 §2.1.3 (154), 243, 第5章 §1.2.4 (256), 317, 383, 384
wood 93, 第4章 §1.4.3 (118), 198, 306
Woods 第4章 §2.2.1 (181)
work 21, 22, 47, 66-68, 82, 第4章 §1.1 (100, 102), 140, 161, 162, 194, 204, 207, 227, 244, 246, 254, 274, 281, 288, 290, 291, 295n, 304, 309, 311, 314, 321, 327, 339, 340, 344, 350, 375, 377
work for 68
worry 第4章 §2.1.1 (144), 149, 231n, 第6章 §2.2 (358), 363
worth 第4章 §3.3 (208), 217, 第6章 §2.3.2 (371), 389, 390
would* 第5章 §1.2 (223, 225, 227, 228, 232-236, 246, 251, 253, 256, 259n, 271)

[Y]

year 7, 8, 24, 32, 54, 55, 57, 100, 109, 第4章 §1.4.1 (113), 123, 135, 138, 149, 第4章 §2.2.1 (181), 192, 199, 201, 202, 257, 258, 268, 270, 272, 284, 288, 291, 293, 303, 322, 328, 344, 381, 387, 388, 390, 392, 394
yeast 第4章 §2.2.1 (181)
Yemen 第4章 §1.4.5 (126)
yesterday 4, 18, 22, 26, 157, 182, 210, 238, 241, 268, 270, 288, 304, 328
you* Part II §0.1 (89), 第4章 §2 (128), §2.1.1 (131-135, 139, 141, 142)
young 2, 15, 46, 61, 170, 180, 280, 283, 284, 370, 379
your* 6n, 第4章 §2.1.1 (133, 134), §2.2 (173), §2.2.1 (175, 189), 198
yours 第4章 §1.3.2 (110), §2.1.1 (134, 146), 189, 259
yourself 19, 20, 72, 第4章 §2.1.1 (134, 135), 219, 234, 258, 374
yourselves 第4章 §2.1.1 (134-146)
youth 28, 第4章 §1.4.2 (115)

[Z]

zoology 第4章 §1.4.4 (121)

3. 文献索引

1. アルファベット順に並べている.
2. （ ）内の数字は文献の出版年を表す.
3. 数字はページ数を示す.

Aitchison (2003)　19
BBI^2 (1997)　26, 45
安藤 (2008)　37-42
Bolinger (1975)　274, 275
Comrie (1976)　252
Comrie (1985)　253
Comrie et al. ed. (1996)　19
Declerck (1991)　18, 115, 116, 118, 147, 187, 188, 361-363, 386, 390, 391
江川 (1991)　16, 40, 125, 127, 230, 369, 370, 374, 375, 377, 378, 389, 390
Evans and Evans (1957)　314, 346
ジーニアス英和辞典 (2006)　57
Greenbaum and Quirk (1991)　9, 10, 22, 112, 231, 286, 287, 313
Griffith (2006)　102
Haegeman and Guéron (1999)　10
原口・中村 (1992)　9
橋本 (2005)　213
Hill (1958)　360
Hornby (1975)　27, 220
保阪 (1994)　19
Huddleston and Pullum (2002)　17, 27, 32-34, 44, 45, 125, 126, 140, 147, 173, 191, 192, 212, 218, 224, 225, 234, 249, 315, 319, 322, 324, 325, 327, 329, 331, 334, 386, 393
John F. Kennedy's Inaugural Address (1961)　67
柏野 (1999)　261
風間ほか (1993)　19
金水ほか (2000)　63
小西 (1976)　300
窪薗 (1998)　122
Leech (1969)　298, 300
Leech (2004)　240, 241, 244, 245, 254-257, 260-262, 264, 265, 270-272, 352, 373, 374
Leech and Svartvic (2002)　385
村田 (1983)　23
中村ほか (2001)　9
$NOAD^2$ (2005)　134, 135
Palmer (1939)　70
Palmer (1988)　21, 249, 268, 273, 274, 378
Palmer (1990)　239
Peters (2004)　234, 335
Quirk et al. (1985)　vi, 8, 18, 21, 23, 30-32, 43, 66, 70, 73, 75, 111, 114-117, 132, 140, 159, 166, 170, 173-175, 187, 205, 225, 227, 231-234, 249, 274, 275, 312, 313, 316-318, 323, 329, 331-334, 348, 361, 362, 364, 387, 388, 394
Radford (1988)　204
Radford (2009)　75
澤田 (1993)　145
Swan (2005)　23, 32, 85, 115, 116, 118, 239, 242, 243, 259-261, 265, 274, 277, 287, 288, 298, 320-324, 328, 331, 332, 338, 340, 349, 356, 361-364, 367, 369-372, 386, 388-390
高見 (1995)　275
Talmy (1978)　301
立石・小泉 (2001)　75

Thomson and Martinet (1986)　62, 116,
　　181, 183, 191, 224, 225, 240, 242, 243,
　　248, 251, 261, 263, 265, 266, 277, 300, 349
トムソン&マーティネット (1988)　62

綿貫ほか (2000)　21, 22, 40, 51, 393
Wood (1964)　219
Wood (1967)　299
安井 (1996)　48, 363

著者紹介

山岡　洋（やまおか　ひろし）

1985年，日本大学文理学部英文学科卒．1989-90年，米国ハーバード大学客員研究員．1990年，日本大学大学院文学研究科博士後期課程満期退学．佐野女子短期大学（現，佐野短期大学），聖徳大学人文学部を経て，現在は桜美林大学リベラルアーツ学群教授．

主要論文：「動詞補文における時制解釈とその基準時選択」『JELS 14』，"A Comparative Study of Tense in Complement Clauses in English and Japanese"『JELS 16』，「受動態と主語」『英語学・英語教育研究』第8巻22号，「現代英語におけるムード二分法と「モダリティ領域」内の文体的制約」『文体論研究』第55号．

新英文法概説
(A New Outline of English Grammar)

ISBN978-4-7589-2184-8 C3082

著作者	山　岡　　洋
発行者	武　村　哲　司
印刷所	萩原印刷株式会社／日本フィニッシュ株式会社

2014年5月24日　第1版第1刷発行Ⓒ
2020年6月27日　　　　　第4刷発行

発行所　株式会社　開 拓 社	〒113-0023　東京都文京区向丘1-5-2 電話　(03) 5842-8900（代表） 振替　00160-8-39587 http://www.kaitakusha.co.jp

---

JCOPY ＜出版者著作権管理機構 委託出版物＞
本書の無断複製は，著作権法上での例外を除き禁じられています．複製される場合は，そのつど事前に，出版者著作権管理機構（電話 03-5244-5088, FAX 03-5244-5089, e-mail: info@jcopy.or.jp）の許諾を得てください．